# Trouvez votre voie
# dans un monde changeant

**Catalogage avant publication de Bibliothèque et Archives nationales du Québec et Bibliothèque et Archives Canada**

Beck, Martha Nibley, 1962-

    [Finding your way in a wild new world. Français]

    Trouvez votre voie dans un monde changeant : misez sur votre véritable nature pour créer la vie que vous souhaitez

    Traduction de : Finding your way in a wild new world.

    ISBN 978-2-89436-404-8

    1. Actualisation de soi. 2. Succès. I. Titre. II. Titre : Finding your way in a wild new world. Français.

BF637.S4B4214 2013         158.1        C2013-941842-3

*Nous reconnaissons l'aide financière du gouvernement du Canada par l'entremise du Fonds du livre du Canada (FLC) pour nos activités d'édition.*

*Nous remercions la Société de développement des entreprises culturelles du Québec (SODEC) pour son appui à notre programme de publication.*

*Gouvernement du Québec – Programme de crédit d'impôt pour l'édition de livres – Gestion SODEC.*

© 2012 par Martha Beck. Publié originalement par la maison d'édition Atria Paperback, A division of Simon & Schuster, Inc. sous le titre *Finding Your Way in a Wild New World.*

Traduction : Alain Williamson

Infographie de la couverture et mise en pages : Marjorie Patry

Révision linguistique : Amélie Lapierre

Correction d'épreuves : Michèle Blais

Éditeur : Les Éditions Le Dauphin Blanc inc.
         Complexe Lebourgneuf, bureau 125
         825, boulevard Lebourgneuf
         Québec (Québec) G2J 0B9 CANADA
         Tél. : 418 845-4045    Téléc. : 418 845-1933
         Courriel : info@dauphinblanc.com
         Site Web : www.dauphinblanc.com

ISBN format papier : 978-2-89436-404-8

Dépôt légal : 1ᵉ trimestre 2014
         Bibliothèque nationale du Québec
         Bibliothèque et Archives Canada

Données de catalogage disponibles auprès de Bibliothèque et Archives nationales du Québec.

Imprimé au Canada

# MARTHA BECK

# Trouvez votre voie dans un monde changeant

## Misez sur votre véritable nature pour créer la vie que vous souhaitez

Traduit de l'anglais
par Alain Williamson

Le Dauphin Blanc

# TABLE DES MATIÈRES

# PRÉFACE

Mon premier moment de profonde connexion avec Martha Beck a eu lieu le 20 octobre 2012, journée où se déroulait l'événement *O You* organisé par l'équipe d'Oprah Winfrey. Ce jour-là, j'ai assisté pour la première fois à une conférence de Martha. D'entrée de jeu, elle a touché mon âme. J'avais l'impression d'être rattachée à elle par un câble invisible reliant mon cœur au sien. À la toute fin de sa prestation, j'étais debout et en larmes à l'applaudir comme une otarie ! En sortant de la salle, je me rappelle très bien avoir dit à mon amie Sonia qui m'accompagnait que je venais de vivre un moment marquant de ma vie. Dorénavant, j'oserais montrer au monde entier qui j'étais réellement. Finies les concessions pour bien paraître ou pour entrer dans le moule ! J'étais spirituelle et fière de l'être et je savais que ma vie s'apprêtait à prendre une tout autre tournure…

Par la suite, j'ai suivi une formation de quatre semaines avec la *coach* du magazine O d'Oprah. En m'inscrivant à cette formation, je recevais automatiquement le nouveau livre de Martha Beck, celui-là même dont vous venez de commencer la lecture. Après plus de quinze ans de chroniques littéraires, vous vous doutez du nombre de livres que j'ai pu lire… Je peux vous affirmer que celui-ci est complètement différent de tous les autres. Il fait partie de cette évolution nouvelle, de cette élévation du niveau de conscience, et j'oserais même vous dire qu'il est magique !

Vous y apprendrez une nouvelle façon de voir la vie… Vous développerez vos dons intuitifs et vous parviendrez à ressentir ce qui « veut » vous arriver de bien pour lui permettre de se manifester dans votre vie. Pour y arriver, il vous est simplement demandé d'oser sortir du cadre habituel… Martha vous guidera avec amour vers cet état qui est, au-delà des mots pour vous « connecter » par la suite à tout ce qui est, dans le but de visualiser ce qui vous attend de mieux, pour finalement le créer dans votre existence.

Et je vais vous faire une confidence… Durant toutes mes années en tant que chroniqueuse littéraire, j'avais l'habitude de mentionner aux éditeurs la « petite magie » de certains livres lorsque je la ressentais. Dès les premières pages, je savais alors que quelque chose était transmis au-delà des mots. J'avais l'impression que l'intention de l'auteur était si pure et bonne qu'elle se déposait tout doucement dans mon cœur pour, par la suite, créer de véritables miracles dans ma vie. C'est ce que vous risquez de ressentir à la lecture de *Trouvez votre voie dans un monde changeant*. Plus encore que le voyage que ce livre vous permettra de faire autant en Afrique qu'à l'intérieur de vous-même, vous serez profondément touché par les idées et les enseignements de Martha Beck.

Comme vous l'apprendrez dans les pages qui suivent, vous faites partie du TEAM. Vous avez donc un rôle important à jouer dans la création de ce nouveau monde de paix et d'amour qui nous attend.

Puissiez-vous prendre conscience de l'immensité de ce qui vous habite et de ce qui vous entoure. Puissiez-vous surtout l'honorer et l'affirmer haut et fort! Rien n'est insignifiant, tout compte lorsqu'il s'agit de transformer notre monde en mieux.

Régalez-vous des pages qui suivent. Surtout, parlez-en autour de vous! Racontez vos ressentis, vos expériences et vos visions. Vous deviendrez alors un magnifique ambassadeur de cette profonde connexion au Grand Plan.

Amusez-vous et assurez-vous de servir dans la joie. Le monde a besoin de vous.

Bonne lecture!

Christine Michaud
Animatrice, auteure et conférencière

Fidèle admiratrice et partenaire d'âme de Martha Beck! ;-)

# INTRODUCTION

## RENCONTREZ VOTRE RHINOCÉROS, GUÉRISSEZ VOTRE VIE !

L a possibilité bien réelle d'être tuée par un rhinocéros ne me trouble pas autant que je l'aurais cru. Bien sûr, mon cœur s'est emballé lorsque j'ai vu pour la première fois cette femelle rhinocéros, mais c'était d'émerveillement, et non de peur.

Bon, je l'avoue, peut-être un peu de peur aussi.

Jusqu'à cette seconde précise, mon amie Koelle Simpson (son prénom se prononce comme *Noël*, mais avec un *K* initial) avait été si concentrée à suivre les empreintes du rhinocéros qu'elle avait oublié de lever les yeux de temps à autre – une erreur commune des gens qui, comme elle et moi, apprennent à suivre les traces d'un animal. Au moment où Koelle relève la tête et sursaute vers l'arrière, me bousculant presque, nous voilà à moins de trois mètres du rhinocéros.

Croyez-moi, observer un animal dans un zoo, particulièrement un animal de la taille d'une Forester de Subaru, est très différent de le rencontrer dans son milieu naturel. Je peux facilement entrer en détresse cardiaque à la vue d'une araignée si elle est de bonne taille, alors réaliser que je suis assez près d'un gigantesque animal, arborant deux grosses cornes, assez près donc pour lui cracher dessus, voilà qui est, disons, déconcertant. J'ouvre la bouche pour crier comme un caniche éclopé, mais c'est alors que l'émerveillement s'installe. J'admire. Simplement.

La femelle rhinocéros, à demi cachée derrière un buisson épineux, brandit son impressionnante tête – qui est plus ou moins de la grosseur d'un chariot d'épicerie – et fait pivoter vers nous ses oreilles aussi réceptrices qu'un satellite. Elle semble nerveuse, et je réalise rapidement pourquoi. Un bruissement dans les arbustes révèle la présence d'un second animal, son rejeton ! Toute chose mise en perspective, il est petit pour un rhinocéros, pas plus gros que, disons, Shaquille O'Neal. Il appert qu'il tourne en rond derrière moi, nous coinçant tous les quatre, pauvres êtres humains, entre lui et sa mère. Je ne suis pas un guide safari, mais je devine que ça signifie que la *mama* aura bientôt toutes les raisons du monde de commencer à nous encorner et à nous piétiner.

Et je trouve cela merveilleusement excitant !

C'est comme se réveiller au beau milieu de la pièce de théâtre *Rhinocéros* d'Eugène Ionesco. Au lieu de paniquer, je trouve étrangement agréable la possibilité de mourir embrochée au cœur de l'Afrique sauvage. Au fond, combien de mères de famille dans la quarantaine, de Phoenix, peuvent espérer avoir la chance de finir ainsi ?

La maman rhinocéros martèle frénétiquement le sol et je ressens l'impact sous mes pieds. Elle est immense ; elle est nerveuse. Elle pourrait me tuer aussi facilement que je me taille les ongles. Pourtant, mon esprit se confond en émerveillement et ne se répète que deux questions fondamentales :

1. Pour l'amour de Dieu, comment me suis-je retrouvée dans cette position ?

2. Pour l'amour de Dieu, que dois-je faire maintenant ?

Les deux questions problématiques me semblent aussi mystérieuses l'une que l'autre. Oh ! Bien sûr, je pourrais remonter une à une la trace de toutes les décisions qui m'ont conduite dans cette virée au cœur de la savane africaine, mais comment ai-je pu m'égarer dans mes choix à ce point ?

Je délaisse la première question en faveur de la seconde, qui m'apparaît nettement plus urgente. Comment exactement peut-on tirer son épingle du jeu en étant à proximité d'un rhinocéros en état d'alerte ? J'espère que mes amis africains ont au moins un plan B en cas d'une telle situation d'urgence. La maman rhinocéros, pour sa part, semble avoir un plan tout tracé : elle ballotte sans cesse ses deux terrifiantes cornes dans notre direction, comme un botteur de ballon qui se réchauffe en vue d'un botté gagnant.

Comme s'il avait lu dans mes pensées, mon ami Boyd Varty, qui a grandi au milieu de la savane africaine, dévoile la première option du plan d'évacuation. « Respire », murmure-t-il.

Oh ! D'accord ! Après l'effet de surprise, j'ai retenu mon souffle, une réaction typique au moment de décider s'il faut combattre ou fuir. Sous l'adrénaline, mes battements cardiaques se sont emballés. Sur le plan technique, je sais comment respirer, mais j'ai tout oublié. D'ailleurs, la plupart de mes connaissances ne me servent à rien en ce moment. J'ai passé les dernières années à interviewer différents experts sur la conscience humaine, des neurologues aux psychologues, des moines aux chamans, et aussi prosaïque que ça puisse l'être, tous s'entendent sur le fait qu'une profonde respiration est une puissante action, la pierre angulaire de tout, de la longévité à l'illumination. Ça s'avère particulièrement exact lorsque vous devez affronter un animal sauvage dont le poids dépasse celui de tous les membres de votre famille réunis.

Respire! Juste une longue expiration transformera tout mon corps : elle changera mon cerveau, mon équilibre hormonal, mes habiletés intuitives et mon influence sur les autres créatures. Je le sais intellectuellement. Mes amis le savent viscéralement. Koelle peut bien avoir l'air d'une mannequin branchée, mais des milliers d'heures en tant que véritable femme qui murmure à l'oreille des chevaux l'ont rendue très à l'aise devant d'énormes animaux tendus. Boyd, quant à lui, est si près de la nature sauvage qu'il est pratiquement lui-même une bête sauvage. Le quatrième et dernier membre de notre groupe, Solly Mhlongo, est un traqueur *shangaan* au courage et au talent légendaires. Il s'est déjà précipité dans une rivière pour sauver Boyd des crocs d'un crocodile qui mâchait sa jambe comme un pilon d'un poulet. D'instinct, Boyd avait pensé enfoncer son pied profondément dans la gorge du prédateur, forçant ainsi l'ouverture de la membrane musculeuse qui empêche l'eau de s'infiltrer dans les poumons des crocodiles et libérant Boyd. C'est ce qui a inspiré la chanson *Kick Him In The Gular Pouch*, laquelle est reprise par la famille entière de Boyd lors de fêtes bien arrosées, et elle aurait fait un excellent *hit* de hip-hop.

Mais là n'est pas la question.

De nous quatre, je suis assurément le maillon faible. Néanmoins, je me sens aussi pétillante et joyeuse qu'un mousseux à 4 $. Je fais signe à Boyd que tout va bien en levant maladroitement mon pouce de la main droite. Il me répond avec son sourire de vedette du cinéma (il me semble que c'est déjà injuste que des gens comme lui soient braves et brillants… faut-il en plus qu'ils soient aussi beaux?). Tandis que la mère rhinocéros nous toise sévèrement en grognant et que son rejeton continue de marcher lentement vers notre arrière-garde, Boyd lance silencieusement la seconde option du plan d'évacuation qui consiste à nous éloigner lentement sur le côté pour nous réfugier derrière un arbuste épineux. Nous déposons nos pieds avec délicatesse pour éviter les pierres, les terriers d'animaux et les serpents. Les épines déchirent mes vêtements et ma peau et m'arrachent des cheveux au passage. Je suis bien consciente que tout faux mouvement peut avoir des conséquences désastreuses. Je ne peux m'empêcher de sourire.

Pour l'amour de Dieu, comment me suis-je retrouvée là ? Pour l'amour de Dieu, que dois-je faire maintenant ?

Tout en marchant sur la pointe des pieds, il m'apparaît évident que je me suis posé ces questions toute ma vie, certainement au moins depuis l'école, lorsque j'ai commencé à soupçonner que j'avais été éjectée du train de lumière de l'Univers et que j'avais abouti sur la mauvaise planète. Tout en m'extirpant lentement de la menace du rhinocéros, je me souviens de quelques décennies auparavant, alors que je me retrouvais parfois les bras couverts d'égratignures et les cheveux emmêlés de brindilles à surveiller attentivement un quelconque animal – un oiseau, un écureuil, un chaton – pour l'amitié duquel j'aurais joyeusement et volontairement bravé la mort.

## Comment me suis-je retrouvée là ?

La plupart de mes souvenirs remontent jusqu'à mes quatre ans. À cette époque, je croyais encore – pas tout à fait, tout de même – ce que racontaient mes livres préférés : les contes de fées dans lesquels les souris et les faons parlaient ; Arthur, le roi en devenir, que Merlin pouvait changer en n'importe quel animal ; Tarzan et Mowgli, deux enfants élevés par des animaux. Lorsque les gens me demandaient ce que je voulais être lorsque je serais grande, je répondais « un archer », pas parce que je désirais tirer des flèches sur les autres ou les animaux, mais parce que je pensais que ce type d'emploi me qualifierait pour vivre comme Robin des Bois, traînant dans les bois avec un groupe d'amis idéalistes.

Pour moi, ce n'était pas juste un plan de carrière normal, c'était la seule et unique occupation correspondant à mon être profond, à ma nature véritable. J'en avais eu l'idée toute seule. Personne ne m'avait appris à penser de cette façon, à apprendre les noms de plusieurs centaines d'espèces animales ou à passer des heures à l'extérieur pour observer des oiseaux et mastiquer des plantes choisies au hasard afin de vérifier l'effet qu'elles avaient sur moi. Personne ne m'a jamais forcée à lire. Je l'ai fait, de façon obsessive, parce que je n'avais aucun autre moyen de voyager dans des contrées sauvages lointaines, de vivre d'extraordinaires aventures, d'apprendre la vie d'animaux que je ne pouvais même pas espérer voir dans la réalité. J'étais la septième d'une famille de huit enfants. Ce rang m'a valu un grand cadeau de la part de ma famille : la liberté absolue de lire tout ce que je voulais lire, de plonger dans toute forme de vie sauvage que je pouvais trouver et de tenir pour acquis qu'il en serait ainsi toute ma vie. Contrairement aux milliers de clients que j'ai conseillés lorsque j'étais adulte, personne n'a jamais essayé de m'empêcher de suivre ma vraie nature… jusqu'à l'âge de cinq ans !

Étrangement, en commençant l'école, j'ai découvert que mes premiers professeurs n'étaient pas convaincus que j'allais vivre dans les bois et apprendre le langage des animaux. Quelques réponses d'adultes aux sourcils interrogateurs m'ont amenée à réaliser qu'aucun de mes héros littéraires n'était réel, pas plus que le mode de vie sylvestre d'ailleurs. Chasser des chats errants autour de terrains vides ne me conduirait nulle part dans la société politiquement correcte. Pour réussir, je devais me concentrer complètement sur mes études. Et je l'ai fait ! Si bien et si intensément que je me suis faufilée à travers les programmes et j'ai obtenu trois diplômes de Harvard. À la fin de ma vingtaine, j'étais bien alignée sur une carrière en enseignement de la sociologie ou en psychologie sociale, ou en comportement organisationnel, ou en psychose sociocomportementale-organisationnelle, ou en psychologie sociocomportementale et organisationnelle, ou en peu-importe-ce-que-c'est !

Par contre, il y avait une toute petite tache sur mon plan de carrière : la pensée de passer ma vie à écrire pour des revues universitaires et à assister à des réunions de facultés me donnait l'envie de m'autoflageller. C'est ainsi qu'au début de la trentaine, je suis retournée vers ce petit moi de cinq ans, cette petite fille aux ongles noircis de terre et passionnée par la biologie. Je lui ai demandé ce qu'elle voudrait faire de sa vie, dans les limites du raisonnable, on s'entend. Elle m'a répondu qu'elle aimerait écrire des pensées remplies d'espoir pour les gens qui se sentaient prisonniers des bureaux, de la bureaucratie ou des pressions familiales. Elle voulait rédiger des livres qui aideraient les gens à se sentir libres, tout comme Tarzan et *Le livre de la jungle* l'avaient fait pour elle. Elle voulait dire aux lecteurs qu'ils pouvaient créer leurs propres règles.

Pour le côté scolarisé de ma personnalité, ça semblait légèrement acceptable. Je me suis imaginée vivant à la campagne, vêtue d'un chemisier ample, écrivant de la prose en série et cueillant les chèques dans une boîte aux lettres rustique au bout d'un chemin de terre. Sans avoir le temps de le réaliser, je me suis retrouvée dans l'industrie du divertissement, et c'était en quelque sorte trop tard. Mais, comme c'est souvent le cas avec les auteurs, j'ai eu de la chance. Je me suis retrouvée dans une sorte de tournée de livres interminable, voyageant constamment afin de donner des causeries et des conférences en plus de faire quelques apparitions à la télé. Puis, Internet est arrivé. L'information était dorénavant propagée par de nouveaux moyens fabuleux. En plus d'écrire, de donner des conférences et d'accorder quelques entrevues, on m'avisa que je devais en plus bloguer, *tweeter* et publier sur Facebook. J'ai fait de mon mieux, mais chaque fois que j'ai voulu suivre la révolution informatique, je me sentais comme un prof du collège, dépassé et au mitan de sa vie, se pointant le nez à une beuverie étudiante. Je m'enfuis aussi vite que je le pouvais tout en me sentant chaque fois misérable et dépassée. Je me voyais comme le modèle type du genre *comment réussir en affaires en essayant fort, fort.*

C'est alors qu'au beau milieu de ce cirque, je reçus une demande inusitée. Un homme, Alex van den Heever, qui était garde de réserve (peu importe ce que cela était), m'invita à aller constater ce qui se passait à Londolozi, une réserve naturelle en Afrique du Sud. Je m'étais déjà rendue à Londolozi une fois, lors d'une tournée d'auteurs. J'avais été complètement séduite par ce site. C'est la raison pour laquelle le courriel d'Alex capta autant mon attention – ou plutôt celle de mon petit moi de quatre ans aux cheveux ébouriffés et aux vêtements déchirés. Le nom *Londolozi* avait trouvé écho en moi, un écho qui résonnait en parfaite harmonie avec ma vraie nature. En lisant le courriel d'Alex, je m'étais mise à pleurer, sans savoir vraiment pourquoi.

Mais là, en ce moment précis, après avoir répondu à l'invitation d'Alex, être devenue une visiteuse régulière à Londolozi et être tombée nez à nez avec la *mama* rhino et son bébé, les raisons de ces larmes m'apparaissent clairement. Tout en retirant délicatement une épine de ma joue et en espérant que la *mama* rhino ne charge pas en ma direction – mais je me fous au fond qu'elle le fasse –, les pièces du casse-tête se placent dans mon esprit. Toute tombe en place soudainement.

*Londolozi* est un mot zoulou signifiant « protecteur de tout être vivant ». Les gens qui ont baptisé ainsi cette réserve sauvage ont passé leur vie à œuvrer à ce qu'ils définissent comme la « restauration de l'Éden ». La terre sous mes pieds fut autrefois une ferme à bétail qui fit faillite. L'endroit était pratiquement dénué de vie. L'écosystème fut revitalisé jusqu'à retrouver son état originel grâce à quelques personnes, dont Alex, mon ami Boyd Varty, sa famille ainsi que quelques traqueurs *shangaans* comme Solly. Ces gens ont participé à restaurer une portion de la terre aussi grande que la Suisse. Et ils n'ont nullement l'intention de s'arrêter.

Ainsi – et c'est très clair pour moi maintenant –, c'était mon petit moi de quatre ans non civilisé, mené par sa passion pour les animaux et son envie de parcourir des endroits en compagnie de peu d'humains, qui m'avait traînée à quelques centaines de milliers de kilomètres de chez moi, jusque dans ce lieu sauvage et magique avec ces gens un peu fous et magiques. En ce moment même, je suis accroupie parmi les buissons avec un traqueur africain, un écologiste et une femme qui peut vraiment parler avec les animaux. La réalité me frappa aussi solidement que le ferait tout rhinocéros : le monde auquel je croyais dans mon esprit pur et vierge d'enfant, ce monde que j'avais depuis longtemps désespéré de trouver, celui que j'avais enterré sous des décennies de travail sans merci vers des objectifs *civilisés*, ce monde est réel! C'est la raison pour laquelle là, maintenant, je pourrais mourir heureuse, plus heureuse que j'aie pu l'être au cours des quarante dernières années. Juste pour ce moment, ma vie valait la peine d'être vécue, pour partager cet instant avec ces amis, avec ces animaux, en ce lieu, avec le cœur nourri de joie. Je découvre ce que l'on ressent lorsque l'on reconquiert sa vraie nature. C'est l'une des plus belles expériences de ma vie. Et comme l'extase adore la compagnie, je veux que vous en fassiez, vous aussi, l'expérience.

Ce tout nouveau monde du XXIᵉ siècle, à la fois changeant et rempli de promesses, est le milieu parfait pour reconquérir votre nature véritable. Votre vie ira mieux, tellement mieux, si vous laissez cette véritable nature dicter vos choix. Vous connaîtrez la liberté, la paix et l'enchantement. Vous optimiserez vos chances de bien réussir financièrement. Vous aurez une influence des plus positives sur tout ce qui vous entoure. J'ignore comment tout cela s'exprimera précisément pour vous, mais je sais ceci : il est temps pour vous de rencontrer votre rhinocéros.

## Comment en êtes-vous arrivé là ?
### *Que devriez-vous faire maintenant ?*

Votre *rhinocéros* est tout ce qui comble tellement votre véritable mission de vie que si quelqu'un vous disait : « C'est juste là, à l'extérieur, mais prends garde, ça pourrait te tuer », vous vous élanceriez en courant à travers la moustiquaire de la porte-fenêtre sans même prendre la peine de l'ouvrir. Et pieds nus en plus ! En ce moment même, vous connaissez la nature de votre rhinocéros, mais vous ne savez peut-être pas encore que vous le connaissez, parce que la partie de vous qui voit clairement votre mission de vie est votre véritable nature, et cette partie de vous parle peu, comme nous le verrons plus loin.

Peut-être vivrez-vous un moment *rhinocéros* en jouant à un nouveau jeu vidéo épatant, en décorant une pièce de la maison avec votre âme sœur, en aidant un bambin à faire pousser une fleur ou en nourrissant des liens avec un groupe d'amis qui rient constamment et qui s'entraident inlassablement. Peut-être que votre rhinocéros n'a pas encore été inventé. Lorsque la plus jeune de mes deux filles m'a demandé vers quelle option elle devait s'orienter pour son diplôme universitaire, je lui ai répondu : « Crée ta propre option. Puis, inscris-toi à tous les cours qui te font sauter du lit le matin – ou l'après-midi, peu importe ! –, car ta vraie carrière ne sera probablement pas réelle avant quelques années encore. »

Alors que nous entrons dans la seconde décennie du XXI$^e$ siècle, le rythme des changements technologiques et sociaux a atteint ce que les statisticiens appellent le « genou de la courbe » dans un processus de croissance exponentielle. Ça signifie qu'après tant de siècles de lents progrès, de l'art de faire du feu à la révolution industrielle, nous inventons maintenant des technologies si puissantes et à un rythme si rapide que bientôt le cerveau humain ne pourra rivaliser avec les machines qu'il aura construites. Même les futurologues aguerris n'ont aucune idée de ce que sera le monde dans les décennies à venir, bien qu'ils mettent en lumière quelques tendances clés qui se maintiendront presque assurément. En voici quelques exemples :

- Des individus comme vous et moi ont maintenant la possibilité de faire des choses, comme diffuser de l'information à des millions de personnes, que seules les grandes organisations, comme les gouvernements et les grandes sociétés, pouvaient faire auparavant.

- Les moyens pour atteindre de tels objectifs sont de moins en moins coûteux, de plus en plus accessibles et omniprésents.

- La connaissance n'est plus un pouvoir dorénavant, car elle n'est plus limitée et réservée à l'élite. Ce qui est limité et restreint, c'est l'attention des êtres humains. Diriger l'attention humaine est la façon dont les gens échangent des biens et services – comment ils survivent finalement – dans le nouveau monde en transformation.

- Les qualités qui captivent une attention positive aujourd'hui ne sont plus la superficialité, la tiédeur et le consensus de masse (ennuyeux !), mais bien l'authenticité, la créativité, l'humour, la beauté, le caractère unique, l'enjouement, l'empathie et la quête de sens (intéressant !).

- Les ressources les plus rares et les mieux cachées ne sont plus les machines de haute technologie ni les villes hautement développées, mais plutôt les endroits, les gens, les animaux, les objets et les expériences les moins exploités et les mieux préservés dans leur état pur.

- Une fois que vous avez trouvé ce qui constitue votre rhinocéros, la meilleure façon de vivre heureux et prospère est d'agir en fonction de votre trouvaille. L'attention positive maximale (la plus estimable ressource dans ce nouveau monde) vient en étant absolument vous-même, en fonctionnant à partir de votre véritable nature afin d'entrer en connexion avec la véritable nature des gens, des animaux, des plantes, des événements et des situations.

## La fonction de votre véritable nature

Ayant suivi quelques formations en sociologie à l'époque, j'étais éveillée à tout cela avant même que je rencontre mon propre rhinocéros en chair et en os. Je savais aussi que la vraie nature de tous les êtres humains – quoique le concept de la vraie nature soit plus ou moins défini – a toujours été limitée par les pressions de survie, incluant celles que le sociologue Max Weber appelle la « cage de fer » de la rationalisation. Aussi longtemps que les gens continuent à faire de l'argent par des moyens rationnels, écrit Weber, les cages de fer de la société les emprisonneront, anéantissant leurs désirs et leurs différences, transformant les travailleurs humains en des composantes de la grande machine financière de la société.

Lorsque j'ai lu les travaux de Weber – à l'époque de mes études universitaires –, je ne fus pas surprise d'apprendre que ce grand théoricien avait une tendance à la déprime. En fait, dans les dernières années de sa vie, il restait souvent enfermé dans sa chambre. Il décrivait le futur de l'humanité comme une nuit polaire noire et glaciale. Je ne fus pas surprise non plus de découvrir que Weber, tout comme moi, souffrait de douleurs chroniques qui l'ont handicapé pendant des décennies. Chaque fois que je délaissais mes études en vue de l'obtention de mon diplôme et que je me détendais en regardant un documentaire sur la vie sauvage (le meilleur moyen de tolérer ma propre douleur chronique), j'entendais immanquablement des prédictions qu'une véritable nuit polaire glaciale et noire se préparait, que ce soit à la suite d'un hiver nucléaire ou de toute autre forme de désastre majeur. Comment en étions-nous arrivés là ? Que devions-nous faire maintenant ?

J'étais super drôle lors de fêtes !

Même si j'avais accepté depuis longtemps que la vraie nature – la vôtre, la mienne, celle de la Terre – avait été endommagée de façon irréparable, à Londolozi, ma vraie nature m'a murmuré un nouveau message. Je croyais que je ne faisais simplement que voler quelques moments à l'extérieur de la cage de fer de mon travail, le temps d'entrevoir un dernier vestige d'une nature sauvage agonisante, mais à l'instant où j'ai accepté la mort-par-rhino, une tout autre pensée pénétra ma conscience. Dans l'ébahissement du moment, j'ai laissé tomber la fausse image de moi que j'entretenais dans mon esprit. Au rythme du silence intérieur qui s'ensuivit, j'entendis le message de mon petit moi de quatre ans, à la peau rougie par le soleil et aux doigts noircis de terre. L'existence de Londolozi, les gens qui l'avaient restaurée, la mère anxieuse et son rejeton tout en santé représentaient chacun, à sa façon, le message de la petite Martha de quatre ans : « La nature peut guérir. »

## Guérir votre véritable nature

Cette toute petite phrase fut un tournant dans ma vie. Elle me disait que, si nous donnons une chance aux écosystèmes (comme les humains l'avaient fait à Londolozi), les territoires peuvent commencer à s'autoréparer. Elle me disait aussi que, malgré les années que j'avais passées dans différentes cages de fer, ma propre véritable nature pouvait se réparer elle-même également. Et la vôtre le peut tout aussi bien. Même si vous êtes un fervent citadin, même si vous considérez la nature comme un espace déplorable sans centre commercial que vous devez traverser pour vous rendre à l'aéroport, même si vous croyez, comme W. C. Fields, que *toute personne qui déteste les enfants et les animaux ne peut être tout à fait mauvaise*, l'expression de ces différences qui vous sont propres fait partie de votre vraie nature. Votre travail, maintenant et pour le reste de votre vie, consiste à guérir cette vraie nature et à lui permettre de fleurir.

De nos jours, les cages de fer de nombreuses industries croulent, emportant avec elles les emplois de plusieurs personnes qui avaient échangé leur bonheur pour une supposée sécurité économique. Le changement atteint un niveau et un rythme qui laissent peu d'institutions sociales ou économiques intactes (et ces survivantes seront bientôt emportées elles aussi). Le monde fluide et nouveau du XXIe siècle confirme que non seulement vous pouvez vous libérer de votre cage de fer, mais que vous le devez. La liberté et la santé de votre être profond et véritable sont essentielles pour vous épanouir dans cette ère nouvelle et sans précédent où (comme nous le verrons plus loin) l'authenticité est souvent synonyme d'attention qui, elle, correspond à une valeur qui, à son tour, se traduit en prospérité.

Comment donc en êtes-vous arrivé là? En faisant votre chemin, du mieux que vous le pouviez, à travers un dédale de pressions sociales souvent destructrices pour votre vraie nature. Que devez-vous donc faire maintenant? Trouvez une nouvelle voie. Une meilleure voie. Votre voie! Cette route inconnue, non répertoriée, à travers ce nouveau monde changeant et excitant, vous permettra – vous-même, dans votre caractère unique – de reconquérir la pleine mesure de votre véritable nature.

Pouvez-vous relever ce défi? Si vous vous en sentez incapable, j'espère que vous êtes à l'aise dans votre cage, car elle sera secouée par la vague titanesque du changement qui s'intensifie. Si vous acceptez de relever le défi, alors félicitations! Votre avenir sera rempli d'aventures et d'émerveillements. Vous tracerez votre trajectoire entouré de nouveaux pairs. La décision de guérir votre vraie nature, par définition, fait de vous l'un des guérisseurs de la nature. Il appert que les guérisseurs jouent un rôle unique, puissant, possiblement sans précédent, dans ce nouveau monde en mouvance.

Pour passer à l'action, comme tout bon enquêteur au département des meurtres vous le dira, il faut un motif, un moyen et une occasion. Votre véritable nature vous insuffle la motivation pour créer la vie que vous désirez vraiment. La fluidité de notre civilisation offre l'occasion. Les moyens dont vous vous servirez pour réaliser votre vie idéale peuvent être moins évidents à trouver. Je crois qu'ils doivent venir des anciennes traditions dont les guérisseurs se servaient dans différentes cultures, à divers endroits sur la terre. Ces façons d'améliorer les choses furent développées pour réparer toute chose précieuse, complexe et brisée. Notre culture, bien que surpassant de loin les sociétés précédentes dans l'art de manipuler le monde matériel, a perdu ou a délibérément écarté ces façons de *réparer* ce qui était *brisé* chez les gens ou dans le monde. Vous enseigner à les utiliser est l'objectif de ce livre.

## Le TEAM[1]

### *L'équipe de guérison*

À l'époque où j'enseignais à l'université et à l'école des affaires, quelque chose d'incongru a commencé à se manifester à moi. Pour une raison quelconque, des gens se pointaient régulièrement dans mon bureau pour me poser des questions, mais ces questions ne concernaient pas du tout la matière scolaire. Elles concernaient leur vie personnelle. « Comment en suis-je arrivé là ? » me demandaient-ils. « Que devrais-je faire à partir de maintenant ? »

Je n'en avais aucune idée. Heureusement, j'ai réalisé que si je ne faisais que les écouter, les gens finissaient toujours par trouver eux-mêmes les réponses. C'est la raison pour laquelle je suis ultimement devenu *coach* de vie, une profession si vague qu'elle semble presque remplie de cinglés (et certains affirmeront que c'est le cas). Je n'ai pas choisi le *coaching* comme carrière. Je voulais être quelqu'un de plus prestigieux, comme professeure, commis dans un grand magasin ou encore accro du crack ! Mais je devins *coach* de vie. Dans ma pratique, j'ai remarqué avec le temps que plusieurs personnes qui avaient recours à mes services se ressemblaient étrangement. Même si elles étaient très différentes extérieurement – toute une galerie de genres, d'âges, de races, de nationalités et d'occupations –, leur discours était dramatiquement le même. Voici quelques exemples pour vous aider à saisir ce que j'essaie d'expliquer :

---

1. NDT : Nous avons délibérément choisi de conserver le mot *TEAM* (au masculin) au lieu de sa traduction *Équipe* parce que l'auteur l'utilise abondamment dans ses écrits, ses cours et ses conférences et que ce terme est connu du public.

- Kendra, une étudiante de dix-neuf ans, m'a été envoyée par ses parents après un premier semestre désastreux à l'université Columbia. « Je n'arrive pas à me concentrer », me confia Kendra, qui avait été jusque-là une étudiante performante. « Je sillonne les rues de New York et me sens coincée. Je n'appartiens pas à ce monde concret. Je veux… J'ai besoin d'être ailleurs, de faire autre chose, quelque chose qui aidera… Je ne sais pas. » Sa voix tremblait en prononçant ces mots. Ça n'avait aucun sens pour elle, mais les émotions derrière ces mots étaient irrésistibles.

- Issu d'une riche famille de New York, Jack a déjà voulu être policier à cheval ou promeneur de chiens dans Central Park. « C'étaient les seuls emplois que je connaissais qui se pratiquaient à l'extérieur et en compagnie d'animaux », dit-il en riant. À quinze ans, Jack fit la connaissance d'un garçon souffrant d'autisme et une idée lumineuse lui vint en tête. « J'ai remarqué à quel point Danny se détendait en présence d'animaux et je suis devenu obsédé par l'idée de favoriser de tels échanges. » Jack obtint un diplôme en éducation spécialisée et commença par la suite à travailler en thérapie auprès des enfants ayant des besoins particuliers. Au cœur de la thérapie, il incluait l'interaction avec les animaux. « Ce n'est vraiment pas le genre de carrière usuelle dans ma famille, dit-il, mais c'est la seule chose que j'ai toujours voulu faire. »

- « Je suis "démentiellement" occupée. Pourtant, presque chaque jour, je mets tout de côté et je ne fais qu'écouter des gens », me raconta Lorrie, une mère de famille dans la quarantaine. « Parfois, j'écoute des gens que je ne connais pratiquement pas. J'ignore pourquoi ils désirent se confier à moi, mais ils le font ! Et je m'entends alors leur donner des conseils auxquels je n'ai même jamais songé. Je me sens bizarre de prendre du temps pour faire autre chose que ce que je suis censée accomplir. Pourtant, lorsque j'agis ainsi, plus rien d'autre ne compte. Qu'est-ce qui ne va pas chez moi ? »

- Pete me conduisait à l'aéroport d'Albany après une conférence. Il avait grandi en pratiquant la chasse pour le plaisir, mais lorsqu'il rejoignit les rangs de ceux qui protestaient contre la guerre au Vietnam, il amorça une quête intérieure sur le droit d'enlever la vie à un être vivant. Frustré contre le gouvernement, Pete s'installa sur une réserve apache où il se lia d'amitié avec le chaman de l'endroit. Des années plus tard, Pete vit toujours en connexion avec la vie sauvage, qu'il cherche à préserver et à guérir. « Durant la saison de la chasse, me confia-t-il, j'enfile des habits de camouflage, je me rends dans les forêts et j'effraie les animaux pour les éloigner des chasseurs. » Lorsque je lui fis remarquer que c'était plutôt risqué, il se mit à rire. « Ce n'est pas la façon habituelle de servir mon pays, mais c'est tout de même la meilleure que je connaisse. »

- Tout ce qu'April avait toujours voulu était un bon emploi stable lui offrant un salaire décent, certains avantages et des possibilités de promotion. Cependant, son travail dans une importante banque ne la comblait pas complètement. « À vrai dire, si j'étais restée, j'aurais fini par tuer quelqu'un, au hasard des bureaux à cloisons. » April trouva l'épanouissement ailleurs. « J'adore discuter avec mes amis de la façon dont nous changerons le monde. Nous plaisantons la plupart du temps et nous abandonnons nos idées, mais je suis tout de même sérieuse dans ce projet. Je sens qu'un changement est en train de se faire et je n'ai pas prévu le regarder s'accomplir à partir des bureaux d'une entreprise. »

Vous voyez ce que je veux dire ? Bien qu'évoluant dans des sphères et des endroits différents, ces gens ressentent tous un mystérieux besoin, urgent et incessant, de se connecter à leur vraie nature. Tout en écoutant de plus en plus d'histoires du genre, j'ai compris que ces gens partageaient un tas d'autres caractéristiques qu'aucun démographe n'avait pourtant recensé. En voici les principales :

- Le sentiment d'avoir une mission spécifique ou un but en lien avec une transformation majeure de l'expérience humaine, sans toutefois être capables d'en donner les détails.

- Une forte impression que cette mission est imminente.

- Une compulsion à maîtriser certains domaines, habiletés ou professions, pas seulement pour l'avancement de leur carrière, mais en vue de l'accomplissement de leur mission personnelle encore floue.

- Un haut niveau d'empathie, l'impression de capter ce que les autres ressentent.

- Un désir pressant de soulager ou de prévenir la souffrance chez les humains, les animaux et même les plantes.

- Une solitude venant d'un sentiment d'être différents. Une femme a parfaitement résumé ce sentiment lorsqu'elle m'a dit : « Tout le monde m'aime, mais personne ne me ressemble. »

De plus, ces gens partagent aussi les attributs suivants (seulement quelques-uns présentent tous ces traits, mais tous en ont plusieurs) :

- Une forte créativité, une passion pour la musique, la poésie, le spectacle ou les arts visuels.

- Un amour intense pour les animaux et même, parfois, le désir de communiquer avec eux.

- Un début de vie difficile, souvent marqué par des abus ou des traumatismes durant l'enfance.

- Une forte attirance pour certains environnements naturels, comme la mer, les montagnes ou les forêts.

- Une résistance devant l'orthodoxie religieuse accompagnée, paradoxalement, d'une quête spirituelle ou d'un pressentiment qu'il existe d'autres voies spirituelles.

- Un amour pour les plantes et le jardinage, au point, parfois, de se sentir vides intérieurement ou déprimés s'ils n'ont pas la chance d'être entourés de *choses vertes* et de favoriser leur croissance.

- Une très forte sensibilité émotionnelle, prédisposant souvent à l'anxiété, à la dépendance ou aux déséquilibres alimentaires.

- Un sentiment d'intense connexion à certaines cultures, langues ou régions géographiques.

- Une déficience (souvent intellectuelle, comme la dyslexie, le retard ou l'autisme) chez eux ou chez un être aimé. Une fascination pour les gens souffrant d'une déficience intellectuelle ou d'une maladie mentale.

- Une personnalité apparemment sociable contrastant avec un profond besoin de périodes de solitude; un sentiment d'être siphonnés de leur énergie par les relations et de devoir se retirer pour refaire le plein d'énergie.

- Une maladie physique, souvent sévère, persistante ou récurrente, avec des symptômes qui varient sans raison.

- Des rêves (éveillés ou endormis) de guérir des gens, des créatures ou des lieux abîmés.

J'ai moi-même présenté plusieurs de ces traits, ce qui explique, je présume, pourquoi les gens continuaient de se confier à moi. Les personnalités et la vie intérieure de ces gens se ressemblaient tellement que j'ai eu l'étrange sentiment qu'ils étaient faits pour œuvrer ensemble. J'ai donc commencé à les appeler le « TEAM ». En traversant la quarantaine, je rencontrais partout des membres du TEAM. Ils me demandaient de plus en plus et avec une intensité presque dérangeante : « Pour l'amour de Dieu, comment me suis-je retrouvé là ? » et « Bon sang ! Que dois-je faire maintenant ? » Des centaines de personnes m'ont consultée en *coaching*, sont venues me voir après mes conférences ou m'ont écrit pour me dire la même chose : même si elles ignoraient pourquoi, elles avaient l'impression d'être nées pour participer à un changement spécifique et profitable, de s'y être préparées depuis la naissance et que le temps de passer à l'action approchait.

Même si je n'avais aucune idée de ce que les membres du TEAM attendaient, je l'attendais, moi aussi. Lorsqu'une femme du TEAM me demanda ce que nous faisions au juste et que je lui ai répondu que je l'ignorais, elle a ajouté : « D'accord, alors peu importe ce que c'est, nous passons à l'action à l'aube. » Nous avons toutes les deux ri de bon cœur – je me demandais du coup quel antipsychotique me prescriraient mes pairs s'ils m'analysaient !

Peu après cet épisode, un anthropologue m'aborda : « Vous savez, dans une culture primitive, les gens que vous décrivez auraient été étiquetés comme les guérisseurs de la tribu – druides, médecins, chamans ou autres. Vous l'avez réalisé, n'est-ce pas ?

– Hum… non, Professeur, je ne l'ai pas réalisé », lui dis-je. Puis, je me suis éclipsée pour me plonger dans mes livres.

## Trouver un terme pour désigner le TEAM

J'ai découvert que mon ami le professeur avait raison. Tout au long de l'histoire de l'humanité, dans toutes les régions géographiques et les traditions culturelles (sauf dans le rationalisme moderne), les individus présentant les attributs du TEAM étaient considérés comme ayant le don particulier – et les responsabilités qui s'ensuivent – de se connecter aux mondes naturels et surnaturels dans le but précis de réconforter et de guérir tous les êtres. Ce n'était pas seulement leur vocation, c'étaient aussi leur travail et leur carrière.

En général, ce rôle ne se transmettait pas par hérédité. Les individus qui en présentaient les traits étaient sélectionnés par les aînés et entraînés à devenir un… quelque chose ! Chaque culture avait son propre mot pour décrire ce rôle. La culture occidentale moderne n'en a aucun. Nous séparons les rôles de mystique, de guérisseur, de thérapeute, d'artiste, d'herboriste, de naturaliste et de conteur et nous les classons comme des professions distinctes et souvent sujettes à une certaine hostilité. Dans la plupart des autres sociétés, il y avait un seul mot, une seule description de tâches pour une personne qui était tout cela à la fois.

Je me gruge encore les méninges pour trouver un mot pour résumer le TEAM qui n'évoque pas une superstition simpliste ou quelque fantaisie des adeptes du nouvel âge qui se vêtissent de peaux de loups et qui se rebaptisent de noms du genre *Colibri du rayon de lune*. Le mot *guérisseur* décrit, certes, le désir du TEAM d'agir dans le monde, mais au cours de mes recherches sur le sujet, tant dans des pays développés que d'autres en voie de développement, j'ai rencontré plusieurs individus se donnant eux-mêmes des titres comme *guérisseurs*, *gourous* ou *enseignants spirituels* et qui semblaient principalement dévoués à la santé de leur compte de banque. Ils ne font certainement pas partie du TEAM !

Dans mes recherches, de temps à autre, j'ai rencontré des individus qui semblaient incarner l'archétype du guérisseur. Ces derniers sont des générateurs vivants de paix, d'espoir, de compassion et de restauration. Ce qu'ils accomplissent tient parfois du miracle, mais eux-mêmes demeurent humbles et insistent sur le fait que leur œuvre est simple et pragmatique. Pour les différencier des horribles faussaires, j'ai commencé à utiliser le mot *réparateurs*[2], ce qui décrit bien le cœur de l'action de ces aimables gens et qui ne froisse aucunement leur humilité. J'utiliserai souvent ce mot au fil des pages de cet ouvrage, mais celui que j'utiliserai le plus pour décrire les gens du TEAM sera *découvreurs de voies*[3].

## Découvrir comment nous en sommes arrivés là et ce que nous devons faire maintenant

L'anthropologue Wade Davis a utilisé le mot *Wayfinders*[4] pour décrire les anciens navigateurs qui ont découvert les premiers les îles du Pacifique, dirigeant leur petit bateau sur de vastes étendues d'eau jusqu'à des îlots de terre si petits qu'en comparaison, une aiguille dans une botte de foin ressemblerait à une enclume dans une huche à pain, tout cela sans les équipements modernes de navigation. Dans son livre *The Wayfinders: Why Ancient Wisdom Matters in the Modern World*, Davis écrit que les découvreurs polynésiens (il en existe encore quelques-uns) peuvent *lire* l'océan si précisément qu'ils reconnaissent

---

2. NDT : *Menders* en anglais.
3. NDT : *Wayfinders* en anglais.
4. NDT : *Découvreurs de voies* en français.

le mouvement réfractif des vagues en provenance d'un chapelet d'îles à des centaines de kilomètres du lieu où ils se trouvent, simplement en observant la houle frapper la coque de leur embarcation. Ils se servaient de l'observation empirique et de leur intuition qui s'apparenteraient aujourd'hui à la magie.

Voilà une parfaite métaphore pour la tâche qui attend l'humanité actuellement. Nous devons tracer une route au travers de conditions aussi fluides que l'eau, de telle façon que nous parvenions à non seulement arrêter la destruction de notre propre vraie nature, mais à renverser la tendance. En le faisant, et seulement en le faisant, nous commencerons tout naturellement à guérir la Terre. Récemment, j'ai remarqué un autocollant apposé sur le pare-chocs arrière d'une voiture et qui disait : « Chers humains, sauvez-vous vous-mêmes, je prendrai soin de moi. Avec Amour, la Terre. »

Notre équipe de découvreurs de voies regroupe des gens qui ressentent un appel intérieur à guérir tout élément authentique du monde, en commençant par leur propre véritable nature. Si vous êtes un *réparateur*-né, vous pourchasserez cette guérison presque en dépit de vous-même. Et lorsque vous l'aurez trouvée, vous deviendrez automatiquement le changement que vous désirez voir dans le monde, guérissant la vraie nature des gens et des choses qui vous entourent.

## Oui, vous faites partie du TEAM !

Le fait que vous êtes toujours en train de lire ce livre – et le fait d'abord que vous l'avez choisi – signifie que vous êtes presque assurément un découvreur-né. À vrai dire, de nos jours, nous sommes partout. Ce n'est pas seulement un rôle social, c'est un archétype – un rôle ou une attitude comportementale intrinsèque à toutes les psychés humaines. Les êtres humains, pour la plupart, ont la capacité d'incarner à peu près tous les archétypes nécessaires dans une situation spécifique. Par exemple, si vous avez déjà été en danger, vous avez possiblement fait appel à votre archétype de *héros*, y trouvant le courage et le cran requis. Si vous avez pris soin d'un enfant, d'un animal de compagnie ou d'un être cher malade, vous avez probablement puisé dans votre archétype de *bon parent* pour donner les soins nécessaires. Et lorsque vous voyez quelqu'un ou quelque chose foncer dans sa propre destruction, ça éveille en vous l'archétype du *guérisseur-découvreur*. Actuellement, peu importe où vous regardez, il y a une forme de vraie nature – gens, animaux, endroits, relations – qui crie désespérément pour être réparée. C'est pourquoi, partout dans le monde, des gens sont poussés à endosser l'archétype du *guérisseur*, du *découvreur de voies*.

Si vous croyez (ou si vous savez) faire partie du TEAM, ne commettez pas l'erreur de croire qu'il vous faut retourner à l'école, suivre une formation ou obtenir un diplôme. Peu d'écoles enseignent ce dont vous avez besoin pour reconquérir votre véritable nature. Vous avez besoin d'apprendre ce qu'un découvreur de voies aurait enseigné dans une tribu ancienne. Vous avez besoin d'apprendre ce que Merlin a enseigné à Arthur. Bref, vous avez besoin de magie !

## Les méthodes des réparateurs

En parlant d'Arthur... L'auteur de science-fiction, Arthur C. Clarke, a écrit : « Toute technologie suffisamment avancée est "indifférenciable" de la magie. » Tandis que le TEAM retenait de plus en plus mon attention, j'ai commencé à étudier sérieusement les méthodes utilisées par les découvreurs. J'ai appris tout ce qu'il était possible d'apprendre sur eux par des livres, des discussions et des rencontres avec des experts qui utilisaient encore les méthodes anciennes. Ces dernières incluaient la compréhension du monde physique, la connexion et la communication avec d'autres êtres, l'anticipation du futur ainsi que le réconfort et la guérison dans toute situation. Ces méthodes étaient souvent considérées comme de la magie par les sociétés dans lesquelles les découvreurs étaient entraînés. Pourtant, les réparateurs eux-mêmes considéraient leurs activités comme des habiletés pragmatiques qui pouvaient être apprises et évaluées sur une base empirique. Pour ma part, j'appelle ces méthodes des « technologies de magie ». Chaque fois que cela était possible, j'essayais réellement de me servir des technologies de magie que j'apprenais tout au long de mes recherches. Probablement parce que j'avais peu d'aptitudes (surtout au début), plusieurs techniques magiques que j'ai utilisées m'ont semblé insensées (ou, du moins, elles étaient inefficaces). Cependant, et à mon grand étonnement, quelques-unes ont fonctionné, c'est-à-dire que lorsque j'ai utilisé certaines procédures *magiques* venant de différentes cultures, j'ai obtenu des résultats en conséquence dans le monde tridimensionnel.

Ce livre vous parlera davantage de tout cela. Je tiens à ajouter que plus j'ai étudié et utilisé les habiletés des réparateurs, plus ma guérison s'est opérée. Physiquement, ma fibromyalgie – qui m'a causé des douleurs atroces et m'a souvent clouée au lit au cours d'une douzaine d'années – a disparu. Psychologiquement, je suis devenue plus heureuse, paisible, résiliente et aimante. Professionnellement, la carrière que je n'avais jamais vraiment prévue a continué de prospérer. Ma vie s'est agrémentée de plus de merveilleuses personnes que je ne l'aurais imaginé. Et ces personnes semblent profiter de mon propre cheminement d'autoguérison.

C'est ainsi que la découverte fonctionne : vous commencez à utiliser certaines techniques juste pour vous sentir mieux, mais vos efforts semblent profiter aussi au monde qui vous entoure. Sans vraiment le planifier, vous finissez par œuvrer à réparer ce qui vous semblait très loin de votre rayonnement. Peu importe la voie que vous empruntez dans ce nouveau monde en mouvance – et votre voie n'a peut-être rien à voir avec la mienne –, vous joignez les rangs du TEAM qui, ultimement, travaille à apporter de stupéfiants changements, dans la vie personnelle de chacun et dans un nombre incalculable de situations complexes.

Alors, vous vous demandez peut-être : « Quelles sont ces technologies de magie ? Qu'est-ce que je peux faire maintenant ? »

Bon sang, j'ai cru que vous ne le demanderiez jamais !

## Les quatre technologies de magie

Si vous vous attendiez à ce que l'art des découvreurs soit relié à des sortilèges vaudou ou à des rituels fumistes, je dois vous désillusionner immédiatement. Les véritables technologies de magie ne sont pas aussi extravagantes – du moins, pas de l'extérieur, mais intérieurement, elles vous en mettront plein la vue. Les exercices dans ce livre sont tirés de techniques (avec quelques variations, cependant) que j'ai expérimentées à partir de plusieurs traditions de réparateurs. À l'origine, ces techniques étaient utilisées par des personnes de nationalité différente, avec différents langages dans différents lieux, portant souvent différents chapeaux (je ne sais pas pourquoi, mais les réparateurs de toutes les cultures semblent avoir un faible pour les chapeaux impressionnants). Aucun de ces détails superficiels n'est nécessaire pour l'utilisation des technologies. Ce livre vous offre les habiletés essentielles pour la magie réelle, sans trop de décorum autour.

Il n'y a pas autant de techniques que l'on serait porté à le croire. Chaque *tradition* de découvreurs digne de ce nom que j'ai étudiée se référait à quatre techniques de base – chacune étant par la suite teintée de sa culture – pour tracer un itinéraire dans le nouveau monde changeant. J'ai nommé ces technologies l'« Observation silencieuse », l'« Unité », l'« Imagination » et la « Manifestation ».

L'**Observation silencieuse** fait basculer la conscience hors de la partie verbale du cerveau vers la région plus créative, intuitive et sensitive. Laquelle est la plus puissante ? Eh bien, il suffit de mentionner que la région verbale du cerveau gère quarante bits d'informations par seconde, tandis que la partie créative en traite environ onze millions par seconde. À vous de faire la comparaison !

L'**Unité** vous permet de ressentir l'interconnexion entre votre conscience et celle des êtres qui ne sont apparemment pas en lien avec vous. La science confirme maintenant que nous sommes tous interconnectés. Nous sommes, à la base, une énergie vibrant à différentes fréquences, illimitée et entremêlée.

Une fois que les technologies de l'Observation silencieuse et de l'Unité sont activées, l'**Imagination** devient leur serviteur dévoué. Utilisée dans un état de connexion silencieuse avec le monde qui vous entoure, l'Imagination vous aidera à atteindre un niveau de résolution de problèmes où tout s'accomplira dans le plaisir pur et le génie.

Puis, la **Manifestation** crée dans la réalité physique les situations, les objets et les événements que vous avez imaginés. Par exemple, si vous vous servez des trois premières méthodes pour imaginer une relation, une carrière ou une maison parfaite, la Manifestation est le niveau où vous rencontrerez réellement votre âme sœur, où vous lancerez votre entreprise ou que vous achèterez votre nouvelle maison. À l'étape de la Manifestation, il y a deux façons de concrétiser les choses. Premièrement, en vous servant uniquement des procédés physiques concrets pour faire bouger les choses ou, deuxièmement, en ajoutant les trois premières technologies à l'action physique.

Vous aurez peut-être noté que les deux premières technologies, l'Observation silencieuse et l'Unité, ne concernent pas des actions, mais bien des états de conscience. Notre culture accorde peu d'importance à ces dimensions. Nous sommes d'abord et avant tout dans l'action ; faire, faire, faire et encore faire ! L'Imagination et la Manifestation vous sembleront sans doute plus familières, plus concrètes. Toutefois, si elles ne sont pas utilisées à partir des états de conscience obtenus par l'Observation silencieuse et l'Unité, l'Imagination et la Manifestation ont bien peu de puissance.

Plusieurs personnes me demandent si elles peuvent mettre de côté les deux premières technologies ou commencer par les deux dernières et revenir ensuite aux premières. La réponse est… comment bien me faire comprendre… NON ! Pour les découvreurs, *être* doit précéder *faire*. Mais, puisque l'état de conscience de la découverte est une bénédiction en elle-même, ça vaut la peine d'étudier ce que les taoïstes appellent « agir sans agir ».

Tant qu'à être *en mode* avertissement, voici une dernière remarque. Culturellement, vous êtes conditionné à tenir pour acquis que vous pouvez comprendre des méthodes ou des procédés simplement en les lisant. Ça ne fonctionnera pas pour la démarche proposée dans ce livre. L'une des raisons pour lesquelles notre culture a perdu sa magie est que nous apprenons presque exclusivement par le langage, ce qui élimine l'Observation silencieuse et rend les autres technologies de magie impuissantes. Vous devez réellement faire les exercices de ce livre si vous voulez les comprendre. Et même là, seulement quelques-uns vous en mettront plein la vue. Chaque réparateur a un profil unique. La technique favorite de l'un peut n'avoir aucun effet sur vous. Mais, aucune technique ne peut fonctionner si elle n'est pas vraiment testée. Il y a la connaissance et il y a *savoir*. Pour trouver votre voie dans ce nouveau monde en mutation, vous devez *savoir*.

## La magie cumulative des découvreurs

Si vous vous donnez à fond et que vous essayez vraiment les exercices proposés, surtout si vous le faites suffisamment longtemps, une multitude de choses intéressantes surviendront. Vous vous sentirez poussé à prendre un bus que vous n'avez jamais utilisé et vous y rencontrerez votre nouveau meilleur ami. Vous contemplerez le voyage que vous avez toujours voulu faire et, en quelques jours, quelqu'un vous invitera à l'accompagner pour ce voyage. Une nouvelle carrière se créera d'elle-même pour vous, comme une chose vivante. Ces événements traceront une voie dans le nouveau monde que je ne peux prédire, mais je peux vous assurer qu'ils auront tous un effet commun : ils vous guériront. En vous exerçant, les cassures de votre nature profonde se ressouderont. Vous remarquerez ensuite que vous développez la force, le savoir et le désir de guérir les autres êtres également. Sans le chercher, simplement en trouvant votre propre voie, vous deviendrez un Découvreur, avec un *D* majuscule.

Cela est d'autant plus vrai que notre culture, tout en abandonnant les technologies de magie, a développé ce que j'appelle des « technologies magiques ». Je sais, ça sonne presque comme les « technologies de magie », et d'une certaine façon, je ne tiens pas à faire une nette distinction entre les deux locutions. Les technologies magiques se réfèrent à des machines qui défient tellement notre conception de la réalité qu'elles nous semblent presque irréelles. Je le répète, je ne crois pas vraiment à la magie. Je pense cependant que c'est plutôt magique que j'aie pu inspecter visuellement le dortoir de ma fille au Japon, acheter un roman et commencer à le lire, envoyer un message à plusieurs centaines de personnes à la fois et connaître les prévisions météorologiques de demain en me servant d'un seul appareil si petit que je l'égare régulièrement dans mon sac à main… et tout ça en dix minutes ! Grâce à de tels appareils, l'étendue potentielle d'un découvreur est immensément plus grande que tout ce qui était possible dans les temps anciens. Si les réparateurs d'aujourd'hui maîtrisent les technologies de magie, ils peuvent étendre leur influence par les technologies magiques et rejoindre ainsi des millions et des millions de personnes au lieu de quelques villageois. Par les technologies magiques, toute guérison survenant dans notre vie peut s'étendre immédiatement à notre famille, à nos amis, à notre communauté, peut-être même à notre espèce entière. Si suffisamment de personnes commençaient à réparer et à guérir leur vraie nature, dans le monde incroyablement interconnecté que nous créons, l'effet cumulatif pourrait commencer à guérir la vraie nature de, disons, tout !

C'est à tout cela que je pense alors que je rampe vers les buissons, mon oreille gauche encombrée de feuilles, mon nez rempli de l'odeur d'urine de rhinocéros, un millionième de seconde après que ma vraie nature m'a murmuré que la nature peut guérir.

Oh ! Mon Dieu ! Le TEAM est ici pour sauver le monde. Oh ! Voilà !

La mère rhino balance à gauche puis à droite, comme si elle s'apprêtait à lancer un boulet de démolition vers nous. Le rejeton se tourne, renifle l'air, fonce maladroitement vers nous, trébuche sur une bûche et tombe à la renverse. La mère grogne. Elle est anxieuse. Le danger pétille dans l'air comme une décharge électrique.

Près de moi, Boyd entonne à voix basse ce qui semble être une berceuse. « Là, là, tout petit… », chante-t-il doucement au bébé rhino qui a la force pour facilement renverser une minifourgonnette. « Retourne vers ta maman, maintenant. Va voir ta maman. »

Je peux sentir un calme profond émanant de Boyd − et non l'énergie qui, selon moi, est pourtant nécessaire dans la situation présente. Soudainement, bébé rhino affiche une détente, tout comme je l'ai souvent vue lorsque Koelle approche les chevaux. Si j'avais compris à quel point Boyd maîtrisait les technologies de magie, je me serais sentie complètement en sécurité. Mais, je ne comprends pas − pas encore −, alors mon pouls continue à s'affoler tandis que le rejeton s'efforce de se remettre sur pied. Puis, il semble suivre les instructions de Boyd et il trotte jusqu'à sa mère et se réfugie dans son ombrage apaisante. Elle expire bruyamment, détend ses oreilles et conduit son petit loin de nous.

« Est-ce que ça va bien ? me demande Solly alors que nous prenons la direction opposée à celle des rhinocéros.

– C'est le moins que l'on puisse dire », répondis-je, le cœur gonflé d'une nouvelle vision pour la mission du TEAM et suffisamment d'adrénaline pour abattre tout un escadron d'Hell's Angels !

Me voici donc, cinq ans après cette journée à Londolozi, où j'ai abandonné la vie telle que je l'avais connue jusque-là et trouvé ma vraie nature. Je souhaite que ce livre vous conduise à rencontrer votre propre rhinocéros. Peut-être le livre lui-même sera-t-il un rhinocéros sur votre voie, une sorte de chose étrange et indéfinissable, mais qui, une fois devant vous, vous sort brusquement de votre mode de pensée habituel et vous demande, dans les mots de la poétesse Mary Oliver : « Dis-moi, qu'as-tu prévu faire de ta précieuse et nouvelle vie ? »

Tout ce que je demande durant votre lecture, c'est que vous recherchiez la réponse réelle à cette question. Pas la réponse qui vient du *vous* que la plupart des gens voient, avec ses vêtements inconfortables et ce masque politiquement correct, mais celle qui vient de votre véritable nature : la petite princesse éclaboussée de boue, le petit superhéros aux dents encore écartées et à la cape de linge à vaisselle, caché dans son arbre favori. Si ce pur *vous* ne veut pas être un découvreur de voies, ne veut pas apprendre la magie et participer à sauver le monde, libre à vous. Arrêtez alors la lecture de ce livre ici. Je ne vous en tiendrai aucunement rigueur.

Par contre, si la plus pure partie de vous ressent ce que j'ai ressenti en observant ce rhinocéros – comme si un rêve merveilleux, impossible, presque oublié prenait vie devant vous –, alors continuez à lire. En cherchant votre voie à partir d'ici, dans ce nouveau monde rempli de promesses pour l'avenir, vous vous demanderez souvent : « Bon sang ! Comment me suis-je retrouvé là ? » et « Que dois-je faire maintenant ? » Mais, au fur et à mesure que les cages de fer de votre vie se dissoudront et que la magie se pointera pour les remplacer, je suis prête à parier que vous réaliserez que l'aventure du découvreur de voies aura été la véritable destination de votre cœur depuis toujours.

# PREMIÈRE PARTIE

# LA PREMIÈRE TECHNOLOGIE MAGIQUE

## L'OBSERVATION SILENCIEUSE

# CHAPITRE 1

## DES VOIES RAPIDES POUR DÉCOUVRIR LA VOIE (L'IMMOBILITÉ, LE TOURMENT ET LE RAVISSEMENT)

Il est cinq heures du matin à Londolozi. Plusieurs invités se sont déjà regroupés dans la pénombre précédant l'aube en vue de s'entasser dans une Land Rover à cabine ouverte et se préparer à une tournée pour un safari-photo. L'atmosphère dans le véhicule est radieuse, à mi-chemin entre l'aventure et la fête. Les invités se présentent les uns aux autres et discutent de leur famille, de leur emploi, de leurs dernières vacances et, bien sûr, des animaux qu'ils espèrent voir. Ils assaillent le garde forestier de questions : « Quel est le nom de cet arbre ? Pourquoi cet oiseau est-il violet ? Est-ce toujours aussi froid le matin dans la savane ? Cet éléphant vient-il de déféquer ? » Le garde forestier répond aux questions en faisant montre d'un savoir encyclopédique, mais aussi d'enthousiasme et de bonne humeur, ce qui ajoute à l'ambiance festive du groupe.

L'homme assis sur la chaise soudée au capot de la Land Rover se comporte très différemment du reste du groupe et du garde forestier. Il est un traqueur de la tribu *shangaan*. Son prénom anglais est Richard. Bien qu'il soit courtois, il parle peu et il regarde rarement les autres personnes. En fait, il ne semble pas faire quoi que ce soit en particulier. Il ne fait que promener son regard peu expressif sur le sol, sur le ciel, puis sur le sol de nouveau. À l'occasion, Richard lève la main et le garde forestier immobilise la Land Rover. Pendant que les touristes s'agitent, Richard semble encore moins démonstratif qu'à l'habitude. Il reste là, assis et observant tout autour. Puis, pointant les buissons, il marmonne quelques mots en *shangaan*.

« Accrochez-vous, s'il vous plaît », lance le garde forestier aux touristes en dirigeant le véhicule directement dans les broussailles. Pendant une vingtaine de minutes, la Land Rover fonce à vive allure au travers des herbes hautes, des boisés garnis et des mares sablonneuses jusque dans d'épais buissons épineux. Les invités sont secoués et ils en rient. Alors que le soleil levant transforme le paysage en une lumineuse fresque dorée et verte, Richard pointe en direction d'un bosquet de buissons près d'une termitière abandonnée. Là, presque invisibles dans les buissons où leur mère les avait cachés, se tiennent deux jeunes léopards. Leurs oreilles duveteuses et leurs yeux brillants et curieux sont à peine visibles au-dessus des herbes.

Les touristes poussent un cri de ravissement. Les caméras s'animent furieusement. Les questions se succèdent à un rythme infernal : « Quel âge ont ces petits ? Pourquoi leur mère n'est-elle pas avec eux ? Est-ce que ce sont des mâles ou des femelles ? Y a-t-il un mâle et une femelle ? Quelle sera leur taille lorsqu'ils seront adultes ? Ont-ils faim ? Se nourrissent-ils de viande ou sont-ils toujours allaités ? Pourquoi leur pelage est-il tacheté ? Pourquoi les lions, eux, n'ont pas de pelage tacheté ? Pourquoi les zèbres ont-ils des rayures sur leur corps ? »

Tandis que le garde forestier fournit toutes les informations demandées par les invités, Richard, lui, demeure assis en silence avec cette sereine expression de plénitude, comme s'il rêvait éveillé. Dans le flot d'interrogations au sujet des léopards, personne ne pose à Richard la question la plus intéressante. Comment, pour l'amour de Dieu, a-t-il pu trouver deux minuscules léopards silencieux et camouflés dans d'épais buissons à plusieurs kilomètres de toute route ? La réponse pourrait être très longue si l'on se mettait à décortiquer tous les menus indices, toutes les intuitions et les suppositions éclairées qui conduisent un maître traqueur jusqu'à l'objet de sa chasse. Mais, la raison principale qui fait que Richard peut dénicher quelque chose d'une façon presque miraculeuse est qu'il maîtrise la première technologie de magie : un état de conscience au-delà des mots que j'appelle l'« Observation silencieuse ».

Cet état d'esprit est l'habileté la plus importante pour tout découvreur, tout défricheur de voies nouvelles, peu importe la culture et la situation. J'ai passé beaucoup de temps à discuter des soubresauts émotionnels de mes clients et de leurs choix de vie, mais j'ai finalement appris qu'il y a deux façons de faire des choix de vie : à partir de la pensée verbalisée, ce qui a peu d'effets, car elle n'est pas enracinée dans les perceptions les plus profondes, et à partir d'une pensée au-delà des mots et du langage verbal, dans l'Observation silencieuse qui rend chaque pensée et chaque action beaucoup plus puissantes. Si vous savez comment vous glisser dans l'état d'esprit de l'Observation silencieuse, vous serez alors si conscient de votre situation et de vos propres réactions à celle-ci que vous irez directement à votre vie de rêve, peu importe si tout est sombre actuellement autour de vous et si de nombreux obstacles se dressent devant vous. À une époque où les changements sociaux sont si rapides et que la pression sur chaque personne est imprévisible, l'Observation silencieuse est un art qu'il vous faut absolument développer pour trouver votre voie.

En plus d'être une aide précieuse pour atteindre votre objectif, l'Observation silencieuse est une destination en elle-même, un aspect fondamental de votre vraie nature. Elle relie votre conscience à la paix profonde et à la présence que vous êtes essentiellement. Une intense Observation silencieuse élimine pratiquement toutes les peurs, tous les sentiments de colère et les regrets qui torturent presque tous les êtres humains la plupart du temps. C'est pourquoi elle est enseignée par les traditions de sagesse de quasiment toutes les cultures – sauf la nôtre. Elle est à l'opposé de ce que vous avez probablement appris au cours de votre éducation, mais ce chapitre vous aidera à retrouver cet art.

## La culture des mots

Au cours de l'âge de l'exploration, des aventuriers de différentes nations européennes ont parcouru le globe, plantant leur drapeau et écrasant l'opposition locale avec de puissantes armes. La science qui avait permis de développer de telles armes donnait aussi aux aventuriers et à leur nation un sentiment de supériorité intellectuelle. Les explorateurs européens décrivaient habituellement les populations indigènes comme étant imbéciles, paresseuses et retardées. Ces préjudices résonnent encore dans le monde, même si les scientifiques et les spécialistes bien instruits *découvrent* des aspects du monde et de la vie que les peuplades indigènes savent depuis la préhistoire. Ces scientifiques commencent à admettre que les connaissances des peuples indigènes sont considérables et qu'elles méritent d'être étudiées. Cependant, notre culture maintient toujours l'une de ses croyances les plus ancrées. Elle croit que l'acquisition de *vraies* connaissances se fait par le langage, la lecture et l'écriture, que le véritable savoir consiste en des mots.

Je ne crois pas me tromper, cher lecteur, si j'avance que votre éducation a consisté à vous asseoir dans des pièces non aérées et à écouter des discours, à lire des livres et à subir des examens au cours desquels vous deviez déchiffrer des questions écrites ou numériques en essayant de donner les réponses exactes que vos professeurs connaissaient déjà. Si vous n'arriviez pas à le faire, vous étiez pointé du doigt et puni ou on vous diagnostiquait une difficulté d'apprentissage et on vous donnait une médication pour vous obliger à vous concentrer uniquement sur les mots et les chiffres. Si vous y parveniez, vous étiez louangé et récompensé. Si vous passiez trop de temps à jouer à l'extérieur, vous subissiez des punitions et faisiez face à l'échec. Faire abstraction de tout, sauf les mots, vous a-t-on appris, est la façon de vous donner une bonne vie, de trouver votre place dans le monde.

Comparez votre éducation à celle que Richard a reçue en grandissant dans une région sauvage. Dans la brousse africaine – l'environnement dans lequel l'être humain a évolué, le contexte de notre vraie nature finalement –, tout enfant qui riverait son attention sur une page remplie de gribouillis noirs serait le repas d'un félin en moins de quinze minutes. Richard a appris à traquer de la même façon que tout enfant apprend toute chose : en regardant les adultes de sa communauté évoluer continuellement dans un environnement naturel, en observant avec ses cinq sens l'interconnexion de l'ensemble des écosystèmes.

En fait, Richard est un intellectuel d'une stupéfiante virtuosité. Chaque détail de son environnement est significatif, important et porteur d'informations. À partir d'une trace sur le sol ou du grognement d'une hyène, il peut dire où les lions sont en train de chasser dans les environs. Le vol d'un minuscule oiseau l'informe de la position d'un buffle à moins d'un demi-kilomètre de là, car il sait que cette espèce d'oiseau raffole des tiques qui pullulent sur le large dos du mammifère. Le cri d'alarme d'une pintade l'avertit de la présence d'un prédateur, et puisque le cri provient d'un buisson peu élevé, Richard en déduit alors que l'oiseau affronte probablement un serpent qui menace son nid. Dans son esprit, Richard peut se représenter l'oiseau et le serpent et visualiser avec une étonnante précision les réactions de chacun d'eux.

En d'autres mots, alors qu'il est assis sur le capot de la Land Rover, Richard agit sur la terre ferme exactement comme les découvreurs polynésiens agissaient sur la mer : il pense avec tout son cerveau, avec la partie non verbale qui gère onze millions d'informations à la seconde plutôt qu'avec la région verbale qui n'est capable de gérer que quarante informations à la seconde. Richard ne participe pas à la discussion entre les invités, même s'il maîtrise bien l'anglais. Son travail est de naviguer à travers la contrée sauvage, et il ne peut le faire si son esprit est absorbé par des mots. Pour trouver notre voie dans un monde complexe, nous avons besoin d'une conscience au-delà des mots, l'état d'esprit de découvreur qui correspond à notre vraie nature. Et nous en avons besoin non seulement pour trouver notre voie dans l'environnement extérieur, mais aussi pour cheminer dans notre propre psyché.

## Trouver la voie dans le cœur

Dans son autobiographie, le psychologue Carl Jung, l'un des grands découvreurs de la vie intérieure, rapporte une conversation qu'il avait eue avec un chef autochtone américain, Mountain Lake, qu'il considérait comme un frère en esprit.

« Je pouvais parler avec lui comme j'avais rarement pu le faire avec un Européen », rappelle Jung.

Peut-être grâce au respect mutuel qu'ils se vouaient l'un l'autre, Mountain Lake dévoila à Jung la façon dont son peuple voyait les Européens. Il lui confia franchement le revers de la médaille des présomptions des hommes blancs qui croient que les autochtones sont retardés et stupides.

« Leurs yeux laissent voir un regard fixe, dit le chef, ils cherchent toujours quelque chose. Que cherchent-ils ? Les Blancs veulent toujours quelque chose. Ils sont toujours compliqués et agités. Nous ignorons ce qu'ils veulent. Nous ne les comprenons pas. Nous pensons qu'ils sont tous fous. »

Jung demanda au chef Mountain Lake de détailler sa vision des Blancs. Pourquoi, exactement, les gens de race blanche semblent-ils aussi insensés aux yeux des Amérindiens ?

« Ils disent qu'ils pensent avec leur tête, ajouta Mountain Lake.

– Évidemment, rétorqua Jung, avec quoi pensez-vous ?

– Nous pensons ici », dit le chef en pointant son cœur.

C'est la clé de l'Observation silencieuse selon les découvreurs de toutes les époques et de tous les endroits. Et ce n'est pas seulement une métaphore. Pour cheminer dans le monde sauvage ou inconnu, vous devez abandonner votre façon de penser analytique et laisser tomber votre mode de perception actuel. Vous devez apprendre à penser à partir de l'intérieur de votre corps, au complet. C'est ainsi que vous commencez à trouver votre voie à travers une perte terrible, une carrière décevante, une relation compliquée ou une déception amoureuse, tout comme vous le feriez à travers les aléas de l'océan ou les buissons de l'Afrique. Mais, la plupart des gens semblent ignorer cela. Tout comme les touristes dans la Land Rover ne remarquent pas les détails de l'environnement dans lequel ils se trouvent parce qu'ils sont occupés à parler, nous négligeons les indices venant de nos ressentis physiques et émotionnels et ceux qui nous indiquent au fond la voie à suivre grâce à notre discours mental.

Les guérisseurs – les « réparateurs », comme j'aime les appeler – de tout lieu et de tout temps ont enseigné que la réduction au silence des pensées accaparant notre esprit et l'ouverture à ce que nous transmettent nos ressentis physiques et émotionnels sont à la base de toute guérison. C'est la seule façon de retrouver notre véritable nature ou de ressentir les indices subtils qui nous indiquent comment trouver notre voie dans la vie. Chaque membre du TEAM doit se guérir intérieurement en se connectant à ce savoir intérieur avant de penser à guider la guérison de toute autre chose. Toutefois, la plupart d'entre nous pensent encore comme les rationalistes européens, et non comme le chef Mountain Lake et Richard-le-traqueur.

Dites-moi, là, maintenant, à ce moment précis, que ressentez-vous ? Quelles sont vos sensations physiques ? Quelles sont vos émotions ?

Maintenant, pensez à vos projets pour un autre moment de la journée ou pour demain. Notez-vous des changements dans ce que vous ressentez physiquement, des changements dans vos émotions ?

Ensuite, visualisez une personne qui fait partie de votre vie. Comment l'énergie de cette personne influence-t-elle vos ressentis intérieurs ? Quelles sont vos émotions en présence de cette personne ?

La plupart de mes clients ne peuvent répondre à ces questions lorsque je commence à travailler avec eux. Ils n'ont aucune idée de ce qui se déroule en eux lors de différentes situations ou dans leurs relations avec les autres. Lorsque je le leur demande, ils répondent par un concept.

« Que ressentez-vous lorsque vous êtes en présence de votre grand-mère ?

– Qu'elle a eu une vie difficile et que je dois en prendre soin.

– Que ressentez-vous à propos de votre emploi ?

– Que je dois payer le prêt hypothécaire.

– Que ressentez-vous en voyant votre fils quitter la maison pour le collège ?

– Qu'il se bâtit un avenir solide. »

De telles réponses n'ont rien à voir avec les sentiments. Ce sont toutes des *pensées* ou des réflexions verbales. Elles sont bien enracinées dans la société et politiquement correctes. Elles nous assurent de ne pas jouer les trouble-fêtes. Dieu sait ce qui pourrait arriver si vous réalisiez vraiment, par exemple, que vous vous sentez tendu et colérique lorsque votre grand-mère est là, que votre estomac se noue chaque fois que vous rentrez au bureau ou que vous sombrez dans une blessure d'abandon à la suite du départ de votre fils. Ces sentiments pourraient vous mener hors des sentiers pavés et des comportements que vous considérez comme normaux et appropriés, mais ils sont du même coup vos guides dans la vie, les signaux qui vous indiquent où trouver ce que votre âme cherche.

## Être projeté dans l'Observation silencieuse

Il faut parfois un événement radical pour vous réveiller à la voix intérieure, celle qui vous informe sans cesse des décisions à prendre, des choses à accueillir et à éviter, de la façon de manœuvrer à travers les situations. C'est ce qui est arrivé à Jill Bolte Taylor, une neuroanatomiste de la Harvard Medical School. À 37 ans, Jill a subi une apoplexie qui a sévèrement touché le centre de la parole dans l'hémisphère gauche de son cerveau. Spécialiste en neurologie, elle était à même de mesurer le drame de son horrible expérience. Il lui fallut huit longues années d'efforts constants pour reconstruire ses fonctions verbales, et ce n'est qu'à ce moment qu'elle a pu décrire en mots ce qu'elle avait subi. Immédiatement après l'attaque, elle ne reconnaissait plus sa propre mère et elle ne savait même pas ce que le mot *mère* signifiait.

Tout cela aurait pu être tragique si ça n'avait pas été aussi éclairant. Voyez-vous, tandis que Taylor avait perdu sa capacité à penser *verbalement*, avec des mots, elle fit l'expérience de l'esprit humain libéré du langage. Et cela s'avéra bénéfique.

« Je me sentais immense et en expansion », raconta plus tard Taylor dans un reportage que je vous conseille de visionner (cherchez sur Internet *Jill Bolte Taylor TED Talk*[5]). « Mon esprit s'élança librement comme une grande baleine glissant dans une mer d'euphorie silencieuse. » Avant son accident, Taylor se définissait comme un individu isolé, séparé de l'énergie qui l'entourait et séparé des autres également. Mais, lorsque son cerveau verbal cessa de fonctionner, elle découvrit, avec une conviction égale ou sinon plus grande, qu'elle vivait dans un monde où tout est universellement interconnecté, dans lequel *nous sommes parfaits, nous sommes entiers et nous sommes beaux.*

C'est précisément le genre de discours que nous entendons de la part des *réparateurs* ou guérisseurs de toutes les cultures : l'Observation silencieuse nous permet de voir notre vraie nature et de nous guérir de la violence d'un système de pensée qui nous isole et nous sépare, annihilant du coup notre

---

5. En anglais seulement.

compassion pour nous-mêmes et pour les autres. Chez les Amérindiens, les sorciers guérisseurs désignent l'Observation silencieuse par les termes *Grand Silence*. Les bouddhistes parlent du *Vide* tandis que les adeptes du zen font référence à la *Pierre non taillée*. Un mystique chrétien de l'époque médiévale décrivait la pleine conscience sans le langage comme le *Nuage d'inconnaissance*. Les textes sacrés judéo-chrétiens-musulmans en font mention comme l'*Être pur*, le grand *Je Suis*. Tous s'accordent pour dire que c'est une expérience absorbante et bénie, un état dans lequel les concepts se dissolvent et où tout est amour.

## Désapprendre à être brillant

Pour maîtriser l'Observation silencieuse, guérir votre vraie nature et devenir un découvreur et un défricheur de voies, vous devez désapprendre à peu près tout ce que vous avez appris à l'école sur l'intelligence. La concentration précise que l'on vous demandait de maintenir est en réalité un champ d'attention limitatif, étroit et stressant – ce que les animaux n'utilisent que dans des situations de survie, comme au moment de *combattre* ou de *fuir*. Plonger dans l'Observation silencieuse place l'esprit dans un état de repos et de détente. Cela agit favorablement sur le corps tout entier en relâchant un flot d'hormones qui participent à la réparation et à la guérison du corps, qui détendent les muscles et qui vous amènent à un calme profond, sans expression particulière sur votre visage, si ce n'est un regard doux. Parce que vous accordez de l'attention à une multitude d'informations non verbales, il se peut que vous ne répondiez pas verbalement aux commentaires ou aux questions des gens autour de vous lorsque vous êtes dans l'Observation silencieuse du moment présent.

Dans notre culture, fixer le vide, ignorer le langage et réagir uniquement aux authentiques interactions sociales, aux ressentis physiques et aux émotions, tout cela est interprété comme de la paresse ou de la stupidité. C'est l'une des raisons pour lesquelles nous sommes si affligés par le malheur et la maladie. Pourtant, si vous essayez de plonger dans l'Observation silencieuse, vous découvrirez qu'ignorer les mots exige de la délicatesse et une habileté sophistiquée. Il se peut même que vous trouviez cela difficile, du moins, au début. Vous n'arriverez pas à utiliser adéquatement cette technique sans beaucoup d'entraînement. Et je ne parle pas de simplement répéter. Je parle de ce que les psychologues appellent la « pratique en profondeur ».

# La pratique en profondeur de l'Observation silencieuse

Les scientifiques ont récemment découvert que, sur le plan physique, nous restructurons notre cerveau lorsque nous apprenons de nouvelles compétences, et tout spécialement lorsque nous faisons appel à un processus d'apprentissage comme la pratique en profondeur. Cette méthode est plus que la simple répétition de gestes ou de techniques. En utilisant la pratique en profondeur, nous visons une expérience précise : d'abord, saisir l'essence de ce que nous apprenons lors de courtes séquences, puis, nous exercer à la répéter au complet jusqu'à ce que nous puissions nous servir de cette nouvelle habileté de façon satisfaisante et fiable. Les découvreurs de voies de toutes les cultures utilisent la pratique en profondeur de l'Observation silencieuse chaque fois qu'ils en ont besoin pour s'orienter, pour connaître les gestes à effectuer ou pour découvrir la voie à emprunter.

Dans ce chapitre, vous trouverez plusieurs méthodes pour glisser dans l'état d'Observation silencieuse. N'oubliez pas que *vous ne pouvez pas apprendre ces méthodes simplement en les lisant.* Essayer de comprendre l'Observation silencieuse par la lecture, c'est comme tenter de comprendre le parachutisme en dessinant des parachutes. Je vous en prie, faites vraiment ces exercices. En fait, pratiquez-les en profondeur. Vous saurez qu'ils sont efficaces lorsque vous commencerez à ressentir des soupçons de paix, de calme et de sécurité. Vous deviendrez plus sensible aux subtils indices vous informant de ce qui vous entoure, des intentions et des sentiments qui habitent les gens que vous côtoyez. Vous désirerez choisir et décider selon vos propres perceptions plutôt que selon ce que les gens vous disent. Vous n'avez pas à commencer à agir différemment – pas soudainement –, mais vous commencerez à découvrir comment vous aimeriez agir. Si vous persistez suffisamment, vous serez en mesure d'étirer vos moments de complète clarté d'esprit en minutes et éventuellement en heures. Si vous voulez vraiment être un découvreur de voies, viendra un temps où vous demeurerez presque constamment dans un état sans mots.

# Techniques pour glisser dans l'Observation silencieuse

### Les voies de l'immobilité

Commençons avec les façons les plus connues d'atteindre l'Observation silencieuse, ce que j'appelle les « voies de l'immobilité ». Elles demandent –

et suivez bien la logique ici – de demeurer assis et immobile ! La méditation – qui était considérée comme une pratique bizarre par la plupart des Américains à l'époque de mon enfance – est maintenant reconnue par plusieurs d'entre nous. Nous ressentons que nous devons méditer, de la même façon que nous ressentons devoir cesser de consommer du sucre et faire le suivi de nos dépenses. Si vous aimez déjà méditer, bravo ! Continuez ! Par contre, si la méditation a autant d'attrait pour vous que les fibres médicales solubles à l'eau, alors essayez l'une des techniques suivantes. Elles sont très simples, ce qui ne veut pas dire qu'elles sont faciles. Persistez à les pratiquer en profondeur jusqu'à ce que vous perceviez des soupçons de légèreté, d'expansion et de paix. Puis, entraînez-vous à maintenir ces sensations de plus en plus longtemps.

### Voie d'immobilité : ressentir l'intérieur de ses mains

L'enseignant spirituel, Eckhart Tolle, l'auteur du livre *Le pouvoir du moment présent*, a proposé cette technique à une personne de l'auditoire qui lui avait demandé une technique pragmatique pour être pleinement dans le moment présent. Elle est similaire aux stratégies de plusieurs traditions de découvreurs de voies. Elle active probablement les deux hémisphères du cerveau :

1. Fermez les yeux et levez une main de sorte qu'elle ne touche à rien d'autre qu'à l'air.

2. Demandez à votre esprit pensant : « Sans ouvrir mes yeux, comment puis-je savoir que ma main existe ? »

3. Ressentez l'attention de l'esprit se diriger à l'intérieur du corps pour répondre à votre question, activant ainsi une partie non verbale du cerveau.

4. Maintenant, levez les deux mains (toujours en gardant les yeux fermés) et ressentez l'intérieur de chacune de vos mains en même temps. Votre conscience se déplacera de la pensée verbale de l'hémisphère gauche du cerveau jusqu'à l'Observation silencieuse dans les deux hémisphères. Vous ne parviendrez pas à distinguer clairement ce transfert au moment de l'exercice, et c'est normal. Le but est de le ressentir.

### Voie d'immobilité : placer ses sens dans l'open-focus

Cette méthode a été découverte par un chercheur de Princeton, le Dr Les Fehmi, alors qu'il s'amusait avec de nouvelles technologies de l'observation du cerveau (pour plus de détails, consultez son livre *The Open-Focus Brain* ou visitez son site Internet). La méthode de Fehmi est parallèle à plusieurs exercices des traditions de découvreurs de voies d'autres cultures et d'autres temps. Comme il utilise le langage de la science moderne, plusieurs de mes clients trouvent son approche moins suspecte que des techniques similaires proposées par des gens au style de coiffure peu familier et venant de contrées lointaines :

1. Assis, debout ou couché, mais toujours en étant immobile, concentrez votre regard précisément sur un objet devant vous.

2. Sans bouger les yeux, élargissez votre attention jusqu'à ce qu'elle enregistre tout ce qui est dans votre champ de vision, incluant l'objet de votre concentration du début.

3. Maintenant, toujours sans bouger les yeux, apportez l'objet à l'avant-plan de votre attention et tout le reste à l'arrière-plan.

4. Ensuite, portez l'objet à l'arrière-plan de votre attention et tout le reste à l'avant-plan.

5. Concentrez-vous sur tout ce qui est dans votre champ de vision à la fois, en répétant cette maxime yogique: « Du plancher au plafond, d'un mur à l'autre, toutes choses sont égales. »

6. Si vous désirez augmenter d'un cran l'intensité de l'exercice, posez-vous à répétition la question suivante : « Suis-je capable d'imaginer l'espace entre mes yeux ? » Fehmi découvrit que cette question amenait le cerveau directement dans un schéma d'ondes alpha *synchrones*, un état sans mots de profonde relaxation.

### Voie d'immobilité : ressentir son propre flot sanguin

Cette méthode, que l'un de mes enseignants a apprise auprès du traqueur Tom Brown Jr, est reconnue comme une technique apache pour apporter l'esprit dans l'état du Silence Sacré. C'est ma méthode préférée pour glisser dans l'état de l'Observation silencieuse :

1. Prenez quelques profondes respirations.

2. Expirez complètement et faites une pause avant d'inspirer de nouveau.

3. Dans l'intervalle entre l'expiration et le besoin d'inspirer de nouveau, concentrez votre attention sur votre cœur jusqu'à percevoir ses battements. Cela peut vous prendre jusqu'à une minute.

4. Inspirez de nouveau, puis expirez. Tout en percevant les battements de votre cœur, ressentez votre pouls à travers vos mains, vos pieds, votre crâne et votre corps entier.

5. Demeurez concentré sur la perception de tout votre système circulatoire alors qu'il transporte votre sang vers votre tête et les extrémités de vos membres. Essayez aussi de le ressentir à travers vos organes.

6. Faites une tâche simple – marcher, laver la vaisselle, faire le lit – tout en maintenant la perception de vos battements de cœur et de votre flot sanguin circulant en vous. Vous remarquerez à quel point l'activité – ou la tâche, aussi simple soit-elle – devient étrangement divine.

## L'Observation silencieuse en action

Ressentir votre sang circuler dans votre corps tout en marchant représente un niveau d'Observation silencieuse « confrontant » pour plusieurs adeptes de la méditation qui associent l'état de conscience profonde à celui d'être assis paisiblement sur un coussin dans leur studio de yoga favori. Reconquérir votre vraie nature implique d'être en mesure de maintenir une connexion hors du langage, hors des mots, avec votre environnement et votre condition intérieure, peu importe ce qui se passe autour. Ça signifie remplacer les pensées au sujet des événements par d'authentiques ressentis qui relèvent tout ce qui se présente dans l'instant présent. Puisque penser est l'« état d'être » familier de la plupart d'entre nous, abandonner la pensée pour ressentir leurs sensations et leurs émotions peut être effrayant, douloureux même. Mais, au bout du compte, c'est beaucoup moins souffrant que le comportement humain typique qui consiste à se perdre dans les pensées et à ne plus être disponible à ce qui est vrai.

L'un des enseignements des découvreurs de voies mentionne que nous souffrons plus de nos pensées au sujet des événements que des événements eux-mêmes. Le détachement par rapport à nos pensées verbales élimine presque toutes nos souffrances psychologiques. Dans l'Observation silencieuse, les peurs concernant le futur et les regrets ou la colère au sujet d'événements du passé s'évanouissent, car le passé et le futur n'existent pas, sauf en tant qu'histoires dans nos esprits. C'est pourquoi, selon le psychoneuroimmunologiste Robert Sapolsky, les animaux sauvages ne développent pas de maladies reliées au stress. Ils réagissent par des gestes instinctifs – du genre *fuir* ou *combattre* – lorsque les circonstances l'exigent, mais ils reviennent très rapidement à un état basique de détente.

J'ai appris à quel point ce mode d'existence était différent de mon propre système de navigation dans la vie lorsqu'un jour, à Londolozi, je vagabondais avec Boyd et Koelle dans les buissons de la savane. Nous avions repéré trois girafes qui fixaient quelque chose que nous ne pouvions voir. Elles avaient le regard horrifié, le corps tendu et les yeux grands ouverts. En nous approchant, nous avons compris la raison de leur terreur. Sur la berge de la rivière, une lionne était en train de tuer lentement et laborieusement un bébé girafe. L'énorme félin était positionné comme un lutteur dans un corps à corps, les muscles tendus et ondulants, les mâchoires renfoncées dans la trachée du bébé se débattant désespérément. La lionne n'attendait qu'une seule chose, soit que le bébé girafe finisse par suffoquer.

Ce fut une longue attente.

J'ai ressenti un élan de sympathie pour le rejeton puis je devins complètement hébétée. Boyd, qui avait sans doute remarqué que j'affichais un air livide, me chuchota : « Ce n'est pas ta souffrance. » Comme ça n'arrangea aucunement mon état, il ajouta : « Sa Majesté a neuf petits qui l'attendent. Ils doivent manger. » Boyd tentait de contrecarrer ma vision (*c'est vraiment affreux*) par une autre plus bienveillante (*c'est le cycle de la vie*). Ça n'a pas fonctionné non plus.

Pour le reste de la journée, je me sentis étrangement distraite. La joie et la fascination, que la nature faisait habituellement naître en moi, étaient disparues. En fait, tout sentiment était disparu. Je demeurai perdue dans ma propre nappe de brouillard jusqu'à ce que je sois sur le chemin du retour à la maison, flânant dans l'aéroport Heathrow, à Londres. J'avais acheté un chapeau de safari à mon fils. Pour éviter de l'abîmer, je le portais durant tout le voyage. En traversant les postes de sécurité – ce qui implique toutes les formes d'examens, sauf la coloscopie (l'appareil devait être hors d'usage cette journée-là) –, le chapeau africain glissa vers l'arrière, retenu par le cordon qui se serra sur mon cou, appliquant une légère pression sur ma trachée.

Cette pression, pourtant si minime, s'avéra le détonateur du rappel de la scène dans la brousse. J'étais soudainement devenue le bébé girafe, le cou coincé dans les mâchoires de la lionne, paniqué, se débattant, luttant et, finalement, mourant. L'urgence de courir s'empara de moi avec une intensité explosive. Durant les vingt minutes suivantes, les voyageurs londoniens étaient divertis par une femme bizarre, portant des bottes de cowboy et un chapeau de safari africain, parcourant en trombe l'aéroport Heathrow en pleurant. Je doute que quiconque m'ait confondue avec une Britannique !

Après quelques tours de piste autour du terminal, le besoin de courir s'est estompé. J'ai trouvé ma porte d'embarquement et je me suis assise dans un coin, à l'écart, haletante.

Puis, quelque chose de pire encore arriva.

Cette fois, je n'étais pas le bébé girafe. J'étais sa mère et les autres adultes qui le regardaient mourir. J'ai réussi à rester relativement silencieuse – pas plus de deux ou trois douzaines de personnes cherchaient du regard si des gardiens accompagnateurs escortaient cette folle psychotique –, mais l'horreur et la blessure qui me traversaient le corps me chaviraient littéralement.

Et puis, ce fut fini. Je veux dire *vraiment fini*.

Je me suis redressée lentement sur mon siège, observant tout autour de moi, me sentant comme si je venais de naître. Tout ce que j'étais et tout ce qui m'entourait me semblaient tendre et nouveau, merveilleusement beau. Les visions, les sons et les odeurs dont j'avais fait l'expérience en Afrique (mais que je n'ai pas été capable d'intérioriser) se déposèrent finalement sur ma conscience dans une immense et douce vague de gratitude. J'étais complètement et absolument en paix.

Et j'ai alors réalisé que les girafes étaient elles aussi en paix. C'était fini pour elles également.

## Le fléau du langage

Aujourd'hui, lorsque Jill Bolte Taylor ressent une émotion désagréable devant une situation, elle dit observer sa montre et attendre quatre-vingt-dix secondes. C'est le temps nécessaire pour que son corps – tout comme le vôtre – gère les réactions hormonales associées à la peur, à la colère ou à la peine. Si vous parvenez à vivre ces réactions sans résister, les émotions disparaissent. Elles peuvent revenir, mais seulement par vagues de quatre-vingt-dix secondes. Taylor en a fait l'expérience lorsqu'elle était incapable de penser avec des mots. Au lieu de refouler les expériences ou de s'accrocher par un discours mental, Taylor ressentait simplement l'émotion négative jusqu'à ce qu'elle s'apaise, la laissant de nouveau dans un état d'euphorie.

Si les girafes avaient notre faculté de langage, les trois bêtes adultes qui observaient le bébé mourir auraient probablement fait comme moi : elles seraient devenues si troublées par l'atrocité de la nature toute en griffes et en dents qu'elles auraient bloqué leurs réactions émotives, tandis que l'événement se produisait, tout en liant leur psychologie entière à l'histoire de l'attaque. Le langage les aurait amenées à se torturer elles-mêmes par des pensées au sujet du sens de cette terrifiante expérience pour elles-mêmes, pour les autres girafes, pour le salut de chaque animal de proie. L'expérience aurait pu être leur 11 septembre.

« Nous ne sommes pas en sécurité ! » se seraient-elles dit entre elles des girafes ayant la capacité de s'exprimer verbalement. « Écoutez, à partir de maintenant, nous dormirons à tour de rôle. Lorsque vous êtes éveillées, vous pouvez brouter, mais pour l'amour de Dieu, n'en profitez pas, demeurez alertes ! Également, nous devrions tuer les lionceaux chaque fois que nous le pouvons. Bobette ! Cesse d'être distraite et sois attentive, pour l'amour du ciel ! As-tu déjà oublié ce qui est arrivé au petit Jasper ? »

La mère du petit Jasper, Florine, sans doute inconsolable, aurait pu se donner elle-même en pâture aux crocodiles peuplant la rivière où son petit avait péri. Les frères aînés de Jasper, marqués et troublés par le souvenir de la mort de leur frère et par le suicide de leur mère, auraient passé leur vie « gelés » aux fruits de marula fermentés et abusant leurs conjointes. Et le scénario se serait répété, de génération en génération, jusqu'à ce que les girafes aient développé le *coaching* de vie et commencé à libérer leur cerveau de la douleur basée sur le langage.

Mais, les girafes ne vivent pas ainsi. Leur attention n'est pas fixée sur des pensées verbales. Elle s'attarde sur la perception sensitive, le moment présent. Les girafes ne développent pas un ulcère parce qu'elles font l'expérience de la vie comme elle survient : lion, horreur, douleur, mort, tristesse, détente, beauté, paix, paix, paix, paix, paix. Les humains, quant à eux, vivent souvent pendant des décennies en réaction à des stress sévères ou modérés : lion, horreur, douleur, mort, souvenir du lion, horreur, douleur, mort, peur d'une horreur future, douleur, mort ; rage d'impuissance devant le concept de la mortalité ; engourdissement de la conscience comme mode de protection ; en sourdine, désespoir, désespoir, désespoir, désespoir, désespoir.

Après avoir travaillé avec des centaines de clients qui ont appris à se séparer de leurs histoires négatives, j'ai constaté de mes yeux que les circonstances difficiles offrent des occasions d'approfondir encore plus la perception au-delà des mots, là où l'on trouve plus de paix et de force intérieure. C'est pourquoi il y a autant de films au sujet de héros ayant appris à devenir de meilleures personnes après avoir connu l'enfer, escaladé des montagnes, pris part à des batailles sanglantes ou après s'être pratiquement détruits à travers un programme d'entraînement quelconque qui les a transformés en geysers de sang, de sueurs et de larmes. C'est pourquoi plusieurs cultures entraînent leurs guérisseurs et leurs visionnaires en leur faisant délibérément subir des épreuves physiques.

## Plonger dans l'Observation silencieuse par les voies du tourment

La clé pour faire des expériences douloureuses des voies vers l'Observation silencieuse est d'abandonner toute résistance à la souffrance physique que vous ne pouvez éviter. Ça signifie de vous permettre d'être pleinement attentif à vos propres douleurs physiques ou émotionnelles, sans chercher à éviter le ressenti ou penser que les choses doivent ou devraient être différentes. Cette non-résistance est ce qui permet à la souffrance de passer rapidement. Même lorsqu'elle survient, la douleur est moins torturante sans la pensée verbale. Je ne suggère pas ici de rechercher délibérément la souffrance, mais la vie étant ce qu'elle est, vous ferez probablement l'expérience de quelques souffrances dans les jours ou les semaines à venir. Si vous les utilisez comme des voies vers l'Observation silencieuse, elles pourraient réellement se révéler être des cadeaux.

### Voie de tourment : la fatigue

Presque assurément, vous serez fatigué à un moment ou à un autre de la présente journée. Vous le serez chaque jour, en fait. Au lieu de lutter contre la fatigue, utilisez-la. Le travail physique, le manque de sommeil, les longues périodes de lassitude, tout peut vous aider à glisser dans l'Observation silencieuse. La fatigue peut broyer vos intentions, faire tournoyer vos humeurs comme un gourdin et, ultimement – c'est la clé ! –, vous épuiser tellement que vous n'arrivez plus à penser. La prochaine fois que vous vous sentirez complètement à plat, n'essayez pas de vous secouer pour retrouver votre énergie. Faites ce que votre corps et votre cerveau désirent : s'abandonner à la fatigue. Respirez-la. Le résultat le plus probable est que vous vous détendrez et tomberez endormi – exactement comme le ferait un animal ou un bébé. Être capable de ressentir la fatigue au-delà des mots vous rend plus apte à vous reposer en profondeur, et ce, peu importe le temps dont vous disposez, et vous permet de rester plus dispos physiquement et plus calme émotionnellement.

### Voie de tourment : la faim

Une chose que j'ai notée chez mes clients qui présentaient un problème de poids, c'est que leur dépendance à une surconsommation de nourriture n'était pas physique, mais bien mentale. Cette dépendance est nourrie par une grande anxiété qui, elle, est causée par un attachement aux scénarios du mental. Si vous vous retrouvez dans des situations que la vie apporte à l'occasion et dans lesquelles vous n'avez pas la possibilité de manger et que vous en devenez très affamé, ne vous dites pas que les choses ne devraient pas être ainsi. Abandonnez-vous plutôt à ce que vous ressentez. Observez votre propre baisse d'énergie, vos crampes à l'estomac et votre envie folle de crêpes comme si vous étiez un observateur de la planète Mars. Vous découvrirez bientôt que vous devenez moins pressé de manger et moins compulsif à propos de la nourriture.

### Voie de tourment : l'exposition aux dangers

À quinze ans, mon bon ami Max passa quatre jours et quatre nuits seul dans la nature sauvage, sans abri et sans nourriture, dans un cercle de trois mètres de diamètre. Il en est revenu plus centré et les yeux plus brillants. Il était sous l'observation préventive d'un expert extrêmement bien entraîné à survivre en milieu sauvage. NE FAITES PAS CETTE EXPÉRIENCE SANS L'AIDE D'UN EXPERT. Mais si, accidentellement, vous aboutissez dans un lieu sans le confort minimal à l'être humain, coincé dans un aéroport, dans une auto au cœur d'un embouteillage ou en panne, ou dans une salle d'attente bondée, abandonnez les résistances de votre esprit à la situation, même si vous cherchez à améliorer votre sort. Il y a deux façons de réagir lorsque vous êtes perdu dans la nature, dans une grande ville, dans un pays étranger ou dans un détour sur l'autoroute : la panique et la résistance ou l'acceptation de la situation. La voie qui vous amène à l'Observation silencieuse vous insufflera le calme et vous aidera à agir plus sagement par vous-même.

### Voie de tourment : la maladie

J'espère que vous ne serez jamais malade, mais la plupart des membres du TEAM connaissent bien la maladie. L'archétype du réparateur s'accompagne souvent d'un système neurologique extrêmement sensible, d'une grande anxiété, d'une intense empathie et de l'insomnie. Peut-être que cela contribue aux maladies que les anthropologues appellent les « maladies de chaman », qui sont habituellement chroniques, douloureuses et reliées au stress. Si vous êtes un défricheur-né de voies, vous pouvez souffrir de tout, de la migraine au syndrome du côlon irritable en passant par le lupus. Faites tout ce que vous pouvez pour vous sentir mieux. Servez-vous de toute technique ou méditation que votre docteur pourrait vous conseiller. Par contre, considérez aussi la maladie comme une occasion d'atteindre un niveau plus profond de l'Observation silencieuse, où la douleur est un phénomène de neutralité mentale et émotionnelle, comme un nuage dans le ciel. Vous n'êtes plus *en* douleur, mais plutôt *dans* le silence sacré. Sans lutter contre la douleur, essayez les techniques que j'ai expliquées plus tôt : « ressentez » dans vos mains, dans votre souffle, dans votre système circulatoire. Notez à quel point la douleur peut changer et devenir nettement plus tolérable lorsque le cerveau n'est pas concentré sur le raisonnement mental.

## Glisser dans l'Observation silencieuse par les voies du plaisir

Ouf! Je suis si heureuse que la section précédente soit passée! Toute souffrance est une ouverture sur l'Observation silencieuse si elle est adéquatement gérée, mais je préfère nettement les expériences qui se situent à l'autre bout du spectre du bien-être. Je nomme ces expériences les « voies du plaisir ». Contrairement aux épreuves, les expériences agréables sont rarement imposées ou inévitables. Lorsqu'elles surviennent, l'être humain a la curieuse tendance à leur résister en demeurant dans les scénarios du mental. Nous recherchons avidement les plaisirs parce que nos scénarios mentaux et notre habitude à réfléchir verbalement nous empêchent de vraiment apprécier les plaisirs qui se présentent. Comme l'a dit le poète Howard Nemerov, « nous pensons au sexe avec obsession, sauf durant l'acte lui-même, alors que notre esprit a tendance à vagabonder ».

Pour qu'un plaisir devienne une voie vers l'Observation silencieuse, restez pleinement attentif à l'expérience physique du moment. Encore une fois, les stratégies de ressentir l'intérieur de votre corps ou de jouer avec le *focus* de votre regard, comme on l'a vu précédemment, peuvent transformer votre expérience de façon merveilleuse. Si les scénarios du mental surgissent, concentrez-vous sur le plaisir que vous procure l'expérience vécue en utilisant votre esprit verbal pour nommer, silencieusement, les ressentis physiques et émotionnels : « légèreté », « douceur », « confort », « excitation », « affection », « gratitude », etc. Cet exercice déplace votre attention et vous permet de lâcher prise sur votre verbiage mental, donc d'être moins présent au mental.

Voici quelques voies de plaisirs au-delà des mots que vous pouvez utiliser dès maintenant. Je vous suggère de les essayer plusieurs fois, aujourd'hui même.

### *Voie de plaisir : trouver la douceur*

La plupart des gens accordent plus d'attention à l'inconfort et à l'anxiété qu'au confort et au calme. Dans la majorité des situations que l'on pourrait qualifier de normales, les deux options s'offrent à vous. Choisir de diriger votre attention vers les aspects plus agréables de la situation – par le ressenti et non par des paroles béates – peut rendre extraordinaire une journée anodine. Cette méthode est inspirée des recherches sur la focalisation du cerveau et favorise l'ouverture de la brèche de votre esprit non verbal pour ressentir de plus en plus d'aspects du plaisir :

1. À ce moment même, trouvez dans votre environnement, un objet visuellement beau. Portez votre pleine attention sur cet objet.

2. Sans bouger les yeux, écoutez les sons autour de vous, puis écoutez quelque chose en arrière-plan : le silence dans lequel tous ces sons prennent place.

3. Identifiez une partie de votre corps que vous sentez confortable. Il se peut que ce soit simplement un orteil. Tout en observant la beauté et en écoutant le silence, ressentez pleinement le confort dans cet orteil.

4. Respirez lentement en ressentant l'air remplir vos poumons et nourrir votre flot sanguin. Si vous pouvez capter une fragrance ou une odeur agréable, concentrez-vous sur elle.

5. Entraînez-vous à vous concentrer sur toutes ces choses agréables à la fois. Ressentez le calme qui naît tandis que vous abandonnez le langage et les mots.

### Voie de plaisir : s'immerger dans les sens

Lorsque les gens passent quelques minutes libres dans un endroit relativement confortable, ils ont tendance à les occuper avec des tracas ou des inquiétudes. Essayez plutôt de glisser dans l'Observation silencieuse en expérimentant pleinement les bons moments gravés dans votre esprit. L'exercice ressemble au précédent, mais il peut mettre en valeur plus d'images, peu importe la situation :

1. Commencez par imaginer le goût de votre mets ou de votre boisson favorite : un vin raffiné, du caviar, une glace au chocolat, peu importe.

2. Ajoutez le souvenir de l'une de vos odeurs préférées, mais sans lien avec le goût du mets ou de la boisson du premier point : la menthe, un parfum, l'océan, les cheveux de votre poupon, etc.

3. Sans laisser tomber le goût et la senteur, ajoutez le souvenir d'une agréable sensation tactile : flatter un chien, vous prélasser dans des draps de satin, serrer contre vous votre bien-aimé, etc.

4. Toujours en maintenant la mémoire du goût, de l'odeur et la sensation tactile, ajoutez le souvenir de sons que vous aimez : des rires, votre musique préférée, le bruit des vagues, le murmure du vent dans les arbres, les chants d'oiseaux, etc.

5. Ajoutez maintenant un souvenir visuel que vous admirez : un merveilleux paysage, un arc-en-ciel, une toile favorite, le visage d'un être cher, etc.

6. En maintenant tous ces souvenirs sensoriels, votre esprit sera trop occupé pour continuer à penser verbalement. Essayez de refaire très nettement l'expérience de toutes ces mémoires sensorielles à la fois. Vous devrez cesser de lire pour y parvenir. En fait, vous devrez arrêter de penser, et c'est une excellente chose.

### Voie de plaisir : partager le bonheur

Une fois que vous êtes capable de vivre profondément un plaisir, vous pouvez multiplier la joie de l'expérience en la partageant avec quelqu'un d'autre. Il n'y a rien de plus égoïstement délectable que de regarder quelqu'un apprécier une expérience que vous savez qu'il adorera. Lorsque vous aurez trouvé une voie de plaisir, invitez une personne que vous aimez à la partager avec vous. Concentrez-vous alors non seulement sur vos propres ressentis sensoriels, mais sur l'expérience de générosité et de communion suscitée. Soyez pleinement présent, observez, de tous vos sens, tandis que votre enfant fait connaissance pour la première fois avec l'océan, que votre meilleur ami goûte le nouveau dessert que vous avez découvert ou que votre conjoint se détend sur le fabuleux nouveau matelas que vous venez d'acheter.

### Voie de plaisir : se connecter à la nature

La nature est dans un état continu d'Observation silencieuse. Les montagnes, les mers et les forêts nous entraînent dans leur profonde présence par leur immensité même; les animaux vivent dans un état de conscience sans mots qui nous invite à les rejoindre. Toute expérience en lien avec la nature mène à l'Observation silencieuse, mais les rencontres avec des animaux sauvages sont particulièrement puissantes. Le naturaliste Craig Childs le décrit très bien : « Vous voulez poser des questions, là, maintenant… mais vous ne le pouvez pas. Vous n'arrivez pas à sortir un mot. Vous ne faites qu'observer, les yeux grands ouverts, aussi longtemps que vous le pouvez, car à un moment ou à un autre, ce sera terminé, votre nom vous reviendra et la vie recommencera... [Plus tard], les expériences sont traduites en mots, comme si on essayait de bâtir le ciel sur des pilotis. »

Profitez de toutes les occasions qui se présentent pour vous connecter à la nature. Les défricheurs de voies de toutes les cultures, de Jésus, isolé dans le désert durant quarante jours, à Bouddha, qui a quitté son palais pour se réfugier sous un arbre, ont fait de la nature leur ancrage dans la réalité sans mots. Marcher sur la plage ou observer durant une heure les oiseaux dans votre cour arrière peut sembler ne pas être la solution à vos nombreux problèmes. Cela dit, en vous positionnant dans l'Observation silencieuse, vous atteignez l'état d'esprit qui permet à tous les découvreurs de voies de trouver les réponses qu'ils cherchaient, tout comme le traqueur trouve un animal dans la nature. Plus important encore, l'état même de l'Observation silencieuse vous permet de réaliser immédiatement vos buts ultimes : la paix du corps et de l'esprit, la gratitude du moment présent, la joie de vivre.

## Ce que l'on entend quand les scénarios cessent

Je vous suggère de pratiquer en profondeur au moins l'un des exercices proposés dans ce chapitre, et ce, au moins deux fois par jour, durant environ cinq minutes chaque fois. Peut-être commencerez-vous à tellement savourer la tranquillité que vous étirerez la durée des exercices jusqu'à une heure de méditation ou que vous glisserez dans l'Observation silencieuse à chacun des feux de circulation.

Si vous le faites, l'Observation silencieuse commencera à transformer subtilement votre vie intérieure et, à travers elle, votre vie extérieure également. Pour ma part, plus je *coache*, moins je parle. J'ai appris que mes clients ne peuvent penser à des solutions à leurs problèmes que la pensée a créés. Si je peux les amener à vivre l'Observation silencieuse, ne serait-ce que quelques minutes, leur anxiété diminue, leur créativité augmente et ils deviennent des découvreurs de voies naturelles, même dans les circonstances les plus périlleuses de leur vie.

À cinq heures d'un matin pas si typique à Londolozi, un groupe d'invités montent à bord d'une Land Rover, mais ils ne sont pas comme la plupart des touristes en safari. Chacun d'eux a une forte propension au TEAM, et ils sont venus avec moi – bienheureuse, bienheureuse moi ! – pour apprendre les voies des découvreurs. Ils resteront silencieux pendant toute la randonnée, se concentrant sur leurs sensations physiques et émotionnelles à chaque instant. Je leur ai aussi demandé de garder en tête un problème sur lequel ils butaient, une situation qu'ils doivent vraiment régler durant leur séminaire dans la brousse africaine.

Dès le début, la randonnée est inhabituelle. Le traqueur *shangaan* et chaque personne dans le véhicule semblent détendus : leur regard et leur visage sont paisibles. Ils respirent profondément. À l'occasion, ils remarquent des choses que la plupart des touristes en safari ignorent : la lumière reflétée par la rosée, une toile d'araignée dorée, les nuages. Peut-être parce qu'ils sont très attentifs à la nature, la nature semble aussi à leur écoute. Des animaux timides qui d'ordinaire fuient les humains – des mangoustes naines, un chacal, un impala – demeurent paisiblement sur place, même si la Land Rover passe à moins d'un demi-mètre d'eux. Les oiseaux et les singes nous observent sans pousser leurs cris alarmants habituels.

Nous voyons un nombre étonnant de bébés animaux lors de notre randonnée silencieuse. Une mère éléphant prend soin d'un rejeton si petit qu'il peut encore courir sous elle. Un petit zèbre, plus fou que ses aînés, galope à côté de la Land Rover pendant un instant. Une lionne nous laisse observer ses lionceaux se chamailler à quelques mètres de nous. En rejoignant une meute de hyènes, plusieurs chiots, trop jeunes pour savoir ce que nous sommes, s'approchent et reniflent le véhicule. Leurs yeux immenses, leur nez noir et leurs grandes oreilles rondes leur donnent des airs de jouets.

Après quatre heures de communion sans mots avec la nature, nous retournons au camp. C'est le temps de faire un peu de *coaching* de vie – zut! – pour s'attaquer aux problèmes que les invités devaient garder à l'esprit. Mais il s'avère que personne ne s'était préoccupé de ses problèmes. Je savais qu'il en serait ainsi. En les amenant doucement dans l'Observation silencieuse, je me suis épargné tout un flot de paroles inutiles. Bien qu'ils ne soient plus tourmentés par leurs problèmes, tous les membres du TEAM se sentent plus aptes à trouver des solutions. Certains se sont même étonnés d'avoir réglé leurs problèmes alors qu'ils ne pensaient pas. Robert a trouvé comment il pouvait déléguer un projet au travail. Connie a décidé de retirer ses enfants d'une prestigieuse école privée où ils étaient malheureux. Suzanne a réalisé qu'elle préférait vendre sa vieille maison au lieu d'entreprendre des rénovations majeures.

Tous ces plans concrets sont le résultat d'une solution plus profonde : la réclamation par chaque personne de sa vraie nature, « ressourçante », présente, calme. Comme le dit le poète David Whyte, « ce que vous pouvez planifier sera toujours trop petit pour ce que vous vivez, mais ce que vous pouvez vivre profondément sur le plan du cœur créera suffisamment d'occasions pour vous ». Nous parlerons plus loin dans ce livre de la planification. Pour l'instant, il importe surtout de savoir que glisser dans l'état d'Observation silencieuse, c'est comme se brancher à une toile universelle d'intelligence pure, c'est comme découvrir l'énergie qui a permis aux réparateurs de trouver leur voie – au travers de régions complexes et difficiles du monde sauvage et des profondeurs de l'être humain - depuis la nuit des temps. En apprenant à obtenir l'accès à cette énergie, votre propre véritable nature et la nature elle-même conspireront à vous assister et à vous rendre calme. Comme l'a écrit le poète et découvreur de voies du XIIIᵉ siècle, Rumi, vous fermerez la porte du langage et vous ouvrirez la fenêtre de l'amour. Et à partir de cette fenêtre, vous pouvez voir votre voie dans tous les domaines.

# CHAPITRE 2

## UN BRIN DE PARENTÉ
## ET LA VOIE DU JEU SACRÉ

Sur le chemin entre mon cottage à Londolozi et le camp central, je remarque plusieurs singes verts sautillant dans les herbes. Une observation plus attentive révèle que les singes sont attroupés autour d'une placide femelle nyala, une jolie antilope ressemblant à un cerf avec des rayures. Tous les singes sont juvéniles, des bébés de la grosseur de chatons à des adolescents presque à maturité de la grosseur de… plus gros chatons !

En m'approchant doucement, sur la pointe des pieds, je vois que les singes s'adonnent à un jeu presque organisé que l'on pourrait appeler « Hé, mec, j'ai touché le gros animal ». Toute proportion gardée, cette activité est, pour les singes, ce que serait courir et toucher un éléphant pour les humains. Certains des plus jeunes singes ne font qu'observer, mais les plus braves avancent avec hésitation vers la femelle nyala et sautillent en reculant lorsque leur courage faiblit, puis s'aventurent de nouveau jusqu'à ce qu'ils puissent être assez près pour étendre la main et toucher une jambe de l'antilope. Ils se promènent ensuite en fanfarons parmi les autres singes pendant quelques minutes, acceptant l'admiration et faisant l'envie de leurs pairs. La femelle nyala continue à mastiquer les feuilles, jetant un coup d'œil à l'occasion vers les singes.

La première fois où j'ai entendu un bruissement dans les sous-bois et que je me suis avancée pour découvrir la face d'un singe, ce fut une expérience joyeuse et troublante. Je suis habituée de voir des oiseaux, des écureuils et des tamias. Ce sont d'adorables créatures, mais, sans vouloir les dénigrer, ce ne sont pas exactement des modèles de génie. Par contre, lorsque vous croisez le regard d'un singe, vous savez immédiatement qu'il pense. Vous pouvez presque voir les neurones s'activer derrière cette petite face humanoïde. Les singes sont très semblables à nous. En fait, ils partagent 93 % de notre ADN. Pas étonnant qu'en les regardant jouer à « Hé, mec, j'ai touché le gros animal », je me sois sentie comme dans une communauté de lilliputiens.

En m'avançant lentement et doucement pour mieux les voir, les singes me remarquent finalement. Le plus brave, l'adolescent le plus gros en fait, m'observe un long moment. Puis, il regarde la femelle nyala. Et il me regarde de nouveau.

Soudainement, j'ai le sentiment que leur jeu s'élèvera d'un cran. Évidemment, le *leader* du groupe délaisse l'antilope et commence à s'approcher de moi. En quelques secondes, les autres enfants – je veux dire les singes – réalisent que le jeu vient de changer. Ils abandonnent tous la femelle nyala et me regardent avec des yeux d'enfants de cinq ans devant un nouveau jeu vidéo. Cinq ou six des plus aventuriers s'approchent, apeurés, mais déterminés.

Pendant une minute ou deux, je suis fébrile. Pour moi, être dans la nature et entourée de bêtes sauvages me donne l'impression d'être dans un dessin animé de Disney. Et comme pour mon rhinocéros du début du livre, tout est réel ! Mais lorsque les singes s'approchent à un mètre de moi, ça commence à devenir un peu trop réel. Bien sûr, ils ne m'arrivent qu'aux genoux, mais ils peuvent sauter vraiment haut et ils sont de toute évidence en surnombre. Des signaux d'alarme résonnent en moi. Je me souviens tout à coup d'une histoire au sujet d'une vieille femme attaquée et dévorée par ses propres caniches miniatures – ils étaient dix. Je me souviens aussi de ce film avec Dustin Hoffman dans lequel une morsure de singe tue un être humain en lui transmettant une infection qui risque de balayer l'humanité.

« Wow ! » dis-je en balançant mes mains dans les airs.

Les jeunes singes bondissent vers l'arrière comme s'ils avaient été tirés par un cordon de *bungee* invisible. Pendant un moment, ils se réconfortent les uns les autres, hurlant et pépiant tandis que leurs pulsations cardiaques redeviennent normales et que leur effroi se contrôle. Peu après, se motivant les uns les autres, ils avancent de nouveau dans ma direction.

« Haaa ! » dis-je en essayant de démontrer de la confiance et de l'assurance. Les singes deviennent carrément effrontés. Leur regard me rappelle celui des femmes attendant que le WalMart du coin ouvre ses portes lors d'un super samedi à bas prix. Lentement, mais constamment, ils avancent en s'agglutinant.

« Haaa ! » Je laisse échapper un autre cri, peut-être un peu trop bruyamment, en agitant plus vigoureusement les mains et les bras dans les airs.

Les singes reculent de nouveau en bondissant... mais de moins d'un demi-mètre cette fois! Et presque aussitôt, ils recommencent à avancer vers moi. Je peux ressentir mes pulsions cardiaques s'accélérer.

« Bouh! » Cette fois, je crie vraiment et j'agite les bras bien haut dans les airs. Les petits singes ne reculent pas; ils n'attaquent pas non plus. À la place, comme si tout était orchestré, ils se tiennent debout, lèvent leurs bras et agitent leurs mains au-dessus de leur tête. De minuscules mouvements de mains!

J'éclate de rire. Ma nervosité est soudainement remplacée par un plaisir surprenant. Les singes ont changé de comportement. Ils ont saisi que je n'étais pas seulement un autre gros animal qui pouvait leur servir de jeu, comme la femelle nyala. Tout comme je venais de réaliser qu'ils étaient presque humains, ils semblaient avoir réalisé que j'étais presque primate. J'avais « gradué » d'objet de jeu à participante dûment acceptée.

Durant une dizaine de minutes, j'imite les gestes des singes et ils imitent les miens, jusqu'à ne plus savoir qui mène le jeu. « Les humains adorent jouer avec d'autres animaux, raconte Diane Ackerman dans son merveilleux livre *Deep Play*, et parfois cela provoque une pureté et une intensité dans les échanges presque magiques. » J'espère seulement que ma *récréation* avec les singes est aussi magique pour eux que pour moi. Nous nous amusons toujours plus et, éventuellement, j'en arrive à avoir le culot de leur permettre de toucher l'ourlet de mon pantalon. Un événement si excitant que nous avons tous fait un peu « pipi », je pense.

Pour les personnes qui veillent à maintenir une ambiance distinguée et une cuisine raffinée à Londolozi, les singes dérangent. Ils peuvent piquer vos rôties tout en vous regardant dans les yeux, et leurs crottes sont abondantes et malodorantes. Mais j'ai toujours aimé les singes verts : les bébés et leur joli minois, les mâles adultes et leurs impressionnants testicules turquoise éclatant (oui, des « couilles » littéralement bleues!). Jouer avec les jeunes singes me plonge plus profondément que jamais dans l'Observation silencieuse. Leur esprit est très similaire à celui des enfants humains, mais sans utiliser une seule syllabe de langage. Jusqu'à ce qu'un singe adulte sonne l'alarme et que les bébés rejoignent la meute, j'avais presque oublié la façon ordonnée et crispée dont je pense habituellement.

## Jouer sans paroles

Lorsque vous étiez bébé, votre cerveau était libre de mots et complètement disponible, apte à apprendre à plein régime et à maîtriser presque toute habileté. En retournant à un état sans mots par les exercices du chapitre 1, vous avez commencé à reconquérir les parties de votre vraie nature qui étaient des équipements standards de votre être à la naissance. Vous devez maintenant continuer à reconquérir votre nature originelle en faisant ce que vous faisiez lorsque vous avez commencé à contrôler votre corps d'enfant : jouer.

Certains de mes clients deviennent frustrés lorsque je commence en leur disant de ne pas penser et en leur demandant de jouer. « Que faisons-nous là ? » demandent-ils parfois. « Quand commencerons-nous à résoudre mes problèmes ? » Si c'est ce que vous ressentez, vous aussi, soyez assuré que trouver des voies vers l'Observation silencieuse, vers un monde sans paroles, prépare votre conscience entière à agir comme un découvreur de voies naturelles, ce qui tracera votre chemin dans la vie mieux que tout plan et but ne pourraient le faire.

Vous souvenez-vous des scènes du film *Karàte Kid* dans lesquelles monsieur Miyagi insiste pour que son protégé apprenne à cirer les voitures et à sabler les planchers ? À travers ces activités sans intérêt, l'étudiant intégrait les gestes et la force dont il avait besoin pour la pratique des arts martiaux. Suivez-moi bien maintenant. Cirer vers l'extérieur, cirer vers l'intérieur. Votre habileté à demeurer silencieux et sans paroles pendant que vous accomplissez des tâches complexes peut être développée seulement par le jeu. L'ensemble des aptitudes d'un découvreur de voies, qui exige une rapidité d'apprentissage et de réaction à toute situation que la vie peut apporter, ne peut être pleinement acquis autrement. Pour avancer dans notre nouveau monde changeant, vous feriez preuve de sagesse en apprenant à jouer jusqu'à ne plus pouvoir penser.

## L'importance de ne jamais vieillir

Chez presque toutes les espèces d'oiseaux et de mammifères, les individus apprennent à se débrouiller dans la vie par le jeu (j'exclus les tueurs en série humains qui, peu importe leurs différences, partagent une caractéristique : ils ne jouent jamais et n'ont même jamais joué lorsqu'ils étaient enfants). Une fois adultes, la plupart des animaux jouent beaucoup moins que les plus jeunes. Ils ont appris suffisamment d'habiletés de base pour survivre. Chez les humains, c'est partiellement vrai. Comme mère, je me suis une fois identifiée entièrement à une mère léopard que j'observais et qui était devenue si harassée d'être sollicitée par ses deux petits qu'elle s'était finalement assise sur l'un d'eux. On ne voyait plus que la queue du jeune léopard s'agiter sous le « croupion » de sa mère comme si cette dernière avait développé une deuxième queue.

Le comportement ludique des jeunes animaux est dicté par un trait génétique appelé la « néoténie ». Les racines de ce mot sont grecques : *néo* signifie « nouveau », « jeune », alors que *teinein* signifie « étendre », « prolonger ». La néoténie est ce qui pousse les jeunes créatures à s'étendre, à aller au-delà de leurs capacités, comme chez les jeunes singes qui cherchaient à toucher la femelle nyala ou l'humain simplement pour voir s'ils en étaient capables. Cette extension, cette augmentation de l'habileté et de l'assurance est la motivation sous-jacente dans tout véritable jeu. Comme Chip et Dan Heath le font remarquer dans leur livre *Switch*, le jeu n'a pas de scénario, il amplifie les activités que nous faisons. Nous devenons disposés à faire des pitreries, à explorer ou à inventer de nouvelles activités… acquérant des ressources et des habiletés. La néoténie des jeunes animaux non seulement rend leurs jeux innocents et mignons, mais elle permet à leur cerveau d'apprendre à une vitesse fulgurante.

Cela nous amène à ce qui est peut-être le bon côté d'être humains : nous ne devenons jamais trop grands pour notre néoténie ! Peu importe la durée de notre vie, notre véritable nature conserve les caractéristiques que les singes sauvages ne présentent que lorsqu'ils sont bébés : un visage relativement plat, un petit nez, de petites dents. L'anthropologue Lee Berger, qui a découvert le plus riche dépôt d'os humanoïdes de l'histoire scientifique appuyant la thèse du chaînon manquant, me racontait que l'égalitarisme des espèces d'apparence humaine pouvait être évalué par la grosseur des canines. Les babouins, qui vivent selon une hiérarchie plutôt cruelle, ont d'énormes canines, tandis que les nôtres ne sont pas plus grosses que nos molaires. Comme les humains et contrairement aux autres singes, les singes bonobos – une espèce pacifique à petites dents – dévoilent leur dentition pour exprimer l'amitié au lieu de l'agressivité. Ils étirent leurs lèvres dans un grand sourire comme pour dire : « Regarde ! J'ai encore mes dents de bébé ! Je ne peux pas te déchiqueter la gorge, même si je le voulais. Et de toute façon, je ne le veux même pas ! Ha ! ha ! »

Une ancienne légende sioux raconte que le Créateur n'avait plus suffisamment d'outils de survie pour en doter les humains. Nous n'en avons ainsi reçu qu'un seul : la capacité d'apprendre. Du point de vue scientifique, c'est notre néoténie prolongée qui donne à notre cerveau la capacité d'absorber de l'information et de créer des idées sur une base continue, peu importe notre durée de vie. Mes jeunes amis singes verts perdront cette capacité en devenant adultes. À mesure que leur néoténie et le sens du jeu qui l'accompagne disparaissent, ils deviendront plus lents à comprendre ou à saisir des concepts. L'apprentissage rapide va de pair avec le jeu, comme la tarte va de pair avec la crème glacée.

Donc, en dépit de notre dentition, de nos griffes, de notre ossature et de notre musculature infantile, nous dominons les autres espèces de la même façon que Peter Pan dominait le capitaine Crochet : simplement en refusant de vieillir. Nous avons proliféré et avons survécu parce que nous n'avons jamais cessé de jouer. Et la façon d'affronter la complexité croissante du nouveau monde un peu fou est de jouer encore plus. Pourtant, la plupart des adultes humains se disent que jouer est une activité réservée aux temps libres et aux loisirs et que le jeu ne doit pas être confondu avec le *travail productif* ni surutilisé. Cette perception devra changer à mesure que nous adoptons une nouvelle conscience orientée vers la guérison de la Terre. En fait, je crois que nous serions nettement en meilleure posture si nous ne faisions que jouer. Lorsque je forme des *coachs*, je leur suggère d'éliminer le mot *travail* de leur vocabulaire et de le remplacer par *jeu*.

Ce que je fais maintenant est de m'amuser avec les mots. Je m'efforce de jouer, et parfois je joue durant de longues heures : certaines personnes diraient que je joue trop, mais que puis-je répondre, sinon que ça joue en ma faveur ?

Non seulement jouer est une façon beaucoup plus intéressante de vivre que de travailler, travailler et encore travailler, mais ça éveille l'hémisphère droit du cerveau et nous propulse dans l'Observation silencieuse. Alors, tout ce que nous créons, que ce soit une réunion d'affaires, un projet ou un sandwich au beurre d'arachides, est imprégné de magie.

## Jouer intensément, pratiquer en profondeur

Nous avons déjà discuté du phénomène de la pratique en profondeur, cet effort continuel et progressif pour maîtriser une habileté quelconque au-delà de nos aptitudes. Quelques formes de jeux sont de purs plaisirs simples, comme se rouler dans la neige ou sauter sur le lit. Mais si vous fouillez dans vos souvenirs de merveilleux jeux, vous remarquerez que le jeu en profondeur nécessite souvent la maîtrise de quelques difficultés. Lorsque mes deux plus jeunes enfants avaient trois et cinq ans, ils ont placé un marchepied de deux marches près du sofa, ont grimpé dessus et ont sauté sur les coussins du sofa. Puis, sans qu'aucun adulte ne le leur suggère, ils ont déplacé à plusieurs reprises le marchepied d'une dizaine de centimètres chaque fois, augmentant constamment le niveau de difficulté pour le saut. Mes amis singes ont délaissé l'antilope pour toucher, à la place, un humain, tout cela pour la même raison : le défi !

Par contre, lorsque je demande à des adultes de trouver des images de jeu ou de relaxation dans des magazines, ils découpent presque invariablement – je veux dire 95 % des fois – des images de gens étendus et inertes sur de quelconques chaises basses de plage, branchés à des margaritas. Bulletin de nouvelles express : cela n'est pas jouer. Ce n'est que l'évidence de deux constatations désolantes au sujet de la vie moderne: la plupart d'entre nous manquent désespérément de sommeil et ils ont en grande partie abandonné leur vraie nature, enjouée et imaginative, au profit des clichés médiatiques.

Le vrai jeu est réellement une application hautement créative de la pratique en profondeur. C'est sélectionner une activité peu aisée et s'y adonner à un niveau presque trop difficile. Je passe beaucoup de temps à pousser mes clients (et moi-même) vers de telles frontières. Au début, ce n'est pas plaisant, mais même les gens qui se sentent attirés par la pratique en profondeur ne prétendent pas retirer du plaisir d'une chose tant qu'ils ne l'ont pas maîtrisée. C'est la raison pour laquelle, malgré notre tendance à la néoténie, la plupart des humains sont récalcitrants à apprendre quoi que ce soit de substantiellement nouveau une fois qu'ils ont atteint 23 ans. À cet âge, ils peuvent potentiellement négocier le monde, alors pourquoi continuer à apprendre ?

Vous connaissez la réponse si vous avez déjà persévéré à jouer à un nouveau jeu jusqu'à ce que votre cerveau finisse vraiment par se reprogrammer. C'est alors que vous parlez soudainement un nouveau langage sans même y penser, que vous utilisez une nouvelle technologie informatique sans effort, que vous escaladez la falaise devant vous alors que vous pensiez ne jamais y parvenir. L'expression de joie qui surgit à ce moment-là est inégalable. « *Hé, mec, pensez-vous, j'ai atteint le grand but ?* » Si vous vous efforcez suffisamment, vous aurez l'impression de toucher le visage de Dieu.

Les neuroscientifiques ont découvert que c'est à cette frontière de l'impossibilité que le cerveau produit les doses maximales d'hormones de bien-être, comme la dopamine. C'est là également que nous trouvons ce que Mihaly Csikszentmihalyi a brillamment nommé le « flot » et où Ellen Langer découvrit la « pleine conscience », cette qualité à l'immense pouvoir de régénération capable de renverser le processus de vieillissement. Le jeu nous pousse à une telle concentration que nous entrons directement dans le moment présent, faisons taire la pensée et pénétrons dans l'univers de l'Observation silencieuse, au-delà de toute parole, même si nous racontons une histoire. Le langage du jeu est dans le rythme fascinant de toutes les grandes histoires, les histoires de guérison racontées dans chaque culture traditionnelle. Ce sont des histoires qui divertissent et enchantent, tout comme un merveilleux jeu peut le faire. C'est pourquoi, comme le note

Diane Ackerman, les découvreurs de voies de toutes les cultures s'adonnent au jeu en profondeur avec une rigueur sensuelle frôlant la folie. Pour trouver la meilleure voie possible pour lui-même à travers la vie et pour servir le monde selon le désir de son cœur, chaque membre du TEAM devrait apprendre à *jouer* dans le vrai sens du terme.

## Mouvement mystique

Lorsqu'un membre souffrant ou troublé d'une société traditionnelle rencontrait le guérisseur de la tribu, ce dernier n'amorçait pas la conversation par des questions du genre : « Depuis combien de temps ressens-tu cet inconfort? » ou « Quel est ton déductible, exactement? » À la place, le guérisseur demandait à la personne quand elle avait cessé de ressentir une joie spontanée, de chanter, de rêver. En d'autres mots, les découvreurs de voies voulaient savoir quand le patient malade, déprimé ou défaillant avait cessé de jouer. Tout guérisseur traditionnel de confiance qui a accès à la médecine moderne recommandera de bon cœur une attelle ou des antibiotiques à une personne ayant une jambe cassée ou atteinte d'une infection, mais pour la détresse de l'âme et les maladies reliées au stress, qui affectent nombre d'entre nous, les découvreurs de voies savent que jouer jusqu'à l'enchantement est un remède nécessaire.

La plupart des cultures font aussi appel à quatre éléments[6] reliés aux cérémonies, à la fête. Il s'agit des tambours, de la danse, de la consommation de substances et des rêves. Lorsque vient le temps d'une cérémonie quelconque, les mystiques de la tribu revêtent des vêtements solennels, puis passent des heures à chanter, à psalmodier, à raconter des histoires, à exécuter d'anciennes danses, à faire usage de composés favorisant des états seconds et à partager les visions qui venaient à eux, en état d'éveil ou endormis.

Dans les cultures modernes, les gens se rassemblent dans des boîtes de nuit sombres pour s'y défoncer à l'alcool ou aux drogues et s'agitent frénétiquement sur des musiques assourdissantes. C'est comme si nous recherchions désespérément notre vraie nature en nous surexposant aux ambiances festives. Sans la sagesse ou le *coaching* de découvreurs de voies expérimentés, ces comportements substituts au jeu deviennent souvent malsains et même destructeurs. Mais, lorsque le jeu est utilisé selon les préceptes de notre vraie nature, il peut guérir notre corps et notre esprit de façon presque magique.

---

6.  NDT : Dans la version anglaise, Martha Beck les appelle les « 4 D » : *Drumming, Dancing, Drinking* (ou *Drugging*) et *Dreaming*.

## Le rythme de l'Observation silencieuse

J'ai réappris le pouvoir du jeu lorsque je fus atteinte d'une maladie chronique qui me causa une douleur continuelle pendant une douzaine d'années. On m'avait « diagnostiquée » comme souffrant de plusieurs malaises auto-immunitaires, mais aucun d'eux n'était vraiment bien compris par la médecine moderne. Tous ces malaises ont la réputation d'être progressifs et incurables. Pourtant, je n'ai plus de symptômes, sauf de légers rappels apparaissant lorsque j'oublie de suivre ma véritable mission de vie. J'ai appris, par un long apprentissage, que lorsque je souffre, la voie pour retrouver le bien-être est soit de me reposer profondément ou de jouer intensément. Si c'est du repos dont j'ai besoin, je dois le faire suivre du jeu pour demeurer en santé. Un jour, peu de temps après m'avoir annoncé que je souffrais d'un trouble douloureux appelé « cystite interstitielle », une infirmière me dit : « Vous devriez éviter le stress, mais n'oubliez pas ceci s'il vous prenait l'envie de danser : vous étendre ou vous affaler cause du stress; danser le libère. »

C'est ainsi que j'ai adopté au fil des ans plusieurs façons de chanter, de danser, de rêver et de raconter des histoires. Pour moi, ça n'a rien à voir avec la tournée des boîtes de nuit. Je déteste les foules et la musique à tue-tête. Quant à l'alcool, il m'endort. J'ai mes propres façons préférées d'avoir un plaisir fou, et sans doute avez-vous les vôtres. Pour remplir votre mission à travers le TEAM, vous devez déterminer votre profil personnel de joueur et vous mettre à jouer. Beaucoup !

## Le cerveau en jeu,
## l'Observation silencieuse et le Divin

Toute action inhabituelle qui exige une entière concentration et un apprentissage (caractéristiques du jeu intense) fait basculer notre cerveau dans un engagement total qui nous expulse de l'univers du langage et nous propulse dans la grande sagesse de l'esprit non verbal. Les neurologues Andrew Newberg et Eugene D'Aquili sont parmi les premiers scientifiques à analyser la neurologie à travers l'expérience mystique. Ils ont découvert que les moments de joie et d'inspiration transcendante étaient associés à une activité de la région du cerveau qui contrôle la perception des limites de notre corps, stimulant notre conscience par ce qui est ressenti comme étant *nous* et *l'autre*. Cette région du cerveau se trouve à être contiguë à celle qui nous permet d'être en fusion émotionnelle et physique avec une autre personne, ce que nous appelons « tomber amoureux ». Newberg et D'Aquili ont émis l'hypothèse que les expériences mystiques et les moments de grâce pouvaient être provoqués par des comportements ritualisés, rythmiques et inhabituels.

Dans le règne animal, nous le voyons chez les jeunes qui jouent et les adultes qui cherchent à s'accoupler. Les cigognes et les oiseaux du paradis dansent pour leurs partenaires. Les loups, les baleines et les souris (oui, les souris !) chantent pour l'autre lorsqu'ils tombent amoureux. Et, bien sûr, les amoureux jouent comme des enfants, s'appellent « bébé », enregistrent un assortiment de musique pour l'autre et se racontent des histoires au sujet de leur vie passée et de leurs rêves futurs. Le jeu, peu importe l'âge, aide à fermer la porte du langage et permet d'ouvrir la fenêtre de l'amour.

## Atteindre l'état d'Observation silencieuse par les voies des jeux sacrés

Par les jeux intenses, dont font partie les exercices qui suivent, vous atteindrez l'état d'Observation silencieuse, et une multitude d'effets seront ressentis dans votre cerveau et votre corps. Votre intuition et votre sens de la perception seront beaucoup plus affinés, rendant tout plus vivant et plus vibrant. L'anxiété, avec ses ordres de combattre, de fuir ou de figer et son flot d'hormones de stress, diminuera. Votre système nerveux parasympathique, avec son leitmotiv « repos et détente », prendra la relève, produisant des hormones favorisant la guérison et la régénération.

### La voie du chant sacré

Pratiquement toutes les façons de faire de la musique vous conduisent à l'Observation silencieuse – incluant paradoxalement les chansons avec des mots –, pourvu que le son et le sentiment de faire de la musique captent votre attention, et non des pensées soutenues par le langage. Chanter ou psalmodier – de l'« OM » à une prière, du chant grégorien des moines à *I Can't Get No Satisfaction*, est l'une des voies les plus sûres pour entrer dans l'Observation silencieuse. Les découvreurs de voies de toutes les cultures chantent leur vraie nature. Jouer d'un instrument est encore mieux. Cette activité accapare tellement l'esprit que les mots s'estompent. Si cela est possible, faites jouer un CD ou allumez la radio et chantez. N'essayez pas de chanter juste ou bien, et ne vous retenez pas. Chantez comme si personne ne vous entendait.

### La voie de la danse sacrée

L'un de mes clients était un athlète professionnel. C'était un membre extrêmement énergique, émotif, sensible et verbal du TEAM. Il avait l'habitude de chasser le stress en allant danser seul dans des boîtes de nuit pendant six ou sept heures d'affilée. Demander à ce type de s'asseoir en position zen aurait été contre nature. Il accédait à l'Observation silencieuse par l'action. Si vous aimez danser, vous devriez suivre l'exemple de ce type. Sélectionnez – ou jouez-la vous-même – une musique avec un solide tempo rythmique et dansez, par exemple, sur une danse que vous connaissez, ou laissez votre corps suivre le rythme.

Si, comme moi, vous n'êtes pas un danseur, vous serez heureux de savoir que toute action que vous aimez faire peut être *votre danse*. Le jeu « Hé, mec, j'ai touché le gros animal » que j'ai partagé avec mes amis singes en est un exemple. Le ski est un autre de mes jeux de « danse » favoris. La course à pied peut l'être aussi, tout comme le cyclisme, l'aviron, le patinage, la conduite automobile… même le travail en gymnase peut l'être, sans oublier le yoga, l'une des plus anciennes et puissantes voies vers l'Observation silencieuse. Tout ce qui dissout l'attention verbale dans un pur mouvement peut être une danse sacrée. Aujourd'hui, pendant au moins cinq à dix minutes, bougez d'une façon rythmique et répétitive à votre choix. Faites jouer un album de Grateful Dead et faites semblant de jouer de la batterie ou de la guitare. Sortez marcher ou courir en trouvant un rythme confortable. Éclatez-vous. Vous saurez que vous exécutez une danse sacrée lorsque vous réaliserez que pendant quelques instants ou quelques minutes, vous ne pensiez pas avec des mots.

### Peindre ses visions

La même année où je me suis inscrite à un cours d'art au collège, Betty Edwards publiait son merveilleux livre *Dessiner grâce au cerveau droit*. Plus tard, j'ai donné ce même cours et aidé des gens à glisser dans l'Observation silencieuse en vue de créer des images envoûtantes. Maintenant, je fais le contraire. J'aide les gens à créer des images en vue d'entrer dans l'Observation silencieuse. Les puissantes dynamiques qui s'installent dans l'hémisphère droit du cerveau lorsque nous créons des images visuelles sont les raisons pour lesquelles les moines tibétains et les sorciers navajos font des peintures de sable et que les prêtres de l'époque médiévale passaient autant de temps à réaliser des manuscrits somptueusement illustrés. Le but n'est pas le produit comme tel, mais l'état d'esprit que vous devez atteindre et maintenir pour faire de telles créations.

Si vous aimez dessiner, procurez-vous de la peinture, des crayons, du sable coloré ou tout autre « médium » qui ravit vos yeux et charme vos mains. Servez-vous-en, du mieux que vous le pouvez, pour exprimer votre vision de la beauté ou du sens de la vie. Si vous êtes adepte de l'ordinateur, procurez-vous un logiciel de graphisme et mettez-vous à l'œuvre. Contrairement à ce que soutient la sagesse de notre culture, vous atteindrez réellement un état d'Observation silencieuse plus profond si vous essayez vraiment de réaliser exactement l'effet que vous désirez. Le défi de dessiner de façon la plus représentative et précise possible est un exercice encore plus profond que simplement gribouiller. Il conduit plus rapidement à l'Observation silencieuse, qui est le but de la démarche. En vous appliquant à obtenir tel ou tel effet visuel ou en observant votre œuvre pour l'évaluer, votre cerveau délaisse le mode verbal et devient beaucoup plus intelligent.

### Raconter des histoires sacrées

Les mots justes peuvent vous mener à l'Observation silencieuse s'ils sont utilisés, comme l'art ou la musique, pour susciter des sensations physiques ou émotionnelles, et pas simplement de l'information. La poésie, la littérature et les histoires que l'on se raconte en personne peuvent être aussi rythmiques que la danse, aussi mélodieuses qu'une chanson, aussi évocatrices qu'une toile. Dans son livre *Coyote Medecine*, Lewis Mehl-Madrona, un médecin diplômé de Stanford et un sorcier cherokee, alterne avec l'écriture théorique sur la médecine et les anciennes légendes de guérison de ses ancêtres. Les deux types de prose ont un effet dramatiquement différent. La théorie est intéressante et informative, mais les histoires sont hypnotiques, harmonieuses et enchanteresses. Ironiquement, c'est dans l'Observation silencieuse que nous trouvons les bases de l'ingéniosité verbale de la narration véritable d'une histoire, le genre qui vous fait en redemander.

Aujourd'hui, à un moment ou à un autre de la journée, racontez une histoire à quelqu'un que vous aimez. Racontez une mésaventure dans la circulation ou une blague vue sur Internet. Ne le faites pas simplement pour faire la conversation, mais pour amuser l'autre et capter son attention. Votre subtil esprit non verbal devra s'harmoniser avec votre auditoire, captant des signes sensoriels que votre esprit conscient ne peut même pas percevoir. Même en utilisant des mots, vous trouverez votre voie dans l'Observation silencieuse.

## Le silence du jeu sacré

Tous les genres de jeux sacrés éveillent l'hémisphère droit du cerveau, celui qui est au-delà des mots. Selon mes observations auprès de plusieurs de mes clients, plus ils accèdent souvent à l'Observation silencieuse (par exemple, en répétant l'un des exercices du chapitre, et ce, une ou deux fois par jour), plus leur vie commence à se transformer, d'abord légèrement, puis de façon plus remarquable. Ils commencent à choisir des activités et à adopter des comportements qui apportent une énergie ludique et plus intéressante à leur travail et à leurs relations. Éventuellement, tout ce qu'ils font devient un jeu.

Mon but ultime est de vous aider à devenir si connecté à votre vraie nature que, mis à part les moments de repos, vous aurez l'impression de jouer en permanence. Débutez lentement et ne forcez pas. Choisissez un ou plusieurs exercices de ce chapitre et servez-vous-en chaque fois que vous vous sentez las, coincé ou épuisé au travail. Cessez de travailler dès que ces symptômes se manifestent. Dès votre prochain moment libre, que ce soit une pause de cinq minutes pour aller à la salle de bain ou une fin de semaine complète, jouez au meilleur jeu possible, du mieux que vous le pouvez. Sortez à l'extérieur et bougez. Emmenez vos amis préférés. Commencez à chanter. Mettez-vous à rire. Retournez à votre vraie nature.

Plus vous le ferez souvent, plus il vous sera facile de vous relier à l'intelligence non verbale de laquelle dépend tout travail sacré des découvreurs de voies. Si vous vivez de la frustration et que vous souhaiteriez que je sois là pour vous dire comment recréer votre carrière ou trouver l'amour que vous méritez, je vous en prie, réalisez que ces événements espérés surviendront vraiment plus rapidement dans votre vie si vous apprenez à glisser dans un état sans paroles. Jouer sans paroles, c'est, comme le dit T. S. Eliot, être immobile tout en continuant d'avancer. Et lorsque vous pouvez y arriver, vous commencez à trouver votre voie vers la vie parfaite pour vous sans même réaliser ce qui se produit.

J'ai appris tout cela une fois de plus en dansant dans les herbes avec une douzaine de mes parents les plus éloignés. Contrairement à nos cousins les singes, nous sommes programmés pour rester *petits* peu importe la taille que nous atteignons. Quelle chance nous avons!

# CHAPITRE 3

## MESSAGES DU *TOUT-MOMENT*

### La voie du paradoxe

« Celui qui sait ne parle pas, celui qui parle ne sait pas. » Ainsi commence le chapitre 56 du *Tao Te Ching*, mon livre favori, la raison pour laquelle je ne regrette pas les centaines d'heures pénibles à étudier le mandarin, une langue pour laquelle j'ai autant d'aptitude qu'une limace de jardin. La phrase peut aussi se traduire ainsi : « Ceux qui savent ne parlent pas. Ceux qui parlent ne savent pas », mais la version chinoise originale est plus énigmatique. Elle sous-entend la possibilité que non seulement les humains peuvent être divisés en deux groupes, soit ceux qui savent et ceux qui parlent, mais également que dans chaque individu il y a une partie insensée qui parle sans savoir et une profonde nature véritable qui sait sans parler. La maxime suppose aussi que les humains, qui utilisent largement les mots, savent peut-être moins que d'autres entités – animaux, plantes, pierres, rivières – qui ne se servent pas du langage.

L'auteur du *Tao Te Ching*, l'ancien découvreur de voies, Lao-tseu, a rassemblé tout ce concept en quelques syllabes seulement. Homme de peu de mots, il a toutefois utilisé les mots exacts, ceux qui comptent. Par exemple, son nom peut se traduire par « Vieil enfant ». Je me suis souvent demandé si l'une des raisons pour lesquelles j'aime autant Lao-tseu était que j'avais un vieil enfant dans ma propre famille. L'auteure Anne Lamott a déjà écrit qu'elle suspectait les gens atteints du syndrome de Down d'être des espions de Dieu. La vie avec mon fils Adam ne m'a certainement pas amenée à penser le contraire. Dans sa vingtaine, Adam a moins de vocabulaire que la plupart des enfants d'âge préscolaire. Pourtant, depuis sa naissance, il a semblé savoir des choses que seuls les découvreurs de voies peuvent connaître. C'est Adam qui, bien avant mon épiphanie du jour du Rhinocéros, a essayé de me dire que j'irais un jour en Afrique, et que je deviendrais obsédée par l'idée d'aider une équipe (TEAM) de réparateurs à sauver le monde.

Il n'a pas parlé en ces termes, évidemment. En fait, lorsqu'Adam commença à m'aider à trouver ma voie dans ce monde changeant et fou, il ne disait aucun mot, si ce n'est *maman* et *papa*. Comme toutes les mères rongées par la culpabilité, j'ai pensé que je devais être blâmée pour sa condition. Voyez-vous, le syndrome de Down fut diagnostiqué chez Adam trois mois avant sa naissance. J'étais dévastée, mais déjà beaucoup trop liée à mon bébé pour mettre fin à la grossesse. Je me suis plutôt préparée à sa condition en lisant des trucs qui auraient fait paraître Edgar Allan Poe comme un auteur de comédies. Je lisais statistique après statistique, toutes plus horrifiantes les unes que les autres, sur ce que serait la vie de mon enfant à naître. Je me suis tracassée avec chacune des affreuses possibilités, mais, au fond de mon cœur, je savais qu'Adam irait bien, très bien même. La seule peur que je n'ai jamais réussi à éliminer est l'impression qu'il ne parlerait jamais.

Adam a commencé une thérapie du langage à six ans. Chaque jour, menée par la culpabilité d'avoir été mise au courant de sa condition avant même qu'il naisse, j'enfonçais dans la bouche d'Adam différents goûts et textures. J'entretenais ses muscles de la parole en l'amenant à pincer les lèvres (après y avoir déposé des gouttes de jus de citron), à plisser le nez (par le goût vinaigré des cornichons), à sucer vigoureusement (des Popsicles) ou à tirer la langue (avec l'aide des cotons-tiges). Plus tard, nous sommes passés à l'entraînement à la verbalisation.

Pendant des heures et des heures, cette prétendue imitation n'était en fait qu'un monologue incessant : moi parlant, Adam me regardant dérouté, dans un silence de moine. À quinze mois, l'âge auquel sa sœur aînée commençait à apprendre à lire par elle-même, Adam n'avait même jamais essayé d'imiter le langage que je m'appliquais assidûment à faire entrer dans son cerveau. Un jour, après une autre séance inutile de thérapie du langage, Adam s'endormit sur mon lit et je me suis étendue près de lui.

« Que peux-tu faire dans ce monde si tu ne sais pas parler ? » lui demandai-je. C'était une question rhétorique (la rhétorique étant mon point fort). « Que te sera-t-il possible de faire pour donner un sens à ta vie ? »

Je me suis alors endormie profondément, ce qui était plutôt étrange, puisque je fais rarement des siestes durant le jour. Mais, tout devint encore plus étrange lorsque je commençai à rêver et – dans mon rêve – à m'éveiller. J'étais toujours dans ma chambre.

Adam était toujours près de moi. Tout semblait normal, comme si je ne rêvais pas. Adam a alors ouvert ses yeux et a plongé son regard dans le mien. Soudainement, j'étais inondée d'un flot d'informations, comme si une forte tempête avait brisé tous les barrages dans mon cerveau. Je rêvais d'un vaste étalage d'images, concernant presque toutes des animaux sauvages, à la fois distinctes et séparées, mais apparaissant simultanément. C'était comme si la planète entière me parlait par des images au débit et à la multiplicité trop rapides pour que mon esprit verbal puisse les suivre.

Lorsque je me suis finalement réveillée, étonnée de retrouver Adam toujours sommeillant innocemment à mes côtés, tout mon être vibrait d'une étonnante énergie. Le sentiment et les images du rêve mirent des semaines à s'estomper. Je m'étais confiée à une amie.

« Je sais que ça semble insensé, mais c'est comme si Adam était venu ici pour la planète. C'est comme une sorte de célébration du jour de la Terre qui n'en finit plus. »

Mon amie me regarda comme si elle se demandait si l'on devait m'injecter des médicaments par une seringue sédative. Elle a fini par suggérer de garder ces pensées pour moi-même. Ce que j'ai fait. Mais, régulièrement, je faisais un autre de ces rêves que je nommais les rêves d'« Adam en Afrique ». Pour me sortir de l'énergie bizarre qui accompagnait ces rêves, je commençai à les noter et parfois à dessiner les images que je voyais.

À mesure qu'Adam grandissait, les rêves diminuaient graduellement. Je les avais d'ailleurs presque oubliés des années plus tard alors qu'Adam avait treize ans et que le livre que j'avais écrit à son sujet devint un succès de librairie en Afrique du Sud. Durant ma tournée de promotion pour le livre, je me rendis à Londolozi pour la première fois. Lors de notre première randonnée dans la brousse africaine, je vis un énorme éléphant émerger d'un tas de buis, éclipsant le soleil levant. Je laissai échapper un souffle de stupéfaction et mes dents se mirent à claquer subtilement, tout comme Adam le faisait lorsqu'il était tout jeune. J'avais précisément dessiné cette image dans mon journal après mon premier rêve à haut voltage !

Depuis, il m'est arrivé souvent de tomber devant une version réelle et vivante des images que j'avais vues précédemment dans les rêves d'Adam-en-Afrique, mais Adam ne m'a jamais dit leur signification. Je lui ai demandé à plusieurs reprises. Chaque fois, il me sourit comme un vieil enfant qui ne peut toujours pas penser correctement avec des mots, mais qui semble savoir des choses que j'arrive à peine à imaginer.

## Se connecter à l'Observation silencieuse

Dans les deux premiers chapitres, je me suis évertuée à vous montrer comment entrer dans un état d'Observation silencieuse pour améliorer votre santé, votre bonheur et vos habiletés de découvreur de voies. En supposant que vous avez au moins expérimenté quelques techniques pour atteindre cet état non verbal, je vais maintenant vous dévoiler la grande raison pour laquelle je mets tant l'accent sur l'Observation sans mots pour les membres du TEAM. Je crois (et plusieurs, plusieurs, plusieurs traditions le suggèrent également) qu'accéder à l'intelligence de votre esprit non verbal est comme vous connecter à une sorte d'Internet d'énergie, une connexion qui vous donne accès à non seulement votre propre intelligence, mais à quelque chose de plus grand.

Jung appelait cette toile sans mots l'« inconscient collectif », qui consiste en des formes préétablies, des archétypes. Pour Freud, c'était des débris ou des vestiges archaïques, des images mentales qui ne viennent pas de la propre vie du penseur et qui semblent être des formes aborigènes, innées et héréditaires de l'esprit humain. Toutes les cultures humaines présentent un concept d'une conscience universellement connectée. La plupart des mots utilisés pour désigner cette conscience se traduisent par le mot *esprit*, et ma désignation favorite vient des aborigènes australiens, *à Tout-Moment*.

À tout moment, ou en tout temps (c'est ce qu'ont enseigné des milliers de cultures), les découvreurs de voies peuvent voyager librement dans le temps et l'espace, recueillant de l'information, communiquant avec des personnes éloignées et d'autres créatures, voyant à l'avance des événements futurs et apprenant des informations essentielles pour cheminer dans la vie. Peut-être la croyance universelle à un monde métaphysique est l'évidence de quelque chose de réel, bien que ça puisse simplement être la manifestation de l'énorme potentiel du cerveau humain. Après tout, les neurologues nous disent qu'il y a plus de connexions potentielles de nos neurones dans notre cerveau qu'il y a d'atomes dans l'Univers. Quoi qu'il en soit, il vaut la peine d'étudier cet aspect.

Si vous avez utilisé les moyens que je vous ai proposés pour entrer en état d'Observation sans paroles, vous avez peut-être déjà commencé à faire l'expérience de moments de conscience élevée, de visions inattendues, d'un sentiment de savoir ce que vous devez faire sans comprendre d'où vient cette certitude ou des rêves significatifs. Des centaines de clients qui ont pratiqué l'Observation sans mots m'ont confié avoir commencé à recevoir de l'aide, de l'information et même des objets matériels au moment même où ils en avaient besoin, comme si tout cela arrivait de nulle part. À ce stade de votre lecture, je peux vous le dire haut et fort : si vous augmentez votre capacité à être dans l'Observation sans mots, de petits miracles commenceront à survenir dans votre vie, vous aussi. Les grands miracles suivront. Éventuellement, ce que vous appelez un « miracle » sera normal pour vous, car pour la partie de vous qui vit constamment dans l'univers sans paroles, le miracle est la normalité.

## Le paradoxe des mots de silence

Le travail d'un découvreur de voies, qu'il soit un devin d'une autre époque ou un adepte de la science moderne, est au-delà du savoir humain, dans la réalité de ce qui n'est pas encore imaginé. Son travail est d'en rapporter quelque chose qui soit vrai et utile. Pour les réparateurs, les sages, les chamans, les sorciers, les guérisseurs, les artistes et les saints de toutes les cultures, cela signifie d'exprimer par des mots ce qui ne peut être expérimenté que dans l'observation sans mots. De toute évidence, c'est un paradoxe. C'est pourquoi Lao-tseu commence le *Tao Tè Ching* en disant : « La voie qui peut être exprimée par la parole n'est pas la voie éternelle », et qu'il poursuit durant tout le reste du livre en parlant de la voie sans nom, celle du néant. Pour cela, le Vieil enfant se projette lui-même dans le paradoxe. Les paradoxes sont des affirmations qui semblent se contredire elles-mêmes. Voici un exemple : « Cette affirmation est un mensonge. » Si c'est vrai, alors l'affirmation est forcément fausse, mais si elle est fausse, alors l'affirmation est vraie. Jongler avec des affirmations paradoxales est une façon de confondre le cerveau verbal au sujet de l'abandon du langage, parce que le langage est la source d'un conflit impossible à résoudre.

Portez attention à la plupart des sages et vous verrez que leur discours est rempli de paradoxes. Cela vaut autant pour les scientifiques que pour les mystiques. Par exemple, le psychologue Abraham Maslow (connu pour sa pyramide des besoins) insiste sur la démystification de ce qui est non rationnel, non empirique et non scientifique. Pourtant, sur la même page, il écrit : « Chercher des miracles partout est pour moi un signe de l'ignorance que tout est miraculeux. »

Vous retrouverez ce paradoxe – une croyance rationnelle aux miracles ! – chez plusieurs découvreurs de voies de notre culture. Votre propre pensée, particulièrement votre plus profonde expérience personnelle, peut être remplie de telles ironies. Vous pouvez croire au hasard absolu, mais vous sentir guidé par quelque chose d'invisible. Vous pouvez être passionné de votre religion, mais être mal à l'aise avec tout ce qui ne peut être démontré de façon empirique. Les paradoxes hantent la vie des découvreurs naturels de voies, les menant à chercher la solution aux apparentes contradictions de leur vie, les invitant dans le monde qui est au-delà des mots et qui peut donc contenir des paradoxes qui ne sont pas des contradictions. Chaque fois que vous vous butez à un paradoxe dans vos propres pensées, vous avez trouvé une porte donnant sur l'état d'Observation sans mots, l'endroit où la magie devient possible.

Ce chapitre n'a pas pour but de vous aider à délivrer votre esprit des paradoxes en vous enseignant de quelconques vérités absolues (comme les versions dogmatiques de la réalité que plusieurs religions imposent), mais de plutôt renverser votre croyance en des vérités absolues. En prenant conscience que les choses que nous croyons être vraies peuvent être fausses, nous forçons le cerveau verbal à abandonner sa croyance obsessive qu'il sait *comment les choses doivent être*. Nous sommes ainsi projetés hors de nos préconceptions et précipités dans la pure conception et observation, dans un état d'ouverture d'esprit. C'est la voie la plus difficile, mais aussi la plus puissante pour un membre du TEAM très verbal d'entrer dans le concept du *Tout-Moment*, la source de toute information dont vous pouvez avoir besoin pour reconquérir votre véritable nature.

## Les mots qui mènent à l'Observation sans mots

En mathématiques, un casse-tête paradoxal est appelé un « circuit inconnu ». Il renvoie l'esprit d'une condition incompatible à une autre, ne lui donnant aucun répit. Parfois, simplement pour retrouver un peu de paix, l'esprit coincé dans un circuit inconnu abandonne finalement le système mental qui crée le paradoxe – dans notre cas, le langage – et se retrouve dans un nouvel endroit vide. Comme le dit Rumi, le poète et mystique sufi, « au-delà des idées de ce qui est bien et mal, il y a un champ. Je t'y retrouverai ».

L'un des thèmes les plus cohérents à travers les traditions de sagesse humaine est l'enseignement suivant : *la vérité vous rendra libre*. Mais, les Occidentaux ont tendance à croire que la vérité est quelque chose de verbal ou de mental, un ensemble de faits mis en mots. Par contre, les découvreurs de voies orientaux et de plusieurs autres cultures autochtones voient plus grand et rappellent à leurs élèves que le doigt qui pointe la lune n'est pas la lune, que les mots sont simplement des véhicules pour « transporter » à travers l'expérience de la vérité. Les mots eux-mêmes ne sont pas vrais. Ils sont les produits d'une mentalité dualiste nécessaire au langage, mais sans valeur dans le concept non dualiste du *Tout-Moment*. La vérité elle-même est quelque chose que vous vivez, pas que vous pensez. Même si vous n'avez jamais vraiment goûté au miel, vous pouvez écrire une thèse de doctorat sur le sujet. Mais, comme l'explique Eckhart Tolle, vous ne connaîtrez pas le goût du miel, ce qui est en fait la principale raison pour laquelle vous pourriez avoir du miel dans votre vie. Vous ne connaîtriez pas son essence.

Il en va de même pour les expériences que nous appelons « bonheur », « illumination », « connaissance », « bonté », « amour » et tout autre état d'être qui ait de la valeur. En parler n'est pas suffisant pour en faire l'expérience. À vrai dire, c'est même souvent une barrière à l'expérience réelle. Le langage nous convainc souvent que nous connaissons réellement quelque chose alors que nous n'en avons qu'un savoir verbal. Pour éviter ce piège de l'esprit, cultivez l'art d'identifier, ou même de créer, des paradoxes dans vos pensées quotidiennes. En d'autres mots, chaque fois que vous croyez qu'une affirmation est vraie, identifiez des façons que le contraire puisse aussi être vrai.

Si ça vous apparaît comme une torsade de l'esprit, vous avez raison, ça l'est ! Pour les penseurs verbaux, nourrir la conscience de deux *vérités* mutuellement exclusives crée des ampoules au cerveau comme aucune autre pratique intense. L'esprit verbal pense que si quelque chose est vrai, son contraire ne peut l'être. Mais le monde, au-delà des mots, n'est pas divisé en opposés. Les variétés d'expériences réelles sont infinies. Lorsque l'esprit abandonne le langage, ni une affirmation ni son contraire ne sont la vérité; parce que les deux sont vrais, l'esprit doit abandonner la pensée verbale et dualiste et pénétrer dans une réalité où aucune pensée ne peut contenir la vérité. Libérée de la captivité du langage, la conscience peut prendre une expansion, comme l'hélium expulsé d'un ballon qui éclate. Au début du XIVᵉ siècle, la mystique Marguerite Porete a résumé cela en ces mots : « L'amour m'élève tant… que je n'ai plus aucune intention, la pensée n'a plus aucune valeur pour moi, pas plus que le travail ni la parole[7]. »

Plus près de nous, cet abandon du langage est survenu spontanément chez Byron Katie, cette virtuose du paradoxe, dont la méthode m'emballe et que j'utilise quotidiennement. Après avoir souffert toute sa vie psychologiquement, Katie se réveilla un matin totalement consciente qu'aucune pensée basée sur le langage ne pouvait être la vérité. Elle se sentit euphorique, interconnectée à tout ce qui l'entourait, tout comme l'avait été Jill Bolte Taylor lorsque son cerveau verbal cessa de fonctionner. Mais, contrairement à Taylor, Katie était toujours capable de parler. Comme un moine zen trouvant la réponse à l'un des *koans* - de courtes phrases paradoxales et énigmatiques - Katie se mit à rire de la croyance bizarre qu'une pensée peut être réelle. La première chose qu'elle vit ce matin-là fut un cafard rampant sur son pied. Et

---

7.  Traduction libre.

sans les mots pour lui imposer la notion que c'était une mauvaise chose, elle se sentit au-delà même du ravissement. « Séparer l'unité, l'entièreté, voir une chose comme étant extérieure à soi-même [à moi-même] n'était pas vrai. Le pied était là, mais il n'était pas qu'une chose séparée, et de la nommer, cette chose, un "pied", ou d'utiliser tout autre terme, était absurde. Et le rire continuait à émaner de moi. J'ai vu que *cafard* et *pied* étaient des noms pour la joie, qu'il y avait un millier de noms pour la joie. Pourtant, il n'y a aucun nom pour ce qui apparaît comme réel maintenant. »

Peu de gens font une telle expérience d'ouverture de conscience, une expérience qui sépare la perception de la pensée une fois pour toutes. Mais tout découvreur de voies en devenir peut apprendre à penser de façon à commencer à créer des éclats de compréhension et éventuellement une voie largement empruntée vers l'observation sans mots: la réalité de la joie et du génie au-delà de la pensée. Voici quelques techniques pour ouvrir votre esprit à l'univers sans mots, utilisant le langage afin qu'il se dissolve de lui-même.

### Voie de paradoxe : trouver une façon de croire à l'opposé de tout ce que l'on croit

Dès maintenant, dressez la liste de cinq pensées qui polluent votre cerveau et qui vous dérangent. L'exercice est encore plus efficace si ces pensées vous causent beaucoup d'inquiétude, de colère ou de tristesse.

## Tableau 1
## Les 5 pensées misérables que j'entretiens

1. _____

2. _____

3. _____

4. _____

5. _____

La difficulté commence ici. Pensez de quelle façon l'opposé de chaque pensée pourrait être vrai. Votre esprit verbal rejettera d'emblée toute possibilité, aussi minime soit-elle, que ça puisse arriver. Votre travail en tant que découvreur de voies est de mettre en retrait vos propres mots jusqu'à ce que vous trouviez une façon.

Par exemple, mon client Eric rumine constamment la pensée *je vieillis*. Cela semble évident pour la majorité d'entre nous, mais la pensée opposée, *je rajeunis*, peut aussi être vraie. Après réflexion, Eric reconnaît qu'il se sent plus jeune à mesure que les années passent, qu'il accueille le jeu et la joie comme il ne l'a jamais fait enfant. Peut-être Eric était-il une *vieille âme* lorsqu'il est né et qu'il rajeunit depuis.

Une autre de mes clientes, Beth, se torture misérablement avec la pensée *je suis grosse*. La pensée opposée, *je ne suis pas grosse*, ne lui apparaît pas comme absolument vraie. Mais, après tout, « qu'est-ce que » Beth ? Elle n'est pas juste un corps puisque ses atomes se renouvellent tous les sept ans, alors que sa conscience a maintenu son identité depuis qu'elle pèse sept livres (quatorze kilos). Est-ce que Beth est grosse ? Non. Elle n'est aucunement une forme physique, elle est essentiellement son être.

Si vous êtes comme la plupart des gens, vous êtes probablement prêt à me gifler sur-le-champ. Eric et Beth ont tous les deux raison, pensez-vous – de façon empirique même, malgré tout votre ergotage sémantique. Ce genre de discours n'a absolument aucun sens.

Et c'est exactement là où je veux en venir. Accueillir le paradoxe verbal nous démontre éventuellement que toute fixation sur des mots de vérité est un non-sens. Le but de l'exercice n'est pas de remplacer vos croyances par leur contraire, mais de vous démontrer que le langage est un système arbitraire de sons, non la Vérité. La Vérité n'est jamais une affirmation. Elle est une expérience qui ne vient que d'une présence entière dans l'infinie variété de l'univers sans mots.

Dans le tableau 2, écrivez une affirmation directement opposée à chacune des pensées dérangeantes du tableau 1. Peut-être votre esprit sera-t-il dans le néant ou prêt à exploser. C'est le signe que vous créez de nouvelles routes neuronales, une façon de penser hors de la mentalité dualiste de mots de vérité que la société vous a entraîné à nourrir.

## Tableau 2
### Les pensées directement opposées
### à mes 5 pensées misérables

1. _____

2. _____

3. _____

4. _____

5. _____

## Voie de paradoxe : le babillage

La thérapie de l'acceptation et de l'engagement, une nouvelle approche hautement efficace en psychologie clinique, est basée sur la reconnaissance que presque toutes les douleurs psychologiques naissent non pas d'expériences vécues, mais bien de mots que nous nous répétons et qui relatent ces expériences. Pour amener des patients dans un état d'être au-delà des mots, Steven Hayes, le créateur de cette approche, recommande de répéter un mot – comme *mouette* – encore et encore, pendant 49 secondes. Après ce délai, le patient cesse d'associer le mot à un oiseau marin et le ressent dorénavant comme un bruit sans signification. Cette dissociation entre les mots et la réalité permet aux patients d'abandonner le discours mental qui les tourmentait.

Essayez-le si ça vous interpelle. Répétez le mot *mouette* jusqu'à ce qu'il n'ait plus aucun sens pour vous. Par la suite, refaites l'exercice avec des mots ayant une charge émotive plus importante pour vous et qui souvent vous troublent, des mots comme *échec* ou *faillite* ou *blessure*. Le but est de rendre inoffensifs ces mots afin que vous puissiez calmement gérer les réalités de la vie et que vous soyez libéré du fardeau de terreur additionnel que fait naître votre monologue interne.

## Voie de paradoxe : penser aux koans

Les maîtres zen sèment des questions paradoxales – des *koans* – dans l'esprit de leurs élèves, puis les laissent se débrouiller dans la recherche de la réponse. Voici quelques *koans* classiques tirés de la tradition nommée « La Barrière sans porte ». Si c'est une voie que vous désirez explorer, occupez votre esprit avec l'un de ces *koans* au lieu de le laisser se torturer avec les soucis du travail, la peur de devenir un clochard ou ce bon à rien de pique-assiette de beau-frère :

- Les chiens ont-ils une âme ? Si vous répondez *oui* ou *non*, vous perdez votre âme.

- Un homme est agrippé par les dents à un arbre, sur le flanc d'une falaise. Quelqu'un lui pose une question. S'il ne répond pas, il tombe et meurt. S'il répond, il tombe et meurt. Que devrait-il faire ?

- Lorsque vous ne pensez pas bien et lorsque vous ne pensez pas *pas bien*, quelle est votre vraie nature ?

- Il n'est pas nécessaire au discours de venir de la langue.

- Nansen vit les moines des salles d'Orient et d'Occident se disputer au sujet d'un chat. Il saisit le chat et dit aux moines : « Si l'un d'entre vous dit un bon mot, le chat peut être sauvé. » Personne ne répondit. Alors Nansen coupa grossièrement le chat en deux morceaux. Le soir même, Joshu revint de loin et Nansen lui raconta l'épisode. Joshu retira ses sandales et, les ayant déposées sur sa tête, il sortit. Nansen dit : « Si tu avais été là, tu aurais pu sauver le chat. » Expliquez.

---

Il n'y a pas de *bonnes* réponses à ces énigmes, du moins, pas à ce que je sache ! Vous devez consulter un maître zen pour savoir si votre réponse à l'un de ces *koans* est à propos. Si oui, le maître peut vous frapper avec une planche ou vous mettre du chou dans les oreilles ou quelque chose du genre. Les méthodes zen pour ouvrir l'esprit des étudiants sont similaires aux enseignements *illusionnistes* de plusieurs traditions. Dans le folklore africain, le lapin (Br'er Rabbit dans le folklore américain) finit toujours sur la pointe d'un dilemme. Dans la sagesse des sorciers autochtones, le coyote attaque sa propre queue. Les découvreurs de voies de tous les endroits placent volontairement les réparateurs étudiants dans un double pétrin mental, de sorte qu'ils aboutissent à des paradoxes tourmentés qui rompent leur connexion aux mots.

Les élèves de toutes ces traditions ont souvent l'impression de perdre la tête – parce que, bien sûr, ils la perdent ! Si vous vous sentez follement frustré en contemplant un *koan*, que ce soit une question formelle ou un problème apparemment insoluble dans votre vie, considérez cela comme un bon signe.

Les exercices pour favoriser l'observation – sans mots – et cette aliénation mentale temporaire peuvent d'un coup mener à quelque chose de plus sain que tout ce que vous aviez connu jusque-là. Vous ne pourrez que l'apprécier. Rumi a décrit ce procédé de babillage et d'ouverture de conscience soudaine sept siècles auparavant : « Être impuissant et sidéré, incapable de dire oui ou non. Alors, une civière descendra de la grâce et nous élèvera. »

### Voie de paradoxe : les mots des découvreurs mystiques

Puisqu'il est question de Rumi, je crois qu'il y a une raison pour laquelle, au moment où le TEAM se prépare à sauver le monde, les paroles de ce sage de la Perse ancienne ont gagné en popularité auprès des lecteurs de l'Occident moderne. Avant de trouver votre propre voie dans l'univers sans mots, vous pouvez vous sentir interpellé par les paroles et les écrits des découvreurs de voies qui ont parcouru cet univers avant vous. Une fois que vous commencerez à vivre quelques moments de pur état sans mots, vous aurez l'impression que ces découvreurs sont vos amis. Comme l'écrivait le poète persan Hafez, « même d'aussi loin qu'un millénaire, je peux déposer la flamme de mon cœur dans ta vie ». L'œuvre des grands découvreurs de voies vous amènera aussi loin dans le mystère que le langage puisse aller. Accordez-y du temps, cherchez en ces œuvres un éclair de génie dans les apparences contradictoires.

Par exemple, mon « pote » Lao-tseu débite des séquences d'affirmations paradoxales : « Le chemin vers la lumière semble sombre, la pente du chemin semble remonter, le chemin d'accès direct semble long, le plus grand amour semble indifférent, la plus grande sagesse semble enfantine. » La Bible est remplie de *koans* similaires, comme le concept de la douce voix de Dieu dans l'Ancien Testament et l'auto-description de saint Paul : « Lorsque je suis faible, je suis fort. » Les mystiques chrétiens ont toujours été obsédés par l'idée de créer des paradoxes dans l'esprit. Le moine du XXᵉ siècle, Thomas Merton, a écrit : « Je, Néant, suis ton Tout. »

Évidemment, rien de tout cela n'a de sens au premier abord. Mais, on ressent que ces affirmations paradoxales ont une signification. Elles nous transportent aux limites de la falaise de la vérité et nous poussent en dehors du sol erroné de l'esprit. Alors les miracles peuvent survenir.

## Volte-face à partir du *Tout-Moment*

C'est un bel après-midi à Londolozi. Je *coache* un groupe de clients sur la véranda d'une gigantesque maison. Mes amis les singes viennent fouiner pour voler nos biscuits et nos fruits, nous rappelant l'anxieux et intrigant petit primate en nous que les maîtres zen appellent l'« esprit singe ».

L'une de mes clientes est une éblouissante femme sud-africaine nommée « Sal ». Elle dit qu'elle est coincée, parce qu'en dépit d'une vie comblée d'amour et d'accomplissements, elle n'a jamais pu traverser le deuil de son fils Rowan qui s'est noyé alors qu'il était bambin. Derrière son allure élégante, la blessure de Sal reste une plaie ouverte. Elle se méprise elle-même pour cette faiblesse (les Sud-Africains n'encouragent pas les démonstrations de faiblesse, comme grimacer de douleur lorsqu'ils extirpent eux-mêmes les éclats d'obus de leur propre abdomen avec des ustensiles de cuisine). La mâchoire serrée, elle dit : « Je dois laisser aller un petit garçon qui n'a jamais réellement vécu. »

Il est évident que ce ruminement mental pèse lourd sur les épaules de Sal, l'écrasant et paralysant sa capacité d'être dans la joie et la légèreté. Je devine qu'il lui serait bénéfique de ramollir ce flegme sud-africain aussi rigide que la pierre et de se laisser aller à pleurer. Je décide donc d'essayer de l'emmener à une plus grande compassion pour elle-même grâce à un exercice qui exige que j'exerce une légère pression sur la main de Sal tandis qu'elle récite des variations de son tourment mental.

En m'avançant pour toucher la main de Sal, je crée ce que Byron Katie appellerait une « volte-face à la pensée » tourmentée de Sal (*je dois laisser aller un petit garçon qui n'a jamais réellement vécu*). Ce qui me vient en tête est simplement *je ne dois pas laisser aller un petit garçon qui n'a jamais réellement vécu*. C'est mon plan, mais ce n'est pas ce que je dis. En fait, je ne crois pas que *j'ai* dit quoi que ce soit.

En touchant Sal, une phrase complètement inattendue sort de ma bouche. J'entends ma voix, mais comme à l'extérieur, à courte distance. « Essaie de dire ceci à Sal : "Un petit garçon qui n'est jamais réellement mort ne doit pas être abandonné par moi." »

Soudainement, mes genoux plient et je m'assois sur le sofa aux côtés de Sal que j'entoure de mes bras – sauf que ce n'est pas moi ! C'est Rowan. Une fraction de seconde avant que j'aie parlé, une entente avait été conclue dans le monde hors des mots : j'ai ressenti une présence extraordinairement positive et aimante me demander si Rowan pouvait emprunter mon corps pour une minute, et j'ai répondu oui, bien sûr. Alors, ma propre personnalité s'est déplacée sur le siège du copilote de mon corps, laissant le contrôle à Rowan.

Remarquez que rien de semblable ne m'était arrivé auparavant. Je ne suis pas et je n'aspire pas à devenir un quelconque médium du *coaching*. Mais, à ce moment, quelque part où le silence sans mots recouvre le paysage comme la rosée, l'arrivée de Rowan m'apparaît absolument normale. Je ne m'inquiète pas non plus que les autres clients jugent mon comportement bizarre ou excessif. Nous sommes tous tellement branchés à la beauté de la vie sauvage, tellement dans un état méditatif, tellement subjugués par le jeu sacré que nous avons tous depuis longtemps basculé profondément dans le silence sans mots. Et dans cet état, nous pouvons tous ressentir Rowan comme nous pouvons ressentir le vent. Il est une immense, exquise et incroyable énergie affectueuse. En aucun moment je n'ai l'impression que les autres clients ne réalisent pas que c'est Rowan qui enlace sa mère, et non moi. D'ailleurs, lorsque nous en avons discuté par la suite, tous m'ont confirmé avoir la même interprétation que moi de ce que j'ai vécu.

## Le cadeau du paradoxe

L'accès à l'univers sans mots apporte un profond sentiment de sécurité absolue et de calme, les deux éléments les plus importants pour un découvreur de voies. Mon expérience avec Sal et Rowan me rappelle l'une de mes citations favorites d'Eckhart Tolle sur la dualité par rapport à la réalité : « L'opposé de la vie n'est pas la mort. L'opposé de la mort est la naissance. La vie n'a pas d'opposé. »

Plus tard, en soirée, toujours dans la brousse, notre groupe tombe sur un léopard qui vient tout juste de capturer un impala. En voyant l'antilope se débattre, je me dis : « Oh! Mon Dieu! Ça recommence. C'est de nouveau le truc du bébé girafe tué par une lionne. J'en aurai pour des semaines à m'en remettre. » Mais, avec Sal à mes côtés, je décide que je suis assez courageuse pour ne pas m'arrêter à la seule réalité de la mort, comme je l'avais fait lors de la mort violente du petit Jasper, le girafeau (voir le chapitre 1). Au lieu de m'évanouir, je me suis servie d'une technique de respiration profonde pour libérer mon esprit de tout monologue réducteur et me brancher à l'univers sans mots. C'est ainsi que Koelle m'avait appris à calmer un cheval effrayé (si vous ne croyez pas que ce soit une habileté mesurable de façon empirique, je vous invite à venir en Arizona et à en faire vous-même l'expérience). Ensuite, je fais de mon mieux pour projeter une énergie de calme à l'impala.

À ma grande surprise, je ressens un lien très fort avec l'antilope, comme celui que je pourrais avoir avec vous si nous étions en profonde conversation. Les scientifiques savent que notre cerveau contient des *neurones miroirs* qui s'activent lorsque nous observons quelqu'un d'autre vivre une expérience quelconque, un peu comme si nous vivions nous-mêmes cette expérience. Peut-être suis-je en train d'imaginer tout cela ou peut-être que mes neurones miroirs me reflètent la vérité. Peu importe, les impressions que je ressens sont claires comme le cristal : la conscience constamment au-delà des mots de l'impala est remplie de confusion et de sentiments de choc, mais il n'y a absolument aucune pensée basée sur la peur qui rend ma propre mortalité si effrayante. Je suis frappée par l'absence d'idées basées sur la résistance, du genre : « Ça ne devait pas se passer ainsi » ou « Je ne suis pas prêt à mourir » ou encore « Ceux que j'aime seront dévastés ». Il n'y a que la conscience de l'étrangeté de la situation et de la désorientation.

Je ressens alors intensément que l'impala perçoit ma compassion. L'animal semble particulièrement soulagé d'avoir trouvé quelqu'un qui se préoccupe de lui, qui s'unit à lui. Je lui projette tout le calme et toute la paix que je peux. Puis, je ressens un léger *whoosh*[8], une sensation incroyablement agréable d'une délectable et libératrice expansion.

Au même moment, Sal et moi disons à l'unisson : « Il est mort. » Sal avait fait exactement la même chose que moi, et nous ressentions simultanément les mêmes sensations. Le corps de l'impala se relâcha complètement et, comme s'il venait d'être expulsé d'un camion, le léopard déguerpit en l'emportant. Il grimpe à un arbre tandis qu'une meute de hyènes accourent en espérant voler la proie inerte. La scène est assurément la représentation de la nature sauvage, mais sur le plan de l'univers sans mots, il n'y a aucun mal ni bien. Ça n'a rien à voir avec la méchanceté sadique avec laquelle les humains chassent parfois. Il n'y a ici que la danse des formes, de la vie passant d'une configuration moléculaire à une autre, comme les vagues de la mer changeant d'énergie.

En revenant dans le monde du langage, je peux clairement voir que le léopard a tué l'impala. Immédiatement, je trouve la vérité dans l'affirmation opposée, c'est-à-dire que je pourrais tout aussi bien dire que le léopard a *donné vie* à l'impala en intégrant son énergie physique dans son propre corps. En jonglant avec ces opposés dans mon esprit verbal, je sens que le langage crée une étrange boucle, me poussant au-delà des structures de croyances paradoxales et me ramenant graduellement dans l'observation sans mots.

## Se servir du paradoxe dans les moments les plus difficiles

Ces expériences me furent d'une grande utilité lorsque j'ai appris que mon amie Jayne souffrait d'un cancer en phase terminale. Tandis que j'étais à son chevet, je gardais en tête ce que j'avais appris de certains découvreurs de voies et réparateurs, comme Ben Okri qui écrivit : « N'ayez crainte ! La mort n'est pas la terreur réelle. Mais la vie l'est, magiquement. » Je me souvenais de la réalité mystique et éprouvée voulant que la mort ne soit pas l'absolu, mais un mystère, et que la vie n'a pas d'opposé. Chaque fois, je me libérais des pensées verbales concernant la maladie et la mort de mon amie

---

8. Un léger souffle expiré des poumons.

pour me retrouver dans un état de calme au-delà des mots. Jayne disait que ça lui apportait une paix, même si je ne faisais que m'asseoir près d'elle en silence. Dans les moments les plus sincères et les plus vrais de la vie, tout ce qui est nécessaire est d'entrer dans cet état afin que, comme Hafez, nous puissions nous dire les uns les autres : « Tu es troublé ? Alors, reste avec moi, car je ne le suis point. »

Lorsque Jayne et moi parlions, elle aimait entendre les paroles paradoxales des découvreurs de voies, bien qu'elles n'aient aucun sens logique pour elle. Alors qu'elle quittait lentement ce monde, je restais assise près d'elle et maintenais dans mon esprit toutes ces pensées. Silencieusement, je citais Eckhart Tolle : « La mort est le dépouillement de tout ce qui n'est pas vous. Le secret de la vie est de mourir avant de mourir, et de découvrir ainsi que la mort n'existe pas. » Même si je n'avais pas prononcé verbalement ces pensées, Jayne murmura : « Oh ! Ça fait du bien. » Lorsque nous entrons en résonance avec les épreuves les plus basiques du corps physique – la naissance, la maladie, la mort –, nous entendons le confort des mots paradoxaux résonner à travers un espace sans mots.

## Restreindre l'ampleur du dilemme de la dualité

En jonglant avec le paradoxe durant les moments difficiles de votre vie, vous découvrirez que trouver votre voie dans un monde fou et changeant commence par savoir que rien de profondément réel ou vrai n'a d'opposé. Coincés dans un monde de mots, qui sont d'absolues dualités, nous sommes toujours vulnérables à la souffrance mentale, à la peine, à la colère, à l'effroi. Dans les mauvais moments, nous maudissons le destin ; dans les bons, nous le craignons. Lorsqu'un bébé naît, nous nous réjouissons, mais nous sommes inquiets, vérifiant continuellement s'il respire encore, terrifiés à l'idée qu'il puisse être emporté, comme le fut Rowan. Lorsqu'un impala meurt, nous l'observons dans une anxiété mentale, conscients que le même sort nous attend tous.

C'est ce que le bouddhisme appelle « samsara », la roue de la souffrance. La façon de s'en sortir est de retirer le dard de la dualité en accueillant les contraires par lesquels pense l'esprit verbal. Si vous pouvez vraiment absorber les paradoxes jusqu'à passer des heures et même des jours dans l'univers sans mots, vous vous sentirez soudainement dans un état de haute élévation, observant le monde avec une vision étrangement claire, que les Sioux appellent la « vision de l'aigle ». Et vous comprendrez pourquoi, en anglais, le mot *raptor*, « rapace », a la même racine que le mot *rapture*, « ravissement ». Le découvreur de voies, R. S. Thomas, le résume ainsi : « Le silence retient de sa main gantée le faucon sauvage de l'esprit. »

## Découvrir des voies dans les deux mondes

Adam m'accompagna à Londolozi pour la première fois alors qu'il avait treize ans. Aujourd'hui, à 23 ans, il m'accompagne une seconde fois. Il semble ravi d'être ici, mais il n'en dit rien. Tout en se promenant dans la brousse en Land Rover, j'observe mon fils attentivement en espérant de quelconques signes révélateurs de reconnaissance. Mes propres souvenirs s'étalent dans un curieux mélange d'images d'expériences vécues et de rêves d'Adam en Afrique. J'en arrive à ne plus savoir lequel des deux mondes est réel ou, plutôt, je sens que les deux mondes sont à la fois réels et irréels – un paradoxe qui me garde dans l'observation au-delà des mots. À l'occasion, une pensée surgit : *Ai-je rêvé cette horde de zèbres, une vingtaine d'années auparavant ? Adam m'a-t-il offert ce rêve tiré d'un univers rempli d'instants présents ?* Si oui, il n'en dit rien. Il est là, assis, dans son calme habituel sans paroles.

À Londolozi, les animaux n'ont pas été chassés depuis des décennies. Habituellement, ils ignorent autant les gens dans les Land Rover que les pierres ou les souches. Toutefois, ils semblent étrangement intéressés à Adam. Un jeune lion s'approche de la Land Rover immobilisée et observe Adam à moins d'un demi-mètre de son visage – une distance qui me rend un peu inconfortable, mais qui ne semble pas troubler Adam. Plus tard, un éléphant sauvage s'approche et étend sa trompe vers lui, étudiant sa senteur pendant une longue minute. Peut-être que le chromosome en surplus chez Adam le rend intéressant ou lui donne une odeur particulière pour les animaux sauvages. Ou peut-être le reconnaissent-ils comme une créature du *Tout-Moment*.

Les rencontres avec d'énormes animaux ne déconcertent nullement Adam. La seule chose qui le surprend au point de l'exprimer est un animal plutôt commun, mais que les Américains voient rarement. Au détour d'un arbuste, nous avons fait lever une volée de pintades – de gros oiseaux au plumage brun tacheté de points blancs et à la tête sans plume et d'un bleu éclatant.

« Hé ! dit Adam de son habituelle voix rauque, je les ai vues dans mon rêve.

– Vraiment ? » dis-je.

Adam ne raconte jamais de mensonges. S'il dit avoir vu ces pintades dans un rêve, je le crois. Et ce n'est pas le genre d'oiseaux qu'il aurait pu voir à la télévision.

« C'est apeurant de voir des choses auxquelles j'ai rêvé, dit Adam en grommelant joyeusement.

– Oh! Tu trouves? » J'espère que mon fils peut apprécier l'ironie dont je teinte ma réponse. « N'es-tu pas celui qui m'a transmis tous ces rêves bizarres sur l'Afrique alors que tu étais tout petit? »

Adam ouvre la bouche pour me répondre, puis la referme. Même si je le taquine et que je lui repose la question, Adam en a terminé avec les mots pour aujourd'hui. Il m'offre seulement son plus énigmatique sourire, un mélange de Bouddha et de Mona Lisa. Ses yeux brillent d'une lumière éternelle.

« Je suis un espion de Dieu, me disent ces yeux de vieil enfant, je pourrais te dire le secret de tout cela, mais je devrais te tuer par la suite. »

Comme toute chose ou toute personne qui sait, Adam ne parle pas.

# DEUXIÈME PARTIE

# LA SECONDE TECHNOLOGIE DE MAGIE

L'UNITÉ

# CHAPITRE 4

## LE CHAHUT ET LA TECHNOLOGIE
## DE L'UNITÉ

S i je l'avais voulu, j'aurais pu voir le petit palomino en jetant un coup d'oeil au-dessus de mon épaule, l'intégrant aussitôt dans mon champ de vision périphérique. À la place, je laisse mes yeux se délecter du paysage : les collines de la Californie, les rayons de lumière passant au travers des nuages, un camion garé tout près. Tout, incluant le camion, me semble vivant et beau, de façon égale. En ce moment, le palomino est ni plus ni moins important pour moi que le ciel.

Dire que je n'ai pas passé l'après-midi entier dans cet état de détachement serait comme dire que les trois Stooges n'étaient pas neurochirurgiens. Depuis ce qui m'apparaît être des heures, je tente de m'approcher d'une horde de poulains, âgés de deux ans, dans une ridicule et lente démarche. J'avance vers eux lentement, à pas feutrés, en décrivant des arcs. Ils attendent que je sois suffisamment près et ils déguerpissent nerveusement dans un autre coin du champ. Je recommence alors obstinément à m'avancer vers eux, toujours à pas feutrés et en décrivant des arcs. Mes instructeurs m'ont enseigné que me diriger sèchement vers eux en ligne droite peut les effrayer pour de bon. Mon but est donc de serpenter calmement, mais sans relâche.

Pas feutrés, arcs. Arcs, pas feutrés.

Oups ! Les voilà repartis !

Je ne peux m'empêcher de penser à cette blague au sujet d'une tortue agressée par deux escargots et qui raconte aux policiers : « Je suis désolée, je ne m'en souviens pas de tout. Ça s'est passé si vite ! » Peut-être que ce n'était pas une bonne idée de céder mon après-midi – et mon bon sens – au renommé Monty Roberts, celui qui murmure à l'oreille des chevaux, et à sa protégée, Koelle Simpson. Je venais tout juste de les rencontrer (et je n'ai jamais soupçonné que je passerais par la suite les plus belles journées de ma vie à observer Koelle *murmurer* aux zèbres et aux éléphants!). Monty m'avait gentiment invitée à sa ferme après que j'ai fait mention de sa méthode d'entraînement des chevaux dans un article de magazine. Lui et Koelle m'ont donc attirée ici, dans ce pâturage verdoyant. Pendant que je m'évertue à approcher les poulains, ils se tiennent tous les deux derrière la clôture et me lancent leurs instructions et leurs encouragements.

« Continue à décrire des arcs! me disent-ils, un peu plus vite... Non! Pas si vite! Fais gaffe à... Bon, ce n'est pas grave. Le crottin est toujours glissant. Ne t'en fais pas, ils ne sont pas allés loin. Relève-toi et recommence. »

Je me sens rougir de honte. En théorie, j'apprends à me conduire comme un cheval *leader*, fort et déterminé, en imitant les gestes, le positionnement et l'énergie d'une *jument matriarcale* (les hordes de chevaux sont menées par les femelles expérimentées, tandis que les étalons ferment la marche, protégeant les hordes des prédateurs et « compétitionnant » pour le don de sperme). Monty me dit de me concentrer sur la jeune femelle palomino. Si je l'approche avec la bonne attitude et en faisant les bons gestes, elle me suivra d'elle-même. J'ai vu Monty et Koelle le faire avec d'autres chevaux. Je crois que ça peut fonctionner, mais pour moi, apprendre la communication chevaline, c'est comme essayer d'iodler en letton tout en subissant une chirurgie buccale!

« Ne t'en fais pas! » me crie Koelle, tandis que la horde s'enfuit de nouveau. « Tu t'en sors très bien. »

Pas feutrés, pas feutrés, arcs, arcs, pas feutrés, pas feutrés, arcs, arcs..., byebye encore!

Et pourquoi me concentrer sur la damnée femelle palomino de toute façon? Elle est la plus peureuse et la plus sauvage de la horde. Les poulains sont tous nés à la ferme, mais aucun n'est entraîné jusqu'à maintenant. La jeune palomino ne me semble même pas domestiquée. Après une éternité à me regarder avancer à pas feutrés, quelques-uns des poulains trouvent le spectacle si ennuyeux que je peux marcher directement entre eux et même les pousser doucement avec mes mains. Mais dès que j'arrive à un mètre de la femelle palomino...

« C'est bien! » dit Monty alors que la fuyarde secoue la tête et s'éloigne au galop, suivie de toute la horde. « Continue! Tu y es presque! »

Ouais, j'aimerais bien!

Puis, soudain, au bout d'une quinzaine de minutes, je réussis!

Peut-être étais-je si épuisée que je me suis glissée tout naturellement dans un état d'Observation silencieuse, au-delà des mots, même si ce fut beaucoup plus tard que j'appris à reconnaître cet état. Peut-être y a-t-il quelque chose dans l'ADN humain qui déclenche la communication chevaline dans les moments d'urgence (« Un cheval ! Un cheval ! Mon royaume pour un cheval ! »). Tout ce que je sais, c'est qu'un instant le mouvement de la horde semble chaotique et aléatoire, l'instant suivant, tout se place dans un ordre défini. Je n'ai pas besoin de Monty ou de Koelle pour m'expliquer pourquoi je dois avancer à pas feutrés en décrivant des arcs ; je *ressens* que les chevaux préfèrent cette approche à celle en ligne droite.

Un éveil de conscience, subtil mais absolument précis, se répand dans mon monde intérieur, comme le ferait une teinture dans un verre d'eau. Il sature mon corps puis s'étend à la jument palomino. À l'instant où il la touche, je sais qu'elle me laissera la toucher aussi. Je décris un arc vers elle, je tends la main, je vois sa peau frémir, je recule légèrement, puis je reviens vers elle. Nous inspirons et expirons à l'unisson. Je dépose ma main sur son cou, j'enlève des poussières et des brindilles, je brosse sa crinière de mes mains. Puis, je m'éloigne en décrivant un arc, je marche quelques mètres et je m'arrête.

Pas besoin de penser.

Les collines californiennes, les nuages, la lumière, le camion… Tout est merveilleux, tout est égal.

Je ne regarde pas derrière moi parce que c'est inutile. La jument m'a déjà dit qu'elle me suivait. Le courant de communication entre elle et moi me semble aussi réel qu'un contrat signé. Alors que je m'attends à entendre les pas de la pouliche piétiner derrière moi, c'est plutôt un étrange son de bruissement que je perçois, comme le vent dans un arbre ou une congrégation se mouvant dans une chapelle silencieuse.

Je sens une pouffée d'air humide et chaude sur mon épaule droite, puis, une seconde plus tard, le museau velouté de la pouliche palomino. Elle m'a acceptée comme *leader*. Elle se tient derrière moi, irradiant ce doux mélange de puissance, de pureté, d'humilité et de confiance si particulier aux chevaux. Mes yeux se remplissent de larmes. Bien que j'aie été témoin de tels rapprochements auparavant, le moment est un véritable miracle. Je ne peux imaginer ressentir une telle magie de nouveau… jusqu'à ce que je sente un second museau, un second souffle chaud, cette fois au milieu de mon dos, et puis un troisième, sur mon avant-bras gauche.

Confuse, je jette un coup d'œil par-dessus mon épaule pour avoir une vue panoramique de ce qui se déroule derrière moi (me retourner complètement et les fixer auraient signifié aux chevaux de courir au loin). Un doux courant d'énergie me parcourt le corps et la chair de poule envahit mes bras en comprenant ce qu'était ce son de bruissement : ce n'est pas quatre sabots qui venaient jusqu'à moi, mais bien soixante-quatre! La jument palomino est la matriarche de la horde. Lorsqu'elle m'a acceptée, tous les autres poulains l'ont aussi fait.

J'avance. Une horde entière de chevaux avance avec moi, de son plein gré. Je tourne à gauche. Les chevaux tournent à gauche. Je décris un cercle vers la droite. Ils en font autant. Je m'arrête. Ils s'immobilisent. Cette agréable énergie chevaline me remplit si complètement que j'ai l'impression de voir à travers leurs immenses yeux doux et d'entendre par leurs drôles d'oreilles. La beauté de cette journée se mélange de façon cohérente à leur conscience. Il y a d'infinies merveilles ici, dans ce pâturage : la horde, les gens qui murmurent aux oreilles des chevaux, le camion, chaque souris, chaque insecte vivant dans l'herbe, moi.

Et tout cela ne fait qu'Un!

## Trouver le Un

C'est arrivé bien avant que je commence à parler ouvertement du TEAM, avant que je lise assidûment sur les archétypes et que je commence à croire aux technologies de magie. Lorsque Monty nous a fait, à mes enfants et à moi, la démonstration d'une connexion avec les chevaux, j'accordais peu d'attention à ce que Katie, ma fille adolescente – désolée, ma chérie, je veux dire Kat – avait immédiatement remarqué. Alors que Monty amorça la démonstration en guidant doucement le cheval autour d'un cercle, s'arrêtant brièvement à chacun des quatre points de la boussole, Kat murmura : « M'man! Il invoque les quatre points cardinaux! »

Invoquer les quatre points cardinaux était, pour les druides celtiques et d'autres découvreurs de voies européens, la façon de commencer un rituel sacré ou un acte de magie, incluant la communication avec les animaux. Aujourd'hui, je comprends que c'est une cérémonie aidant les réparateurs et les découvreurs de voies à se dégager du langage humain et à entrer dans l'univers sans mots où ils peuvent communiquer avec les choses à distance. Chez plusieurs tribus amérindiennes, une procédure littéralement identique était appelée « Invoquer les Quatre Directions ». Monty adoptait spontanément le même processus. (Pourquoi n'avait-il pas fait simplement marcher le cheval dans le cercle ou ne l'avait-il pas mené dans trois directions, ou cinq, ou huit?) À l'époque, je ne m'étais pas arrêtée à la remarque de ma fille. J'étais épatée par le travail de Monty, mais je ne le voyais que sur le plan des comportements biologiques, comme il l'expliquait lui-même.

Tout au long de mes premiers pas hésitants pour parvenir à créer une connexion avec les chevaux dans le pâturage, j'ai pensé, j'ai calculé, je me suis répété de bien faire les choses. Ce fut seulement par accident, à travers la lassitude de la répétition, que je suis tombée dans l'univers sans mots. Ainsi, lorsque la horde se rallia à moi, je n'étais absolument pas préparée à cette expérience hautement émotionnelle, à cette façon si décisive des chevaux de m'accepter. Quelle était donc cette incroyable explosion de tendresse? Pourquoi étais-je au bord des larmes? Pourquoi avais-je vu le monde si différemment et ressenti une telle unité avec tout ce qui m'entourait?

La réponse à toutes ces questions est que le fait de glisser dans un univers hors des mots, tandis que j'interagissais avec les animaux, m'a propulsée dans l'Unité, la conscience subjective qu'il n'y a aucune séparation entre moi et tout ce qu'il y a dans l'Univers. Entrer dans le silence sacré est la première technologie de magie dans toutes les traditions de sagesse. Mais ce n'est qu'un début. Si l'Observation silencieuse vous permet de vous connecter au grand réseau de « l'Internet d'énergie universelle », l'Unité, quant à elle, vous permet de naviguer délibérément dans cette réalité – au figuré, envoyer et recevoir des courriels, naviguer pour trouver des informations, interagir avec les autres. L'Observation silencieuse est la présence dans la réalité magique; l'Unité est la connexion à cette réalité et la communication à travers elle.

La culture rationaliste, contrairement à la majorité des sociétés humaines à travers l'histoire, ne nous a pas enseigné que nous avions la capacité de communiquer sans devoir faire appel à la proximité physique ou à des éléments physiques, comme les mots écrits ou les téléphones. La plupart d'entre nous voient encore le monde comme Newton le décrivait : un amas de particules aléatoires et sans lien entre elles entrant en collision les unes contre les autres. Ironiquement, les physiciens savent depuis près d'un siècle que les particules solides ne sont ni plus ni moins que des configurations d'énergie jusqu'à ce qu'elles soient observées par la conscience, et que l'énergie communique constamment d'une façon dépassant la fiction qu'Einstein nomma d'une manière méprisante « bizarre action à distance ». Il était si déconcerté par les implications de la physique quantique qu'il résista jusque dans ses derniers jours, alors qu'il avoua que c'était là sa plus grande erreur en tant que scientifique.

Einstein ne changeait pas facilement d'idée alors qu'il était vivant. Le nobélisé Max Planck, le fondateur génial de la physique quantique, a déjà émis le commentaire suivant : « Une nouvelle vérité scientifique est généralement acceptée non pas parce que ses opposants en deviennent convaincus, mais parce qu'ils meurent et que, pour la génération suivante, cette nouvelle vérité lui est déjà familière. » La génération du TEAM connaît bien les nouvelles vérités qui feraient se retourner Newton dans sa tombe jusqu'à ce qu'une force égale et opposée le ramène ! Voici comment la journaliste scientifique Lynne McTaggart résume quelques conclusions de la science du XX^e siècle : « Les êtres humains et toute chose vivante sont une fusion d'énergie dans un champ d'énergie où tout est interrelié… Il n'y a pas de dualité, de *moi* et de *non-moi* pour nos corps en relation avec l'Univers, mais un seul champ d'énergie sous-jacent… Une fois en contact, les choses le restent à travers le temps et l'espace. »

## La Science émergente

Vous avez peut-être remarqué que la dissipation de la pensée dualiste en science trouve écho dans les changements de perception que nous connaissons lorsque nous nous libérons de la dualité du langage. L'Observation au-delà des mots et l'Unité sont des phénomènes impressionnants, mais je les ai décrits comme des événements internes. J'insiste sur l'importance que ces phénomènes ont dans la quête de notre voie, dans un monde inexploré et changeant, parce que ces états d'*être* nous donnent accès à d'incroyables et puissantes façons de *faire*. Laissez-moi vous donner un seul exemple de ce que les scientifiques font depuis qu'ils ont pleinement réalisé la connexion existante entre les objets, même les plus éloignés.

Dans un laboratoire de l'université Duke, une guenon nommée « Aurora » s'assoit devant un écran pour obtenir de délicieuses gorgées de jus de fruit en jouant à un jeu vidéo. Chaque fois qu'elle obtient des points, une machine déverse un peu de jus dans sa bouche. Sauf qu'Aurora ne bouge pas, aucun mouvement, aucun muscle n'est en action. En fait, la guenon n'a même pas un clavier quelconque ou une manette pour jouer. Le contrôle du jeu est opéré par un robot de forme humaine assis à la console et qui capte les impulsions émises par le cerveau d'Aurora par des câbles fixés à sa tête. Tout ce qu'Aurora a à faire est d'*imaginer* jouer la partie, et le robot répond exactement comme s'il était le corps d'Aurora – et même plus rapidement que son corps réel répond habituellement aux commandes de son cerveau. À vrai dire, le cerveau d'Aurora a développé une section spéciale dédiée entièrement à opérer le robot, comme s'il était une extension réelle de son corps. Oh, je dois aussi vous dire ceci en passant : Aurora fait tout cela en étant assise quelque part en Caroline du Nord, tandis que le robot, lui, joue au jeu vidéo sous le contrôle du cerveau d'Aurora en étant quelque part au Japon !

Ce n'est pas de la science-fiction. Ce n'est pas une imagerie d'une quelconque fantaisie futuriste. Ça se passe réellement, en ce moment même. C'est pourquoi j'utilise les termes *nouveau monde changeant et inexploré* pour parler du présent et du futur état de la vie humaine. Les règles au sujet de ce que nous pouvons faire et comment nous pouvons le faire changent radicalement à mesure que les scientifiques dépassent l'illusion des séparations entre le monde physique pour tendre vers la réalité de l'Unité.

La plupart des membres du TEAM sont fascinés par ces découvertes et ces expériences, non pas parce qu'elles croisent nos fantaisies, mais bien parce qu'elles concordent avec notre propre expérience. Les physiciens parlent des liens quantiques; les découvreurs de voies naturelles décrivent l'étrange connexion que nous ressentons entre les choses à distance, incluant chacun de nous. Les expériences montrent que les objets sont influencés par les champs énergétiques, tandis que nous discutons, mi-sérieux, mi-blagueurs, d'une invention cinématographique appelée « La Force ». Heisenberg a démontré que les particules se solidifient à partir d'un champ de potentialité uniquement lorsqu'elles sont observées par la conscience; nous entretenons le persistant pressentiment que nous cocréons la réalité d'une manière quelconque.

## Au risque de celui qui manifeste

À ce moment-ci, je dois vous prévenir que j'ai la conviction que la plupart des discussions au sujet de la physique quantique et de notre rôle de cocréateurs de la réalité physique sont outrageusement exagérées et sont tout sauf scientifiques. Les physiciens commencent seulement à explorer le phénomène quantique, et encore, leurs expériences ne concernent que des particules si petites qu'elles font paraître les atomes gigantesques. Les gourous du nouvel âge et les films utilisent allégrement les termes *mécanique quantique*, puis sautent sur l'assertion voulant que les scientifiques aient *prouvé* que nous pouvons tous manifester une toute nouvelle Ferrari tout en restant assis dans notre LA-Z-BOY et en mangeant du beurre d'arachides directement du pot. Si c'était vrai, je ressemblerais à Halle Berry, vous vivriez dans un cottage près de la mer, en Toscane, et plus personne ne mourrait du cancer.

Cela dit, je dois admettre que quelque chose est en train de se produire. Les singes dans les laboratoires ne sont pas les seuls êtres fonctionnant par la communication sans fil. Nos cerveaux et nos corps interagissent avec tout ce qui nous entoure, et si nous savons nous servir de l'Unité, nous pouvons ressentir avec plus de précision ce que nous devons faire et agir plus efficacement dans le monde réel. De nombreuses expériences m'en ont convaincue, que ce soient des rencontres avec des découvreurs de voies – tant dans des livres que dans la vie réelle – ou des gens qui murmurent aux oreilles des chevaux… ou la déformation d'une multitude de pièces de coutellerie !

## La coutellerie et la technologie de l'Unité

Je partage le dîner – et une agréable conversation – avec Jo, une fascinante anthropologue, qui a maintenant plus de quatre-vingts ans. Elle a consacré toute sa vie à l'étude des cultures traditionnelles. Nous nous sommes rencontrées quelques minutes auparavant, mais je suis déjà captivée par ses descriptions des sites de recherche dans la lointaine Sibérie et des découvreurs de voies qu'elle a étudiés dans des sociétés secrètes et obscures. Je veux dénicher dans son cerveau tout ce qu'elle a appris sur les technologies de magie. Lorsque je lui demande si elle a étudié des éléments de la magie traditionnelle qui fonctionnent vraiment dans le monde physique, je m'attends à des enseignements ou à des trucs sur l'utilisation médicinale du lichen ou à des indices sur le rassemblement des rennes. Mais Jo est une chercheuse entraînée sur le terrain, elle est donc très pragmatique. Elle parle de ce qui est immédiatement observable.

« Avez-vous déjà plié une cuillère ? me demanda-t-elle.

– Une cuillère ? Euh… vous voulez dire comme le fait Uri Geller ? »

J'ai vu, à l'occasion, Uri Geller à la télévision. Il s'est bâti une renommée, à partir des années 1970, en pliant des objets de métal avec une légère pression des doigts, supposément par le pouvoir de son esprit. Je ne suis pas sûre que je croyais les affirmations de Geller, mais au fil des ans, il m'est arrivé occasionnellement d'essayer de plier des cuillères comme il le faisait. Ça n'a jamais fonctionné. Pas du tout !

« Le pliage de cuillère n'a rien d'extraordinaire, dit Jo, tout le monde peut apprendre à le faire. »

Je ramasse ma fourchette, une magnifique et solide fourchette de restaurant, je la tiens par les extrémités avec les doigts de mes deux mains et j'essaie de la plier. Pas moyen ! Elle est aussi rigide qu'une barre de métal…

peut-être parce que c'est justement une barre de métal.

« Apprenez-moi ! » Je supplie Jo. Je tiens toujours la fourchette et je souris en plongeant dans son regard, renforçant la connexion entre elle et moi, le genre de lien qui anime toute conversation lors d'un dîner ! Soudainement, la fourchette se plie dans mes mains jusqu'à en devenir complètement recourbée. Il me semble qu'elle n'est rien d'autre que de l'argile molle.

« Et voilà ! dit Jo en détournant son attention vers sa salade.

– Ça doit être une fourchette défectueuse, dis-je en essayant de déplier l'ustensile pour le remettre dans sa forme d'origine, mais j'en suis incapable et je me blesse les doigts.

– Mauvaise énergie, dit Jo, amusée.

– Quoi ? »

Je suis tout à la fois médusée, sceptique et très curieuse.

« Soyez à l'intérieur de la fourchette », dit Jo.

Je m'inquiète au sujet de la coutellerie du restaurant. Cette instruction me semble n'avoir aucun sens, mais ça ne m'arrête pas. Je reprends la fourchette entre mes doigts et j'entre dans l'état d'observation sans mots. Maintenant que je suis plus attentive, je ressens un phénomène des plus étranges : la fourchette me semble consciente. Je la ressens véritablement comme une amie (faites-le, vous aussi, et vous verrez que je ne suis pas fêlée !). Tandis que je la visualise se redressant, je jure ressentir que la fourchette décide de suivre mon désir. En fait, la fourchette semble faire partie de mon propre corps, comme si nous devenions Un, elle et moi. À ce moment-là, je ne sais pas encore que notre cerveau se transforme par morphage pour intégrer les outils que nous utilisons comme des parties de notre corps. Tout ce que je sais, c'est que la fourchette devient molle et malléable de nouveau et que je lui redonne aisément sa forme d'origine.

Durant les quelques jours suivants, je suis le tyran de la coutellerie. De retour à la maison, je plie toutes les cuillères à thé que je possède, puis les cuillères à soupe, ensuite toutes les fourchettes et une louche des plus solides. J'ai tordu le manche d'une cuillère à soupe jusqu'à en faire un tire-bouchon. J'ai même considéré la sculpture de coutellerie comme deuxième carrière. Mais, mon heure de gloire, je crois, survient lorsque je plie une barre d'acier devant un cowboy sceptique qui, malgré son imposante stature et sa grande force, n'arrive pas à la redresser par la suite.

## À votre tour

Je rapporte cette stupéfiante expérience pour une raison : elle est une entrée simple, empirique et mesurable vers la magie de l'Unité que vous pouvez expérimenter vous-même. Prenez une fourchette ou une cuillère que vous ne pouvez plier à mains nues par la force.

Entrez dans un état sans mots, dans l'Observation silencieuse; puis, ressentez-vous dans l'ustensile. Ne soyez pas tendu ni concentré – c'est l'erreur que font la plupart des gens parce qu'ils ne réalisent pas qu'une attention ouverte et modérée fait partie de la première technologie de magie. Mentalement, demandez à la cuillère si elle veut plier pour vous. Transmettez-lui une amicale image mentale, une représentation d'elle-même dans la configuration pliée pour qu'elle sache ce que vous désirez. Attendez sa permission – pas des mots, mais un sentiment d'entente et de camaraderie. Vous obtiendrez sa permission éventuellement et vous réussirez l'expérience.

Peut-être cela fonctionnera-t-il la première fois, peut-être pas. Ce que je souhaite, c'est que, comme ce fut le cas pour moi et pour plusieurs personnes à qui j'ai enseigné cette petite technique, vous ne puissiez pas à certains moments plier une seule pièce de coutellerie, alors qu'en d'autres moments, vous sachiez que l'ustensile est devenu Un avec vous et qu'il est soudainement et bizarrement pliable et malléable.

C'est alors que vous serez tourmenté par les mêmes questions que je me pose moi-même à titre de plieuse de cuillères : « Comment est-ce possible ? Pourquoi ça fonctionne si bien parfois et pas du tout d'autres fois ? Quel est le truc ? Pourquoi est-ce que je ressens de l'affection pour une cuillère et qu'elle m'en donne en retour ? Quel impact ce phénomène a-t-il sur ma relation avec tous les objets qui m'entourent ? Qu'en est-il du pouvoir de mon esprit et de celui des autres esprits que je croise chaque jour ? »

Ce sont les mêmes questions que je me posais alors que je menais la horde de chevaux autour de pâturage en Californie. Tout au long de l'histoire de l'humanité, un nombre incalculable de découvreurs de voies ont connu ces mêmes vibrations d'émerveillement après avoir fait l'expérience pour la première fois de l'étonnante et subjective vérité d'être connectés à chacune des personnes et à chacune des choses dans l'Univers.

## De l'Unité avec la coutellerie à l'Unité avec Tout

Les chapitres de cette section vous enseigneront des façons d'expérimenter l'Unité et de vous en servir en communiquant et en collaborant avec tout comme si c'était une partie de vous-même. En fait, ça l'est. Nous commencerons avec des éléments simples, comme des cuillères, pour passer ensuite à des sujets et à des situations plus complexes. Chaque chapitre vous offrira des exercices pour vous « familiariser » avec l'utilisation de l'Unité afin de guérir votre nature profonde et véritable pour ensuite transmettre la douceur de la guérison à chacun et à toute chose qui vous entourent. Comme vous le verrez plus tard, c'est vraiment la façon la plus productive et pratique de prospérer, tant sur le plan psychologique que sur le plan logistique, dans ce nouveau monde inexploré que les humains contribuent à créer.

Toutes les traditions de découvreurs de voies exigent un entraînement considérable pour expérimenter l'Unité. Un chaman de l'Amérique du Sud, qui fut entraîné par une tribu au cœur de la forêt, me raconta qu'il devait véritablement faire de grands efforts pour sortir de l'Unité afin de comprendre la peur et les névroses de ses patients du monde ordinaire. Les nombreux exercices de la présente section ne sont que des façons différentes de vous approcher, petit à petit, de cette connexion continuelle à la nature véritable. Essayez-les tous et voyez lesquels fonctionnent le mieux pour vous. Exercez-vous avec ceux que vous préférez chaque fois que vous vous sentez triste et seul, qu'un être cher vous manque, qu'il soit simplement au loin ou décédé depuis longtemps. Servez-vous-en aussi lorsque vous avez peur ou lorsque vous souhaitez ressentir le réconfort d'une force extrêmement puissante qui vous aime inconditionnellement.

Une parole d'Ojibwa me le rappelle constamment : « Parfois, je deviens compatissant envers moi-même, et chaque fois, je suis transporté par de grands vents à travers les cieux. » Tous les exercices d'Unité, dans ce chapitre et dans les suivants, ont pour but de vous faire ressentir à quel point vous êtes protégé et soutenu par le Grand Tout. Il n'y a pas de programmes pour apprendre ces exercices (des minutes par jour, des éléments par mois). Il n'y a que la souffrance de votre âme humaine solitaire qui vous harcèlera de pratiquer l'Unité jusqu'à ce que vous cessiez de vous sentir seul. Pour toujours.

## Une porte toute simple vers l'Unité : la fusion mental-métal

Assise à mon bureau, recevant et expédiant des courriels par mon ordinateur portable sans fil, je constate de toute évidence que les machines électroniques peuvent communiquer entre elles sans une connexion tangible et physique. Nous savons que nos systèmes nerveux sont, et je reprends ici l'expression du neurologue et auteur Jeffrey Schwartz, « des circuits électriques faits de chair ». Nos appareils sans fil et nos cerveaux opèrent en émettant de faibles impulsions électriques à des molécules réceptives. Je suspecte que c'est la raison pour laquelle plusieurs membres du TEAM ont une relation intéressante avec les objets métalliques, tout particulièrement les appareils électroniques.

Mon amie Jenny, par exemple, ne peut porter une montre; elle cesse de fonctionner dès qu'elle la met à son poignet. Allan, quant à lui, doit toucher du métal avant d'enlacer les gens qu'il aime; il se décharge alors d'un surplus d'électricité qui causerait un choc impressionnant à la personne étreinte. Lorsque Madeleine, l'une de mes clientes, ressent de trop fortes émotions, les postes de télévision et les lampes à proximité s'éteignent ou s'allument soudainement. Judith a assisté à un séminaire donné par Uri Geller au cours duquel il a plié de nombreuses cuillères; Judith n'a pas réussi à plier une seule cuillère durant le séminaire, mais en revenant à la maison, elle n'a pu déverrouiller la porte tellement ses clés avaient courbé dans sa poche. Et plusieurs membres du TEAM, dont de nombreux experts en informatique, m'ont confié que leurs ordinateurs tombaient en panne lorsqu'ils devenaient fatigués, émotifs ou extrêmement concentrés mentalement. Walt Whitman y aurait peut-être pensé à deux fois avant de chanter *I Sing The Body Electric* (« Je chante le corps électrique ») s'il avait travaillé sur un ordinateur portable qui tombait en panne chaque fois qu'il déployait sa rhapsodie!

## La rencontre de la machine et de l'esprit

Personne ne doute que notre technologie électronique devient de plus en plus sensible et réceptive, atteignant le point où notre propre électricité produite par notre corps peut l'influencer. Mais, il y a également une évidence de plus en plus reconnue et expérimentée : la machine réagit à l'attention humaine, même lorsqu'elle est protégée des influences électromagnétiques. Le *Random Number Generator* (*RNG*), « générateur de nombres aléatoires », est un appareil conçu pour fournir des données, par exemple des lignes de 1 et de 0, selon le procédé de désintégration des molécules radioactives, ce qui s'approche le plus pour les ingénieurs du hasard absolu. Ces appareils agissent comme le lancement répétitif d'une pièce pile ou face. Sur plus d'un million de *lancers*, ils produisent un résultat parfait : 50-50 sur le plan du hasard. Habituellement. Mais lors des journées où de grands événements bouleversent les êtres humains, leur pourcentage aléatoire chute étrangement.

Par exemple, le 11 septembre 2001, deux heures avant que le premier avion terroriste frappe le World Trade Center, les générateurs de nombres aléatoires du monde entier ont commencé à fournir des données qui ne reflétaient plus le hasard parfait, et ce, à un niveau significatif de statistiques. Ce phénomène a augmenté d'intensité tout au long de cette journée fatidique et s'est poursuivi, toujours de façon significative, jusqu'à la mi-journée du 13 septembre. Les scientifiques qui se sont penchés sur ces résultats ont écrit : « Nous sommes obligés d'envisager la possibilité que les corrélations mesurées puissent être directement associées à un quelconque aspect de la conscience accompagnant les événements dans leur globalité[9]. » Cela expliquerait peut-être pourquoi, le jour où j'ai eu ma première connexion dans le pâturage avec la jolie pouliche Palomino, je me suis également sentie connectée aux collines, aux arbres et même au vieux camion. Peut-être que, malgré son immobilité, le camion a rejoint ma conscience tout comme les chevaux l'ont fait.

Cette pensée m'est venue quelques semaines après mon expérience dans le pâturage. De retour à la maison, je conduisais à travers Phoenix. Mon auto était équipée d'un système GPS qui, une fois actionné et programmé, me dirigeait partout dans la ville en me donnant des informations avec une voix à l'accent britannique. Mes enfants avaient surnommé mon GPS « Prunella ». Un jour, je me suis immobilisée à un feu rouge et j'ai commencé à repenser au sentiment d'Unité ressenti alors que j'étais entrée en connexion avec la horde de chevaux. Juste d'y penser me transportait dans un profond et doux silence. C'est alors qu'une voix, plutôt forte, mais très claire, à l'intérieur de l'auto, dit : « Vous avez atteint votre destination. »

Pendant deux ou trois secondes, j'ai tourné ma tête dans tous les sens comme un hibou dément, cherchant la source de la voix. Mon cœur s'est remis à battre de nouveau lorsque j'ai reconnu le timbre de voix « à l'Oxford » de Prunella. J'ai examiné le système GPS dans un état presque de peur. Il était éteint. L'écran était noir. Jamais, auparavant, et jamais par la suite, Prunella ne parla sans que le système soit actionné et laborieusement programmé. Je ne sais pas si un court-circuit aléatoire a provoqué cette déclaration de Prunella ou si le système a simplement décidé de me saluer à sa façon, comme les chevaux m'en avaient gratifiée à leur façon.

Il me semble que l'Unité a quelque chose à voir avec les liens quantiques, même si, comme je l'ai dit précédemment, nous savons encore peu de choses sur ce phénomène à grande échelle. Mais des milliers d'années d'observation attentive ont mené à une description sophistiquée de l'Unité telle qu'elle

9.   Nelson, Radin, Shoup, et Bancel, « Correlations of Continuous Random Data with Major World Events, » *Foundations of Physics Letters* 15, no. 6 (le 4 octobre 2002): 537-550.

fut expérimentée par des découvreurs de voies de toutes les traditions mystiques. Ces anciens enseignants affirment que nous communiquons avec tout et que tout communique avec nous, constamment.

Dans l'évangile de Thomas, tiré des manuscrits de Nag Hammadi, Jésus dit : « Je suis la lumière au-dessus de toute chose… Coupez en deux une pièce de bois et je suis là. Levez une pierre et vous me trouverez là. » En toute chose, à travers toute chose et autour de toute chose : si un être est connecté de cette façon, alors, par définition, tous les autres le sont aussi. Cet Univers qui apparaît si évident aux personnes bien ancrées dans le silence sacré, c'est le monde auquel le TEAM peut apprendre à se connecter, avec lequel il peut communiquer et s'harmoniser. C'est le monde que vous appellerez votre « chez-vous » à mesure que vous commencerez consciemment à naviguer dans le Un. Pour ce faire, vous pouvez commencer avec les simples exercices suivants.

### Maîtrise de l'Unité : tordre le métal

Les anciennes épopées et histoires sont parsemées de références aux objets sacrés faits en métal : l'épée d'Excalibur, l'anneau de Nibelung, la lampe de cuivre abritant le génie Aladin. Comme le métal est un bon conducteur de l'électricité et que notre système nerveux utilise l'électricité, il est logique que nous ayons un certain rapport avec cette matière, et elle avec nous.

L'exercice du pliage de coutellerie décrit plus tôt est une façon tout indiquée de commencer à vous servir de la conscience de l'Unité. Prenez une cuillère que vous ne pouvez pas plier facilement. Persistez dans l'état sans mots et demandez à la cuillère de plier pour vous. Transportez-la avec vous et jouez avec elle tandis que vous êtes immobilisé à un feu rouge ou que vous faites la file quelque part. Vous découvrirez que lorsque vous désirez plier la cuillère sans y penser de façon habituelle, c'est-à-dire non verbale, vous ressentirez une étrange sensation de communion avec la cuillère qui deviendra malléable.

### Maîtrise de l'Unité : acheter et utiliser un MindFlex

J'ai un amusant jeu appelé « MindFlex ». Vous pouvez vous en procurer un sur Internet. Le mien me fut offert par mon amie du TEAM, Sonja Alan, que je remercie sincèrement. Vous pouvez voir ma démonstration de son utilisation sur Internet en cherchant

*Martha Beck MindFlex* en ligne ou en visitant le www.youtube.com/ watch?v=sKTdkZX9_ak. Le MindFlex est composé d'un bandeau pour la tête qui maintient en place, avec une légère pression, un petit capteur de métal sur le côté gauche de votre front, et de capteurs accrochés à vos lobes d'oreilles par des pinces absolument affreuses. Une petite machine non reliée aux capteurs abrite un ventilateur motorisé. Le ventilateur est contrôlé par l'énergie électrique de votre cerveau.

Pour jouer avec le MindFlex, vous placez une petite balle de mousse de polystyrène sur la boîte, au-dessus du ventilateur. En activant l'hémisphère gauche du cerveau (on suggère de faire des calculs mentaux), vous mettez en marche le moteur et la petite balle s'élève, portée par une colonne d'air. En cessant l'activité électrique de votre hémisphère gauche, vous coupez le moteur et la balle redescend. Pour y parvenir, on suggère de changer le *focus* du regard et de penser au sommeil. Ces deux activités vous amènent dans l'état au-delà des mots. Aucune coïncidence. Je crois que ce petit bidule est un avant-goût de plusieurs machines du même principe que nous opérerons un jour en contrôlant l'énergie électrique des différentes régions de notre cerveau.

## Maîtrise de l'Unité : acheter et utiliser un Em Wave

Cet appareil, qui peut être acheté sur Internet pour environ 200 $, consiste en une boîte métallique de la grosseur d'un boîtier de jeu de cartes. Un cordon relie la boîte à une pince que l'on place sur un lobe d'oreille. Le nom *Em Wave* vient d'*electromagnetic wave* (« onde électromagnétique »), car l'appareil mesure le synchronisme des émanations électromagnétiques de votre cerveau et de votre cœur. Lorsque vous êtes dans un état mental typique de pensée fixe, et agitée, une lumière rouge s'allume dans la boîte. Si votre discours mental se calme un peu, la lumière tourne au bleu et vous entendez un mélodieux *bing*. Lorsque vous devenez réellement calme, votre cerveau entre dans un état appelé l'« alpha synchronisé », dans lequel toutes vos ondes électromagnétiques internes émettent simultanément une douce, égale et puissante fréquence. À ce moment-là, la lumière dans la boîte devient verte et le *bing* se change en un *bong* encore plus mélodieux.

Non seulement cet appareil vous démontre que votre système nerveux peut influencer des objets autour de vous, mais il vous aide aussi à vous entraîner à atteindre l'état d'observation au-delà des mots. L'appareil est utile autant pour la première que pour la seconde technologie de magie.

En interagissant avec les objets inanimés listés précédemment, vous commencerez à sentir que la sensation à l'intérieur de votre tête change lorsque vous entrez dans l'univers au-delà des mots. Vous la ressentirez se propager dans tout votre corps tandis que votre *sensitivité* augmente et que votre attention s'adoucit et devient plus inclusive. Vous aurez alors l'évidence externe et empirique que plus votre cerveau est dans l'univers sans mots, plus vous communiquerez puissamment avec votre environnement, tant en percevant qu'en émettant à partir de votre corps.

## Réaliser l'Unité en dormant

Comme tout entraînement intensif en profondeur, apprendre à naviguer dans l'Unité est curieusement exigeant – quoique très agréable – jusqu'à ce que votre cerveau ait atteint un certain degré de maîtrise. Vous saurez que vous progressez lorsque vous pourrez maintenir fermement le contrôle de l'un des objets inanimés vus auparavant. Du coup, en y parvenant, vous ressentirez aussi un besoin de dormir plus.

Les scientifiques qui étudient le développement des habiletés ont découvert que les étudiants en musique qui s'entraînent de façon assidue et intense, en opposition à ceux qui ne font que répéter les exercices, développent non seulement une maîtrise nettement supérieure de leur art, mais ils ont aussi besoin de plus de sommeil pour permettre à leur cerveau de se modifier afin d'accueillir le haut niveau d'intégration de leurs instruments. Jill Bolte Taylor a écrit, après son accident cérébral, qu'elle avait besoin de dormir de longues heures, comme un bébé, alors que son cerveau travaillait à restructurer ses circuits neuronaux habituels.

## L'Unité vaut l'effort

On ne saurait insister suffisamment sur l'intensité, la persévérance et le doigté nécessaires pour atteindre et vivre l'Unité. Ce n'est certainement pas pour ceux qui se découragent rapidement. Ce n'est pas une voie facile. Mais il n'est pas plus facile de vivre en tant que *réparateur*, guérisseur de soi, des autres et des systèmes complexes. Et ce n'est pas non plus facile dans un monde dominé par des changements considérables et rapides. Et ça l'est encore moins d'aspirer à sauver le monde. Tous les efforts à déployer sont éprouvants, mais les récompenses sont inexprimables.

Si vous persistez dans la pratique intense et profonde des habiletés décrites dans cette partie, il viendra un moment, suivi de nombreux autres, où vous entrerez sans vous y attendre dans l'Unité. Vous commencerez à percevoir la communication entre votre véritable nature et celle de toute autre chose. Le doux message caché dans chaque moment de communication consciente est que le monde et vous-même êtes beaucoup plus magiques que vous l'avez soupçonné. À votre rythme et au moment qui vous sera propre, vous sentirez que le monde se joint à vous. Vous vivrez alors votre propre version des pas doux qui s'approchent de vous, de l'âme du palomino qui touche votre âme, de ces velus naseaux soufflant dans votre dos.

# CHAPITRE 5

## MES «TATIS», LES ARBRES
## (L'UNITÉ AVEC LA NATION VERTE)

Nous sommes constitués de seulement deux choses : la poussière d'étoiles et la lumière du soleil. Aussi farfelu et incompréhensible que ça puisse paraître, c'est pourtant la pure vérité. Chaque molécule de notre corps fut créée dans le ventre d'une énorme étoile qui a explosé, projetant dans l'espace tous les éléments que nous connaissons. Chaque étincelle d'énergie qui nous permet de marcher, de penser et de vivre vient de notre étoile favorite, le Soleil, dont la chaleur irradie de l'énergie à la Terre. Mais, utiliser la lumière solaire pour animer la poussière d'étoiles – en d'autres mots, transformer la matière et l'énergie en une créature vivante – est une technologie de magie dont aucun humain n'est parvenu à se servir jusqu'ici. Pour le faire, nous nous en remettons plutôt à des êtres d'un autre royaume, un royaume que certaines traditions amérindiennes appelaient la « nation verte » : les plantes. Les découvreurs de voies de partout sur la planète et de tous les temps ont *cultivé* (sans jeu de mots !) une relation d'amour particulière avec les plantes, une forme d'Unité essentielle pour leur guérison et celle de toute forme de vie.

Dans le Grand Plan de la vie, les plantes ont beaucoup plus de pouvoir sur nous que nous en avons sur elles. Si tous les humains en venaient à disparaître, les plantes nous survivraient. Si toutes les plantes devaient disparaître, nous mourrions à notre tour peu de temps après. Chaque calorie que nous ingurgitons, tout comme l'oxygène que nous respirons, vient des plantes, que ce soit directement en les mangeant ou indirectement à travers l'animal qui avait absorbé ses calories des plantes. Vos cellules sont ultimement constituées de riz, de luzerne et, surtout, si vous êtes Américain, de maïs. Parce que nous sommes ce que nous mangeons, il est impossible de ne pas être Un avec le royaume des plantes. Il est possible toutefois d'oublier cette Unité. Ce chapitre a pour but de vous rappeler votre connexion à la nation verte afin de vous guérir, de guérir les autres et de guérir un monde dans lequel les humains peuvent survivre. Expérimenter pleinement cette Unité avec les plantes rend notre connexion avec le monde entier encore plus consciente et vibrante. Dans certains cas, pour quelques *réparateurs*, c'est de la magie puissante.

Nous verrons deux types d'Unité dans ce chapitre : la connexion physique entre votre corps et la nourriture ou les médicaments créés par les plantes et la connexion spirituelle avec la nation verte que notre culture reconnaît à peine (bien qu'elle soit au cœur des traditions de sagesse de nombreuses cultures). Les plantes n'ont pas besoin de nous pour créer une révolution verte; c'est nous qui dépendons d'elles pour vivre. En commençant à expérimenter consciemment l'Unité avec les plantes, ces grands êtres commenceront à prendre soin de vous en échange.

## Le donateur de toute vie

Tout en escaladant les montagnes recouvertes d'une épaisse jungle du Rwanda, en 2010, je découvre à quel point le royaume des plantes est vaste et intimidant. Mes amis et moi, précédés de notre guide, défrichons notre chemin dans une forêt escarpée en coupant et en écartant vigoureusement de la main les plantes de toutes sortes, comme si nous nagions dans une mer de végétation. Une mer ardue, douloureuse ! « Ces plantes mordent », nous avait avertis notre guide avant d'entreprendre notre randonnée. « Si vous vous faites mordre, je vous en prie, souffrez en silence. »

Et c'est ce que nous faisons. Mes pieds ne touchent plus le sol depuis des heures. Chaque pas et chaque geste de défrichage avec les mains me mettent en contact avec des plantes qui piquent et qui bénissent ma peau de toxines brûlantes. Nous portons tous d'épais gants, ce qui fait que mes mains sont intactes, mais mes poignets, mes épaules et mes genoux me renvoient une sensation de brûlure intense, même ces parties de mon corps qui sont recouvertes de vêtements.

À la mi-journée, nous nous arrêtons pour nous reposer à l'ombre d'un arbre qui doit avoir au moins mille ans ! Il est immense, impressionnant, une vaste cité vivante du style de celui que l'on voit dans le film *Avatar*. Des milliers de plantes y poussent – des broméliacées, des mousses, des vignes grimpantes, des orchidées – et nourrissent des milliers d'insectes, des centaines d'oiseaux et des dizaines de mammifères. Peut-être est-ce la haute altitude qui m'affecte ou l'effet du venin des plantes piquantes, mais je ressens que l'arbre est conscient de ma présence. C'est comme rencontrer Jésus, j'ai un besoin submergeant de m'agenouiller et de prier. Mais, mes genoux sont enflammés, alors je reste debout pour m'éviter l'embarras. Malgré tout, l'arbre semble percevoir les prières dans mon souffle, dans chaque particule de dioxyde de carbone expulsée de mes poumons. Magnanimement, il me retourne chaque souffle renouvelé de l'oxygène qu'il produit.

Nous reprenons notre marche, grimpant de plus en plus haut. Notre guide nous fraye un chemin à travers la mer verte et douloureuse à coups de machette, ce qui m'apparaît à la fois nécessaire et qui me semble être une inconfortable réminiscence du génocide rwandais. Coupez une plante d'un coup de machette, et cette plante repoussera sans être perturbée; faites-en autant à une personne, et elle meurt. Et nous croyons être les plus forts ?

Le versant de la montagne est si abrupt que même en n'étant qu'à un mètre derrière le guide, mes yeux sont au niveau de ses genoux. Les morceaux de plantes meurtries jonchant le sol rendent la montée glissante et je fais tout ce que je peux pour ne pas glisser vers l'arrière sur mes amis. Je me concentre sur chaque pas, sur chaque déferlement de brûlure dans ma peau, et c'est ainsi que je sombre si profondément dans l'univers sans mots qu'à travers mes pas « de danse » et mes épreuves, j'en oublie graduellement pourquoi nous sommes ici. Soudain, le guide s'immobilise. Je lève les yeux. Là, au milieu d'un enchevêtrement de verdure, repose un énorme bras. Son épaisse fourrure noire le rend encore plus impressionnant. Je peux presque toucher la main calleuse qui repose, entrouverte, juste en face de nous. Où un gorille de montagne de plus de trois cents kilos dort-il ? Là où bon lui semble !

Je recule d'un pas et je contourne notre guide pour voir l'animal en entier. C'est un mâle au dos argenté. Il fait la sieste sur un matelas d'orties piquantes qu'il s'est lui-même confectionné. Ses orteils bougent joyeusement dans les airs et ses yeux bougent sous ses paupières fermées... sans doute rêve-t-il. Alors que mes amis nous rejoignent, le gorille au dos argenté pousse un soupir de contentement et se retourne sur le ventre, nous gratifiant de son « cul » énorme !

Un mètre plus haut que le gorille, les orties s'écartent et plusieurs paires d'yeux bruns apparaissent. Deux femelles adultes et plusieurs jeunes gorilles nous observent intensément. Un porteur rwandais émet un grondement sourd à partir de sa poitrine. Les femelles se détendent et retournent à leur repas, mais les jeunes demeurent intrigués. L'un d'eux se frappe le poitrail et s'avance à moins d'un mètre de moi. Ses yeux cherchent mon regard. Je recule légèrement – une règle dit de respecter un espace entre les humains et les gorilles –, mais je suis entièrement dans l'amour. Il est rare que les humains plongent dans le regard les uns des autres dans un état d'observation au-delà mêmes des mots, sans la conscience d'eux, sans peur. Les yeux de ce petit gorille reflètent toute l'intelligence d'un esprit humain, sans toutefois aucune machination verbale. C'est pourquoi nous pouvons maintenir, lui et moi, le regard de l'autre sans prétention et sans suspicion. La sensation est encore plus intime qu'un baiser.

La mère du jeune gorille étend l'un de ses longs bras pour le ramener vers elle, et le petit retourne à son « mâchouillage » de verdure. « Fascinant, me dis-je à moi-même, les gorilles sont faits d'orties piquantes ! »

Comme pour me donner raison, le gros mâle se tourne de nouveau, ouvre les yeux et prend une pleine bouchée de feuilles épicées. J'ai entendu les environnementalistes parler de projets *verts* depuis des années, et je n'ai ressenti qu'un vague sentiment de culpabilité au sujet de consommer de l'eau dans des bouteilles de plastique. Mais en ce moment, avec mes sens subjugués par la jungle, ma peau brûlante (elle me picotera pour les jours à venir) et mon âme captée par les liens conscients avec l'arbre géant et les énormes singes, le désir de reverdir la terre m'envahit totalement. L'Unité avec la nation des plantes m'apparaît plus importante que tout ce que les humains peuvent faire. Et c'est doublement vrai pour les découvreurs de voies qui, dans toutes les cultures, utilisent des plantes pour accomplir leurs tâches doublement sacrées : se guérir eux-mêmes et guérir tout autour d'eux.

## Nourriture et phytochimie

### *Comment l'unité physique avec la nation verte nous guérit*

Au retour du Rwanda, j'ai rencontré plusieurs de *mes* maîtres en *coaching* (tous des découvreurs-nés de voies) pour discuter de nouvelles façons de gagner notre vie en faisant exactement ce qui nous plaisait réellement. Je ne pus m'empêcher de remarquer que chacune de ces personnes me semblait avoir été retouchée par Photoshop ! Elles rayonnaient : leur peau était claire, leurs yeux, éclatants, et elles semblaient avoir la perpétuelle et résiliente énergie des petits enfants. Avec joie, elles m'ont parlé de la magie derrière cette régénérescence. Deux mots : *smoothies verts* !

« J'ai entendu dire que c'est une tendance sur la côte ouest ou ailleurs », dit Susan, une brillante *coach* qui était auparavant sérieusement en surpoids et continuellement fatiguée et qui, maintenant, parcourt chaque semaine des centaines de kilomètres à bicyclette et qui a une si belle apparence que les hommes se retournent sur son passage.

« Je ne sais pas pourquoi je m'y suis mise. Un jour, j'ai simplement eu l'inspiration de commencer à mettre du chou frisé et des épinards et d'autres verdures dans un *smoothie* aux fruits. Lorsque j'ai bu ma première gorgée, tout mon corps a crié "oui"! »

Susan avait passé le mot aux autres *coachs* (qui, par la nature de leur travail, échangent constamment des trucs). Maintenant, toute la troupe se tape des mixtures vertes comme si sa vie en dépendait.

Ces *coachs* avaient passé des années à s'entraîner par rapport aux technologies de magie, voyageant dans l'univers sans mots et ressentant l'Unité. Ils pouvaient tous tordre des cuillères comme Uri Geller et ils avaient pratiqué quelques fois le murmure aux chevaux. Ainsi, aucun de nous ne fut vraiment surpris lorsqu'à la fin d'une soirée, après un verre ou deux de vin, les gens ont commencé à avouer que les plantes qu'ils mangeaient semblaient volontaires pour ce sacrifice.

« Elles… hum… on dirait qu'elles chantent pour moi », dit l'une des *coachs*. « Et on dirait que mon corps chante en retour. Mon corps et les plantes s'harmonisent. »

Elle n'entendait pas de chants, elle ne faisait qu'essayer de décrire une connexion au-delà des mots, une communication entre des êtres qui s'établit à un niveau plus profond que celui de ses sens ordinaires. Et elle n'était pas la seule à décrire une telle expérience. Il ressortit de cela que plusieurs membres du groupe *entendaient* ce duo entre leur corps et les aliments verts.

Ces maîtres en *coaching* ignoraient que dans plusieurs traditions, on croit que les plantes *chantent* leurs vertus aux guérisseurs et aux chamans. Dans la plupart des cultures *primitives*, le guérisseur n'est pas seulement le conteur de la tribu, l'artiste, le mystique et celui qui communique avec les animaux, il est aussi le médecin herboriste. Les chamans du bassin amazonien affirment avoir appris des plantes elles-mêmes l'utilisation médicinale ou psychologique de quelque 80 000 espèces de plantes. Wade Davis, l'anthropologue de Harvard qui a inventé le terme *Wayfinders* (« découvreurs de voies »), découvrit que certains chamans différenciaient six variétés d'une même plante qui semblait n'être qu'une seule et même plante pour les scientifiques. Lorsqu'il leur demanda pourquoi, ils répondirent : « Vous ne savez vraiment rien des plantes, n'est-ce pas ? » Puis, ils expliquèrent que lorsque la lune est pleine et que les plantes chantent, les six sous-espèces de cette plante chantent dans des tonalités complètement différentes. Le Dr Davis n'aurait pu y voir qu'une superstition, mais les chamans préparaient des mixtures médicinales très efficaces à partir de mélanges de ces plantes. Ils obtenaient d'une manière quelconque une information hautement sophistiquée et leur chimie des plantes fonctionnait.

En commençant à accorder de l'attention à votre propre archétype de découvreur de voies, vous commencerez probablement à vous connecter à la partie du cerveau et du corps qui sait quelles plantes consommer. En dehors de la médecine, une bonne nutrition est à la base d'une bonne santé et de la guérison. Et une bonne nutrition consiste d'abord à manger beaucoup, beaucoup de plantes. Nos ancêtres lointains devaient engouffrer une énorme quantité de verdure pour obtenir suffisamment de calories. C'est d'ailleurs évident lorsque vous observez une famille de gorilles (très parents avec les humains) se nourrir. Cela signifie que dans notre évolution, notre santé est à son maximum lorsque nous ingurgitons une grande variété de molécules phytochimiques formées par la nation verte (*phyto* veut dire « plante »). Ça peut sembler étrange de penser que le fait de manger vos légumes soit une technologie de magie, mais c'est vraiment la meilleure façon de créer la vie à partir de la poussière d'étoiles et de la lumière solaire, et chaque découvreur de voies doit y parvenir.

Depuis que les humains ont commencé à faire l'élevage plutôt que paître, la variété de plantes disponibles pour notre diète a chuté sans cesse. L'existence de la monoculture (vivre principalement grâce à une seule plante) a causé la crise de la pomme de terre en Irlande, une privation reliée au riz en Asie et à plusieurs famines en Afrique lorsque la culture du maïs a échoué. C'est aussi une bonne façon d'entretenir une malnutrition chronique. Des plantes différentes fournissent une variété d'éléments nutritifs pour différents aspects de notre physiologie. Être Un avec les plantes ne signifie pas seulement éviter les *mauvais* aliments, mais consommer beaucoup, beaucoup de bons aliments.

Je ne suis pas du tout une fanatique de l'alimentation saine. À vrai dire, j'ai passé des décennies à me gaver principalement de chocolat au lait. Mais, après avoir rencontré la famille de gorilles et constaté le changement lumineux chez mes *coachs* obsédés par les *smoothies* verts, je suis devenue moi-même une adepte des *smoothies* verts. J'ai immédiatement remarqué une amélioration dans tout mon corps, de mon niveau d'énergie jusqu'à ma vue. Essayez de prendre votre énergie solaire et votre matière de poussières d'étoiles à partir d'une variété de plantes vertes fraîches, et je suis persuadée que vous noterez les mêmes améliorations.

Si vous n'arrivez pas à entendre *chanter* les végétaux de votre supermarché, voici une méthode toute simple de technologie de magie pour choisir les plantes que vous devriez incorporer à vos *smoothies*. J'ai aussi ajouté une recette de *smoothie*, mais, idéalement, laissez l'Unité entre votre corps et les plantes vous inspirer le mélange parfait pour vous.

### *Maîtrise de l'Unité : laisser les plantes dire à son corps ce qu'il veut*

L'un des découvreurs de voies que je connais nomme cette technique « radiesthésie du corps ». Vous pouvez vous en servir pour observer la communication entre votre corps et divers aliments, tout spécialement les plantes. Je ne saurais expliquer pourquoi ça fonctionne et je n'ai trouvé aucune étude qui décortique le phénomène. De la même façon, personne ne sait exactement pourquoi le lithium calme les manies. Certaines choses sont utiles parce qu'elles fonctionnent, même si l'explication de leur efficacité demeure obscure.

1. Tenez-vous debout, dans des souliers plats, les épaules bien alignées sur vos talons. Répétez le mot *douleur* plusieurs fois. Ne bougez pas volontairement, mais observez si votre corps se balance vers l'avant ou vers l'arrière. Le balancement peut être très léger ou plutôt prononcé. C'est probablement parce que votre système nerveux influence votre corps pour qu'il s'éloigne subtilement de la pensée même de la douleur. Votre corps peut chercher à reculer ou à s'enfuir vers l'avant. Découvrez la direction qu'il choisit.

2. Retournez à la posture neutre du début de l'exercice. Répétez alors le mot *calme*. Observez la direction dans laquelle votre corps balancera. La plupart des gens balanceront vers l'arrière en répétant le mot *douleur* et vers l'avant pour le mot *calme*. Toutefois, l'inverse est vrai chez certaines personnes.

3. Une fois que vous aurez établi vos réactions positives et négatives, tenez-vous debout dans la position neutre et sélectionnez un fruit ou un légume que vous tiendrez dans vos mains. Notez alors si votre corps se balance dans une direction ou une autre. Si le fruit ou le légume fait balancer votre corps dans la direction positive, achetez-le.

4. Consommez les aliments qui suscitent un balancement positif. J'ai remarqué que même les personnes n'aimant pas les légumes peuvent avoir une réaction dramatique de leur corps si ces aliments manquent à leur diète. Si vous êtes l'une de ces personnes, je vous conjure de réaliser qu'il existe des dizaines de façons d'apprêter les légumes. Essayez différentes recettes jusqu'à en trouver une que vous aimez. Si vous mangez un aliment sain dans un état d'observation

au-delà des mots, vous remarquerez que votre corps semble follement joyeux. Cette réaction du corps me motive à consommer des légumes, bien que j'aime les pulvériser à l'état presque similaire à un sorbet. Si vous prenez l'habitude de consommer des *smoothies*, intégrez un légume pour chaque fruit utilisé (vous trouverez une recette ci-dessous) et vous serez ravi de constater que le goût caractéristique des légumes se dissimule derrière le goût sucré des fruits.

### Maîtrise de l'Unité : s'empiffrer de verdure

*Le* smoothie *Gorille*

- 2 tasses de jus de fruit

- 1 tasse de glace

- 1 pleine poignée de feuilles crues de jeunes épinards

- 1 tangerine

- 1 pleine poignée de mélange de verdure

- 4 fraises

- 1 pleine poignée de laitue

- 1/3 de banane

- 1 pleine poignée d'herbe de blé

- ½ tasse de bleuets

- 3 carottes miniatures

Déposez tous ces ingrédients dans un mélangeur (vous obtiendrez une jolie couleur saturée de vie). Pressez le bouton et attendez que le mélange donne une texture semblable à celle que vous auriez obtenue si vous l'aviez déjà mangé! Puis, servez. Franchement, ce ne sera peut-être pas joli, mais votre corps en raffolera. J'aime boire un grand *smoothie* pour le goûter du midi, chaque jour. D'autres dépendants aux *smoothies* préfèrent s'en empiffrer au déjeuner ou au dîner, ou encore comme collation entre les repas. Dans les sociétés où la verdure est un aliment majeur de la diète, les gens ont tendance à *brouter*, grignotant des plantes chaque fois qu'ils ont un petit creux. C'est une excellente habitude santé. Si vous vous sentez attiré vers elle, je vous recommande de vous mettre à brouter immédiatement.

# Au-delà de la nutrition

Tandis que chaque être humain a besoin de faire Un avec les plantes à travers la nutrition, plusieurs membres du TEAM entretiennent une relation avec la nation verte au-delà de l'alimentation. En vérité, tous les *réparateurs* traditionnels savent comment utiliser certains éléments de phytothérapie pour modifier la chimie du corps. Ils utilisent les plantes pour tout, du soulagement des maux de tête à l'apparition de visions.

Les découvreurs de voies de différentes cultures ont des méthodes légèrement différentes les unes des autres de maîtriser la médecine par les plantes. Les guérisseurs de la Chine ancienne ont mené des expériences pendant des siècles en mangeant chacune des plantes qu'ils trouvaient et en notant les effets apparents de chacune d'elles sur leur propre corps. En Europe, les sages-femmes se sont transmis leur connaissance des vertus thérapeutiques des plantes de génération en génération. Plusieurs femmes furent d'ailleurs accusées de sorcellerie et brûlées durant une époque sombre du Moyen-Âge, alors qu'en fait elles n'étaient que des herboristes de haut niveau. Les chamans amérindiens transportaient avec eux des poches d'herbes médicinales très puissantes. Et plusieurs des médicaments vendus sur ordonnance de nos jours furent découverts par des chamans sud-américains, sans aucun doute les plus fervents utilisateurs de plantes de guérison sur la planète. Les découvreurs de voies de la forêt tropicale ont développé une incroyable maîtrise de la phytochimie – par exemple, ils combinent exactement les bonnes plantes pour obtenir des inhibiteurs de monoamine oxydase utilisés pour traiter la dépression.

La science commence à peine à puiser dans cet ancien savoir, mais au moins nous le reconnaissons maintenant réellement comme une grande médecine. Une spécialité étudiée, l'ethnobotanique, enseigne aux scientifiques à interagir avec les tribus et les guérisseurs des Premières Nations afin d'apprendre l'usage médicinal des plantes. L'Organisation mondiale de la santé a récemment commencé à encourager tous les pays à adopter les médecines traditionnelles par les plantes. Non seulement cet incitatif permet-il de réduire les coûts reliés à la santé, mais il favorise de plus la *découverte* de nouvelles médecines (qui sont en vérité très anciennes, mais qui étaient non reconnues par le monde occidental).

Comme la plupart des membres du TEAM, je me suis d'abord intéressée à la phytothérapie dans une tentative désespérée de demeurer en bonne santé. Mon sac de voyage contient un *ballot médicinal* pour remplacer une petite pharmacie : des insecticides, de l'aloès pour les coups de soleil, des remèdes pour les maux de tête, la nausée, les étourdissements et les infections fongiques et virales. Les anciens guérisseurs par les plantes ramassaient leurs médicaments dans les champs et les forêts; moi, j'achète les miens à la pharmacie ou dans les centres de santé. Mais la source de toutes ces potions de guérison demeure les plantes. Je transporte tout cela avec moi parce que j'ai ce que l'on pourrait appeler une « maladie de chaman », la fibromyalgie – je vous en ai déjà parlé – et toutes les maladies qui en dérivent. Durant des décennies, mes symptômes m'ont amenée à essayer des douzaines de médicaments prescrits et même interdits, du thé aux feuilles d'armoise jusqu'au Percocet. Peut-être avez-vous, vous aussi, une maladie chronique de découvreur de voies. Je pense qu'il vaut la peine de donner quelques détails.

## La motivation pour étudier la phytothérapie : la malédiction bénie de la maladie du chaman

« Mes deux cousins sont *sangomas* », me dit un jour un ami *shangaan* nommé « True ». « Je retourne dans mon village demain pour assister à la cérémonie d'initiation de ma sœur aînée. »

True est l'un des hommes les plus intelligents que j'aie rencontrés. Comme tous les traqueurs, il est un scientifique accompli. Il parle couramment cinq langues et il est un vorace lecteur.

« Mes deux cousins ont été malades lorsqu'ils étaient très jeunes, m'expliqua-t-il, ils étaient épuisés et, pendant des mois, ils ne pouvaient sortir du lit. Ma famille a essayé de les guérir par tous les moyens que nous connaissions de la médecine traditionnelle, mais rien n'a fonctionné. Nous les avons amenés dans les hôpitaux de Johannesburg, mais sans succès là non plus. Il a fallu qu'ils s'exercent à devenir *sangomas* pour qu'ils aillent mieux. »

True semblait désolé de la vie d'un *sangoma*, un guérisseur-réparateur *shangaan*, car elle n'est pas de tout repos. Elle requiert beaucoup de dur labeur et de sacrifice. True aurait visiblement préféré que ses cousins n'aient pas à faire partie de ce *club* restreint. Je voulais bien sympathiser avec sa désolation, mais j'étais trop fascinée pour me sentir désolée à mon tour. Les cousins de True entrent dans un schéma classique par lequel tous les guérisseurs traditionnels sont identifiés à travers le monde : une personne apparemment normale développe une intrigante maladie chronique, essaie tous les traitements et médicaments connus, mais ne guérit pas. À ce moment-là, la tribu commence à suspecter une maladie de chaman. Le patient commence alors un entraînement pour devenir un mystique, un artiste ou un guérisseur. Graduellement, ses symptômes diminuent et disparaissent. Toutefois, la personne se sent mieux seulement et aussi longtemps qu'elle continuera d'agir en tant que *sangoma*. Quitter la voie du *sangoma* – découvreur de voies – mène à être malade de nouveau.

Comme je l'ai mentionné déjà, plusieurs membres du TEAM que je connais, la plupart, des intellectuels du monde concret qui n'ont jamais entendu parler de la maladie du chaman, se retrouvent dans ce schéma archétypal tout comme mes amis *shangaans*.

Sarah a développé le syndrome de fatigue chronique après un accident d'automobile à trente ans. Elle est devenue trop malade pour poursuivre sa carrière de consultante en management et elle est restée presque une année entière dans un état de grande lassitude, alitée et avec la sensation d'être dans un brouillard. Un jour, elle a reçu un chèque-cadeau pour un massage qui a changé sa vie.

« Dès que le thérapeute a posé ses mains sur ma tête, raconta-t-elle plus tard, j'ai ressenti une sorte de flamme parcourir tous mes nerfs, de la tête aux pieds. »

Après le massage, elle s'est sentie comme avant son accident pendant plusieurs heures. « J'y suis retournée la semaine suivante, et c'est alors que j'ai réalisé que je devais apprendre ce que ce thérapeute faisait, peu importe ce que c'était. »

Elle a commencé à suivre une formation pour devenir maître reiki – un art de guérison japonais. Sa maladie se mit à régresser. Aujourd'hui, elle travaille de nouveau à temps plein dans sa propre entreprise de consultation. Mais, elle affirme ceci : « Si je cesse de faire du reiki, je redeviens malade. »

Mark a une histoire similaire.

« Au collège, j'étais un athlète », me dit-il lors d'une conférence sur la fibromyalgie où nous nous sommes rencontrés. « Mais, à 26 ans, j'ai développé une horrible douleur chronique. J'ai reçu mon diagnostic cinq ans plus tard. Entre-temps, j'avais découvert que la méditation et le yoga soulageaient mes symptômes. Lorsque j'ai commencé à enseigner le yoga comme un art de guérison, ma santé s'est rapidement améliorée. Aujourd'hui, je suis de nouveau un athlète, mais je suis d'abord et avant tout un guérisseur. »

« J'étais presque anéantie par une accumulation de migraines et de fatigue », racontait Julie qui dirige aujourd'hui un centre de soins et un refuge pour chiens. « Il y a eu toutes ces misérables années où j'ai tenté de vivre une vie normale. Puis, j'ai réalisé que, pour moi, *normale* voulait dire être dehors la plupart du temps et entourée d'animaux, de plusieurs animaux. Lorsque j'ai commencé à vivre de ma passion et à aider les gens et les animaux à se jumeler les uns avec les autres, les symptômes se sont évaporés. »

En écoutant des centaines d'histoires similaires, je me suis demandé si la grande sensibilité qui confère aux découvreurs de voies leur haut niveau d'intuition pouvait aussi causer l'épuisement et conduire à des maladies chroniques reliées au stress. Si vous êtes une personne souffrante et que vous notez que votre maladie prend de l'ampleur lorsque vous vous éloignez des désirs de votre cœur, essayez ceci : acceptez de faire partie du TEAM, affirmez votre vraie nature de découvreur de voies et observez si vos symptômes s'améliorent.

Je ne veux pas vous donner de faux espoirs – même en supposant que la maladie de chaman soit un phénomène réel, ce ne sont pas toutes les maladies qui entrent dans cette catégorie, et plusieurs découvreurs de voies ne se sentent jamais complètement soulagés –, mais, pour ma part, mes propres conditions *incurables* (fibromyalgie, cystite interstitielle, granulome annulaire) ont réellement disparu, bien qu'elles se manifestent encore lorsque je fais quelque chose qui n'est pas aligné sur ma véritable nature. Cela aurait pu être une réaction placebo reliée à mes croyances au sujet de l'existence et de la nature du TEAM, sauf que je suis tombée sur le concept de la maladie de chaman durant la période où je m'interrogeais sur la raison pour laquelle mes symptômes étaient disparus. Ma connaissance de ce phénomène est survenue après que j'en ai fait l'expérience, et non le contraire.

Toutefois, l'effet placebo peut expliquer l'impressionnante expérience d'être guérie durant une cérémonie sacrée à saveur sud-américaine. (Cela dit, l'effet placebo – des gens qui guérissent simplement parce qu'ils croient qu'ils sont guéris – ne serait-il pas une technologie de magie en lui-même ?) Ce fut une formidable expérience d'unité avec la nation verte qui a nourri ma conviction que l'archétype du *réparateur* ou du guérisseur pouvait être aussi magique que plusieurs anciens peuples le croyaient.

## Une aventure de guérison avec les plantes de la forêt tropicale

Cette aventure de guérison s'est déroulée à un moment et dans un endroit qui doivent rester secrets, car je n'ai aucune idée si c'est vraiment légal dans le pays en question. J'avais été invitée à me joindre à un petit groupe d'individus – certains étaient des amis, d'autres des inconnus – qui avaient réservé les services d'un chaman sud-américain pour superviser un *voyage ayahuasca*. L'ayahuasca est un puissant hallucinogène obtenu à partir du mélange de deux plantes tropicales sans rapport entre elles et d'aucun intérêt particulier. Bien que chaque plante soit inoffensive par elle-même, le mélange de leur substance moléculaire a d'extraordinaires effets sur les humains. Au collège, j'avais déjà visionné un documentaire sur les voyages ayahuasca. Le film montrait un groupe de petits hommes arborant de la boue rouge dans les cheveux. Ils buvaient un liquide d'apparence repoussante, vomissaient puis s'étendaient autour d'une hutte durant plusieurs heures.

Ça ne m'avait pas interpellée. Je n'avais pas trop saisi le sens de tout cela. Je n'ai jamais consommé de drogues récréatives – même si, avec tous les médicaments que j'ai pu prendre, ça semble superflu de dire cela – et je ne pouvais imaginer l'intérêt d'une stimulation hallucinogène si elle me faisait vomir. Mais selon les hommes aux cheveux de boue rouge, leur breuvage spécial permettait aux esprits des plantes de la forêt tropicale de leur enseigner la sagesse et la paix. N'importe quoi !

Des décennies de maladie plus tard, je suis excitée qu'un ami m'invite à une telle cérémonie. Non seulement ça s'inscrit parfaitement bien dans mon nouvel intérêt pour les guérisseurs traditionnels, mais ça suscite une réaction de mon cœur qui est littéralement « Oh ! Oui ! ». Je veux dire que lorsque je pense à l'événement, je me sens physiquement énergisée – une sensation que je connais et que je respecte. Pour un découvreur de voies, le corps est en quelque sorte un équipement de pistage nous aidant constamment à trouver notre chemin. Restez à un emploi ennuyeux, et vous aurez le psoriasis. Mêlez-vous à la folle dispute familiale, et votre dos en souffrira. Reniez un amour, un rêve ou toute vérité intérieure, et vous souffrirez de spasmes au ventre. Je sais que lorsque mon corps dit non à quelque chose et que je le fais quand même, ou lorsqu'il dit oui, mais que je n'agis pas, je deviens malade. Et j'en ai marre d'être malade. Alors, j'ai dit oui, j'ai accepté l'invitation d'assister à la cérémonie.

Quelques jours avant l'événement, en naviguant sur Internet, je trouve une liste de plusieurs médicaments qui ne devraient jamais, en aucun cas, être pris dans un intervalle d'un mois avant la consommation d'ayahuasca. Je venais à peine de prendre l'un de ces médicaments – un composé si obscur qu'il est rarement administré aux gens, même si mon beagle en prenait durant ses dernières années de vie. Si je buvais l'ayahuasca dans un délai rapproché, ça pouvait me mener directement à l'hôpital. (C'est pourquoi je recommande que vous n'ingurgitiez rien de plus fort que l'eau du robinet pendant votre quête de découvreur de voies. En fait, l'eau du robinet peut même être rude. Si j'étais vous, je la filtrerais !)

Je suis plutôt ébranlée par cette découverte et aussi un peu déconfite. Si je suis tellement branchée à l'Unité, émettant et recevant des signes si évidents de la part de la nation verte, pourquoi ai-je ressenti une telle réaction positive concernant la cérémonie pour découvrir ensuite – et trop tard pour changer quoi que ce soit – que je ne pourrais pas participer à cette expérience? Je décide d'y aller tout de même à titre d'observatrice uniquement.

Comme le groupe se rassemble et que les seaux pour « dégueuler » sont remis à chacun des membres, je suis de plus en plus heureuse de ma décision de ne pas participer. J'explique le problème concernant le médicament pris récemment au chaman sud-américain. Je constate avec surprise qu'il fait partie de ces êtres desquels émane un sentiment de pure paix. Je m'attendais à vivre un choc de culture – je n'étais jamais allée en Amérique du Sud auparavant –, mais tout dans cet homme aux cheveux grisonnants (aucune boue rouge, de toute évidence) me rend profondément à l'aise.

Au coucher du soleil, la douzaine de *voyageurs* s'assoient en cercle. Le chaman remet à chacun une dose méticuleusement mesurée du liquide. Nous demeurons tous assis. C'est un peu décevant, si vous voulez savoir la vérité. Je commence à méditer tandis que le chaman murmure des chansons dans une langue qui me semble avoir un million d'années. La voix de l'homme est éthérée, merveilleuse. Étrangement, par moments, j'ai l'impression que tous les participants chantent avec lui, en harmonie. Je me demande même comment mes amis ont pu apprendre d'aussi étranges chansons. Alors, les gens commencent à vomir, et je suis de plus en plus heureuse de ne pas avoir ingurgité les extraits de plantes.

## Les tatis insoupçonnées

Le chaman commence à marcher autour du cercle de gens silencieux, s'arrêtant pour murmurer à l'oreille une question à chacun. La noirceur nous enveloppe maintenant de sorte que je ne peux voir ce qu'il fait, mais je peux sentir une fumée d'une odeur extraordinaire. Parfois, j'entends le chaman souffler entre ses lèvres pincées. Il arrive à ma hauteur et il murmure quelques questions. Y a-t-il quelque chose dans ma vie ou dans mon corps qui a besoin d'être guéri? N'importe quoi? Il parle si doucement, avec un tel amour dans la voix que mes yeux se remplissent de larmes.

« Eh bien, dis-je, j'ai eu beaucoup de douleurs dans tout mon corps depuis très longtemps, et parfois j'ai peur que ça recommence. »

Le chaman hoche la tête et se met à grommeler dans cette étrange langue aux sonorités anciennes tout en bougeant ses mains dans les airs tout près de mon corps. Il inhale une bouffée d'une pipe puis souffle la fumée au-dessus de ma tête et tout le long de mon dos, de mes jambes et de mes bras. Puis, j'ai droit à une dose d'eau aux fragrances de fleurs servie de la même façon : le chaman retient un peu de liquide dans sa bouche puis il souffle le parfum au-dessus de mon corps. Je suis fascinée par le procédé. Le chaman passe à la personne suivante et je retourne à ma méditation.

Ma main droite sursaute. Ah ! Bon ! Ma main gauche sursaute. Intéressant.

Ma main droite sursaute encore, même qu'elle se met à vibrer. Une partie de moi veut se raidir et immobiliser mon bras, et puis je m'en fous. Il fait noir et personne ne m'observe. Si chaque personne ici présente est capable de vomir en public, je me dis que je peux bien vibrer.

Dès ce moment, les vibrations roulent sur mon bras, se perpétuent dans mon torse et aboutissent dans mes jambes. Mes muscles, du plus petit au plus gros, commencent à trembler d'une façon que je serais incapable de reproduire volontairement. Les chants du chaman semblent plus forts et je peux assurément entendre d'autres voix chanter avec lui. Puis, je réalise que les voix ne peuvent être celles des gens autour du cercle. D'abord, elles utilisent toutes un langage absolument non familier, et puis ce sont toutes des voix féminines. Soudainement, j'entends cette chorale alto me parler en anglais.

« Tu vois ? disent ces voix, nous sommes venues pour toi de toute façon. »

Rappelez-vous que je n'ai pris aucune goutte du liquide hallucinogène.

« Tu as eu suffisamment de douleur durant ton voyage », me chantent les arbres.

Hé, une minute ! Comment est-ce que je sais que ce sont des arbres ? Je ne jardine pas, et je n'arrive même pas à maintenir une plante domestique en vie ! Des arbres ?

« Des nausées, ce n'aurait pas été bon pour toi », chantent-elles de nouveau. « Nous voulons que tu expérimentes seulement la guérison. »

Je commence à verser des larmes d'émerveillement et de confusion tandis que chaque petit muscle le long de ma colonne vertébrale frémit, d'abord à la base de mon cou, puis le suivant, et ainsi de suite. L'un de mes pieds se met à battre la mesure au rythme des chants alors que l'autre s'agite dans un rythme saccadé d'une déroutante complexité. Le frémissement se poursuit, sans que je stimule volontairement un muscle, durant plus de quatre heures. Parfois, je me sens comme un concurrent à la Fédération mondiale de lutte, ballotté d'un bord et de l'autre de l'arène des géants.

Le frémissement devient ensuite plus subtil et localisé. Malgré l'intensité qu'il atteint parfois, c'est délicieux. C'est renversant. Chaque muscle fait l'expérience d'une félicité aussi profonde et intense que la douleur endurée pendant toutes ces années.

Aucune cigarette de tabac ne peut provoquer cela, sinon chaque aire de fumeurs sur la terre serait remplie de gens s'éclatant comme Linda Blair dans le film *L'Exorciste*. Je me détends de plus en plus, émerveillée que mon corps puisse être secoué si intensément sans aucune intention ni aucun effort de ma part. Je suis câlinée comme on le fait avec les bébés en les tapotant légèrement et en les faisant sauter doucement dans nos bras pour les aider à se calmer. Les esprits-arbres – j'ai abandonné toute résistance à ma bizarre certitude que ce sont des esprits-arbres – se mettent à rire avec ravissement à mesure que je me détends.

« Oh, vous, les petits singes, vous êtes adorables », roucoulent-ils.

Brassage, brassage, brassage, volupté, volupté, volupté.

Au bout de trois heures, une inquiétude me traverse l'esprit : j'ai une date de tombée pour la remise d'un texte. Je deviens soudainement soucieuse d'y parvenir après cette étrange soirée. Tandis que je laisse monter la tension, les arbres me disent, très clairement : « Ne vous a-t-on donc rien appris ? » Puis, ils éclatent en cascades de rires, me caressent les joues et me chatouillent les orteils. Ce sont les plus adorables tatis que l'on puisse imaginer.

Je dois l'avouer, je me suis demandé ce qui arrive lorsque l'on boit réellement la substance.

## L'étrange science des plantes

L'expérience m'a secouée, dans tous les sens du mot. Elle m'a obligée à considérer que les croyances en l'Unité avec les plantes du chaman sud-américain pouvaient être un phénomène réel, et non seulement une plate superstition. Elle m'a aussi ramenée à un livre que j'avais lu, enfant, *The Secret Life of Plants*, de Peter Tompkins et Christopher Bird. Ce livre avait causé tout un émoi. Certains lecteurs dénonçaient rondement les auteurs, tandis que les autres les acclamaient. Comme pour tout ce que je vous suggère dans mon livre, je vous recommande de mettre à l'essai leurs idées et de voir ce qu'elles font résonner en vous.

Tompkins et Bird affirment que les plantes ne sont pas des objets, mais des êtres. Ils affirment que les plantes reliées à un polygraphe réagissent à plusieurs stimuli de la même façon qu'une créature consciente le ferait. Par exemple, les données montrent de fortes perturbations dans la conductivité électrique des plantes qui *observent* une attaque sur des animaux ou sur d'autres plantes. Les photographies à l'effet Kirlian, qui traduisent le rayonnement électrique d'un objet en des images visibles, démontrent que certaines feuilles qui avaient été coupées en deux conservent une charge électrique qui montre non seulement la matière existante de la plante, mais aussi un halo de l'image parfaite des parties manquantes. De plus, les auteurs affirment avoir découvert que le fait de parler gentiment aux plantes les rend plus en santé et plus robustes.

J'avais douze ans lorsque j'ai lu *The Secret Life of Plants*. Même à cet âge, je me souviens de m'être demandé pourquoi les auteurs se concentraient autant sur les végétaux et mettaient en jeu leur réputation en y allant de déclarations audacieuses sur les relations physiques, émotionnelles et spirituelles entre les plantes et l'homme. Avec le recul, je crois que Tompkins et Bird étaient tout simplement des membres du TEAM, du genre à avoir une passion particulière pour la nation verte et à essayer de nous enseigner l'intense expérience d'Unité avec les plantes que j'ai finalement vécue sur la montagne des gorilles.

## Les amoureux des plantes

Si vous êtes déjà un amoureux des plantes, ce qui suit vous semblera tout naturel. Je rencontre des amoureux des plantes partout depuis quelques années. Leur amour pour la verdure semble être de plus en plus intense. Par exemple, Sheri est si éprise de ses plantes qu'elle conserve sur son cellulaire des photos de chacune d'elles… dans le même fichier que les photos de ses petits-enfants. En me les montrant, elle tapote l'écran de son doigt en murmurant des mots doux à ce qui m'apparaît n'être que de simples plantes.

Lorsque Mary parle de jardinage, elle devient si émue. « Je ne sais pas pourquoi parler de rosiers et de chrysanthèmes me rend si émotive », s'excuse-t-elle en s'essuyant les yeux. « Ça n'a aucun sens. Je… je les aime tellement ! »

Un autre client, Tom, décrit sa maison de rêve avec un immense jardin*s* partout sur sa propriété. Un jardin*s* ? Son utilisation du pluriel est un lapsus freudien classique et je le lui fais remarquer. Tom verse lui aussi des larmes en parlant des plantes : « Je vois des jardins partout dans le monde. » Il doit arrêter de parler pour ne pas éclater en sanglots, ce qui aurait gêné sa masculinité.

Lorsque j'ai eu la chance de rencontrer l'une des plus radieuses et populaires membre du TEAM, la charmante Elizabeth Gilbert, auteure du mégasuccès *Mange, prie, aime*, elle m'a confié que son intérêt pour les voyages, si passionnément exprimé dans son livre, a été, jusqu'ici du moins, éclipsé par un amour profond pour le jardinage.

Pour vous dire jusqu'où un tel intérêt peut aller, parlons de Wangari Muta Maathai, la première femme d'Afrique centrale et d'Afrique de l'Est à obtenir un doctorat. Alors qu'elle œuvrait au Conseil national des femmes, en 1976, Maathai a eu la brillante idée d'enrôler les femmes africaines dans un programme de plantation d'arbres. Ce programme est devenu le Green Belt Movement et a permis la plantation de plus de vingt millions d'arbres (Maathai a alors remporté le prix Nobel de la paix).

Le merveilleux texte hébreu, le Talmud, dit ceci : « Chaque brin d'herbe a son ange qui se penche sur lui et lui murmure : "Grandis, grandis." » À travers l'histoire, plusieurs découvreurs de voies ont semblé ressentir de tels anges et être en harmonie avec eux. Si vous êtes un amoureux des plantes, vous avez sans doute déjà des façons pour renforcer votre sentiment d'unité avec la nation verte. Sinon, il est temps d'essayer les technologies de magie décrites ci-après. J'insiste de nouveau : je vous en prie, faites au moins quelques-unes de ces activités – vous n'avez aucune idée de l'effet qu'elles peuvent avoir sur vous si vous ne faites que les lire.

## Avertissement de chlorophylle

L'une des façons que les découvreurs de voies en Occident moderne empruntent pour essayer d'atteindre l'Unité est l'usage des plantes *magiques*, de la marijuana à la cocaïne, pour altérer l'état de conscience. C'est en grande partie malheureux et dangereux et sans doute pas la meilleure façon de se reconnecter à la magie des plantes ancestrales. Dans des contextes comme la cérémonie sud-américaine à laquelle j'ai assisté, l'effet des composés de plantes n'est pas recherché pour le plaisir. Les plantes sont plutôt utilisées avec énormément de prudence, de précision et de solennité. Ingurgiter au hasard des champignons à la psilocybine ou des boutons de peyotl vous rendra plus malade qu'illuminé. Cette consommation peut conduire à la dépendance, à des réactions allergiques et même à la mort. La nation des plantes, comme me l'ont rappelé mes tatis arbres, ont un grand pouvoir d'influence sur nos corps et nos esprits. Approchez-les avec respect. Suis-je assez claire ? Excellent. Alors, essayez les techniques suivantes pour améliorer votre sentiment d'Unité avec la nation verte.

### Maîtrise de l'Unité : regarder les plantes qui poussent

Cette pratique très simple, dont je peux me servir même dans mes plus mauvais jours, est plus puissante que ce que l'on pourrait penser. Une étude de l'université A&M du Texas, datant de 1984, a démontré que les patients en chirurgie qui ont une vue sur des arbres de leur chambre d'hôpital ont une convalescence remarquablement plus courte que ceux qui ne voient que des murs de brique ou de ciment. En 1999, selon une autre étude, suédoise celle-là, des patients, dont la chambre était décorée avec des toiles représentant des paysages, se sont remis plus rapidement de leur opération, avec moins de douleur et d'anxiété, comparativement à un groupe de contrôle (rien sur les murs), alors qu'un troisième groupe, qui ne voyait que de l'art abstrait, s'est senti plus mal, mentalement et physiquement, que tout autre groupe.

Si vous ne pouvez pas garder de plantes dans votre environnement de vie ou de travail, servez-vous d'images : des toiles, des affiches, des fonds d'écran de plantes qui poussent. Simplement regarder une carte postale d'une scène verdoyante peut améliorer notre santé.

### Maîtrise de l'Unité : jardiner, à l'intérieur ou à l'extérieur

Les gens qui ont une attirance naturelle pour la nation des plantes notent une amélioration de leur état de santé et un sentiment de bien-être hors de l'ordinaire lorsqu'ils prennent le temps de jardiner. Les hôpitaux et centres de soins remarquent aussi des bénéfices pour la santé des patients à qui l'on accorde la permission d'avoir ne serait-ce qu'une simple fleur à faire pousser dans un pot de terre. Si vous voulez maximiser les bienfaits du jardinage, entretenez un petit potager, un plant de tomates ou une boîte à fleurs remplie de fines herbes, et consommez ce que vous faites pousser.

Voici une idée étonnante, mais aussi intrigante venant d'un découvreur de voies russe. Placez des graines de légumes dans votre bouche jusqu'à ce qu'elles soient saturées de votre salive, puis plantez-les et mangez les légumes qui pousseront. Cet homme croit que cela informe les plantes de l'ADN du jardinier et leur permet de se modifier spécialement pour favoriser la santé de cette personne en particulier. Et pourquoi pas ?

### Maîtrise de l'Unité : planter des arbres n'importe où et le plus souvent possible

Ça dit tout. Rien à ajouter.

### Maîtrise de l'Unité : joindre les rangs d'une coop de jardinage

Les gens dans les grandes villes peuvent maintenant *précommander* des produits de fermes locales. Après avoir payé, disons 800 $, pour une consommation d'une année de légumes, de fruits et d'autres denrées (comme la viande ou les produits laitiers), ils reçoivent des livraisons régulières de produits frais et locaux. Non seulement cela permet de favoriser le développement des fermiers et des marchands *verts*, mais ça assure au consommateur d'avoir des aliments frais qui n'ont pas été congelés ou altérés par des procédés chimiques.

### Maîtrise de l'Unité : parler aux arbres (et aux autres plantes)

J'aime bien expérimenter à partir de l'idée que les plantes sont sensibles aux événements, aux êtres et à l'énergie qui les entourent. Faites pousser une plante dans un environnement sans variation (comme une pièce avec une luminosité et une température constante), et puis introduisez différents stimuli durant des périodes de temps. Notez les changements ou non sur la santé ou la croissance de la plante. Par exemple, chaque jour, durant un mois, faites jouer votre musique favorite à vos plantes et observez si des changements se produisent.

### Maîtrise de l'Unité : prendre ses médicaments en pleine conscience

Si vous êtes sous médication, remerciez toujours les plantes desquelles sont synthétisés les composés que vous prenez et qui agissent sur votre corps. Cet acte de gratitude, à en croire mes amis sud-américains, rend les plantes encore plus « intéressées » à vous aider et à vous guérir.

## Tourner au vert

Les découvreurs de voies de différentes époques et de différents endroits prétendent qu'en vous entraînant à ces exercices – et à tout ce qui peut vous aider à porter votre attention sur votre unité avec la nation verte –, vous porterez votre corps à être un transmetteur d'énergie plus sensible et plus robuste. Allez plus loin dans n'importe quelle pratique *verte* qui vous fait sentir plus en santé, plus alerte, plus intuitif. Vous pouvez très bien vous retrouver à ne vivre que de *smoothies* verts, à planter une forêt ou à savoir intuitivement quelle mixture de plantes guérira le corps d'un ami malade. Votre poussière d'étoiles grandira en santé, votre lumière solaire brillera encore plus. Et une nuit, sous une pleine lune, dans une forêt tropicale, vous entendrez peut-être les grands êtres de la nation verte vous bercer de leurs chants silencieux.

# CHAPITRE 6

## SE FAMILIARISER AVEC LES ESPRITS FAMILIERS (LES ANIMAUX COMME PORTE D'ENTRÉE SUR L'UNITÉ)

C e fut un long voyage en provenance d'Amérique, et mon corps n'a aucune idée de l'heure qu'il est. Ma montre affiche qu'il est presque quinze heures, le temps du thé à Londolozi. Demain, Boyd, sa sœur Bronwyn, Koelle et moi commencerons notre retraite annuelle en *coaching* avec des membres du TEAM. Je suis affairée à passer en revue nos invités et à ajuster l'horaire. J'entends Boyd arriver sur le seuil de la porte du cottage d'invités des Varty, mais je demeure concentrée sur mon écran d'ordinateur.

« Hé, Boydie ! » Je le salue sans même lever les yeux, tapant toujours sur mon clavier. « J'ai presque terminé. » Boyd ne dit rien. Je peux l'entendre se tenir de l'autre côté de la moustiquaire, déplaçant son poids d'une jambe à l'autre, accrochant au passage les arbustes. Il est très patient. Il n'a toujours rien dit lorsque je lève le regard cinq minutes plus tard. Dans la noirceur, je vois les yeux doux d'un « koudou », une petite antilope gris perle avec de longues cornes spiralées et une tache blanche sur son visage.

Imaginez être réveillé d'un sommeil paisible par un jet d'eau froide dans le visage ! Maintenant, inversez l'image. Imaginez être coincé dans une transe froide, tendu, angoissé, et vous heurter soudainement à la paix. C'est ainsi que je me sens. Je mets de côté mon ordinateur portable, je bouge lentement pour ne pas apeurer le koudou, et ma lassitude semble suivre mon portable. L'antilope cesse de brouter pour un moment puis s'avance plus près encore de la moustiquaire qui nous sépare. Elle est à moins de deux mètres de moi, parfaitement consciente de ma présence et aucunement troublée. Ça me rappelle comment Mary Oliver décrivait les cerfs : des anges aux lèvres douces.

Quelques mètres derrière le koudou, dans la cour avant du cottage, se trouvent deux guibs harnachés, beaucoup plus petits que le koudou, avec leurs remarquables taches blanches sur les flancs, dégustant aussi le feuillage. Une famille de phacochères mastique bruyamment l'herbe autour, s'agenouillant parfois pour soutirer les brindilles les plus tendres. Des bruits secs dans les buissons derrière le jardin m'indiquent que des éléphants s'y nourrissent également. En les cherchant du regard, je remarque une hyène étendue paisiblement sous un arbre, exactement là où était un hippopotame hier soir à mon arrivée.

Devant cette scène, le stress de ma vie *normale* s'évanouit, remplacé par la paix sans mots des animaux. Après avoir été libéré après 27 ans d'emprisonnement, Nelson Mandela est venu ici, à Londolozi, pour relaxer. Et je comprends pourquoi. Je ne connais aucun autre endroit qui puisse guérir les blessures de la vie humaine, la vraie nature de l'âme humaine, avec autant de puissance que cette terre de guérison. Il ne pouvait y avoir un meilleur environnement pour Mandela, pour rassembler ses formidables pouvoirs de découvreur de voies et rallier l'un des pays les plus divisés au monde.

Comme je l'ai dit précédemment, les Varty se sont donnés comme mission dans la vie de *restaurer l'Éden*. La plupart des endroits créés par les humains sont marqués de notre perte d'innocence. Londolozi porte l'espoir que l'innocence peut être regagnée – non seulement par les gens qui ont l'énergie, la vision et les ressources pour réparer les ravages faits à la vie sauvage, mais par chaque être humain avec un cœur de guérisseur. Les plus puissants émissaires de cette vision se définissent en peu de mots : des lèvres douces, quatre pattes, de la fourrure, des plumes, des palmes. J'ai toujours pensé que je venais à Londolozi pour aider les humains à retrouver leur vraie nature pour le salut des animaux. Mais, à chacune des visites, je reçois une leçon d'humilité par un million de gentils rappels que les animaux doivent nous aider à découvrir la vraie nature de l'humanité.

## Des visages familiers

« La plupart des gens ont oublié comment vivre avec des créatures vivantes, avec des systèmes vivants », a écrit le grand naturaliste et découvreur de voies Konrad Lorenz. « C'est la raison pour laquelle l'homme, lorsqu'il entre en contact avec la nature, menace de tuer le système naturel dans lequel et duquel il vit. » Notre culture a tendance à accepter cela – avec désolation, toutefois – comme étant inévitable. Chaque émission de télévision sur la vie sauvage, chaque cours de biologie, chaque livre que je vois aux États-Unis me rappellent que la nature se détériore et que les animaux disparaissent. Et selon tous ces reportages désolants, une fois que la nature est détruite, elle l'est pour de bon.

Pas nécessairement.

Les *réparateurs*, les guérisseurs, les découvreurs de voies à travers l'histoire de l'humanité ont vécu pour restaurer l'Éden – la pure, florissante et équilibrée innocence qui est la vraie nature de chaque personne, de chaque bête, de chaque paysage, de chaque mer. Après avoir été pessimiste à ce sujet durant la moitié de ma vie, je crois maintenant que nous sommes en mesure d'accomplir une formidable restauration, si nous le voulons. Mais, pour faire tout travail de guérison, les guérisseurs ont toujours eu besoin des *esprits familiers*, des termes qui voulaient dire à l'époque des « esprits incarnés dans un animal et destinés à assister, à servir ou à protéger une personne ». Votre vraie nature exige probablement que vous communiiez avec les animaux d'une façon plus profonde que votre socialisation vous a encouragé à le faire ou même permis de le faire.

En Europe, durant le Moyen-Âge, alors que l'inquisition religieuse, regroupée sous la bannière *Que ferait Jésus ?*, attaquait les gens qui croyaient, ne serait-ce que l'ombre d'un doute, à de plus vieilles religions, l'animal familier fut diabolisé. Le chat ou le hibou guérisseur du village, autrefois considéré comme une aide divine, fut reclassé dans le rang des serviteurs du Mal. C'est ridicule. Seuls les humains – les inquisiteurs en sont l'exemple – se lèvent un matin avec en tête le but de faire souffrir d'autres êtres. Les animaux sont peut-être programmés dans le but de lutter pour la dominance ou de tuer pour manger, mais faire le mal délibérément est l'apanage particulier des êtres humains.

Cela dit, je peux comprendre pourquoi les fondamentalistes religieux ont peur de la relation entre les guérisseurs et les animaux. Elle défait tout idéal dogmatique parce que c'est un phénomène vraiment magique, un phénomène qui menace notre croyance en l'absolue suprématie des humains, de la façon de penser humaine, d'un monde sans miracles. Les animaux sont perpétuellement dans un univers au-delà des mots et ils agissent aisément dans l'Unité. Ils transmettent de l'information, la paix et la guérison d'une façon constante mais souvent insoupçonnée dans nos sociétés modernes.

## La guérison des bêtes

Dans son livre, *The New Work of Dogs (Le nouveau travail des chiens)*, Jon Katz décrit comment le meilleur ami de l'homme, autrefois utilisé pour tout, du transport à la chasse en passant par la garde, est aujourd'hui une source de réconfort émotionnel qui peut aider les personnes souffrant d'un cancer, d'inaptitude sociale ou vivant un divorce, à rebâtir leur vie. Les chiens, les chats et les oiseaux sont quotidiennement acceptés dans des lieux interdits auparavant aux animaux – hôpitaux, prisons, centres pour personnes âgées – parce que la science a confirmé que la présence de ces animaux fait baisser la pression sanguine, stimule la production d'hormones régénératrices et aide les gens qui semblent désabusés de l'amour à aimer de nouveau en dépit de tout.

J'ai travaillé avec plusieurs clients dont la vie émotionnelle était si déséquilibrée que la seule relation apaisante qu'ils entretenaient était un lien émotif avec un animal. C'est particulièrement vrai pour les membres du TEAM, qui semblent avoir intensément besoin du contact avec les bêtes et qui sont souvent physiquement et émotivement épuisés par leur propre sensibilité énergétique. Je crois qu'une telle souffrance est diffusée à travers l'univers sans mots, et que les animaux, conscients que la souffrance de tout être appartient à tous les éléments du Un, répondent à cette souffrance. Donnons-leur une chance, et ils viendront à notre secours.

Ce fut le cas pour ma cliente, Janice, une vétérane de l'Irak qui était revenue à la maison avec des éclats d'obus dans une jambe et une peur continuelle dans sa psyché. Un jour, une jeune chatte égarée traînait dans son entrée. « L'une des premières pensées heureuses que j'aie eues depuis un an était que je pouvais la secourir », raconte Janice. « Mais, en vérité, c'est elle qui m'a sauvée. »

Chaque soir, alors que Rocky la chatte ronronnait sur ses genoux, Janice sentait la douleur dans sa jambe et dans son cœur se dissiper.

Un autre membre du TEAM, Brian, a commencé à émerger d'une dépression après qu'un ami a déménagé outre-mer, lui laissant la garde d'un cochon vietnamien bedonnant nommé « Russell ». « Comme c'est bizarre, dit Brian, j'ai payé pendant des années pour des thérapies, et le thérapeute qui m'a littéralement aidé est un cochon ! » Mais ça tombait parfaitement sous le sens lorsqu'on les voyait ensemble. L'affection de Russell pour Brian était palpable, un lien qui rend l'Unité et son pouvoir de guérison impossibles à rater.

Au premier jour d'un atelier que nous animons, Koelle explique à nos clients que les chevaux émettent constamment de l'énergie et reçoivent aussi constamment l'énergie que nous émettons. La plupart des clients lèvent les yeux tandis que les autres semblent déroutés. À la fin de cette première journée, ils peuvent tous constater la communication entre l'humain et le cheval de façon si évidente qu'ils avertissent leurs amis : « Adoucis tes vibrations, l'ami. Écoute le cheval ! » Une fois, une femme qui cachait sa blessure d'un divorce entra dans l'enclos pour apprendre comment *demander* au cheval de marcher ou de courir dans des directions choisies. Même si elle tenta d'éloigner d'elle le cheval, l'animal refusa de partir. À la place, il s'approcha à ses côtés et tourna la tête, embrassant la femme entre ses flancs et son cou, ce que Koelle appelle une « étreinte de cheval ». Pendant quinze minutes, cette majestueuse et patiente bête enveloppa la femme blessée dans une étreinte de pure bonté. Appuyée contre le cheval, elle pleura et se libéra de son excès de souffrance.

Ellen Rogers est une auteure dont le fils, Ned, resta paralysé après un accident. Dans son livre *Kasey to the Rescue: The Remarkable Story of a Monkey and a Miracle*, Ellen décrit les terribles blessures de son fils et la façon dont un animal l'a aidé à composer avec elles. Après l'accident, non seulement Ned était immobilisé, mais il ressentait constamment une douleur atroce dans ses nerfs. L'un de ses rares instants d'optimisme dans son scénario catastrophique prit les traits d'un animal de service, une guenon (capucin) nommée « Kasey » qui avait été entraînée à assister les humains handicapés.

Au début, Kasey, apparemment triste d'avoir été retirée du foyer où elle fut élevée, n'était pas particulièrement amicale envers personne, incluant Ned. Un jour, la douleur de Ned devint intolérable. « Nous avions tout essayé, à l'hôpital et à la maison », écrit Rogers. « La médication, le massage, les sacs de chaleur, les sacs de glace… rien ne semblait soulager Ned. J'étais désemparée d'être si impuissante devant la souffrance de mon fils. »

« M'man, cria-t-il, je suis en feu! M'man, s'il te plaît, fais quelque chose. » Je ne savais pas quoi faire, mais à cet instant, j'ai regardé Kasey comme je ne l'avais jamais regardé une autre créature auparavant. Que voyait-elle? De l'espoir? Du désespoir? Peu importe, cette petite guenon comprit exactement ce qu'elle devait faire. Dès que je la sortis de sa cage, elle grimpa sur la chaise de Ned et entoura son cou de sa queue. Dans un profond et guttural *louhou*, qui s'apparentait plus à un murmure, elle s'installa délicatement sur la poitrine de Ned, près de son cœur. Ils étaient tous les deux très, très tranquilles, immobiles. Et alors… je ne sais trop… le tourment qui était si visible sur le visage de Ned, son expression tordue, disparut soudainement. Sa douleur avait commencé à diminuer. »

Ned dira plus tard à sa mère : « C'est étonnant, m'man… Kasey m'a plus soulagé et relaxé que tout médicament. » Certains animaux paraissent souhaiter nous aider non seulement dans cette vie, mais aussi dans ce qui suit après. Oscar est un chat qui réside dans un centre de soins. C'est un félin qui évite les humains… sauf s'ils sont sur le point de mourir. Il devient alors profondément attaché à ces mourants. Après avoir compilé qu'Oscar s'était blotti contre plus de cinquante personnes avant qu'elles meurent, un docteur publia un article au sujet du chat dans le *New England Journal of Medecine* qui fut repris par les médias.

« S'il est retenu à l'extérieur de la chambre d'un patient mourant, écrivit un journaliste, Oscar grattera la porte pour essayer d'entrer. » Puis, il y reste jusqu'à ce que la mort le libère. « Ce n'est pas comme s'il flânait », fait remarquer un docteur. « Il descend du lit pour deux minutes seulement, le temps de manger quelques croquettes, et il retourne auprès du patient. C'est comme s'il veillait littéralement sur la personne. » Je ne peux pas m'empêcher de me demander si Oscar a été vu déjà en train de tenir sa patte au-dessus du nez et de la bouche des patients pour capter leur souffle ou non, mais tout le monde croit qu'il ressent une sorte de vibration physique ou psychique qui l'informe que la fin d'un humain approche.

Ces animaux ne font que suivre le programme génétique relié à la durée de vie et à la reproduction. Ils semblent être spontanément intéressés aux humains. Sans aucun langage, ils entendent les messages de l'Univers sans mots : « Alerte ! Alerte ! Un élément du Grand Soi, un humain prisonnier de l'illusion de l'isolation est souffrant ! » Et en tant qu'éléments du même Grand Soi, les animaux répondent tout naturellement à l'appel, réconfortant les humains par des façons que ces derniers ne comprennent pas encore. « Les animaux ne font pas que rendre le monde plus pittoresque et agréable », affirme Gary Kowalski. « La vie des animaux est entrelacée à notre être profond, plus près que notre propre souffle, et notre âme souffrira lorsqu'ils seront partis. »

Les animaux peuvent appliquer la même magie à des gens qui ne sont pas aussi mal en point que Ned l'était, à des gens qui cachent peut-être leurs souffrances physiques ou émotionnelles derrière des comportements socialement appropriés. Peut-être êtes-vous l'une de ces personnes. Si oui, apprendre à communier avec les animaux à travers l'Unité est peut-être la meilleure chose que vous puissiez faire pour retrouver votre vraie nature et trouver votre voie vers le bonheur, la créativité et toute autre forme d'épanouissement.

## Porter l'anneau du roi Salomon

Une ancienne fable de *réparateurs* qui a traversé les siècles est l'histoire du roi Salomon qui possédait un anneau lui permettant de parler avec les animaux. Cette légende est très séduisante pour les découvreurs de voies. Nous pouvons ressentir l'Unité en nous connectant aux objets comme les cuillères ou les plantes, mais généralement, ces amis ne s'expriment pas trop. La connexion avec les animaux est beaucoup plus gratifiante. Si vous n'avez pas déjà un animal domestique, vous voudrez peut-être en adopter un, un jour ou l'autre. Mais, vous découvrirez votre vraie nature plus rapidement si vous faites ce que les humains à Londolozi – et plusieurs anciennes cultures – ont toujours fait : rendez-vous dans l'environnement des animaux et laissez-les entrer en connexion avec vous.

Voici une technique de base qui, si elle est pratiquée régulièrement, établira votre présence dans l'Univers sans mots des animaux. Un peu à l'image de Facebook, elle vous permettra de communiquer avec des amis de tout genre. Elle est très simple, mais elle doit être faite avec persévérance. Je mets souvent au défi des membres du TEAM de la pratiquer chaque jour, durant trente jours. Je n'ai jamais vu personne compléter ce défi sans devenir plus paisible, lumineux et vigoureux.

### *Technique d'Unité avec les animaux : établir et utiliser un lieu d'observation*

1. Choisissez un endroit où vous pouvez observer un coin de nature, que ce soit le fleuve Amazone ou Central Park. Pour ma part, j'ai opté pour un arbre (prosopis) dans ma cour auquel j'ai accroché une mangeoire d'oiseaux pour ajouter de l'excitation à l'exercice.

2. Chaque jour, à la même heure, rendez-vous à ce lieu, assoyez-vous et entrez en Observation silencieuse, dans l'univers sans mots. Maintenez cet état d'esprit de vingt à trente minutes. Si vous vous apercevez que vous êtes en train de penser, de planifier ou de vous inquiéter, revenez doucement à l'Observation silencieuse.

3. Avec tous vos sens légèrement en alerte, remarquez tout ce qui se passe autour de vous, tout particulièrement la façon dont les animaux et les oiseaux changent leurs comportements en votre présence. Il faut généralement environ vingt minutes de tranquillité et d'immobilité pour que les animaux non domestiqués se détendent malgré la présence d'un humain sur leur site (plus nous sommes en mesure de rester longtemps dans l'état d'Observation silencieuse, plus l'adaptation se fait rapidement).

4. Observez et ressentez comment les animaux autour de vous – des oiseaux chanteurs, des tamias, des chats, des pigeons – vivent leur vie. Rejoignez-les dans leur paix. Autorisez-les à vous inclure dans leur champ d'énergie.

Plus vous persisterez dans cette pratique, plus vous ressentirez l'Unité des animaux restaurer l'Éden en vous. Parfois, ce sera aussi subtil que le passage d'une fourmi. D'autres fois, vous aurez l'impression de porter vous-même l'anneau du roi Salomon. Mon amie Lynn, après avoir visité son site d'observation pendant plusieurs mois, fut visitée par un cerf qui a littéralement effleuré son corps, curieux de découvrir cette créature qui ressemblait et sentait comme un humain, mais pourtant si complètement dans l'unité que les animaux ne ressentaient aucune menace de sa part, que de la bonté.

Simplement vous asseoir dans la nature vous apportera éventuellement ce genre d'expériences. Vous sentirez alors une petite partie de votre vraie nature revenir à la vie, votre Éden intérieur réclamer un peu de son innocence originelle, un peu de votre pouvoir pour vous épanouir et servir le monde en retournant à votre esprit.

## Marcher dans l'Unité avec les animaux

Vous commencez à vous entraîner à l'Observation silencieuse d'abord en étant immobile, puis dans l'action. Et le faire en nature vous enseignera que vous pouvez entrer en connexion avec les animaux non seulement dans l'immobilité, mais aussi dans l'action. L'enseignant spirituel Eckhart Tolle a dit que lorsque nous, les humains, nous marchons dans un lieu sauvage avec notre esprit verbal en ébullition, nous effrayons les animaux qui perçoivent notre obsession à penser comme une forme d'aliénation. D'un autre côté, si nous nous déplaçons dans un état d'Observation silencieuse, sans mots, nous ressentons ce qu'est l'Unité avec la grande toile de la vie qui gazouille, qui broute et qui chante tout autour de nous.

J'ai appris la technique suivante de deux membres du TEAM, Michael et Lynn Trotta, qui ont passé des décennies à étudier, avec les découvreurs de voies des Premières Nations, différents aspects de la vie des bois, que ce soit la *langue des oiseaux* ou le *pistage des animaux*. Ils m'ont appris la *marche du renard*, un truc qui peut vous aiguillonner dans l'Unité si intensément qu'une promenade dans le parc de votre quartier devient un voyage dans la réalité mystique des animaux.

### Technique d'Unité avec les animaux : la marche du renard à travers la nature

Dans son livre, *Born to Run*, Christopher McDougall prétend que nos pieds ont été créés pour marcher sans la structure enveloppante d'un soulier. Selon lui, être chaussé va à l'encontre de la structure de notre corps et lui nuit. Par exemple, plus un soulier de course est coussiné, plus on note de blessures qui y sont associées. Un contact direct avec la Terre est une façon fascinante de hausser votre sentiment d'Unité, tout spécialement avec les animaux. En pratiquant cette technique, notez la différence dans les réactions des animaux envers vous et à quel point vous êtes plus sensible à leur présence :

1. Rendez-vous à un endroit ayant un minimum de vestige du monde naturel : un bosquet d'arbres près de chez vous, un parc, une carrière abandonnée.

2. Enlevez vos chaussures et vos chaussettes.

3. Déplacez tout votre poids sur votre pied gauche, étendez le pied droit et tâtez le sol avec la plante du pied pour vérifier s'il n'y a pas d'objets pointus ou tranchants.

4. Lorsque vous trouvez un endroit où vous pouvez poser le pied en toute sécurité, déplacez votre poids sur le pied droit. Refaites ensuite le même processus avec le gauche, et ainsi de suite.

5. En vous familiarisant avec la technique, augmentez la cadence. Vous découvrirez que vous pouvez réellement vous déplacer très rapidement et avec plus d'équilibre et d'agilité que vous le pourriez avec des souliers aux pieds.

6. Tandis que vous marchez, entrez en observation silencieuse. Percevez non seulement ce que vous voyez, entendez et humez, mais également ce que vous ressentez en ayant les pieds directement sur la terre. Ne faites pas que pressentir ce qui est devant vous. Permettez-vous de pressentir à partir de ce que les Amérindiens appellent les « sept directions » : en avant, derrière, à gauche, à droite, au-dessus, en dessous et en vous. Imaginez-vous au milieu d'une sphère de perceptions. Pour ressentir cette sphère, vous devrez respirer avec aisance et profondeur, en abandonnant complètement la pensée verbale, pour ressentir cette sphère. Un entraînement rigoureux vous permettra d'y parvenir plus facilement.

7. En commençant par imaginer une sphère de conscience plus grande que votre corps, écoutez, regardez, sentez et ressentez vers l'extérieur. Imaginez que la sphère de votre attention grandit. Continuez jusqu'à ressentir que vous êtes le centre d'une sphère d'une trentaine de mètres de diamètre.

8. En marchant, écoutez les oiseaux et tout autre animal présent. Faites grandir un peu plus votre attention, notant la différence dans les sons et les comportements des animaux près de vous, ceux à l'extérieur de votre sphère de trente mètres et au loin. En général, les animaux et les oiseaux près de vous sont silencieux; ceux en périphérie de votre cercle d'énergie poussent des cris d'alarme stridents; ceux au loin émettent un doux et continuel murmure détendu.

9. Toujours en marchant, visualisez le cercle de votre énergie devenir plus souple, plus petit. Puis, élargissez-le de nouveau. Diminuez-le et élargissez-le à quelques reprises, en notant le comportement des oiseaux et des animaux. Le cercle de silence parmi les animaux diminuera ou grandira selon votre propre cercle d'énergie. Si vous persévérez, vous découvrirez éventuellement que vous pouvez changer le rayon des cris d'alarme et de silence à volonté.

10. Voyez si vous pouvez faire la marche du renard si doucement et aisément que les oiseaux cessent de pousser des cris d'alarme lorsque vous passez près d'eux, même à quelques pas. Ramenez votre cercle d'énergie à rien, en imaginant que vous avez revêtu une cape d'invisibilité comme Harry Potter. Cela vous demandera d'être dans un profond état d'Observation silencieuse, mais vous en ressentirez l'incroyable sentiment de devenir Un avec tout ce qui vous entoure.

Le jour où Michael et Lynn m'ont donné ma première leçon de marche de renard, après m'être entraînée pendant plusieurs heures dans la réserve du désert de Sonora près de chez moi, un vrai renard est venu à moi – une femelle. Elle m'a regardée exactement comme mes chiens le font lorsque je les appelle.

« Eh bien! Tu as pensé *renard* toute la journée, sembla me dire la renarde, alors me voilà! »

Le lendemain, par la marche du renard, je me suis approchée à six mètres de trois cerfs qui m'observaient nerveusement de leurs immenses yeux remplis de bonté. Ils ne se sont pas enfuis en courant jusqu'au moment où j'ai recommencé à penser : *Wow! Je suis en train de faire ça!* Et là, je fus projetée hors de l'Observation silencieuse.

Cette nuit-là, me préparant pour me mettre au lit, après toute une journée à ressentir l'Unité, je suis passée à un demi-mètre d'un genre de gros buisson qui soudainement se mit à grogner comme lorsque l'on glisse un glaçon dans la chemise d'un homme qui regarde la télévision! En fait, le *buisson* était un pécari, un animal qui ressemble à un petit sanglier sauvage et qui vit dans les déserts de l'Arizona. Je ne l'avais pas remarqué, et il ne m'avait pas dérangée jusqu'à ce que nous soyons assez près pour danser ensemble! Le pécari recula d'un mètre et s'immobilisa. Nous nous fixions dans les yeux, dans la noirceur, surpris, mais pas effrayés. C'était la manifestation d'un Grand Soi en contemplant un autre. Nous avons eu un moment de grâce.

## Apprendre la magie des animaux

« Nous avons besoin d'élaborer un autre concept des animaux, plus sage et peut-être plus mystique », écrivait le naturaliste, auteur et découvreur de voies Henry Beston, en 1926. « Dans un monde plus vieux et plus complet que le nôtre, ils vivent en étant eux-mêmes complets et dotés d'une extension des sens que nous avons nous-mêmes perdue ou que nous n'avons jamais atteinte, vivant selon des voix que nous n'avons jamais entendues. » C'est la mélancolique sagesse ressentie par les chamans-nés, mais faisant partie d'une société non chamanique, au sujet de leur connexion avec les animaux. Mais, je crois maintenant que nous pouvons créer un tout nouveau monde sauvage, pas seulement un *plus vieux et plus complet*, dans lequel les animaux nous aideraient à entendre les voix dont nous avons perdu temporairement l'aptitude à écouter.

Il y a longtemps, dans l'un de mes rêves d'Adam en Afrique, mon fils – alors âgé d'un an dans la vie, mais étant un jeune adulte dans mon rêve – me montra un bout de parchemin sur lequel étaient écrites des paroles en lettres brillantes et radieuses. C'était à l'époque où l'univers sans mots m'envoyait des messages verbaux, mais celui-là était si étrange que je n'avais aucune idée de sa signification. Je me suis réveillée de ce rêve avec des images de bêtes et d'oiseaux flottant dans mon esprit, mais aussi avec ces mots, qui semblaient être ceux d'Adam lui-même :

> *La Terre pleure comme un enfant, et le sang des animaux est le sang de l'innocence. Mais vous, ayant perdu votre innocence, vous n'entendez pas les pleurs ni le sang qui bat dans vos propres oreilles.*
>
> *C'est pour répondre à ces pleurs que je suis venu comme je suis venu.*

Pendant des années, des courants d'électricité me parcouraient le corps chaque fois que je repensais à ce rêve. Était-ce un message de mon subconscient, du grand esprit collectif que Jung appelle l'« inconscient collectif » ? De mon petit garçon atteint du syndrome de Down ? De la complexe interconnexion de la vie sur ma planète natale ? J'avais l'impression que toutes ces réponses étaient bonnes et pas juste pour moi. Il m'en est resté une conception plus mystique des animaux qui, je crois, invite tous les humains à se joindre à l'équipe de visionnaires qui perçoivent la toile de la vie comme étant leur propre corps.

Aujourd'hui, nous sommes dans la réalité d'une véritable magie ou, comme l'écrivait Arthur C. Clarke, d'une technologie suffisamment avancée pour être confondue avec la magie. Les animaux utilisent en permanence les deux premières technologies de magie que nous avons vues, restant continuellement reliés à l'univers sans mots et recevant des informations à travers l'Unité. Par exemple, lorsqu'un tsunami majeur frappa l'Indonésie, l'Asie et l'Afrique le 26 décembre 2004, près de 230 000 personnes sont mortes. Ce fut le grand désastre naturel de l'histoire. Étonnamment, il n'y eut pas beaucoup d'animaux surpris par ce désastre. Plusieurs se réfugièrent dans les terres bien avant que n'importe quel humain comprenne ce qui se passait. *National Geographic* rapporta qu'à Sumatra, au Sri Lanka et en Thaïlande, les éléphants crièrent et coururent vers des terres plus élevées, des chiens refusèrent de sortir de la maison, des flamants abandonnèrent leurs aires de nidification dans les basses terres et les animaux dans les zoos se réfugièrent hâtivement dans leurs abris et rien ne put les convaincre d'en sortir (http://news.nationalgeographic.com/news/2005/01/0104_050104_tsunami_animals.html).

Les experts ne s'entendent pas sur les raisons de ce comportement de prudence. La plupart des scientifiques pensent que soit les animaux ont l'habileté de ressentir les modifications sur le plan du sol plus efficacement que les humains, soit il y eut une réaction en chaîne entre les espèces : les poissons avaient averti les oiseaux, qui auraient transmis l'information aux animaux à quatre pattes, qui, tout en grimpant vers les terres plus hautes, auraient crié à leur tour : « Un tsunami! Courez! » aux êtres humains inconscients. Certains scientifiques sont prêts à avancer que les animaux avaient senti un désastre à venir par le même champ de conscience, ou de conscience connectée, qui a semblé être à l'origine des dérèglements des générateurs de chiffres avant des événements d'importance (voir le chapitre 4). Peu importe l'explication avec laquelle vous êtes le plus à l'aise, il n'en demeure pas moins que les animaux ont reçu l'information en provenance de quelque chose : de l'un à l'autre, de la Terre, de la Force bien-aimée des chevaliers Jedi de *Star Wars*.

Un phénomène similaire tend à se produire avant des tremblements de terre sur les continents selon des sources de la Grèce antique jusqu'à la Chine moderne. Aux États-Unis, le géologue Jim Berkland peut prédire les tremblements de terre avec une précision vérifiée de 80 %, seulement en notant assidûment l'augmentation des avis de disparition de chiens et de chats dans les journaux. Il croit que les animaux ressentent les changements magnétiques qui avertissent des tremblements des jours avant qu'ils surviennent, et qu'ils foutent le camp, peut-être à la recherche d'un hôtel où les chiens sont admis! Peu importe la raison, la corrélation entre la disparition des animaux de compagnie et les tremblements de terre est très significative.

Le biologiste Rupert Sheldrake va plus loin que Berkland. Il croit que les animaux sont branchés à un niveau qu'il qualifie de *phénomène psy* ou d'habiletés paranormales. Sheldrake a mené des expériences pour vérifier si les chiens pouvaient savoir le moment du retour à la maison de leurs propriétaires. Vous pouvez d'ailleurs lire le compte rendu dans son livre (j'espère ne pas gâcher la conclusion) *Dogs That Know When Their Owners Are Coming Home*. Sheldrake a amené des chiens dans une sorte de centre de soins canins et les a épiés à l'aide d'une caméra en temps réel. Les bénévoles appelaient les propriétaires des chiens sur leur téléphone cellulaire à des moments différents et aléatoires pour leur demander de venir récupérer leur chien. Fréquemment – plus souvent que la chance aurait pu le laisser prévoir –, les chiens se rendaient à la porte au moment même où leurs propriétaires émettaient l'intention d'aller les chercher.

## Envoyer des courriels aux animaux

Le poète, romancier et journaliste Anatole France écrivait qu'aussi longtemps que nous n'avons pas aimé un animal, une partie de nous demeurait endormie. Le jour où vous aimez un animal, cette partie de votre âme s'éveille – la partie magique de découvreur de voies. En fait, en établissant une connexion avec un animal, vous avez peut-être déjà utilisé la seconde technologie de magie depuis un certain temps sans le savoir. La communication à travers l'Unité explique peut-être pourquoi vous et votre teckel laissez échapper en même temps un soupir de détente, ou que votre mouton domestique arrive du pâturage en courant avant qu'il puisse savoir que vous êtes dans la grange, ou qu'Oscar le chat essaie de monter sur votre lit lorsque vous vous sentez profondément mal en point.

Quiconque a monté à cheval pendant un certain temps sait déjà que les animaux peuvent recevoir et suivre des instructions émises à travers l'univers sans mots. Mon amie Koelle a appris pendant des années à imiter le langage corporel par lequel les chevaux communiquent les uns avec les autres. Pendant longtemps, elle est restée plutôt sceptique quant à la possibilité que murmurer à l'oreille des chevaux se passe à un autre niveau que la simple gestuelle.

Puis, elle a commencé à *demander* aux chevaux de bouger d'une manière spécifique simplement en imaginant les images visuelles de ce qu'elle leur demandait, sans bouger son corps. Et les chevaux ont coopéré.

Koelle est une adepte de la communication à la manière des animaux en partie parce qu'elle s'y est intensément entraînée, mais aussi parce qu'une attaque de méningite lorsqu'elle avait deux ans l'a laissée sourde en grande partie. Ayant grandi dans un silence relatif, elle est devenue rapidement très habile à capter les indices visuels. Elle sait si bien lire sur les lèvres que la plupart des gens ignorent qu'elle a une perte majeure auditive. Bien qu'elle soit très articulée, une bonne interlocutrice et une excellente enseignante, elle pense plus en images visuelles qu'en mots. Et c'est la clé pour communiquer des messages aux animaux à travers l'Univers sans mots.

Lorsque Koelle se prépare à m'enseigner comment monter à cheval, je présume que ce sera strictement une discipline physique. Et, au début, c'est ainsi que Koelle l'enseigne effectivement. Elle m'installe sur un cheval nommé « Blondie » et me montre comment amener Blondie à trotter (Koelle favorise l'apprentissage du trot, une activité qui enlève la peau du derrière aussi sûrement qu'une sableuse industrielle. Je me promets de prendre ma revanche dès que j'aurai trouvé quelque chose d'assez cruel). Puis, je dois faire galoper Blondie en pressant mon talon droit sur son flanc. Mais, peu importe la façon dont je le tapote du pied (je ressemble à un enfant de deux ans en train d'abuser du chien de la famille), Blondie déambule paisiblement.

« Attends, me dit Koelle, arrête un instant. »

Je m'arrête... en fait, je persuade Blondie d'arrêter.

« Essaie sans les mots, me conseille Koelle, *focusse* ton regard dans le vide. »

Koelle sait que je m'entraîne à regarder le vide, à fixer mon regard entre les champs de profondeur; nous en parlons souvent ensemble. J'active donc mon attention et me sens glisser dans l'univers sans mots. « Bien! Maintenant, imagine Blondie en train de galoper », ajoute Koelle.

Je maintiens l'image dans mon esprit. Après quelques secondes, la chair de poule me parcourt les bras. Je peux sentir Blondie comme si elle était une immense extension de mon propre corps, de la même façon que je peux sentir une cuillère prête à plier pour moi, sauf que là, elle est poilue!

« Excellent, lance Koelle, maintenant, presse vers l'intérieur avec ton pied droit. »

Je touche à peine le flanc de Blondie de mon talon. La jument lève ses pattes de devant et les pousse vers l'arrière, prenant ainsi cette merveilleuse première impulsion qui démarre le galop. Je peux sentir la puissance de mon image mentale couler de ma tête jusque dans le corps de Blondie. Je suis complètement émerveillée, vraiment exaltée durant les trois secondes avant que je sois catapultée de la selle et que je m'accroche à la crinière du cheval. Non, je ne serai pas une bonne cavalière, mais je n'oublierai jamais cette sensation d'être un centaure, de faire Un avec le cheval.

Il y eut bien d'autres occasions où j'ai envoyé des *courriels* aux animaux et où j'ai été étonnée de leurs réponses courtoises. Un jour, j'ai décidé d'écrire et d'illustrer un livre pour enfants, mariant ainsi mon amour pour l'écriture et ma passion pour le dessin et la peinture. Je venais tout juste de visiter le Cambodge, ce qui avait stimulé mon cerveau et l'avait rempli d'impressionnantes images. J'ai donc écrit un livre inspiré de légendes cambodgiennes. Dans l'une des histoires, un éléphant passe tout près d'écraser un lapin. Je voulais dessiner cette scène selon la perspective du lapin. J'imaginais l'éléphant reculer, retirant sa patte et levant sa trompe. Malheureusement, je n'arrivais à reproduire l'image correctement dans mon esprit et je ne trouvais aucune photo d'éléphants dans cette position et dans l'angle que je le souhaitais.

Dans la même période, un cirque s'amena à Phoenix, et nous sommes allés à une représentation, mes enfants et moi. J'ai remarqué un éléphant qui se tenait à l'écart, attendant le signal pour s'asseoir sur un clown ou pour faire une quelconque autre pitrerie. Je me suis approchée passablement près de lui, je me suis accroupie et j'ai plissé les yeux en essayant d'imaginer du mieux que je le pouvais de quoi aurait l'air cet éléphant avec une patte relevée, la trompe dans un mouvement arrière; la bouche ouverte et ses yeux fixant le sol avec une expression de surprise. J'ai visualisé la scène durant une dizaine de secondes. Soudain, et aussi vrai que je suis en vie et que je respire, l'éléphant prit exactement la pose que je visualisais. Il resta dans cette position, plus patient et immobile qu'un modèle professionnel, le temps que j'attrape une plume et du papier dans mon sac à main et que j'esquisse un croquis rapide.

Un peu plus tard, en lisant un livre sur la langue des oiseaux, j'apprends qu'il n'existe qu'une seule espèce de perroquets d'origine nord-américaine et que cette espèce vit exactement au même endroit que moi, dans le désert de Sonora, en Arizona. Assise à ma table à dessin, admirant une illustration de ces oiseaux rares et maintenant leur image dans mon esprit, j'émets le désir intense de pouvoir en voir un en vrai. Au même moment, j'entends un son de grattage dans la fenêtre près de moi. Oh! Oui! C'est bien vrai! Trois rares perroquets d'Arizona ont atterri dans la moustiquaire de ma fenêtre, à moins d'un mètre de mon visage. Ils se cramponnent à la moustiquaire à l'aide de leurs pieds si particuliers – deux griffes à l'avant, deux à l'arrière – tandis que je n'arrive pas à en croire mes yeux.

Voici une méthode classique de découvreurs de voies pour communiquer avec les animaux. Faites vos propres expériences avant d'accepter que ce soit possible, mais faites un essai honnête, quelque chose de sérieux et d'intense. Selon votre aptitude à entrer en observation silencieuse, les résultats ne tarderont pas à venir. Tout animal, même celui qui semble sauvage, peut devenir familier.

### Technique d'Unité avec les animaux : communiquer avec son animal domestique

1.  En présence d'un animal, entrez en Observation silencieuse. Ressentez l'animal comme s'il était une extension de votre propre corps.

2.  Visualisez, avec le plus de réalisme possible, l'animal en train d'adopter un comportement spécifique : monter l'escalier, tourner en rond, rester sur place, se rouler au sol, sauter... N'essayez pas de *faire* adopter ce comportement à l'animal; imaginez-le seulement, sans attente et sans attachement. Notez si l'animal adopte le comportement. Souvent, les premières tentatives entraîneront un début d'action chez l'animal. L'être humain devient alors si excité qu'il recommence à penser en mots. En ce qui concerne l'animal, cela met un frein au processus. Exercez-vous à maintenir des images tout en restant calme et constant. Si vous obtenez une réaction partielle, reconnaissez-la. En apprenant à rester calme et constant, l'animal complétera peut-être le mouvement comme vous l'avez visualisé.

3.  En pensée, amenez votre animal à l'extérieur de la maison en visualisant différents scénarios : aller chez le vétérinaire, faire une promenade en auto, manger, visiter un ami qui a aussi un animal domestique, jouer au parc... Ce n'est pas suffisant de faire semblant d'aller à ces endroits, vous devez vraiment planifier y aller. Observez si votre animal démontre des signes de joie si vous planifiez une activité qui le rend joyeux ou d'anxiété si c'est une sortie qui lui déplaît. Voyez si votre animal réagit différemment aux scènes que vous visualisez.

4. Installez une caméra de surveillance du genre *moniteur pour bébé* près de votre porte d'entrée ou d'une fenêtre. Vous pourrez ainsi voir si votre chien vous attend lorsque vous êtes à l'extérieur et que vous prévoyez votre retour à la maison.

## L'appel à la vie sauvage

Lorsque vous aurez commencé à ressentir une communication entre vous et l'animal qui évolue dans votre environnement quotidien, vous pouvez étendre vos aptitudes en apprenant à *appeler* les animaux sauvages, peu importe la région du monde où vous vous trouvez.

Un jour où je suis à Hawaï avec ma partenaire, Karen, je lis un livre sur la façon dont les réparateurs et les guérisseurs de plusieurs cultures avaient l'habitude d'*appeler* les animaux sauvages. Ça me semble un peu idiot, mais ma ligne de conduite est de ne pas porter de jugement sur quoi que ce soit avant de l'avoir vraiment et sérieusement expérimenté. Assise dans ma chambre d'hôtel, je débarrasse mon esprit de tout cynisme et je me mets à magnétiser... je cherche quelque chose d'intéressant sur lequel tenter l'expérience... et si nous disions... les baleines !

Au même moment, Karen, qui est branchée à la chaîne CNN, ramasse soudainement la télécommande et entre un numéro de chaîne. La télé, à grand écran, affiche maintenant l'image d'une immense baleine en train de se nourrir.

« Euh... Karen... dis-je, pourquoi as-tu changé de chaîne ? »

Karen haussa les épaules : « J'ai pensé que tu aimerais peut-être voir cela.

– Pourquoi et comment as-tu su le numéro de la chaîne à sélectionner ? »

Son front se plissa. « Je n'en suis pas sûre, dit-elle, je l'ai fait, tout simplement. »

Je lui parle alors de mon expérience d'appeler une baleine ; elle lève les yeux et soupire. J'obtiens une meilleure réaction de sa part lorsque je lui suggère de m'accompagner le lendemain à une excursion en bateau pour observer les baleines au lieu d'assister à une conférence lors de son séminaire (comme la plupart des membres du TEAM, Karen déteste les réunions et adore être à l'extérieur). Toutefois, elle me dit clairement ne pas croire que l'on puisse faire venir les cétacés. « Marty, dit-elle gentiment (comme elle le fait souvent), tu devrais vraiment être simplement reconnaissante pour toutes les choses normales dans ta vie. »

Le jour suivant, en montant dans le bateau, nous avons droit à un commentaire délibérément choisi pour diminuer nos attentes de voir les mammifères marins. « Profitez de la randonnée, dit le capitaine, nous sommes hors-saison, mais la température est formidable. » Traduction : « Ne vous attendez pas à voir une seule baleine aujourd'hui. »

Karen et moi dénichons un endroit près du garde-fou, d'où nous pouvons ressentir la bruine de la mer et en voir les éclats dans les rayons du soleil. En dedans de moi, je trouve cela merveilleux. Pas besoin de voir une baleine après tout. Karen et moi nous amusons à imaginer des scénarios pour qu'elle rate ses prochaines réunions, une intoxication alimentaire, par exemple, lorsque, soudainement, les yeux de Karen s'emplissent de larmes. Elle ne pleure pas facilement, alors je suis plutôt inquiète.

« Est-ce que ça va ? Que se passe-t-il ? »

Karen ne parvient qu'à murmurer. « Elles arrivent ! »

Je ressens un courant électrique me parcourir le corps et mes yeux s'embrouillent à leur tour de larmes. Cinq secondes plus tard, une première baleine fait surface en émettant un remarquable *splouch* ! Elle est à une distance d'un lancer de pierre de nous. Son corps me semble deux fois plus long que notre petit bateau. *Splouch* ! Une autre forme massive émerge de l'autre côté du bateau. Presque en extase, le capitaine balbutie quelques mots pour les passagers : « Regardez-les bien… nous ne nous attendions pas à les voir en ce temps de l'année. »

Les baleines replongent.

« Quel spectacle ! » lance le capitaine. « Elles resteront dans la mer pendant une vingtaine de minutes. Nous essayerons de découvrir leur direction et de voir si nous pouvons… »

*Splouch* !

La première baleine est de retour ! Elle fait ce que le capitaine définit comme un *spyhopping*[10]. À l'aide de ses énormes nageoires, la baleine maintient le tiers de son corps hors de l'eau pendant de longues secondes.

« Marty, murmure de nouveau Karen, elle nous regarde droit dans les yeux. »

Quatre baleines passent ensuite la demi-heure suivante à se rouler dans l'eau, à éclabousser, à *spyhopper* et à faire des cabrioles autour du bateau.

---

10. NDT : une sortie de l'eau à la verticale effectuée par une baleine ou un dauphin pour voir les environs.

Le capitaine, l'équipage et le groupe de touristes japonais s'évanouissent presque de joie. Karen et moi sommes si subjuguées par le sentiment d'Unité que nous n'arrivons pas à prononcer un mot. Nous nous sentons au cœur d'un immense champ d'amour et de gratitude. La générosité des baleines est trop grande pour qu'on la rapporte à bord.

### Technique d'Unité avec les animaux : pratiquer l'appel des animaux sauvages

Lorsque vous êtes en nature, ou en présence d'un animal, essayez d'*appeler* les bêtes par l'Univers sans mots, en maintenant dans votre esprit des images précises et en créant la sensation d'une connexion tangible entre eux et vous :

1. Entrez dans l'Observation silencieuse.

2. Imaginez un brillant cordon d'énergie s'enrouler autour de votre épine dorsale, du bout de votre coccyx, remontant votre dos et votre cou et sortant par le dessus de votre crâne.

3. Imaginez que cette ligne d'énergie se connecte aux autres êtres vivants dans votre entourage. Si vous souhaitez appeler une espèce en particulier, visualisez-la avec beaucoup de réalisme.

4. Ressentez la connexion entre les animaux et la ligne d'énergie qui émane de vous. Vous noterez peut-être que la ligne change de forme ou de consistance. Elle peut s'illuminer, se diriger tout droit ou faire des boucles. Suivez-la dans votre esprit jusqu'à ce qu'elle rejoigne un animal.

5. Donnez un petit coup sur le cordon et imaginez un animal venir vous visiter. C'est comme envoyer un message. La plupart des gens ayant grandi dans des cultures occidentales croient que ce n'est pas suffisant, qu'il faut poursuivre avec une action physique ou, du moins, maintenir une attention très concentrée. Ces tendances – attachement mental pour *forcer* un résultat – sont reconnues comme étant inefficaces dans toutes les traditions de magie pratique. À la place, passez à l'étape suivante, même si ça vous semble improbable ou allez à l'encontre de l'intuition.

6. Laissez tomber les images et toute attente envers le résultat. Intéressez-vous à quelque chose d'autre. Admirez la vue. N'attendez rien. (C'est pratiquement impossible, à moins d'être dans un état d'Observation silencieuse. Alors, c'est automatique.)

7. Soyez ouvert à tout ce qui peut survenir. Un animal peut venir à vous immédiatement ou vous devrez peut-être attendre un peu. Si vous êtes débutant… L'animal ne viendra fort possiblement que si vous êtes complètement détaché du désir qu'il vienne. En d'autres mots, il ne viendra que si vous êtes occupé à une activité et avez abandonné toute pensée de forcer la rencontre. Si vous lâchez prise sur l'intention d'une rencontre et qu'un animal arrive dans votre vie apparemment sans raison, réalisez que ce n'est pas une coïncidence. Vous avez complété votre connexion dans l'Univers d'énergie en abandonnant les attentes, ce qui est comme presser le bouton *Envoyer* sur votre clavier d'ordinateur. Je le répète, cela va à l'encontre de l'impression de la plupart des Occidentaux. Faites-en l'expérience jusqu'à ce que vous réalisiez à quel point la combinaison *visualisation – lâcher-prise* est puissante pour attirer à vous les animaux (et les autres choses!).

## Lorsque les humains portent l'anneau du roi Salomon

Puis, le koudou s'éloigne du cottage, à Londolozi, en broutant paisiblement, me laissant dans un état d'ouverture qui semble apaiser toutes mes cellules. Je me sens « énergisée », mais détendue, lorsque Boyd vient me chercher pour le thé. Tandis que nous marchons, les anges-antilopes aux douces lèvres nous observent de leurs grands yeux, en état d'alerte, mais sans être effrayés. La hyène lève la tête et renifle l'air, captant nos odeurs. Le phacochère lève la tête brièvement, puis recommence à brouter tranquillement. Toutes ces créatures vivent dans un cercle de calme, et le diffusent également.

Boyd et moi le ressentons et nous nous en réjouissons tandis que nous foulons le chemin emprunté tant de fois par Mandela. Un grand découvreur de voies récupérait de ses blessures infligées par les humains et se préparait à répondre, non par la vengeance, mais par une immense et puissante extension de son propre esprit de *réparateur* guéri. C'est ce que les animaux nous offrent aussi. Après tout ce que nous leur avons fait subir, ils nous invitent encore et toujours à les rejoindre dans la conscience de l'Unité qui est la source de la guérison de toute chose.

Albert Einstein disait : « L'être humain est une partie du Tout que nous appelons "Univers"… Il fait l'expérience de lui-même, de ses pensées et de ses sentiments comme s'ils étaient séparés du reste, une sorte d'illusion d'optique de sa conscience. Cette illusion est en quelque sorte une prison... Notre tâche doit être de nous libérer de cette prison en élargissant notre cercle de compassion pour y accueillir toutes les créatures vivantes et la nature au complet. »

En marchant dans un écosystème qui fut autrefois détruit et puis restauré, je m'émerveille que tout cela ait été réalisé par seulement quelques humains qui s'étaient donné comme but de *restaurer* l'Éden.

En pratiquant l'Unité avec les animaux, votre propre Éden d'innocence se réveillera en votre âme. Votre corps et votre esprit deviendront de plus en plus calmes, paisibles, satisfaits. Vos instincts s'aiguiseront, vous permettant de *sentir* votre voie au travers des situations et des relations d'une déroutante complexité. Ils vous seront d'une aide inestimable pour trouver votre voie dans le monde changeant et inexploré de l'homme au XXIe siècle. Mais, par-dessus tout, vous vous souviendrez de ce que vous avez toujours su dans la plus ancienne partie de votre être, quelque chose qu'un découvreur de voies allemand, Maître Eckhart, décrivait déjà au XIVe siècle :

« Lorsque j'étais le courant,
lorsque j'étais la forêt,
lorsque j'étais le champ,
lorsque j'étais chaque sabot,
chaque pied,
chaque nageoire
et chaque aile... »

# CHAPITRE 7

## TOI! TOI! TOI!

### Les relations humaines
### comme porte d'entrée sur le Un

Tandis que je parle avec Linky Nkuna sous le marula, j'essaie de conserver une expression normale. Linky, jolie et brillante, sardonique et fière, n'est pas quelqu'un qui m'apparaît être facilement perturbée, mais si je laisse voir ce que je ressens actuellement, ça pourrait bien l'alarmer.

Le problème est que j'ai un épisode particulièrement sévère de ce que j'appelle le phénomène « Toi! Toi! Toi! ». J'ai emprunté cette phrase d'Elizabeth Gilbert. Dans son ouvrage digne du TEAM, *Mange, prie, aime*, Gilbert relate une conversation avec un chaman indonésien dont les conseils ont amorcé l'aventure de Gilbert autour du monde. Le chaman lui avait dit qu'elle devrait venir s'installer à Bali pour étudier avec lui. Voici comment Gilbert décrit sa réaction lorsqu'elle est arrivée là-bas : « Il se penche, me saisit par les épaules et me secoue allégrement, comme un bambin qui, à Noël, secoue un paquet avant de le déballer pour essayer d'en deviner le contenu : "Tu es revenue ! Tu es revenue ! dit le chaman indonésien.

– Oui ! Je suis revenue ! Je suis revenue !

– Toi, toi, toi !

– Moi, moi, moi !"

» J'ai les larmes aux yeux maintenant, mais j'essaie de ne pas le montrer. Mon soulagement est sans fond – c'est une sensation difficile à expliquer qui me prend moi-même par surprise. Disons que ça ressemble à un accident de voiture – comme si ma voiture était passée par-dessus bord et avait coulé au fond d'une rivière, comme si je m'étais débrouillée pour m'extraire du véhicule englouti en me faufilant par une vitre ouverte puis, en me propulsant comme une grenouille, pour nager tant bien que mal jusqu'à la surface, en fendant les eaux vertes et froides, et qu'au moment où j'étais presque à court d'oxygène, où mes artères saillaient le long de mon cou, où mes joues étaient gonflées de ma dernière bouffée d'air, j'émergeais et inspirais goulûment. J'avais survécu. Cette percée à l'air libre – voilà ce que je ressens lorsque j'entends le sorcier balinais dire : "Tu es revenue ! Mon soulagement est aussi immense[11]." »

En lisant ce passage, j'ai ressenti un grand soulagement. C'était réconfortant de réaliser que je n'étais pas la seule personne sur terre à tenir des réunions inexplicablement émotives avec des amis que je n'ai jamais vus auparavant, qui vivent un peu partout dans le monde et qui ne semblent pas avoir quoi que ce soit en commun avec moi.

Auparavant, de telles rencontres ne survenaient que très rarement, disons une fois aux deux ou trois ans. Durant mon adolescence, j'avais plutôt peur de ce phénomène et je gardais pour moi ma *reconnaissance* de certains étrangers. Devenue adulte, j'ai constaté que la fréquence, de ce qu'en j'en suis venue à appeler les « rencontres du TEAM », est passée à quelques fois par année, puis par mois. Récemment, le phénomène est devenu si commun que c'est cocasse. L'un des membres du TEAM l'a surnommé le « prémembership ». Les découvreurs de voies australiens pourraient parler de rendez-vous dans le moment présent, dans le *Tout-Moment*, dans l'Univers sans mots à travers lequel nous pouvons envoyer et recevoir des messages, peu importe la distance, dans le futur ou même dans le passé. Quoi qu'il en soit, depuis quelque temps, il m'arrive souvent de rencontrer deux ou trois personnes par semaine que j'aurais le goût de prendre par les épaules et à qui j'aurais envie de crier « Toi ! Toi ! Toi ! ».

Je ne suis pas sûre que ce soit bien perçu de le faire en ce moment même avec mon interlocutrice. Linky est une jeune femme *shangaan* qui a grandi dans un petit village près de Londolozi. Elle travaille maintenant comme enseignante pour l'organisme Good Work Foundation, une initiative des gens ayant mis sur pied Londolozi et aujourd'hui dirigée par une équipe mère-fille, Maureen et Kate Groch (deux personnes qui m'ont donné le goût de crier « Toi ! Toi ! Toi ! » pendant au moins un an après les avoir rencontrées). Maureen et Kate offrent l'éducation aux Africains vivant près de Londolozi et dans d'autres régions rurales. Elles sont de parfaits exemples de la façon dont les missions du TEAM mènent à des carrières non orthodoxes. Elles auraient pu travailler dans de prestigieuses écoles publiques, mais elles ont plutôt choisi d'enseigner dans le plus pauvre coin perdu de la terre. Sur

---

11. Elizabeth Gilbert, *Mange, prie, aime,* France, Calmann-Lévy, 2008.

le plan personnel, elles sont comblées et épanouies, mais comme pour tous les découvreurs de voies, suivre leurs passions les plus profondes demande aussi de leur permettre d'avoir une influence positive la plus grande possible sur le monde autour.

La création d'une prospérité économique pour les êtres humains occupe une grande partie de l'agenda du TEAM, car ce n'est que lorsque les gens ont reçu une éducation, qu'ils ont des revenus décents et accès à des soins de santé, qu'ils peuvent mettre un frein à la croissance démesurée de la population et à la destruction des systèmes écologiques naturels. L'éducation, et cela est particulièrement vrai pour les jeunes filles et les femmes, est peut-être l'élément le plus important dans la création de sociétés fonctionnelles et saines — une idée que j'ai retenue de mes études en développement socioéconomique durant mes années d'études et que j'ai continué à développer par la suite.

Bien qu'elle ait passé sa vie dans la campagne africaine, Linky a une compréhension des problèmes du tiers monde aussi affinée que tout spécialiste de la question que j'ai pu rencontrer. De plus, elle porte la même énergie presque aussi compulsive que moi lorsqu'il est question de ce sujet, la même impression d'avoir un quelconque petit rôle à jouer dans des changements majeurs qui doivent prendre en compte la protection des humains et de la planète. Mais l'intensité de ma réaction envers Linky n'est pas basée sur le fait qu'elle pense comme moi et mes amis étranges ou qu'elle fasse partie du TEAM. C'est plus que cela. *Je la connais*!

Au milieu de mes réflexions, Linky me dit : « Je sens que quelque chose est en train de se produire dans le monde, et je dois en faire partie. »

Par un immense effort de volonté, je me retiens pour ne pas éclater en sanglots de joie et de gratitude, pour ne pas sauter sur place en criant « Toi! Toi! Toi! ». C'est comme s'il y avait toujours eu une absence de Linky Nkuna dans mon cœur depuis toujours, une pièce manquante au casse-tête de mon âme, et que cette pièce tombe maintenant à sa place dans un ravissement des plus agréables. C'est comme si Linky et moi avions convenu de nous rencontrer à un certain moment et dans un lieu quelconque, et que si l'une des deux ne s'était pas rendue à cette rencontre, la vie en aurait infiniment souffert. Je suis médusée, mais soulagée, que d'une manière ou d'une autre, en dépit des obstacles que nous avons dû l'une et l'autre surmonter, Linky et moi avons concrétisé cette rencontre, sous ce marula, par cette conversation.

## Les amitiés dans le *Tout-Moment*

L'une des choses que j'apprécie dans le fait de vieillir et de devenir grincheuse est que j'ai le temps de rassembler une quantité raisonnable de ce que les sociologues appellent des « données longitudinales ». Cela veut dire que je peux jeter un coup d'œil rétrospectif aux événements de ma vie et noter des corrélations entre certains événements. « Ça alors ! Chaque fois que je ressens $x$, $y$ survient. »

Vous pouvez faire la même chose de votre côté, si vous avez suffisamment de kilométrage parcouru. Par exemple, chaque fois que vous ressentez un certain malaise à faire un achat, vous avez par la suite les regrets de l'acheteur. Chaque fois que vous ressentez spécifiquement un type de papillonnement de fébrilité, quelque chose de merveilleux se produit. Chaque fois que vous mariez un alcoolique, les choses tournent mal, et ainsi de suite.

J'ai réalisé que chaque fois que je ressens le phénomène « Toi ! Toi ! Toi ! », la personne est en fait un découvreur de voies. En prendre conscience me fut profitable. Auparavant, avant que je développe le concept du TEAM-sauveur-du-monde, je croyais simplement être en proie à des fixations émotionnelles reliées à mon enfance dysfonctionnelle – bien qu'en vérité, les relations qui suivent le phénomène « Toi ! Toi ! Toi ! » sont les plus fonctionnelles de ma vie. Chaque fois, c'est comme si l'autre personne et moi nous comprenions dès l'instant où nous nous rencontrons. Et les données longitudinales que j'ai récoltées de mes expériences le confirment amplement.

Quelques-unes de mes rencontres « Toi ! Toi ! Toi ! » ont mené à des amitiés intimes et à des échanges fréquents. Mais, la plupart ne sont restées qu'occasionnelles, souvent elles se sont même limitées à une seule rencontre agréable. Je n'ai pas besoin d'*emménager* avec chaque découvreur de voies que je *reconnais*. C'est plutôt comme si nous jouions pour la même équipe une partie qui requiert des milliards de joueurs, chacun dans un rôle spécifique. Quelques joueurs interagissent de près et souvent avec moi ; d'autres, occasionnellement ou de loin. Mais chacun est absolument nécessaire et important. Et c'est merveilleux – profondément et follement merveilleux de rencontrer des *étrangers* engagés, comme nous-mêmes, jusqu'au cou dans un élan pour guérir les êtres humains et le monde.

## De bonnes vibrations

On dit souvent aux gens que l'on aime qu'ils ont de bonnes vibrations ou qu'ils sont sur la même longueur d'onde que nous. Je crois que ça vient des physiciens du XXᵉ siècle qui ont découvert que la matière n'est en fait que de l'énergie, chaque élément vibrant à des fréquences différentes. Sous cet angle, nous pouvons dire que nous sommes à la base des unités électriques sans fil. Des instruments peuvent maintenant transmettre et décoder l'énergie émise par notre système nerveux – ces mêmes instruments communiquent quotidiennement, les uns avec les autres, sans fil. En considérant ces points, on ne peut plus juger le fait que les gens perçoivent réellement les vibrations des autres comme étant une simple croyance *magique*.

Les anciens découvreurs de voies de pratiquement toutes les cultures croyaient que la communication entre les personnes pouvait transcender le temps et l'espace. En fait, les guérisseurs-réparateurs de la plupart des cultures recevaient un entraînement spécifique pour apprendre à utiliser la connexion énergétique entre les personnes : communiquer à distance, *lire* l'état d'esprit ou les sentiments d'une autre personne, se transmettre mutuellement de la force et du soutien, envoyer et recevoir de l'information par l'univers sans mots. Lorsque vous croyez que tous les êtres sont Un, tout cela ne vous étonne pas. Mais si vous avez été élevé dans une culture qui croit en la séparation complète entre les êtres, vous devriez peut-être vous habituer à ce nouveau point de vue. Aussi bien commencer maintenant.

## L'Unité humaine

### L'Évidence qui nous vient de la science

Dean Radin est un scientifique d'une rigueur frôlant le fanatisme. Sa méthodologie est à la fine pointe de la science et les expériences qu'il sanctionne sont menées plus prudemment que toute autre recherche afin d'éviter toute influence. Radin se doit d'être impeccable sur le plan de sa méthodologie, car il étudie des trucs comme l'ESP et d'autres phénomènes *paranormaux*. Comme il le fait lui-même remarquer, les scientifiques risquent leur carrière s'ils osent se montrer sympathiques aux résultats d'expériences qui vont à l'encontre de la pensée et des normes de la communauté scientifique qui s'oppose farouchement à tout ce qui semble relever du mysticisme. Il n'en demeure pas moins que de telles expériences – menées avec minutie et doigté – existent.

Dans l'une d'elles, par exemple, les chercheurs ont enregistré la résistance de la peau, les pulsations et les schémas EEG (les neurones qui s'activent dans le cerveau) de onze sujets assis dans une salle insonorisée. Dans une autre pièce, un scientifique héroïque (ou masochiste, selon le point de vue), Charles Tart, s'est administré des décharges électriques douloureuses. Lorsque l'on demanda aux onze sujets à quel moment se produisaient les décharges électriques, leurs réponses (par le cerveau pensant) furent très aléatoires et ne coïncidèrent pas avec les chocs. Cependant, les analyses électroniques de leurs réactions physiologiques montrèrent des réponses précises sur le plan du cerveau, des pulsations et de la peau (par l'univers sans mots) aux moments mêmes où les chocs étaient subis par Tart (www.paradigm-sys.com).

Des chercheurs de l'université de Washington et de l'université Bastyr, quant à eux, ont mené une expérience avec des couples dont les partenaires étaient très liés sur le plan émotionnel. Ils ont installé une personne de chaque couple, identifiée comme le *receveur*, dans une machine IRM. Lorsque le deuxième partenaire, identifié comme l'*émetteur*, fut exposé à une lumière oscillante dans une autre pièce, l'IRM démontra une augmentation du flot sanguin dans le cortex visuel du cerveau du receveur.

Un aspect particulièrement fascinant des expériences d'interconnexion est que lorsque le lien est créé, le cerveau démontrant les vibrations les plus cohérentes – associées au calme, à la relaxation et à la paix – semble tirer vers lui le cerveau aux vibrations moins cohérentes en le synchronisant avec ses propres vibrations. C'est ce que l'on appelle l'« effet d'entraînement ». Cet effet semble aussi influencer le cœur. Un chercheur découvrit que lorsque deux personnes se concentrent l'une sur l'autre en maintenant des pensées d'amour, leurs cœurs battent à des rythmes plus cohérents et deviennent mieux synchronisés l'un avec l'autre. Tous ces clichés au sujet de *cœurs guérisseurs* ou de *deux cœurs qui ne font qu'un* pourraient bien être vrais !

## Comment est-ce possible ?

La science nous donne quelques indices intéressants à propos de ce qui se passe lorsque deux personnes se connectent l'une à l'autre à travers l'Unité. Bien que personne ne sache vraiment ce qu'est la conscience, les physiciens savent toutefois qu'elle joue un rôle dans la définition de la direction et de la vélocité des particules sur le plan quantique. En ce moment précis, des particules liées entre elles – des graines de matière qui ont été en contact étroit les unes avec les autres – communiquent, au-delà de toute distance et plus rapidement que la vitesse de la lumière. Depuis le début de l'humanité, des mystiques, des sorciers et des guérisseurs ont décrit ce lien énergétique, même s'ils l'observaient et l'utilisaient à travers un éveil de conscience subtil plutôt que par des accélérateurs de particules. La cohérence de leurs expériences me porte à penser que la conscience humaine peut être en mesure de ressentir son propre rôle dans la relation avec la matière et avec d'autres aspects de la conscience.

Ainsi, si tout cela est vrai, si l'Unité est réelle, pouvons-nous tous commencer à voir à distance, à partager des thérapies d'électrochocs à distance et à harmoniser les battements de cœur des autres personnes ? En un mot, oui ! Ce n'est pas aussi simple que donner un coup de fil, mais vous pouvez augmenter votre habileté à vous connecter à d'autres personnes (vous pouvez appeler cela la mécanique « quantique » ou « mystique », selon la personne à qui vous en parlez). J'ai rencontré des membres du TEAM qui excellent à le faire. Ce chapitre décrit quelques méthodes qu'ils utilisent pour envoyer ou recevoir de l'information via l'Internet énergétique. Vous apprendrez à commencer à en faire autant par vous-même.

## Travailler avec le Un

J'ai déjà écrit un livre qui dérangea les membres d'une religion en particulier. Quelques-unes de ces personnes, dans une inimitable inspiration du genre *Que ferait Jésus ?*, se sont senties investies de la mission de m'informer des différentes formes de damnation et de punition auxquelles je m'exposais. Un jour, j'ai même reçu des menaces et j'ai mentionné à Koelle que je me sentais quelque peu nerveuse.

« D'accord », dit-elle de sa voix qu'elle adopte lorsqu'elle est déterminée à libérer un cheval d'une phobie. « Tends tes mains comme cela. » Elle étend ses bras à partir du coude, les mains ouvertes l'une vers l'autre, comme si elle se préparait à applaudir. « Je vais essayer de pousser tes mains l'une contre l'autre ; toi, tu essaies de m'en empêcher. »

Je me suis soumise à sa demande et nous avons eu une brève lutte ; elle, s'efforçant de remettre mes mains ensemble, et moi, déployant toutes mes forces pour l'en empêcher. Ce fut une partie nulle. Mes mains ne bougèrent pratiquement pas.

« Bon, dit Koelle, recommençons maintenant. » Je tendis de nouveau mes mains, mais cette fois Koelle sembla se transformer en Yoda, le bizarre maître Jedi de *Star Wars*. Lorsqu'elle toucha mes mains, mes muscles ont semblé devenir liquides. Elle poussa mes mains l'une contre l'autre sans aucun effort physique. Pendant une trentaine de secondes, j'ai fixé mes mains, la bouche grande ouverte.

« Apprends-moi à faire ça ! » lui dis-je.

Et elle le fit. Depuis, j'utilise ce truc pour me mettre dans un état énergétique permettant de communiquer avec les gens et de les calmer. Le geste physique de pousser l'une contre l'autre les mains de quelqu'un d'autre n'est qu'une illustration des multiples façons pour nous influencer mutuellement.

Maîtrisez cet exercice et vous pourrez silencieusement calmer les gens lors d'une réunion d'affaires tendue, aider votre poupon à accepter une piqûre, changer une dispute potentielle en une discussion amicale. J'ai enseigné cet exercice à des milliers de personnes comme une façon d'apprendre à être une puissante source de calme pour les cœurs humains. Et je vous l'enseigne à votre tour, sur-le-champ.

### Porte d'entrée sur l'Unité : (unir vs éloigner)

1. Demandez à un ami de tendre ses mains comme s'il allait applaudir. Dites-lui de vous empêcher de remettre ses mains ensemble.

2. Maintenez des pensées d'effort, de lutte et de domination. Dites à votre ami d'en faire autant. Puis, essayez de pousser l'une contre l'autre les mains de votre ami. Selon votre force physique et la sienne, peut-être y arrivez-vous, mais en bataillant ferme.

3. Entrez en état d'Observation silencieuse, puis établissez votre présence dans l'Unité et renforcez-la en vous remémorant des souvenirs d'amour et de connexion. Pensez à votre bébé s'endormant dans vos bras, à votre chien qui s'agite de joie en vous voyant ou au premier moment où vous avez réalisé que vous étiez amoureux. Vous n'avez pas besoin de ressentir de l'affection pour la personne en face de vous. En fait, ne pensez pas à elle du tout.

4. Tout en maintenant un souvenir précis et réel d'Unité sans complications, placez vos paumes sur le dos des mains de votre ami et ramenez vos propres mains ensemble.

Encore ici, c'est une chose de lire cet exercice, c'en est une bien différente d'en faire l'expérience. Sincèrement, vous devez l'essayer. Lorsque vous êtes la personne dont les mains sont poussées l'une contre l'autre, vous vous sentirez étrangement incapable de résister, ou même d'essayer de résister. Ce n'est pas vraiment un sentiment de faiblesse. C'est plutôt que vous n'arrivez pas à vous souvenir de ne pas suivre le mouvement de l'autre.

Si vous êtes la personne qui pousse les mains de l'autre, le premier essai vous semblera ardu et exigeant; le second, ridiculement facile. La plupart des gens pensent que l'autre personne feint la faiblesse.

Mon intuition est que l'exercice fonctionne parce qu'en entrant dans un état au-delà des mots, votre cœur et votre cerveau émettent de fortes vibrations de haute amplitude qui entraînent dans leur élévation le cœur et le cerveau de l'autre personne. À ce moment, vous et votre partenaire n'êtes en réalité qu'Une personne. Une fois que vous avez ressenti l'intense effet physique qu'apportent l'Observation silencieuse et l'Unité, utilisez la technique dans des groupes sans toucher à personne. Projetez un sentiment de calme au caissier du supermarché et observez son visage se détendre. Servez-vous de votre énergie calmante dans une file d'attente et voyez si vous pouvez faire baisser l'anxiété des gens qui attendent (vous le verrez par leurs paroles et leur langage corporel… Et en passant, vous POUVEZ le faire!). La prochaine fois que votre conjoint est de mauvaise humeur, établissez en vous un état de calme profond et ressentez votre partenaire vous y rejoindre. Une fois que vous obtiendrez des résultats – et avec l'entraînement en profondeur, vous y arriverez –, vous découvrirez à quel point c'est une magie de guérison stupéfiante et amusante.

Au cas où vous vous interrogeriez, votre habileté à modifier l'état d'esprit d'une autre personne en étant profondément connecté à l'Unité devra affronter une impasse si cette autre personne est aussi totalement connectée à l'Unité. Dans la vie réelle, deux personnes totalement dans l'Unité ne luttent jamais. Elles communiquent. Elles partagent. Elles apprennent à se comprendre l'une et l'autre. Elles font partie de la même équipe dans ce jeu qui se joue en demeurant continuellement conscientes que tous les gens sont Un. Lutter? Même pas possible!

## Pourquoi vous ne pouvez pas vous servir de vos pouvoirs d'Unité pour faire le mal

Plusieurs cultures traditionnelles sont terrifiées par l'Unité, même si elles y croient. Leurs membres craignent d'être foudroyés par l'*œil du diable* ou par des mauvais sorts jetés par des sorcières malveillantes. En vérité, et l'exercice précédent le démontre, se connecter aux autres dans l'Unité fonctionne beaucoup mieux – et de loin – dans le calme et l'amour. L'Unité est la définition même de l'empathie. Lorsque je suis entièrement branchée à l'Internet d'énergie, je sais – je ne crois pas, je sais, par expérience – que nous sommes la même conscience, que tout ce que je vous fais, je me le fais à moi-même. Il faut plusieurs, plusieurs vibrations négatives dans l'Unité pour égaler l'énergie d'une seule et positive impulsion d'amour.

C'est ce qui explique peut-être pourquoi Byron Katie, l'auteure de ma technique favorite pour entrer en état d'Observation silencieuse, n'a jamais été blessée par quiconque ayant essayé de l'attaquer ou de s'en prendre à elle. Katie travaille souvent dans les prisons à sécurité maximale, avec des patients mentalement atteints, et avec des gens qui vivent dans les coins de la terre les plus violents.

Des criminels violents et traumatisés ont déjà couru vers elle en vociférant des menaces de mort. « Je vois seulement l'amour venir vers moi, m'a-t-elle déjà dit, ils ne sont que l'Amour qui fait un cauchemar. »

Jusqu'ici, selon ce que j'ai entendu de Katie et de témoins, tous ceux qui ont essayé de l'attaquer se sont effondrés en larmes. Katie finit presque toujours par les soutenir tandis qu'ils pleurent.

Un autre maître de l'Unité est Immaculée Ilibagiza, une femme tutsie qui a échappé de justesse aux assassins hutus lors de l'horrible génocide au Rwanda. Avec six autres femmes, elle a trouvé refuge chez un pasteur hutu qui les a cachées dans une salle de bain secondaire, à peine plus grande qu'une cabine téléphonique, durant trois mois. Chaque jour, Ilibagiza entendait ses voisins qui la cherchaient et la traquaient littéralement, en décrivant comment ils avaient massacré le reste de sa famille. Dans son livre, *Left to Tell*, Ilibagiza décrit sa résilience : elle devint une mystique si entière qu'elle vécut ces mois complètement dans un sentiment d'Unité, libre de toute peur et baignée d'amour.

Après s'être finalement échappée de la salle de bain, Ilibagiza se retrouva, avec quelques femmes âgées et des enfants, face à face avec une bande de Hutus armés de machettes qui menaçaient de tuer tout le groupe. Mais son sentiment d'Unité était si solide qu'elle a simplement regardé les tueurs, sans peur et sans colère, ressentant – et assurément émettant – rien d'autre qu'une compassion apaisante. Pour une quelconque raison, les tueurs expérimentés et assoiffés de sang n'ont attaqué aucune personne du groupe. Ilibagiza, les femmes et les enfants s'en sont sortis indemnes.

Un événement similaire se produisit au Myanmar (autrefois la Birmanie) en 1989. Aung San Suu Kyi, la fille d'un héros assassiné lors de l'Indépendance, une disciple de la philosophie de non-violence de Gandhi et une récipiendaire du prix Nobel de la paix, devait affronter un peloton de soldats des forces de l'opposition. Après avoir demandé à quelques amis de s'écarter, Aung San Suu Kyi marcha directement vers les fusils pointés sur elle. On dit que l'ordre de tirer n'est jamais venu; on dit aussi que les soldats ont reçu l'ordre, à la toute dernière minute, de ne pas tirer. Peu importe, le résultat fut qu'aucune balle ne fut tirée. Interrogée sur ses agissements,

Aung San Suu Kyi expliqua : « Ça m'a paru plus simple de leur fournir une seule cible que d'exposer tout le monde aux balles des fusils. »

Quelque chose chez cette *seule cible*, cette personne profondément ancrée dans la compassion, a de toute évidence déjoué un massacre potentiel.

Bien sûr, le père d'Aung San Suu Kyi et son héros Gandhi ont été tués par des assassins fous, tout comme le furent Jésus, Martin Luther King Jr et tant d'autres maîtres de l'Unité. Nous ne saurons jamais combien d'attaques violentes ont pu être désamorcées par l'Unité avant qu'elles n'aient lieu. Il y a beaucoup de gens dans le monde qui ne ressentent aucune connexion avec les autres et qui les attaquent allégrement. Ces attaques sont en partie instaurées par la colère et la haine à travers l'Internet d'énergie. Bien que ces terribles émotions ne se comparent pas à la compassion en ce qui concerne le pouvoir émotionnel, les ressentir et les affronter peut être très déstabilisant pour les découvreurs de voies qui ne comprennent pas l'Unité humaine.

## Un découvreur de voies qui n'œuvre pas dans l'Unité n'est rien de plus qu'une cible facile

Lorsque des pensées noires et des sentiments négatifs sont fortement maintenus, ils peuvent pénétrer l'Unité et déséquilibrer les gens qui ne sont pas fermement ancrés dans l'amour. Quiconque a déjà tressailli devant la rage non verbalisée d'une autre personne, ou ressenti le malaise d'être désiré sexuellement par un étranger silencieux aux allures de prédateur, sait qu'il est possible de capter des messages troublants à travers l'Internet d'énergie. Certaines personnes projettent volontairement des énergies menaçantes ou écrasantes vers les autres. Et encore plus de personnes piétinent dans la peur et la souffrance, inconscientes qu'elles émettent à ce point des vibrations misérables.

Si votre vraie nature a une propension vers l'archétype du découvreur de voies, vous êtes particulièrement vulnérable aux énergies émotionnelles des autres. Utiliser l'Unité consciemment et positivement est crucial pour votre santé et votre équilibre. Sinon, une journée au bureau peut vous imprégner de l'énergie de peur et de folie de vos collègues ; une relation avec un parasite émotionnel peut vous conduire droit à la dépression ; la colère du couple dans l'appartement voisin peut vous donner l'impression qu'elle traverse les murs. Essayez l'exercice suivant pour découvrir jusqu'à quel point vous êtes vulnérable. Il exige au moins trois personnes : un sujet, un testeur et un ou plusieurs « influenceurs ».

*Porte d'entrée sur l'Unité : ressentir l'énergie de ceux qui vous observent*

1. Choisissez une personne qui sera le sujet testé.

2. Nommez une autre personne qui sera le testeur. Tous les autres individus dans la pièce seront des influenceurs.

3. Demandez au sujet de tendre le bras de façon qu'il soit parallèle au sol. Le testeur doit essayer de baisser le bras du sujet qui, lui, doit le maintenir parallèle au sol. Cela établira la force du bras du sujet.

4. Répétez la pression sur le bras par le testeur, pendant que les influenceurs entretiennent une pensée négative, critique ou blessante envers le sujet. (Je sais, c'est contre nature, mais c'est pour le bien de la science.) Notez si le bras du sujet est aussi résistant dans de telles vibrations négatives.

5. Refaites le test une troisième fois, mais, maintenant, demandez aux influenceurs d'entretenir une pensée d'amour, de soutien ou d'appréciation envers le sujet. Notez si la résistance du bras en est influencée.

J'ai fait cet exercice avec plusieurs groupes, et dans presque tous les cas, la force du bras du sujet disparaît en grande partie en présence de pensées négatives et se renforce considérablement lorsque les pensées du groupe sont positives. Ça peut être réellement alarmant de constater à quel point nos énergies silencieuses nous influencent les uns les autres. Aussi, enchaînez avec les exercices suivants.

## L'antivirus dans l'Internet d'énergie

L'un des principaux problèmes que je dénote chez les membres du TEAM, c'est qu'ils ne saisissent pas clairement le concept de l'envoi et de la réception d'informations énergétiques avec les autres personnes, même s'ils l'utilisent constamment. Il suffit de quelques heures à murmurer à l'oreille des chevaux pour que les gens reconnaissent qu'ils peuvent clairement ressentir l'état d'esprit d'un tel animal. Ensuite, ils constatent qu'ils peuvent aussi *lire* l'énergie humaine. Cette simple reconnaissance est ce qu'il y a de plus important à faire pour éviter d'absorber les énergies négatives des autres, qu'ils essaient de vous attaquer délibérément ou qu'ils vous submergent de leur mauvaise humeur involontairement. Sans la croyance en une connexion énergétique interpersonnelle, votre conscience est un appareil sans fil non protégé, en attente d'être piraté ou de gober un *virus* énergétique (que vous transmettrez à d'autres).

Pour installer un pare-feu autour de votre propre énergie, commencez par annihiler votre incroyance et procédez à l'exercice suivant.

### *Porte d'entrée vers l'Unité : observer l'énergie interpersonnelle*

1. La prochaine fois que vous serez dans un groupe, une réunion, une fête ou une foule, assoyez-vous et demeurez silencieux un moment (vos êtres chers attendent peut-être ce moment depuis longtemps !).

2. Respirez profondément et pénétrez dans l'Observation silencieuse, dans l'Univers sans mots.

3. Au lieu de vous concentrer sur ce que disent les gens, ressentez simplement leur énergie.

4. Attardez-vous à chacune des personnes et au groupe en général. Cela vous permettra de ressentir plus précisément ce qui se joue à l'intérieur de chaque personne.

5. Paisiblement, identifiez les états d'esprit de chaque personne : amical, amoureux, coupable, colérique, etc. Prenez note que vous pouvez vous détacher de chaque énergie en la nommant sans jugement.

6. Faites confiance à vos instincts.

La clé pour rester conscient des vibrations est de demeurer ou de retourner dans l'univers au-delà des mots, dans l'Observation silencieuse. Dans cet état, vous percevrez immédiatement l'énergie des gens. (Jill Bolte Taylor raconte abondamment comment elle parvenait à le faire lorsqu'elle vivait sa période sans mots.) Dans l'Univers sans mots, vous suivrez aussi vos instincts, car vos pensées ne pourront vous dicter quoi que ce soit. Aucun animal ou bébé dans sa période prélangage fairait semblant de ne pas ressentir une énergie d'aversion, ou se dirait d'agir poliment, ou s'inquiéterait que quelque chose ne va pas avec lui.

Si vous ressentez que l'énergie d'une personne est déstabilisante ou toxique, il est impératif de maintenir une position mentale de profonde connexion – non pas une connexion avec la personne en question, et encore moins avec son énergie déstabilisante, mais avec l'amour au-delà des mots que vous ressentez en nature, auprès d'un animal domestique, avec un bébé... C'est une forme radicale de pratique en profondeur.

Ce n'est pas facile, surtout au début, mais plus vous le ferez, plus vous programmerez votre cerveau à maintenir l'amour facilement et constamment. Dans le pire des scénarios, vous serez imperturbable devant l'énergie négative des autres; dans le meilleur, votre état d'amour au-delà des mots influencera le cerveau de l'autre personne. Lorsque vous refusez de quitter l'énergie de l'amour, vous n'enlevez pas aux autres leur libre arbitre – ils peuvent demeurer violents ou en colère s'ils le désirent –, mais vous vous protégez et vous offrez aux autres la possibilité maximale d'éveiller leur vraie nature infiniment aimante. Essayez l'exercice suivant.

### Porte d'entrée sur l'Unité : illuminer l'énergie sombre

1. Visualisez un cercle de lumière invisible émanant de votre corps. Imaginez que toute énergie sombre essayant de vous atteindre doit passer à travers cette lumière qui l'illumine. Par le temps qu'elle vous parvienne, elle n'est plus que lumière qui rehausse votre propre radiance.

2. Projetez la lumière encore plus loin pour que votre zone de protection s'élargisse sans cesse. Vous vous sentirez peut-être alors très calme et immobile physiquement.

3. Promenez-vous au milieu d'une foule revêtu de votre *cape d'illumination* et observez les réactions des autres à votre égard (ou l'observation du manque de réaction). Certaines personnes seront attirées vers vous. D'autres individus – prisonniers de leur propre énergie sombre – ne vous verront peut-être même pas. Et s'ils vous voient, ils vous éviteront.

## Comment attirer la bonne personne

Vous faites peut-être partie des membres du TEAM qui ont immédiatement reconnu l'aspect *invisibilité* de l'exercice précédent parce qu'ils ont appris à *disparaître* sur le plan énergétique devant une enfance où l'abus et la violence étaient présents. Vous êtes peut-être encore aujourd'hui dans des relations énergétiquement violentes, que ce soit avec un conjoint, un ami, un collègue de travail ou un membre de votre famille élargie. Il n'est pas rare de retrouver des découvreurs de voies dans de telles relations, mais vous n'êtes pas censé vivre de telles situations ni ressentir de telles émotions.

La tendance pour les guérisseurs d'être blessés souvent et tôt dans la vie est la raison pourquoi, jusqu'ici, dans ce livre, j'ai évité d'appeler l'Unité par un mot plus commun, l'*amour*. Ce dernier soulève un enchevêtrement d'associations un peu tordues et insensées dans l'esprit de plusieurs personnes. Ce qui apparaît souvent comme de l'amour est plutôt une dépendance : une tentative désespérée et continuelle d'amener les autres à combler nos besoins émotionnels, une éternelle lutte acharnée pour être secourus de ce qui est perçu comme une solitude désolante. Certaines personnes disent à leur partenaire amoureux, sans aucun sens de l'ironie : « Je t'aime tellement que je te tuerai si jamais tu essaies de me laisser. » L'émotion derrière de telles pensées n'est pas l'Unité. C'est une réaction de panique devant le mythe de la séparation. C'est un mensonge.

Vous pouvez maîtriser l'Unité seulement en atteignant un état d'amour *véritable*, dans lequel, comme le dit la Bible, il n'y a pas de peur, et comme le mentionne Eckhart Tolle, il n'y a plus de désirs quelconques. Voilà pourquoi l'Unité est la seconde technologie de magie – qui tire son pouvoir de l'Observation silencieuse au-delà des mots : aussi longtemps que nous restons coincés dans des histoires au sujet de ce que les autres nous ont fait subir ou encore dans nos peurs du futur et les regrets du passé qui nous tirent hors du moment présent, notre habileté à aimer est affreusement déformée. Pensez juste à la vision de l'amour romantique véhiculée par plusieurs chansons populaires, dans une répétition sans fin des mêmes thèmes :

« Je ne peux vivre si vivre signifie être sans toi. »

« Je serai ton espoir, je serai ton amour, je serai tout ce dont tu as besoin. »

« J'ai toujours attendu une fille comme toi pour me sentir vivant. »

« Comment suis-je censé vivre sans toi quand tout ce pour quoi j'ai vécu s'est envolé. »

Ce n'est pas l'Unité, c'est une prise d'otages ! C'est le genre de truc qu'un parasite chanterait à son hôte. Freud parlerait ici de cathexis, soit la projection des besoins émotionnels d'une personne sur une autre, mais pas l'amour qui considère la perspective de l'autre. Un bouddhiste reconnaîtrait dans ce comportement l'attachement, la source de toute souffrance. L'amour romantique, en particulier, peut devenir du parasitisme énergétique parce que tomber amoureux permet même aux plus démunis sur le plan émotionnel d'avoir un aperçu de l'Unité qui est notre état naturel. Lorsque l'excès d'hormones du départ s'évanouit et que l'on commence à retourner dans la mer froide et cruelle qu'est l'illusion de la séparation, on panique. Au lieu de maintenir l'Unité, on s'agrippe à l'autre personne, l'attirant souvent dans des bas-fonds émotionnels comme une personne se noyant s'accroche à celui qui pourrait être son sauveteur.

Lorsque je dis à mes clients qu'ils doivent vivre un détachement complet pour pouvoir aimer pleinement et librement, ils me regardent comme si je venais de leur proposer de regarder ma collection unique de lettres de Staline écrites à la plume ! Pour eux, le détachement signifie le contraire de l'amour : l'amour est attachement. En vérité, dans le contexte de l'Unité, il n'est aucunement nécessaire de s'attacher à quelqu'un pour être avec lui : nous pouvons sentir nos bien-aimés, et tout le monde d'ailleurs, et même l'Amour lui-même, à tout moment et constamment. Nous ne pouvons d'aucune manière être séparés de ce que nous sommes. Il n'est donc pas nécessaire de piéger, d'extorquer, d'enjôler, de manipuler ou de posséder l'objet de notre affection, de notre amour.

Voici une liste d'expressions de l'*amour*. La colonne de gauche présente des pensées issues d'une croyance dans la séparation. Celle de droite offre des expressions ancrées dans l'expérience vécue de l'Unité. Lesquelles aimeriez-vous que votre partenaire amoureux, vos parents ou votre meilleur ami vous disent ?

| Attachement | Unité |
|---|---|
| « Tu me complètes. » | « Je me sens entier, et j'adore partager ce sentiment avec toi. » |
| « J'ai besoin de toi pour me rendre heureux. » | « Je suis heureux, et j'adore être avec toi. » |
| « Sans toi, ma vie serait un triste désert. » | « Ma vie est merveilleuse ! Viens la partager avec moi. » |
| « J'ai besoin d'être avec toi tout le temps. » | « J'aime être avec toi lorsque tu as le goût d'être avec moi. » |
| « Je ne peux envisager que tu puisses t'intéresser à quelqu'un d'autre que moi. » | « Je veux que tu aies une vie remplie d'amour. » |
| « Si tu me quittes, je ne te pardonnerai jamais. » | « Tu ne peux me quitter, même en mourant ; nous sommes toujours connectés où que nous soyons. » |
| « Tu es ici pour guérir mes blessures. » | « Je sais comment guérir mes propres blessures et comment t'aimer tandis que tu guéris les tiennes. » |

Si vous préférez vous faire dire les phrases de la première colonne, je peux vous donner une multitude de numéros de téléphone. Plusieurs vous mèneront aussi à des comportements contraignants. Si la seconde colonne vous attire plus, votre vie personnelle et votre œuvre au sein du TEAM connaîtront beaucoup moins de tempêtes et de passions et beaucoup plus de paix et de joie. Suffisamment de paix et de joie, en fait, pour remplir l'Univers.

## À quoi ressemble une Unité sans attache

Lorsque nous nous retrouvons dans la conscience non verbale pendant des laps de temps suffisamment soutenus, la partie du cerveau responsable du sentiment d'être confiné dans un corps disparaît, et la sensation que toute chose est réunie à un Soi interconnecté, s'accroît infiniment. À travers l'histoire de l'humanité, les découvreurs de voies, qui ont exploré et atteint cette partie de leur vraie nature, ont essayé de dire au reste d'entre nous à quel point c'est merveilleux :

« Je connais l'amour comme le champ connaît la lumière », écrivait Rabia de Basra.

« Tout objet dans l'existence est intensément en amour », proclamait François d'Assise.

« J'ai quitté cette région de moi-même qui n'est pas toujours dans l'amour », notait Thérèse d'Avila.

Partout, dans le monde, les voix des découvreurs de voies s'unissent pour affirmer que pénétrer dans l'Unité, c'est tomber amoureux de toute personne, en tout lieu et en tout temps, qui ait existé ou qui existera. La solitude est une illusion, proclament-ils à l'unisson. La vérité est l'Unité.

La façon de trouver cet état d'Unité permanente n'est pas de vous agripper à vos êtres chers plus fortement, mais de vous emplir vous-même, jusqu'à saturation, de l'expérience d'aimer afin que vous sachiez que vous ne manquerez plus jamais d'amour dorénavant. Les trois exercices suivants vous aideront à rétablir votre connexion à la réalité de l'Unité et à apprendre comment avoir accès à l'amour à travers le temps et l'espace. Servez-vous de ces techniques lorsque vous vous sentez seul et désespéré. Croyez que vous pouvez créer le sentiment de connexion, et vous ne détruirez probablement plus aucune autre relation ni ne commencerez une relation condamnée d'avance à l'échec.

### Porte d'entrée sur l'Unité : apprécier ses trésors

1. Assoyez-vous dans le silence et calmez votre esprit ou entrez dans l'observation au-delà des mots par une activité rythmée quelconque (marcher, jouer de la guitare, jardiner, baratter de la crème, etc.).

2. Rappelez-vous un moment dans votre vie où vous vous êtes senti fortement connecté à un autre être humain. Ça peut être, par exemple, en jouant avec un enfant, en vous identifiant intensément à un personnage dans un film, en lisant le livre d'un auteur qui correspond à votre vision de la vie.

3. Concentrez-vous intensément sur ce moment. Permettez à votre attention de l'accaparer complètement. Laissez le sentiment de connexion se déverser dans tout votre corps.

4. Imaginez qu'il y a un coffre aux trésors au centre de votre tête. Soulevez le couvercle et déposez dans le coffret votre souvenir de connexion. Laissez-le là, il y sera toujours lorsque vous reviendrez.

5. Maintenant, trouvez un autre souvenir de connexion, par exemple, la fois où un humoriste vous a fait rire aux larmes, où vous avez ouvert la porte pour un étranger qui vous a semblé sincèrement reconnaissant, où vous avez été admis à l'hôpital et qu'une infirmière très gentille vous a aidé…

6. Une fois que ce souvenir occupe toute votre attention, déposez-le, lui aussi, dans votre coffre aux trésors.

7. Continuez à ajouter des souvenirs dans votre coffre, au moins une fois par jour. Vous commencerez à vous les rappeler plus facilement et plus clairement au fur et à mesure que le processus retient votre attention.

8. Lorsque vous vous sentez seul ou déconnecté, ouvrez le coffre et contemplez vos trésors. Visualisez-vous en train d'ouvrir le couvercle et de trouver tous ces souvenirs, brillants comme des émeraudes et des rubis. Jouez avec eux. Prenez-les à pleine main. Émerveillez-vous devant votre propre richesse.

*Porte d'entrée sur l'Unité : voyager dans l'espace-temps pour se connecter aux êtres chers*

1. Imaginez que le destin vous accorde la chance d'avoir une parfaite conversation avec une personne que vous avez aimée et perdue – un ex-amoureux, un mentor, votre grand-maman (telle qu'elle était avant la vodka!). Durant cette conversation, votre bien-aimé vous dit tout ce que votre cœur désire entendre depuis toujours : « Tu es parfait. Tu es beau. Aucun de tes échecs n'a d'importance. Je suis si fier de toi. »

2. Écrivez la conversation dans les deux sens, comme si vous écriviez une pièce de théâtre. Voici un exemple :

   > Vous. – Tu as été mon premier amour, déjà à l'école secondaire, mais tu ne m'as jamais remarquée.

   > Bien-aimé (*disant tout ce que vous souhaitez le plus entendre*). – J'ai été idiot de ne pas avoir vu le splendide être que tu es. Maintenant, je le vois, et je suis ébloui. Tu es stupéfiante.

   > Vous. – J'avais l'habitude de m'endormir en pleurant tellement je voulais être près de toi.

   > Bien-aimé. – Eh bien, ça n'arrivera plus. Désormais, je suis ici, et je ne te quitterai plus jamais.

   Voici un autre exemple, avec cette fois un parent dans le rôle du bien-aimé :

   > Vous. – Tu as été si dur avec moi. Je n'étais qu'un petit enfant qui t'aimait. Je ne vivais que pour te plaire, et tout ce que tu as fait a été de me critiquer.

   > Bien-aimé. – J'étais complètement fou. Comment n'ai-je pas vu quel inestimable trésor tu es? Pourquoi ne me suis-je pas rendu compte à quel point il était plus important de t'aimer que de me torturer dans ma propre souffrance? Je t'ai critiqué seulement parce que je n'ai pas vu qui tu étais vraiment et je ne savais pas plus qui j'étais réellement.

3. Lorsque vous aurez écrit tout ce que vous vouliez dire, et toutes les parfaites réponses de votre bien-aimé, relisez la conversation. Prenez conscience que les paroles que vous dit enfin votre bien-aimé sont véritablement des réalités profondes venant de votre perception de

votre propre vraie nature. Aucun des mots n'est réellement *juste* ou *faux*, mais chacun est plus près de ce qui est juste que les douloureuses impressions que vous entreteniez dans votre mémoire depuis si longtemps.

4. Faites taire vos doutes quant aux merveilleuses choses que votre bien-aimé vous dit. Ressentez la sagesse que vous avez essayé d'apprendre par vous-même, bien que votre esprit choisisse de la voir seulement en se fixant sur d'autres personnes. L'ego a cru que ces personnes pouvaient combler l'abysse dans votre cœur. En vérité, l'abysse est une illusion. La sensation ressentie en croyant que vous êtes aimé et connecté est réelle. Observez comment la vérité – que vous êtes infiniment aimable et aimé – détend tout votre corps.

### *Porte d'entrée sur l'Unité : voyager à travers l'espace-temps pour se connecter aux membres de sa tribu*

1. Pensez à une personne que vous respectez, admirez ou que vous souhaitez rencontrer un jour. Ou alors, choisissez une personne que vous n'avez jamais rencontrée physiquement, comme un maître spirituel ou un personnage historique, pourvu que l'amour de cette personne ait une grande signification pour vous. Voici un exemple :

> Vous. – Je sais que si j'avais pu profiter de tes conseils et de ton mentorat, je me serais senti plus appréciable et ma vie aurait sans doute été meilleure.
>
> Gandhi. – C'est vrai. J'aurais aimé être là plus tôt. Mais je suis là maintenant et, ensemble, nous serons le changement que nous souhaitons voir en ce monde. Viens ici, mon ami, que je te rase la tête !

2. Une fois de plus, ressentez la vérité de la présence de la personne aimée ; celle qui a toujours été une partie de vous et qui ne peut être complète sans vous, peu importe à quel point vos vies semblent éloignées.

3. Lorsque vous lisez ou écoutez les paroles d'autres découvreurs de voies, permettez-vous de croire que d'une quelconque manière, ils ressentent votre Être, tout comme vous ressentez le leur.

## Envoyer des *courriels d'énergie* de groupe à travers l'Unité

Plus vous sentirez la vérité de l'Unité, plus vous retrouverez votre vraie nature, et vos relations seront faciles. Vous offrirez naturellement plus de guérison au monde. Par exemple, le professeur et guérisseur Dan Howard, que je vous encourage à chercher en ligne, ne vit que pour enseigner aux gens comment se reposer. Vous apprendrez l'une de ses techniques plus tard dans ce livre, mais vous en connaissez déjà l'un des principaux éléments : atteindre un état d'Observation silencieuse et vous connecter à l'Unité – le repos n'est pas inerte ni impuissant. Il émet très fortement à travers l'Internet d'énergie. Il est si porteur de guérison que plusieurs de mes clients le considèrent comme plus utile que leur médication pour un problème physique ou une souffrance émotionnelle. (Ne cessez pas la prise de vos médicaments ! Apprenez simplement à y ajouter plus de repos.)

La fascination de Dan Howard pour le sommeil l'a mené à une étonnante découverte : il peut le faire par procuration. En d'autres mots, il croit qu'il peut se reposer pour d'autres personnes. Lorsqu'il s'est reposé pour moi – généralement sans que je le sache –, je me suis réellement sentie calme et énergisée. J'ai appris de Dan l'exercice suivant. Il le nomme « La contrebande d'amour ».

### *Porte d'entrée sur l'Unité : mettre de l'amour clandestinement dans tout ce que l'on fait*

1. Dans une foule, comme dans un centre commercial, à un spectacle, au cinéma ou à une conférence de presse à la Maison-Blanche, entrez dans un état d'Observation silencieuse.

2. Ressentez l'énergie des gens autour de vous. Lorsque vous identifiez quelqu'un dont l'énergie semble lourde ou malheureuse, commencez à émettre des pensées positives et des idées de soutien à cette personne.

3. Observez le changement d'attitude ou de comportement de la personne.

4. Une fois que vous aurez appris que vous pouvez calmer des étrangers par votre énergie (oui, vous le pouvez vraiment !), exercez-vous dans des situations plus intenses et moins évidentes : un bouchon de circulation, des rassemblements politiques, Wall Street une journée où le marché chute…

5. Commencez à rechercher les gens qui sont visiblement dans un état d'esprit difficile pour que vous puissiez vous exercer à différents niveaux de difficulté. Calmez l'assistante en colère au bureau, votre enfant rebelle, votre parent vieillissant. Projetez de l'amour, votre arme secrète de guérison, dans chaque situation.

6. Notez à quel point vos interactions deviennent plus faciles.

## Répandre une énergie positive dans l'Internet d'énergie

Très peu de gens réalisent à quel point nous avons le pouvoir d'influencer les autres lorsque nous nous connectons à l'Unité. Je ne le comprends pas moi-même, pour tout dire, mais parfois j'en ai un aperçu. Vivre dans la connexion énergétique produite par mon fils sans mots m'aide beaucoup à le saisir.

Par exemple, un soir, alors que je communie avec la nature en me promenant avec mon chien sous un coucher de soleil du désert, il m'apparaît évident qu'il est facile de ressentir l'Unité dans de telles conditions idéales. Serais-je capable d'utiliser cette technologie de magie dans un environnement moins idyllique ? Immédiatement, la parfaite occasion pour le vérifier se présente : je dois amener Adam et son copain Joey, lui aussi souffrant du syndrome de Down, à une partie de basketball des Suns de Phoenix.

Une partie de la NBA n'est pas exactement une grotte silencieuse où des moines se rendent pour trouver la paix intérieure. L'amphithéâtre est rempli de partisans bruyants, de lumières clignotantes, de musique assourdissante et de bière coulant à profusion. Des *cheerleaders* survoltées lancent dans l'assistance des souvenirs par un canon. Adam et Joey (qui ont quinze ans physiquement, mais environ huit sur le plan cognitif) essaient d'attraper chaque souvenir qui passe au-dessus d'eux. Adam veut un chandail Shaq, alors que Joey désire un gorille en peluche vêtu des couleurs des Suns. Je les regarde avec tristesse. Ils apprennent une leçon qui sera probablement vraie toute leur vie : ils sont trop petits, mal coordonnés et trop lents pour faire concurrence aux autres spectateurs pour l'obtention des prix.

Cette scène plutôt chaotique est la place parfaite pour tester ma capacité à me synchroniser avec ma vraie nature. Je m'installe sur mon siège et j'entre en état d'Observation silencieuse, me demandant si je serai capable de trouver ne serait-ce qu'une ombre de calme intérieur dans un lieu aussi peu propice. Il m'a fallu une minute ou deux, mais j'y suis arrivée. Au moment où la pensée verbale s'est effacée, je me suis sentie envahie par une beauté éblouissante et inattendue. La partie se déroulant sur le terrain de basketball devint un incroyable ballet des plus gracieux, cinq hommes immenses de chaque côté se déplaçant comme les cinq doigts séparés de la même main, les deux mains géantes balançant le ballon d'un côté à l'autre dans la béatitude d'un jeu, la foule se balançant comme des algues dans la mer.

Un instant plus tard, je ressens une explosion d'Unité humaine. Chaque être dans cet immense *building* me semble connecté aux autres. La puissance de cette connexion engloutit toutes nos différences apparentes et notre sentiment d'être des entités séparées. Je ne vois pas comment l'amphithéâtre peut contenir la pression. J'ai l'impression que le toit peut sauter à tout moment sous la force de tant d'amour. À ma grande gêne, je sens des larmes rouler sur mes joues. Je les essuie et je regarde autour pour m'assurer que personne ne me regarde. C'est alors que je remarque que la foule agit curieusement.

Tout autour de moi, dans un grand cercle, je vois une ondulation d'action, une distorsion, comme les anneaux sur l'eau lorsqu'une pierre est tombée, mais à l'inverse : les vagues viennent vers moi. Il me faut plusieurs secondes pour réaliser ce qui se passe. Dans tous les sens, les gens ont commencé à s'offrir ou à s'échanger les cadeaux qu'ils avaient attrapés dans les airs auparavant. Les cadeaux se passent de personne à personne dans un élan spontané. Joey et Adam se voient offrir chacun un cadeau.

Je suis complètement ébahie, pleurant sans retenue en voyant quelqu'un tendre à mon fils un T-shirt Shaq. Quant à Joey, il essaie bien de se contenir, mais il ne peut s'empêcher de serrer contre lui et d'embrasser son nouveau gorille en peluche aux couleurs des Suns. Je me lève et je me retourne, la main sur le cœur, essayant de remercier, sans les mots, au moins une centaine d'étrangers qui ont participé à cette chaîne d'échange. C'est comme si, en ayant abandonné l'illusion de la séparation, je me suis permis d'activer la connexion d'amour latente en chacun de ces amateurs de basketball. Ils ont répondu avec amour, générosité et gentillesse, comme une mère envers son bébé. Plusieurs d'entre eux pleurent aussi. Adam et Joey refusent poliment les autres cadeaux qui leur sont tendus, et les gens les offrent à d'autres.

Je ne peux dire ce qui s'est réellement passé dans cet amphithéâtre. Mais je sais que ce fut complètement magique et totalement naturel. Lorsque les êtres humains s'ouvrent à l'expérience de l'Unité, les groupes, les foules et les nations peuvent réagir à de simples pulsions d'amour avec une puissance inconcevable. C'est cette puissance qui a fait de nous une espèce qui réussit si bien. Notre pouvoir est suffisant pour réparer notre propre nature véritable et le monde. Si mon expérience du phénomène « Toi ! Toi ! Toi ! » est une indication, le TEAM – qui peut inclure tout individu sur la terre – se positionne sur le terrain pour jouer la plus étonnante des parties. Le TEAM se rassemble. En accédant à l'Unité, vous joignez notre rassemblement dès maintenant.

## Déjà vu : se connecter à sa tribu, à tout moment

Plusieurs personnes font involontairement des expériences de *déjà vu*, le sentiment d'avoir déjà vu ou vécu une nouvelle situation. Ce que les découvreurs de voies savent, c'est qu'il est possible de voir déjà les gens que nous n'avons pas encore rencontrés en nous connectant à l'Univers sans mots et en ressentant la présence d'énergies d'amour à travers le temps et l'espace.

Assise sous le marula, écoutant parler ma nouvelle amie longtemps attendue, Linky, je sais pourquoi mon amour pour elle est déjà absolu : nous sommes des membres du TEAM dont les missions se croisent, et nous nous sommes déjà vues dans le *Tout-Moment* où vit notre être global.

Vous pouvez rencontrer des membres du TEAM de la même façon, à l'instant même, peu importe qui et où vous êtes. Si vous vous y entraînez, vous verrez : vous ne ressentirez pas seulement votre vraie nature trouver sa place parfaite, comme par magie, mais vous connaîtrez des joies que vous ne pouvez imaginer. Vous trouverez votre voie dans un tout nouveau monde inexploré d'amour, vous connectant à des gens que vous aurez ou non déjà rencontrés en chair et en os. Alors, lorsque vous les rencontrerez, vous saurez pourquoi vous êtes si soulagé, pourquoi les larmes vous montent aux yeux, pourquoi chacun de vous deux désire prendre l'autre par les épaules et crier « Toi ! Toi ! Toi ! ».

# TROISIÈME PARTIE

# LA TROISIÈME TECHNOLOGIE DE MAGIE

## L'IMAGINATION

# CHAPITRE 8

## L'IMAGINATION BONDIT!

« Tu dois venir à Philippolis, me dit Boyd un jour alors que nous venons tout juste de terminer l'animation d'une retraite annuelle dans la brousse, c'est l'endroit le plus étonnant à voir.

– Qu'y a-t-il, là-bas?

– Rien, répondit-elle, tout simplement rien! Les gens y vivent nulle part et n'ont rien pour les soutenir. Il n'y a tellement rien que tu peux sentir ce qui cherche à arriver. C'est magique. »

Le point de vue de Boyd sur Philippolis est largement influencé par son obsession à restaurer l'Éden. Le village en question est situé sur un vaste plateau aride au cœur de l'Afrique du Sud appelé le « Karoo ». Au XIX\ :sup début, la terre était cultivée par les *voortrekkers*, des pionniers néerlandais, jusqu'à ce que le sol n'ait plus rien à offrir. Ces fermiers sont ensuite partis. Les habitants d'origine du Karoo étaient les Khoikhois (venant d'une culture très similaire à celle décrite dans le film *The Gods Must Be Crazy*).

Pendant des siècles, les Khoikhois ont vécu en harmonie avec d'impressionnantes hordes d'une antilope appelée « springbok » (ou « euchore »). La relation entre les Khoikhois et cette antilope peut se comparer à celle entre les Amérindiens et les bisons d'Amérique, à l'époque des premiers colons. (Les springboks ont été nommés ainsi à cause de leur habitude de sauter dans les airs les quatre pattes à la fois, comme si elles rebondissaient sur des ressorts [*spring*].)

Pendant des milliers d'années, les springboks ont migré de long en large à travers les Karoo, selon les pluies. Ils mangeaient les herbes et les plantes, mais jamais les racines. La savane pouvait ainsi repousser perpétuellement.

L'écosystème nourrissait une telle quantité de springboks que les *voortrekkers* devaient attendre trois jours avant de passer à un endroit, tant les hordes d'antilopes étaient denses et grandes. Les gens étaient parfois piétinés à mort par les springboks, engloutis sous le nombre de bêtes, même si chacune d'elles pesait moins d'une quarantaine de kilos. Cette gigantesque population d'herbivores nourrissait les guépards, les léopards, les hyènes, les lycaons[12] et bien d'autres prédateurs, dont une lignée de lions de neige, dont la couleur rappelait la blancheur de la peau de Blanche-Neige et que les Khoikhois vénéraient comme un animal sacré.

Tout a changé lorsque les moutons et les chèvres importés d'Europe se sont attaqués à la flore locale. Ils mangèrent les plantes et leurs racines, ne laissant rien d'autre que de la poussière et un sol rapidement érodé. La grande majorité de springboks, tout comme les autres animaux sauvages du Karoo, furent carrément tués ou sont morts de faim. Les lions blancs étaient des trophées de chasse particulièrement recherchés. Comme si ce n'était pas suffisamment épouvantable, les Khoikhois furent eux aussi chassés pour le plaisir, comme si c'était un sport. Ceux qui furent épargnés crevaient de faim au fur et à mesure que les animaux et les plantes disparaissaient ou étaient réduits à l'esclavage sur les fermes de style européen. Lorsque les fermes ont cessé d'être exploitées et que les colonisateurs blancs ont quitté la région, les indigènes ont été abandonnés dans un décor d'allure postapocalyptique sans aucun écosystème naturel ni économie humaine pour les soutenir.

C'est l'un des rêves de la famille Varty de reproduire à Karoo le modèle de restauration de la Terre et des peuples indigènes de Londolozi. Comme l'endroit est pratiquement inhabité, il pourrait être relativement facile de restaurer la flore et de permettre aux springboks, ainsi qu'à une douzaine d'espèces différentes, de reprendre leurs anciennes migrations. Les Varty espèrent créer une économie humaine en favorisant l'écotourisme, donnant ainsi aux Khoikhois et aux Griquas (une race ancestrale métissée) une façon de s'en sortir financièrement grâce à leurs anciennes méthodes de « traquage » et d'interaction avec les animaux, qui étonnent toujours les touristes.

Il faut des efforts diplomatiques incroyables, tant sur le plan politique qu'économique, pour obtenir la permission d'entreprendre une tâche aussi considérable, mais les Varty se donnent pour mission d'y parvenir. Ils s'évertuent aussi à gagner la confiance de la population locale – ce qui n'est pas une mince tâche, dans une contrée terrifiée par le passé.

L'ancienne tutrice de Boyd et de Bronwyn, l'éducatrice Kate Groch – dont j'ai fait mention dans le chapitre précédent – a déménagé à Philippolis.

---

12. « Chiens » sauvages africains ressemblant à des hyènes.

Là, Kate enseigne plus ou moins tout à plus ou moins n'importe qui – l'anglais, des notions de base en calcul, l'alphabétisation aux adultes… Tout aussi important… elle apprend directement des gens là-bas leur histoire, leur culture, leurs valeurs. L'été avant ma visite, elle, les Varty et plusieurs amis – de Philippolis ou de l'extérieur – ont construit une garderie pour le village avec une machine à fabriquer de la brique, de la terre… et de la sueur (coût total : environ 150 $).

Depuis que je connais les Varty, j'ai beaucoup entendu parler du projet *La migration des springboks*, alors quand Boyd m'invite à visiter Philippolis, je suis entièrement d'accord, tout comme plusieurs de mes amis : Koelle; ma partenaire Karen; l'un de nos amis américains qui enseigne, comme Karen, le travail social; un consultant d'affaires et un *coach* de Dubaï; un organisateur de concert rock sud-africain et un thérapeute. Par un jour frileux de juillet, nous nous empilons dans une wagonnette louée et prenons la direction du Karoo.

Neuf membres du TEAM dans une seule wagonnette, voilà qui contribue à faire du trajet une épopée plutôt amusante et drôle. Nous roulons pendant six heures à travers un paysage vide, poussiéreux, où seuls les monticules de termites, dont plusieurs sont gougés par des oryctéropes affamés, brisent la désolation. En approchant de Philippolis, Boyd gesticule devant le pare-brise en désignant l'étendue désertique.

« D'accord, messieurs dames, dit-il, imaginez tout ce paysage recouvert de verdure, rempli de springboks, d'un horizon à l'autre. Et des guépards et des chacals et des lions de neige suivant les hordes d'antilopes. Des millions d'animaux vivant comme ils l'avaient toujours fait depuis des milliers et des milliers d'années. »

Nous sommes tous devenus silencieux, le regard perdu vers l'horizon. En écoutant Boyd, nous pouvons vraiment voir la terre guérie. Le silence dans la wagonnette est presque transcendant. Et ce n'est pas parce que nous sommes tous alourdis par un surplus de croustilles de maïs et de coke diète. C'est comme si les fantômes des animaux, qui ont jadis vécu sur cette terre, traversaient la route devant nous – ou peut-être les esprits de ceux qui vivront ici dans le futur se sont-ils joints à nous… Je me souviens d'avoir lu que les Khoikhois savaient que les hordes d'antilopes venaient vers eux des jours avant qu'ils puissent les voir. Ils ressentaient le sol qui commençait à vibrer. L'une de leurs anciennes chansons le décrit :

> *Nous savons que les springboks arrivent par la sensation dans nos pieds. Nos pieds ressentent le piétinement des springboks.*

Pour notre petite équipée, cet instant au milieu d'un coin perdu du vaste continent africain fait naître la magie. Spécialement la troisième technologie de magie : l'Imagination.

## L'Imagination des découvreurs de voies

Ce que notre petit groupe ressent en se dirigeant vers Philippolis est différent d'une vaine rêvasserie. Nous faisons déjà partie de la guérison de la migration des springboks. Le concept s'allume dans notre esprit, et sera vécu ensuite dans l'expérience physique. On perçoit alors des visions très vives de ce qui ressemble à des souvenirs, sauf que l'événement n'est pas encore survenu. Nous voyons, entendons, goûtons, sentons et ressentons ce qui *désire arriver*, exactement comme si nous repensions à un événement du passé. Quelque chose d'électrique fait réagir notre peau et nous donne la chair de poule. On peut aussi bien avoir les yeux dans l'eau ou même pleurer abondamment sans vraiment savoir pourquoi. Souvent, l'esprit est dérouté par ces sensations physiques. Le corps se connecte directement à l'Imagination, contournant ce que nous pensons être logique.

L'imagination normale se situe dans l'esprit, mais l'Intuition des découvreurs de voies considère l'esprit comme une partie (une petite partie) du vaste Soi. Bien ancrée dans l'Observation silencieuse et l'Unité, elle traverse le temps et l'espace pour être dans le *Tout-Moment*. L'esprit ordinaire visualise des choses à partir des expériences passées. De ce fait, il est emprisonné dans les schémas de croyances de la personnalité, contraint à ce qui est considéré comme possible. Jusqu'à nos jours, l'imagination ordinaire avait suffi pour suivre et même prévoir le changement. Cependant, il est dorénavant presque impossible de naviguer dans le monde actuel sans une Imagination qui peut aller au-delà des limitations de l'esprit – en d'autres mots, l'intelligence à laquelle nous avons accès par l'Observation silencieuse et l'Unité.

## Utiliser son Imagination (devenir le magicien)

En introduction, si vous vous rappelez bien, j'ai mentionné que les deux premières technologies de magie relevaient plus d'un état d'être et que les deux suivantes concernaient plus l'action. Effectivement, en travaillant avec les deux dernières technologies de magie, vous aurez vraiment l'impression de *faire* de la magie. Si vous avez déjà vu un jeu de tarot (un ancien accessoire pour les découvreurs de voies, mais plutôt mal utilisé), vous avez peut-être re- marqué que l'une des cartes était dédiée à l'archétype du magicien. Cet être

symbolique tient une baguette magique, appelée un « caducée », un bâton
sur lequel deux serpents s'enroulent autour du manche (ça vous dit quelque
chose ? C'est encore de nos jours le logo des médecins). Le haut du bâton
tend vers le *Tout-Moment*, l'Unité sans mots de la réalité spirituelle, tandis
que le bas est dans le monde physique ordinaire. Le Magicien (le guérisseur,
le réparateur) sait comment apporter les choses de la première réalité dans la
seconde. Ce n'est pas un tour de magie. C'est une technologie de guérison.

Votre baguette magique est votre Imagination de découvreur de voies.
Pour vous en servir, vous n'avez pas exactement à faire apparaître les choses
– c'est un exercice mental. Vous devez plutôt ressentir ce qui *désire arriver*,
dans le *Tout-Moment*. J'aimerais pouvoir décrire ce phénomène avec des
mots, mais c'est impossible. Certaines personnes le perçoivent comme la
sensation d'être tirées vers quelque part. D'autres ressentent une réalité future
attendant de venir au monde, un peu à l'image du bébé qui donne des coups
de pieds dans le ventre de sa mère. Vous ne savez pas ce qu'il y a là-bas, mais
vous êtes sûr qu'il y a quelque chose, quelque chose avec une charge et
une conséquence énergétique. Utiliser votre Imagination, c'est en quelque
sorte tracer le plan (le « bleu », dirait-on en impression) des choses que vous
voulez créer, des choses qui n'ont pas encore existé précisément dans cette
forme.

Tout comme l'Archétype du Magicien, ce n'est pas un truc ésotérique
confus et vague. C'est une pratique active et musclée de création. Les
exercices de cette section du livre ne vous demanderont pas d'Imaginer une
quelconque version de *Puff, le dragon magique*[13]. Au contraire, ils exigeront
plutôt que vous descendiez profondément dans l'Unité sans mots, que vous
y trouviez *ce qui veut être réel* et que vous travailliez alors comme un détective,
comme un docteur, comme un architecte, comme un ingénieur pour faire
apparaître cette chose en trois dimensions.

L'Observation silencieuse vous branche à l'Internet d'énergie; l'Unité
vous envoie un message à propos de ce que vous devriez faire de votre vie.
Utiliser votre Imagination de découvreurs de voies, c'est comme construire
un nouveau site Internet à partir de ce message. C'est travailler avec les lois
de la Nature et les lois de ce que nous appelons maintenant le « supernatu-
rel » pour transformer la vie que nous connaissons actuellement en une vie
parfaitement adaptée à notre vraie nature. Relevez vos manches, mes amis.
Apprendre à vous servir de votre Imagination de découvreur de voies est un
jeu agréable, difficile et transformateur.

---

13. Chanson de Leonard Lipton et Peter Yarrow, popularisée en anglais par le groupe Peter, Paul and
   Mary et, en français, par Claude François.

## Imaginer la voie devant soi

Lorsque l'ethnobotaniste Wade Davis naviguait en compagnie d'un découvreur de voies hawaïen, il était impressionné par la vaste connaissance du navigateur des vagues, des nuages, de la vie marine et des étoiles. « C'était une chose de savoir ce qu'il fallait regarder, tous ces indices, ces signes, ces indications… Mais c'en était une tout autre de rassembler ces informations et de les interpréter dans le moment présent au milieu de cette mer toujours changeante. »

Pour y arriver, les découvreurs de voies polynésiens devaient obtenir plus d'informations que celles qu'ils recevaient de leur esprit conscient. Tout en calculant les positions de centaines d'étoiles qu'ils pouvaient voir, leur esprit non verbal – la partie de leur cerveau au-delà des mots – parcourait l'impressionnante somme d'informations qu'ils avaient emmagasinées en eux depuis toujours et leur envoyait des messages à propos de la direction à prendre sur cet océan inexploré. Ça ressemblait souvent à de la magie.

David entendit une histoire au sujet d'un découvreur de voies, Nainoa, dont le canot, le Hokule'a, navigue toujours aujourd'hui – et sans les instruments modernes de navigation.

> « À un moment donné, même s'il était près du but, Nainoa se réveilla en sursaut et réalisa qu'avec le ciel couvert et la brume sur la mer, il n'avait aucune idée où son équipage et lui étaient rendus. Il avait perdu la continuité dans son esprit et sa mémoire essentielle pour survivre en mer. Il cacha sa peur à ses hommes et, désespéré, il se rappela les paroles de son enseignant : « Peux-tu voir l'image de l'île dans ton esprit ? » Il retrouva son calme et comprit qu'il avait déjà trouvé l'île. Il naviguait sur le Hokule'a, et il avait tout ce dont il avait besoin dans ce canot sacré. Soudainement, le ciel s'éclaircit et un rayon de douce lumière arriva jusqu'à son épaule. Les nuages s'évaporèrent et Nainoa suivit le rayon de lumière directement jusqu'à l'île Rapa Nui. »

Penser et agir de cette façon est la seule manière que je connais pour trouver ma voie dans le monde changeant et inexploré du XXIe siècle. Les mystiques et les guérisseurs ont toujours fonctionné de cette façon, parce que la réalité métaphysique dans laquelle ils évoluaient a toujours été inconnue et imprévisible comme la mer. L'imagination ordinaire erre sans direction, mais l'Imagination des découvreurs de voies agrandit la conscience à travers toute la connaissance que nous procurent nos sens et la vision de l'esprit – peut-être même jusqu'à l'écume de la mousse quantique où la conscience cristallise la matière à partir des vagues d'énergie.

Que ce soit pour naviguer sur le Pacifique ou à travers le chaos de la civilisation moderne, les découvreurs de voies se servent du même procédé décrit dans l'histoire de Nainoa : devenir calme (l'Observation silencieuse) et réaliser que l'on a déjà trouvé sa destination dans le *Tout-Moment* (l'Unité). Puis, ressentir la voie qui conduit à la destination physique imaginée. Alors, toute chose nous guide par des moments d'illumination et des signes de validation, comme le rayon de lumière qui a réchauffé l'épaule de Nainoa. Pour les observateurs, les découvreurs de voies semblent être magnétiquement tirés vers ce qu'ils ont vu en vision; comme David l'écrit, « la métaphore est que le Hokule'a ne bouge jamais. Il attend, simplement, comme l'axe *mundi* (axe central) du monde, que les îles surgissent de la mer pour l'accueillir ».

## Les découvreurs de voies de l'humanité

C'est le processus d'opération standard des guérisseurs et des visionnaires de toute culture. Les aborigènes s'en servaient pour trouver leur chemin à travers le désert dans une marche d'une centaine de kilomètres. Moïse l'a utilisé pour trouver la terre promise de son peuple, terre qu'il atteindra seulement dans son Imagination. Martin Luther King Jr a rêvé d'une terre promise à sa façon, et il est mort, lui aussi, avant d'atteindre sa destination dans la réalité physique. Einstein a énoncé les bases de la relativité après un sursaut de son Imagination. Les scientifiques du programme spatial américain ont foulé la surface lunaire dans leur Imagination bien avant le *petit pas pour l'homme, mais le grand saut pour l'humanité*.

La même Imagination vous a aidé à atteindre tout objectif que vous aviez vu avec l'œil de l'esprit, que ce soit un examen à l'école ou la rencontre de l'amour. Le processus de l'Imagination nécessite la pleine utilisation de l'incroyable capacité du cerveau humain à observer et à apprendre, un entraînement intense et continuel à négocier avec la réalité physique et une habileté à cheminer à travers la réalité non physique en se servant de l'Observation silencieuse et de l'Unité comme véhicules. C'est exactement ce procédé que mes amis et moi avons mis de l'avant alors que nous parcourions le Karoo, voyant, entendant, sentant et ressentant les milliers de plantes et d'animaux qui n'y étaient pas. Pas encore !

## L'Imagination en action

Je n'ai jamais eu aussi froid physiquement, tout en ayant le cœur au chaud, qu'à Philippolis. Peu de bâtiments sont chauffés, et l'air frisquet du

Karoo semble traverser nos vêtements comme des pointes de glaçons. Les membres de notre groupe s'entassent dans la maison de Kate, essayant de se réchauffer les uns les autres, tandis que sa fille Maya se dandine pieds nus, immunisée contre le froid. (Maya est née d'une Setswana adolescente. Elle est l'un de ces *bébés à jeter* de l'Afrique. Elle est devenue le soleil dans la vie de Kate. « Maman est rose, dit la fillette, et moi je suis rose foncé! »

Kate, toujours éducatrice ici, nous explique que les gens doivent nourrir leur famille avec ce qui équivaut pour nous à 3,60 $ par mois. Elle nous donne cette somme et nous met au défi de nous rendre au magasin du village et de nous procurer ce dont a besoin une famille pour se nourrir et rester en santé durant une trentaine de jours. Ça fait naître en nous un réel sentiment de gratitude pour le repas que nous partageons avec une amie de Kate, Ouma Nan, l'une des matriarches du village. Nos genoux se touchent, les uns les autres, lorsque nous nous assoyons, entassés, dans sa minuscule demeure pour partager un ragoût et des beignets frits dans un chaudron au milieu de la pièce. Avec l'aide de Kate comme traductrice, Ouma Nan nous dit que, durant la majeure partie de sa vie, si elle avait été surprise à socialiser avec des Blancs, toute la maisonnée aurait été arrêtée. Elle parle avec éloquence et regret, mais sans amertume, des horreurs de l'apartheid et de la destruction de l'ancien mode de vie de son peuple.

Nous passons le reste de la journée à faire le tour du village en marchant, visitant la garderie et assistant à des cours que donne Kate à des jeunes gens et à des adultes. Nous montrons aux enfants de Philippolis comment fonctionne une caméra à « rabat » et nous les laissons se filmer les uns les autres. Nous parcourons un labyrinthe au centre de la ville. Au fil de la journée, la troupe d'enfants qui nous suit grandit jusqu'à inclure pratiquement tous les jeunes qui ont moins de quinze ans. J'adore les écouter parler leur langue natale qui semble contenir autant de clics différents que nous avons de consonnes.

Ce soir-là, de retour à la maison de Kate, nous laissons notre Imagination s'amuser. Le jeu consiste pour chacun de nous à imaginer le plus d'idées possible pour restaurer l'Éden au Karoo. Les idées n'ont pas besoin d'être bonnes, mais au moins intéressantes. À l'aide d'une immense affiche et de beaucoup de *Post-it*, nous commençons à aligner les idées. Nous visualisons faire une collecte de fonds pour reverdir et reboiser le Karoo. Nous voyons les hordes fertiles de springboks grossir sans cesse. Nous décidons de l'embauche des enfants du coin pour veiller sur les hordes. Pour les payer, nous offrirons aux Américains d'adopter un springbok pour 1 $. Les enfants pourraient filmer les antilopes et transmettre les vidéos chaque semaine pour que les *investisseurs* américains sachent ce qui se passe avec leurs antilopes.

L'idée des vidéos débouche sur une autre idée : nous pourrions préserver la culture des Khoikhois et unifier le village en demandant aux plus jeunes de réaliser des documentaires sur leurs aînés. Ainsi, il resterait des traces des jours anciens et de l'oppression de l'apartheid.

Plus il se fait tard, plus nous créons des situations imaginaires. Nous restaurerons quelques-unes des vieilles fermes pittoresques de Philippolis pour en faire des auberges pour les touristes. Nous réintroduirons les lions blancs dans la nature. Les universitaires parmi nous rédigeront des articles sur le modèle « londolozien » de développement économique respectant l'environnement. Boyd et moi écrirons des livres pour le grand public. Notre organisateur de spectacle rock produira des concerts pour des collectes de fonds. Le thérapeute, quant à lui, amènera quelques-uns de ses étudiants pour enseigner aux enfants et pour reconstituer les danses anciennes. Nous guérirons la vie sauvage, éliminerons la pauvreté, contrôlerons le sida, amènerons le monde entier à nous aider. La pièce de séjour de la maison de Kate est sûrement aussi froide qu'un réfrigérateur, mais notre Imagination est tellement surchauffée qu'à minuit, nous bondissons littéralement tout autour de la pièce.

Toutefois, nos dents commencent à claquer trop fortement pour que nous puissions continuer à parler. C'est le moment de nous emmitoufler pour la nuit. Je me traîne jusque dans un lit qui provient de Londolozi – le même lit utilisé par Nelson Mandela lorsqu'il séjournait là-bas. Dans les quelques secondes avant mon sommeil, je médite sur cet homme dont l'Imagination a créé l'une des plus puissantes révolutions pacifiques dans l'histoire humaine… à partir d'une minuscule cellule de prison. Aussi audacieuse qu'a pu l'être notre session d'Imagination, Mandela nous a tous battus.

Le matin suivant, nous nous retrouvons pour le petit-déjeuner, un peu gênés des idées folles que nous avons créées la veille. Mais tout en sirotant notre thé, quelque chose d'inattendu se produit : nos téléphones cellulaires se mettent à sonner. Tous à la fois ! Nous n'avions pas pu nous en servir jusque-là. Probablement qu'un satellite passe juste au-dessus de nous, permettant aux appels de se rendre jusqu'à nos téléphones. Peu importe ce qui les permet, les appels apportent tous le même message : les gens veulent nous aider.

Pour ma part, je suis en ligne avec une riche célébrité américaine qui souhaite contribuer au développement de l'Afrique. Le consultant d'affaires de Dubaï reçoit un appel l'informant qu'un groupe du Moyen-Orient, dédié à la conservation, souhaite une forme de collaboration. Les enseignantes en travail social reçoivent un signe d'appréciation pour des articles qu'elles ont récemment soumis, et l'éditeur au bout de la ligne les encourage fortement à écrire de nouveaux articles, comme leur Imagination l'avait créé la veille. Mo, la mère de Kate, elle aussi enseignante, répond à un appel, parle brièvement et termine en nous regardant d'un air ébahi. L'un des plus éminents enseignants de l'Afrique du Sud venait d'appeler pour lui dire qu'il prenait sa retraite et qu'il voulait dédier les quelques prochaines années de sa vie à nous aider par rapport à l'œuvre que nous avions entreprise.

Je n'invente rien.

C'est ce que j'ai appris de mon séjour au Karoo : peu importe où vous vous trouvez, peu importe que vous vous sentiez pathétique ou bien petit, libérez votre Imagination de découvreur de voies en acceptant que l'aventure vous transforme en un puissant électroaimant. Sortez de votre esprit tous les *impossibles*, entrez dans l'Unité au-delà des mots, riez, jouez, aimez et rêvez au-delà de la raison, et des miracles commencent à se manifester. Les portes s'ouvrent. Des chemins se dessinent. Des membres du TEAM que vous n'avez jamais rencontrés s'annoncent pour vous aider, au-delà du temps, de l'espace et de toutes les barrières. Vous attendez, simplement en imaginant, que les îles surgissent de la mer pour vous saluer et vous accueillir. Il n'est pas nécessaire d'y croire. Imaginer est suffisant.

## Comment ne pas imaginer

Nourrir la vision d'un résultat peut être vécu par quiconque possédant un cerveau, mais plusieurs personnes utilisent mal cette technologie de magie, la rendant ainsi inefficace. Les religions assurent qu'avoir la foi en leur modèle de réalité, en leurs structures d'autorité, donne le pouvoir d'accomplir des miracles. Ceux qui trempent dans le mouvement nouvel âge prétendent qu'ils peuvent *manifester* tout ce qu'ils désirent en concentrant leurs pensées sur l'objet de leurs désirs, que ce soit une immense maison ou une carrière au cinéma. Ces méthodes essayent de forcer la réalité à coopérer avec la petite imagination de notre personnalité. Ça ne fonctionne pas. L'Imagination d'un découvreur de voies ne domine pas la réalité. Elle se sent unie à elle, elle tombe amoureuse de ce qui cherche à se manifester et elle se donne à la vision créée par cet amour.

Pour moi, la différence est très claire, car j'ai déjà passé des mois à essayer sans cesse de forcer mon imagination à modifier la réalité physique. Entre le diagnostic prénatal du syndrome de Down d'Adam et la naissance de ce dernier, j'ai lu des histoires de guérisons miraculeuses dans les Saintes

Écritures de différentes religions et des légendes de gens au pouvoir de volonté si fort qu'ils ont réussi dans la vie par la victoire de leur esprit sur la matière. J'ai passé des semaines à *vouloir* qu'Adam soit *normal*. Ce fut une période d'efforts incessants et épuisants, et tout au long de cette démarche, j'avais le sentiment désagréable que ça ne fonctionnerait pas.

Inversement, lors des quelques moments où j'ai relâché mes attachements à ce que ma personnalité voulait, mon Imagination de découvreur de voies m'amena à un tout autre endroit – un avenir où le syndrome de Down d'Adam deviendrait la porte vers l'amour inconditionnel, la joie et le mystère. Dans de tels instants, je sentais de gentilles présences conscientes, mais invisibles, prendre soin de moi avec une tendresse indescriptible. Elles ne me donnaient pas ce que ma personnalité désirait. Elles m'aidaient à vouloir ce que mon Imagination de découvreur de voies m'offrait.

Cette expérience m'a permis de conclure que la partie inconsciente de ma psyché était connectée à une plus grande Imagination que mon esprit conscient. La partie de mon cerveau qui gère onze millions de données à la seconde, et qui est aussi reliée à l'Unité hors du temps et de l'espace, était enchantée de la tournure des événements concernant Adam. Pour *manifester* des résultats concrets et matériels par l'Imagination, je devais abandonner la vision de mon petit moi à mon grand Moi, qui a des motivations et des buts différents de ceux de ma personnalité.

L'exercice suivant peut vous aider à ressentir la différence entre l'imagination ordinaire et l'Imagination du découvreur de voies, simplement en vous servant d'une situation dans votre propre demeure physique. Dorénavant, je ne crois pas avoir besoin de rappeler avant chaque exercice la nécessité de vous mettre en état d'Observation silencieuse et de vous connecter à l'Unité.

### La libération de l'Imagination : ressentir ce qui cherche à arriver

1. Allez dans l'endroit le moins agréable de votre demeure, de votre appartement, de votre piaule, ou peu importe.

2. Assoyez-vous et essayez d'être le plus à l'aise possible.

3. Sans faire appel aux mots, ressentez la dissonance de la place, de l'espace, les éléments discordants qui font que ce lieu n'est pas parfait à vos yeux.

4. Permettez-vous de ressentir ce que l'espace, le lieu, veut être – non ce que vous voulez qu'il soit (vous seriez alors coincé dans le même schéma qu'auparavant), mais bien ce qu'il semble vouloir.

5. Fermez les yeux et, avec votre Imagination, observez attentivement la pièce comme elle souhaite être. Notez où elle désire une touche de couleur, plus d'ouverture, un tissu plus confortable, une fleur.

6. Dans l'Unité, sentez-vous connecté aux éléments qui *veulent* faire partie de votre espace. Appelez-les jusqu'à ce que vous ressentiez la sensation d'attirance, puis lâchez prise. Tout comme pour l'exercice concernant l'appel des animaux, le lâcher-prise total est le mécanisme qui active votre connexion à travers le *Tout-Moment*.

7. Retournez à votre vie normale, mais restez vigilant : les éléments pour votre espace essaieront de vous joindre. Vous pouvez les apercevoir dans des boutiques ou ils peuvent venir d'une autre façon – un cadeau, un morceau de bois échoué sur une plage, un don d'un voisin qui déménage...

8. Lorsque les éléments viennent à vous, recevez-les avec gratitude et placez-les là où ils veulent être placés, dans la pièce qui les désire.

## Le médium de l'Imagination

Je vous parle d'un art. Non pas du genre peinture aux doigts, mais l'art discipliné qui a fait dire à Michel-Ange : « Si les gens savaient à quel point je travaille fort, ils ne pourraient être surpris de ce que je peux réaliser. » Le découvreur de voies travaille avec l'Imagination de la même façon qu'un artiste travaille la peinture, la glaise ou le marbre. Il ressent ce que le médium peut faire en devenant ce médium, en se laissant guider par lui avec les contraintes de sa nature intérieure autant qu'il le guide à devenir ce qu'il visualise. L'un des arts nouveaux de notre époque est l'utilisation de l'ordinateur. Si l'Observation silencieuse est comparable à une connexion Internet métaphysique et si l'Unité est similaire à recevoir et à envoyer des messages sur Internet, l'Imagination, elle, est la façon pour les découvreurs de voies d'écrire des programmes, de créer des graphiques, de bâtir des sites Internet dans la réalité de la pensée pure, de l'énergie pure.

J'évite habituellement les ordinateurs. Pourtant, une fois, pendant plusieurs mois, je me suis sentie dirigée vers l'étude des fonctionnements des sites Internet. L'industrie dans laquelle j'évolue, l'écriture et l'édition, était en train d'être complètement chamboulée par les nouvelles technologies. Mon Imagination – à la grande surprise de mon esprit conscient – m'apporta l'idée d'une entreprise basée sur Internet. Toute l'entreprise dépendrait de la technologie des ordinateurs; c'est peut-être pour cette raison que je suis devenue complètement fascinée par l'étude de la construction des sites Internet.

Ce fut vraiment étrange. Durant les mois où j'ai appris les bases de l'écriture codée, je me suis transformée en une véritable obsédée typique de l'ordinateur, une *nerd*, quoi ! Je dormais peu, je ne faisais plus d'exercice, je passais des centaines d'heures à éplucher d'épais manuels d'instruction, à entrer les codes que j'y apprenais, à rouler le programme que je venais d'écrire pour voir s'il fonctionnait – et il fonctionnait... après environ dix mille essais infructueux ! Mes cheveux poussaient en broussaille. J'ai développé de l'acné. Lorsque mes lunettes sans monture se sont cassées, j'ai collé les verres à un trombone remodelé et j'ai continué à programmer. Lorsque le trombone se brisa à son tour – et c'est la vérité –, j'ai pris du ruban collant transparent et j'ai collé mes verres directement sur mon visage. Je ne pouvais tout simplement pas m'éloigner de l'ordinateur suffisamment longtemps pour me rendre chez l'optométriste.

Pour maîtriser la magie des découvreurs de voies, vous devez avoir cette sorte de passion pour le médium de l'Imagination. Vous êtes prêt à passer des heures dans l'Unité sans mots, ressentant le médium de la réalité rencontrer votre conscience. Vous devez explorer ce qui pourrait être (faites juste Imaginer cela) une sensation subjective de la *mousse quantique*, qui est le médium de base de toute matière. Les guérisseurs, réparateurs et sorciers de chaque culture passent des milliers d'heures à apprendre de cette façon avant de devenir des « Imagineurs » compétents. *Programmer* l'Univers de la pensée n'est pas aussi simple que taper du pied et demander à la réalité de se conformer à nos désirs, mais avec l'entraînement sincère et assidu, vous pouvez constater des progrès.

Voici deux autres exercices que vous pouvez utiliser pour vous entraîner à Imaginer votre propre futur. Souvenez-vous d'être détendu, au-delà des mots et connecté à l'Unité.

### La libération de l'Imagination : visiter une île inconnue dans sa propre vie

1.  Assoyez-vous dans un endroit tranquille et silencieux où vous ne serez pas dérangé pour au moins une dizaine de minutes.

2.  Pensez à une facette de votre vie où vous ressentez un sentiment de manque, d'insatisfaction ou d'incertitude. Fermez les yeux et visualisez-la.

3. En notant ce que vous n'aimez pas de cette dimension de votre réalité présente, Imaginez avec netteté une réalité différente dans laquelle vous seriez plus satisfait. Observez et dépeignez cette situation dans les moindres détails. Lorsqu'il y a des zones floues, donnez la permission à la situation de survenir comme elle le souhaite, de faire fi de vos attentes et même de faire quelque chose que vous n'aimez pas. Visualisez la scène en entier, en y ajoutant de façon précise et détaillée les sensations ressenties. Entendez, sentez, goûtez, touchez et voyez la nouvelle situation.

4. Vous êtes maintenant assis à votre destination. Juste parce qu'elle n'existe que dans votre Imagination ne la rend pas irréelle – toutes les choses réelles que les humains ont créées ont d'abord existé en Imagination. Appréciez et savourez votre nouvelle situation de vie améliorée. Ressentez et exprimez de la gratitude pour cette situation.

5. Ouvrez les yeux et retournez à votre vie normale. Lâchez prise sur votre vie imaginée et continuez à essayer de faire progresser les choses comme ce que votre personnalité croit qu'elles devraient être. Mais soyez sûr que votre Imagination est à l'œuvre sur la situation que vous avez visualisée, sur le meilleur résultat possible pour vous et pour toutes les personnes qui pourraient être concernées.

6. Demeurez alerte. Les changements que vous avez Imaginés essaient déjà de se manifester. Vous aurez des occasions soit de leur permettre de progresser dans votre vie soit de les repousser. Les laisser progresser peut être plus apeurant que vous le pensez. Restez dans le canot et continuez de naviguer (en demeurant dans l'Observation silencieuse et l'Unité, l'île viendra à vous).

## Comment identifier le succès

Vous saurez que vous commencez à être compétent dans votre travail avec l'Imagination lorsque trois choses se produiront :

1. La course effrénée de la pensée consciente en vous cessera. Votre attachement émotionnel à obtenir certains résultats disparaîtra. À la place, vous sentirez la profonde et paisible certitude que votre but ultime a déjà été atteint, que votre désir véritable est déjà satisfait, même si vous ne pouvez pas encore le voir physiquement. Vous serez entièrement content de tout ce qui arrivera, sachant que c'est l'ensemble des conditions parfaites pour le meilleur avenir que vous

pouvez Imaginer. Le petit bateau du moment présent contiendra de toute évidence tout ce dont vous avez besoin. Vous serez certain que l'île vogue vers vous.

2. Autour de vous, des signes commenceront à apparaître, tout comme le rayon de lumière a réchauffé l'épaule de Nainoa. Des synchronicités, des rencontres fortuites et des informations vous apporteront tout ce dont vous avez besoin pour rendre réel sur le plan matériel ce que vous avez Imaginé. Des gens, des animaux, des choses viendront à vous, même s'ils doivent faire sauter des barrières, pour vous offrir leur aide. Plusieurs rencontres seront si improbables que les qualifier de *chanceuses* semblera ridicule. Pourtant, rien de tout cela ne vous surprendra. Votre Imagination en sera déjà convaincue, car le Grand Soi, omniprésent, agissant derrière l'Imagination, code, teste et utilise le programme qui sous-tend tous les événements.

3. Les situations que vous Imaginez apparaîtront dans la réalité physique. Ne me croyez pas sur parole. Croyez-le lorsque vous en ferez l'expérience.

## S'éveiller du rêve de la forme

Si vous passez suffisamment de temps à Imaginer la réalité à partir de l'Unité au-delà des mots, vous commencerez à voir le monde très différemment. Vous commencerez à comprendre que la façon dont vous aviez l'habitude d'interpréter la réalité n'est en fait qu'une autre utilisation de l'imagination. Comme toute observation est reçue à travers notre perception, ce que nous voyons comme étant la réalité est toujours teinté de nos pensées. Les neuroscientifiques savent maintenant que le cerveau est constamment en train de façonner notre perception éveillée tout comme il forme nos rêves de nuit. En fait, David Eagleman, un neuroscientifique du Baylor College of Medecine, va même plus loin en écrivant que la différence entre être éveillé et être endormi est *grosso modo* que l'information qui entre par les yeux offre un point d'ancrage à la perception... la perception à l'état de veille est semblable à rêver, mais avec un peu plus d'engagement envers ce qui est devant vous.

Plusieurs traditions anciennes de découvreurs de voies comparent la bonne utilisation de l'Imagination non pas à tomber endormi et à rêver, mais plutôt à s'éveiller d'un rêve. Peut-être avez-vous déjà vécu l'expérience de vous réveiller d'un cauchemar et de devoir rassembler vos esprits pendant plusieurs minutes avant de réaliser que ce rêve n'était pas réel. Ou peut-être avez-vous fait l'expérience inverse après que quelque chose de tragique est arrivé. Par exemple, en vous réveillant le matin, pendant quelques secondes, vous aviez oublié que votre partenaire avait reçu l'annonce d'une terrible maladie, ou que le World Trade Center avait été attaqué. Puis, vous vous rappelez tout à coup l'horreur de la situation, et la tristesse, la peur ou la rage reviennent. Le petit être condamné que vous voyez comme étant votre vrai Moi se lève pour traverser une autre longue journée dans une lutte constante.

Un découvreur de voies demanderait sans doute comment vous êtes si certain que cette terrible réalité n'est pas simplement qu'un autre cauchemar – comment êtes-vous si sûr que vous n'êtes pas sur le point de vous éveiller de nouveau, dans une réalité tout à fait différente et beaucoup plus en harmonie avec votre vraie nature ? Cela rejoint la description de ce à quoi la mort ressemble donnée par les personnes qui ont vécu une expérience de mort imminente. Je suis fascinée par ces témoignages, car j'ai moi-même vécu une expérience similaire. Alors que je subissais une chirurgie, je suis devenue alerte et j'étais capable de voir tout autour de la pièce. Je pouvais observer les docteurs opérant mon corps, même si mes yeux physiques étaient fermés. Après quelques secondes, une brillante lumière blanche est apparue juste au-dessus de moi. Elle me semblait consciente, complètement familière et d'un amour indescriptible.

Raconter cette expérience par des mots est comme essayer de décrire les chutes Niagara en se servant d'un « dispensateur » de gouttes d'eau pour une cage à hamster. J'eus l'impression de me réveiller d'un cauchemar de millions d'années. J'ai ressenti le même sentiment temporaire de désorientation, suivi de la mémoire naissante de ce qui m'a semblé plus réel que le *rêve* de ma vie ordinaire, puis suivi enfin d'un sentiment de soulagement si considérable qu'il aurait pu remplir l'Univers.

Les spécialistes du développement chez l'enfant prétendent que les bébés adorent jouer à faire coucou parce qu'ils n'ont pas encore appris la *permanence des objets*. Lorsque le visage de maman disparaît derrière la couverture, les bébés pensent qu'elle n'existe plus (ce qui confirme la théorie), et lorsque le visage de maman apparaît de nouveau, le bébé est étonné : « Maman, d'où sors-tu pour l'amour du ciel ? » J'aime bien m'amuser avec une différente interprétation, basée sur mon expérience avec la lumière blanche. Peut-être que les bébés ne comprennent encore rien, sauf la permanence de l'objet. Ils sont connectés à l'Unité, donc l'apparence de la séparation est insondable pour eux. Lorsque maman réapparaît (coucou), ils rient d'étonnement d'avoir cru un instant qu'elle était disparue et de soulagement de constater que l'Univers fonctionne toujours comme il le devrait.

Lorsque l'on tombe amoureux, nous dit-on, la région du cerveau responsable de la sensation d'être séparés cesse de fonctionner, nous permettant
de vivre le délectable sentiment de connexion à notre bien-aimé. Mais je
crois que l'état habituel du cerveau qui pense que nous sommes séparés, qui
échoue à percevoir la réalité, est l'illusion. Tomber amoureux est un léger
éveil, et plus nous suivons notre Imagination, plus nous tombons amoureux
de toute chose. Nous en arrivons un jour à commencer à réaliser que la
façon dont nous avons toujours vu la réalité n'est seulement qu'une vision
limitée, arbitraire et « appauvrissante ».

## Imaginer l'Univers du *réparateur*

Mon expérience de mort imminente est survenue en même temps que
mon amie Jayne a reçu le diagnostic d'un cancer en phase terminale, durant
l'écriture de ce livre. Le fils de Jayne, Joey, lui aussi atteint du syndrome de
Down, est le meilleur ami de mon fils depuis leurs premières années de vie.
Après le terrible diagnostic, Karen et moi avons promis à Jayne que nous
veillerions sur Joey et sa sœur après son départ. La situation est d'autant plus
triste puisque ces enfants ont vu leur beau-père bien-aimé mourir lui aussi
d'un cancer plusieurs années auparavant.

Le jour avant sa mort, Jayne trouve encore la force de rigoler avec moi
sur le fait qu'il ne lui reste plus qu'un seul élément sur sa liste de choses à
faire : mourir ! Par contre, ses enfants doivent continuer à vivre. Il n'y a rien
à dire devant de telles pertes; nous ne faisons que nous enlacer. Les enfants
semblent tenir le coup. Ils pleurent un peu lorsque tout le monde s'affaire
pour les funérailles, mais sans plus. Au service funéraire, je m'assure qu'Adam
s'assoit près de Joey, car je me rappelle à quel point les garçons s'étaient soutenus l'un et l'autre lors des funérailles du beau-père de Joey. Adam avait
alors enroulé son bras autour de son ami, le serrant contre lui lorsque Joey
se mettait à pleurer. Cette fois, Joey semble bien aller, on le dirait même
presque détaché.

Les funérailles commencent, et une amie de Jayne se lève et entame une
pièce musicale à la flûte. Soudainement, Joey se replie complètement sur
lui-même et pousse un hurlement comme un animal blessé. Je n'ai jamais
été témoin d'une telle douleur à l'état pur de toute ma vie. Je jette pratiquement Adam au sol pour agripper Joey alors qu'il se met à sangloter. Peut-
être son cœur et son cerveau *entraînent-ils* les miens, car en le prenant dans
mes bras, je ressens une souffrance d'une dimension océanique, beaucoup
plus profonde que ma peine d'avoir perdu mon amie. Je n'ai jamais pleuré

si abondamment en public. Je ressens un étrange manque de résistance à la tristesse. Ça me rappelle la fois en Afrique où j'essayais de communier avec l'impala qui mourait. La douleur de Joey est énorme, insoutenable, inconsolable et complètement honorable.

Après quatre-vingt-dix secondes – le temps qu'il faut au corps pour se relever d'une vague d'émotion intense et non retenue –, Joey se détend dans mes bras, haletant comme s'il avait couru. Je le serre contre moi aussi, plus fort que jamais, mais je peux sentir la paix couler à travers lui maintenant. Quelqu'un raconte quelque chose au sujet de Jayne – une personne bienveillante –, mais Joey la corrige immédiatement et à voix haute. Un autre spasme de douleur monte en lui, et nous pleurons de nouveau. Et ça continue ainsi tout le long des funérailles. C'est comme assister une femme qui accouche.

Adam s'est assis à côté de moi; je suis donc entre ces deux petits hommes, me demandant, comme je le fais souvent, si leur conscience est différente de la mienne. Les singes, dont l'ADN est presque identique à celle des hommes, vivent dans un univers mental différent du nôtre. À quel point un chromosome de plus peut-il modifier la perception des personnes atteintes du syndrome de Down ? Je me rappelle que mon amie et éditrice, Betsy Rapoport, m'a raconté avoir eu une conversation avec un auteur qui souffrait d'autisme. Betsy parlait des rayons ultraviolets et expliquait à l'auteur que les abeilles voyaient des choses que les humains ne percevaient pas. « Les abeilles peuvent voir les motifs de couleurs dans cette fleur », dit-elle en pointant une marguerite toute blanche. « Voulez-vous dire que vous ne voyez pas les motifs de cette fleur ? » demanda l'auteur.

Assise entre Adam et Joey, je songe à la façon dont ils semblent capables de voir dans le noir, comme les chats. Est-ce que le syndrome de Down leur permet de voir les rayons infrarouges, sous le spectre de lumière visible ? Les scientifiques disent que 99,999 % de la lumière dans l'Univers est invisible à nos yeux. Est-ce qu'Adam et Joey peuvent voir une tranche différente de cette tarte particulière ? Encore plus important... pourquoi les gens touchés par le syndrome de Down sont-ils capables d'aimer de façon si extraordinaire ? Est-ce que le syndrome de Down les épargne de l'illusion de la séparation, cette particule d'imagination effrayée qui nous maintient dans l'ombre ?

Après les funérailles, des amis des Jeux olympiques spéciaux apportent de la nourriture pour un repas, mais Adam est épuisé et il demande à rentrer à la maison. En montant dans l'auto, il me dit : « Maman, je n'ai pas pleuré.

– Je sais, mon chéri, lui dis-je, mais cela aurait été correct de le faire aussi. Même les hommes forts pleurent dans des moments très tristes. Et aujourd'hui, c'était un moment très, très triste. »

Adam réfléchit à mes paroles en silence durant une minute ou deux. Puis, il reprend : « C'est plus facile depuis que la lumière est venue et qu'elle a ouvert mon cœur. »

Il a parlé très nettement, mais je crois l'avoir mal entendu. « Quoi ? As-tu dit qu'une lumière est venue et t'a ouvert le cœur ?

– Oui, répond Adam, j'étais assis sur mon lit dans ma chambre, et elle est venue. Elle a touché mon cœur et mon cœur s'est ouvert. Et depuis ce temps, les choses ne sont plus aussi difficiles. »

Nous nous immobilisons à un feu rouge et je fixe Adam. « Quand cela s'est-il passé ?

– Le 10 mai », dit-il.

Nous sommes en février. « Tu veux dire l'an dernier ?

– Non, il y a longtemps. J'étais à la petite école. »

La lumière tourne au vert et je conduis silencieusement pendant un moment.

« Je suis vraiment heureuse que tu m'aies confié cela, Adam, dis-je finalement, parce que moi aussi j'ai vu une lumière semblable une fois. Et tu as raison, une fois qu'elle touche notre cœur, rien n'est aussi difficile qu'auparavant. »

En ce moment précis, je regrette intensément que le vieux cliché usé *voir la lumière* soit utilisé pour banaliser quelque chose d'aussi glorieux.

« Je n'en parle pas souvent, car je ne suis pas sûre que la plupart comprennent », dis-je à Adam. « Je suis vraiment heureuse que tu l'aies fait. »

Je lui jette un coup d'œil et je vois l'un des plus grands sourires qu'Adam n'ait jamais faits. Et croyez-moi, ce sourire en dit long. Nous retournons à notre habituel silence tranquille. Puis, en garant l'auto dans notre garage, je pense à quelque chose qui réconfortera Adam.

« Tu sais, Adam, lorsque j'ai vu la lumière, elle m'a dit qu'elle était toujours avec nous, même si nous ne pouvons pas la voir. »

Je sais qu'il comprendra comment la lumière peut parler aux gens. Mais la réponse d'Adam me prend complètement par surprise.

« Oh ! Je peux la voir », dit-il calmement.

Je suis bouche bée.

« Tu le peux ?

– Bien sûr, à son tour surpris que je ne le puisse pas.

– Tout le temps ?

– Oui.

– Eh bien... (Je dois reprendre mes esprits.) Et où la vois-tu ? Est-elle à l'intérieur de ta poitrine, ou dans ta tête, ou près de toi, ou au plafond... »

Adam secoue légèrement la tête, arborant le sourire patient et rempli de compassion d'un découvreur de voies expérimenté parlant à une recrue encore verte :

« M'man, dit-il gentiment, elle est partout. »

Et j'Imagine qu'elle l'est.

## Trouver l'Île

Depuis notre folle soirée d'Imagination à Philippolis, chaque personne alors présente a créé des versions physiques de ce que nous avions imaginé. Comme c'est souvent typique avec les choses magiques, la réalité physique s'est déployée lentement, apparaissant à l'horizon de nos vies comme des îles venant à notre rencontre, assis dans le canot sacré, l'Unité sans mots du moment présent.

Parmi les petites victoires, des donateurs ont amassé beaucoup d'argent pour soutenir Kate dans son travail à Philippolis. Les conditions politiques et financières nécessaires pour la restauration de la migration des springboks se placent graduellement. L'amitié et la confiance entre l'équipe de la restauration de l'Éden et le peuple de Philippolis se sont solidifiées. Le *coach* de Dubaï est devenu un expert dans la guérison des traumatismes. Divers films et projets d'écriture – le livre que vous lisez actuellement – sont passés de l'Imagination à la matérialisation. (Le livre de Boyd sera publié après le mien.)

En résumé, chacun de nous, qui a fait partie de cette aventure, a continué de naviguer avec l'Imagination, ramant et levant les voiles, certain que les vents l'amènent vers des îles encore inconnues. Il faut du temps. Il faut y penser. Il faut faire les efforts nécessaires. Mais c'est aussi complètement magique. Tandis que nous foulons les pavés de nos propres villes tout autour du monde, encore et toujours ensemble dans le *Tout-Moment*, nos pieds ressentent le piétinement des sabots des springboks.

# CHAPITRE 9

## DES PROBLÈMES ? QUELS PROBLÈMES ?

### Se servir de l'Imagination pour rectifier sa vie

Les Varty et moi prenons le *lunch* sur la terrasse surplombant la rivière Msava. Soudainement, une horde d'éléphants, qui avait flâné près de la maison durant toute la matinée, a commencé à se comporter d'une curieuse façon, s'agitant et trompetant aussi bruyamment que la circulation à Manhattan.

Nous nous approchons du garde-fou de la terrasse pour observer l'activité inhabituelle dans les broussailles juste en bas. Un petit groupe de dos gris tout ridés semblent particulièrement agités et très en voix ! Durant environ cinq minutes, ces éléphants femelles crient comme des adolescentes à un concert de Justin Bieber. Puis, le bruit cesse. Quelques secondes plus tard, quatre femelles quittent les broussailles pour une clairière juste en face de nous. Elles avancent en formation serrée, se déplaçant lentement sur le côté, presque en traînant les pieds. Les Varty ont pourtant vu beaucoup d'éléphants de leur terrasse au fil des ans, mais c'est la première fois qu'ils assistent à un tel spectacle.

« Oh ! dit Shan Varty, la mère de Boyd et de Bronwyn, en pointant l'une des quatre femelles, regardez celle-là, elle a du sang sur sa trompe.

— Et sur ses pattes arrière également », ajoute Bronwyn, la sœur aînée de Boyd.

Au même moment, les quatre femelles s'écartent quelque peu les unes des autres. Entre leurs pattes qui lui servent de piliers, une tremblotante petite chose ressemblant à un cochon lavande tout mouillé, titube et tombe en pleine face. Le bébé éléphant est encore incapable de se tenir debout sans l'aide de sa mère et de ses tantes. Elles le supportent tout en se déplaçant sur le côté, de sorte que nous puissions voir le petit. J'insiste : elles se déplacent sur le côté POUR que nous puissions voir le petit. Nous discuterons plus tard plus profondément de cela sans pouvoir donner une autre explication à ce comportement. Nous observons en silence, émerveillés, la nouvelle maman caresser de sa trompe son bébé. Finalement, Boyd rompt le silence : « Voilà un éléphant tout nouveau. »

Plus tard, en sirotant notre thé d'après-repas, nous échangeons sur le comportement des animaux à Londolozi. Sont-ils conscients que *leurs* humains sont des environnementaux non menaçants ? Agissent-ils en conséquence en se comportant de façon inusitée, comme montrer leur tout nouveau-né à un groupe d'humains ?

« Sans doute doivent-ils nous répondre, dis-je.

– Ça ressemble à ça parfois », dit Boyd, prudemment. « Mais peut-être l'imaginons-nous. »

Portée par l'amour d'un éléphanteau et encore sous l'effet du décalage horaire, je m'exclame : « Bien sûr que nous l'imaginons. C'est pour cette raison que ça arrive ! »

Je prends une gorgée de thé et j'essaie de retrouver ma rationalité. « D'un autre côté, si c'est vrai, nous devrions être capables de le tester. Voyons si c'est simplement l'imagination ou un phénomène physique. »

Bronwyn approuve.

« Alors, pourquoi ne pas appeler un animal ? » dit-elle. « Un animal vraiment inhabituel pour qu'il y ait le moins de chance possible que ce soit une coïncidence si nous le voyons.

– Je crois que nous devrions appeler une licorne », dis-je.

Cette suggestion est immédiatement rejetée parce que, selon les légendes, appeler les licornes exige la participation de vierges. Bon.

« Hum… Pourquoi pas un immense python, propose Shan.

– Pas assez rare, répond Dave, son conjoint.

– Je l'ai ! Des lycaons », s'exclame Bronwyn.

Des applaudissements fusent. Les lycaons sont parmi les plus menacés et les moins observés des grands mammifères du continent. C'est une espèce différente des chiens domestiques, avec un pelage distinctif, de grandes oreilles rondes et de longues jambes conçues pour la course. Ils chassent en groupe, d'une façon structurée et dans une collaboration très élaborée. J'ai vu des équipes de football professionnelles être beaucoup moins bien organisées. Les lycaons sont intelligents et extraordinairement insaisissables. L'activité humaine les a largement décimés, de sorte qu'il est très rare d'en apercevoir, peu importe où.

« Personne n'a vu un lycaon à Londolozi depuis au moins dix ans », mentionne Bronwyn.

– Alors, ce sera le lycaon, dis-je, appelons-le ! »

Dave rit. « Et tant qu'à y être, pouvez-vous "faire pleuvoir" aussi ? La région est desséchée et il n'y a aucune goutte de pluie dans les prévisions météo. »

Il plaisante, comme nous tous. Mais je n'ai pas perdu toute ma tête. C'est dans l'ambiance du jeu Imaginatif, non dans une fervente croyance, que nous glissons tous dans l'Observation silencieuse, concentrés sur l'Unité, et nous faisons de notre mieux pour *appeler* la pluie et les lycaons.

L'observation commence alors. Pendant trois jours, nous nous levons à quatre heures et demie pour être sur la piste des animaux avant l'aube. Pendant trois nuits, nous restons debout pour voir la savane sous le ciel nocturne étoilé (les nuages ne sont toujours pas là). Nous nous couchons vers minuit et nous levons quelques heures plus tard pour reprendre le pistage. Nous voyons toutes sortes d'animaux et nous rencontrons à peu près toutes les bêtes d'Afrique, sauf les lycaons. Je me suis fait une réflexion. « Eh bien ! Je ne me suis jamais réellement attendue à ce que ça fonctionne ! »

À mon dernier soir à Londolozi, nous avons tous les mines défaites et les yeux cernés. Le peu de sommeil et les longues randonnées dans la brousse n'ont pas été profitables à nos corps.

« Bon, dit Boyd alors que nous nous souhaitons bonne nuit, on se retrouve demain matin à quatre heures et demie ? »

Sa voix est aussi peu fluide qu'une mélasse épaisse. Il ressemble à un figurant d'un documentaire sur la dépendance aux drogues dures. Pendant un instant, je quitte le mode *chercheuse-de-lycaons* pour adopter le mode *maman*. Je me soucie de la santé de mes amis. C'est alors que ça me frappe : nous n'avons pas du tout été dans l'Unité au cours des derniers jours. L'Unité est amour, et nous ne nous sommes pas traités nous-mêmes avec amour. Nous avons poussé nos corps jusqu'à l'épuisement.

« Non, dis-je, demain, nous faisons la grasse matinée. »

Les autres essaient de protester, mais ils n'en ont pas la force. Une partie de moi se heurte à une dernière protestation interne : « C'est ma dernière chance de voir des lycaons. » Mais, du coup, je ressens toute la distorsion, toute la lutte que crée cette pensée dans mon corps. Lorsque je retourne à ce *qui cherche à arriver*, je réalise que la seule option compatissante est de permettre à nos corps de dormir. Et c'est ce que nous faisons… longtemps.

Je me réveille autour de dix heures le lendemain matin. Toutes les cellules de mon corps semblent baigner dans la gratitude pour ce long repos. Je me sens revigorée. Je ressens aussi l'Unité, comme un signal radio clair et puissant, ce qui n'avait pas été le cas durant les derniers jours. Je fais mes bagages, je fais mes adieux aux Varty et je saute dans une Land Rover à destination de la piste de décollage de Londolozi. Alors que j'ajuste ma ceinture de sécurité dans le petit avion qui me conduira à Johannesburg, le pilote nous annonce ceci : « S'il vous plaît, bouclez votre ceinture, nous devons décoller immédiatement pour ne pas être surpris par le front nuageux. »

C'est alors que je remarque de lourds nuages qui avancent vers nous en grondant. Alors que l'avion décolle, la pluie commence à tomber. Quelques kilomètres plus loin, pour la première fois en une décennie, les pisteurs ont repéré une meute de lycaons parcourant Londolozi.

## Résoudre les problèmes avec son Imagination

Cet épisode et d'autres rapportés dans ce livre, concernant l'appel des animaux, sont des exemples de l'utilisation de l'Imagination pour influencer les événements du monde physique. Mais cet exercice ne fut pas une manière paresseuse d'espérer une chose et d'attendre que la réalité nous la livre immédiatement. Mes amis et moi avons mis en action nos connaissances et nos habiletés dans le monde physique, tout comme nous avons évalué et rectifié notre bonne ou mauvaise utilisation des technologies de magie.

Lorsque nous utilisons notre esprit et notre corps pour favoriser la création des choses que nous avons Imaginées, nos technologies de magie interagissent avec notre approche rationnelle de la vie. Nous appelons cela la « résolution de problèmes ». Le rationalisme le voit comme un processus purement logique. Les adeptes du nouvel âge croient souvent qu'ils peuvent régler des problèmes comme par magie, mais ils ne se servent pas de l'Observation silencieuse ni de l'Unité. Donc, au lieu de *manifester* instantanément la montre Rolex ou la robe Armani dont ils maintiennent l'image dans leur esprit, ils finissent bien souvent par tomber dans une dépendance.

Les gens les plus doués pour résoudre des problèmes dans toutes les cultures – les grands scientifiques, ingénieurs et gens d'affaires de notre société tout comme les anciens découvreurs de voies – utilisent l'Imagination de façon spécifique et inhabituelle pour la plupart des gens, mais très similaire d'un découvreur de voies à un autre. En fait, ils n'utilisent pas l'Imagination pour résoudre des blocages auxquels ils se heurtent; ils recherchent littéralement les problèmes pour précisément stimuler leur Imagination (comme mes amis et moi l'avons fait lorsque nous avons décidé de chercher les lycaons). Les découvreurs de voies doués savourent ce que la plupart d'entre nous voient comme des problèmes, reconnaissant ces occasions comme le fondement de toute bonne idée, la source de toute inspiration. Ce chapitre a pour but de vous aider à utiliser l'Imagination de cette façon.

## Se servir des problèmes pour libérer son imagination et de l'Imagination pour résoudre ses problèmes

Résoudre les problèmes en se servant de l'Imagination – non pas l'imagination ordinaire, mais l'Imagination profonde et magique des artistes, des mystiques, des scientifiques, des guérisseurs et des visionnaires – comporte quatre étapes :

1. Ancrez-vous profondément dans l'Observation silencieuse et l'Unité. Omettre ou ne pas réussir cette étape est la raison pour laquelle la plupart des tentatives de *manifester* un résultat espéré ne fonctionnent pas.

2. Déterminez si le problème existe complètement dans la réalité physique, s'il est purement imaginaire ou s'il relève des deux réalités, imaginaire et physique.

3. Résolvez les problèmes imaginaires avec l'Imagination. Ignorez les solutions physiques qui ne concernent pas le problème dans sa sphère réelle d'existence (la réalité imaginaire) et ne peuvent donc être efficaces.

4. Débarrassez-vous des aspects physiques du problème, si jamais il y en avait.

Tout en lisant ce chapitre, vous pouvez pratiquer ces quatre étapes pour l'un de vos propres problèmes. En ce moment, pensez à une difficulté que vous affrontez, préférablement un problème répétitif et lourd que vous tentez de résoudre depuis quelque temps. Écrivez-le.

_____

_____

_____

_____

_____

Maintenant, ouvrez votre Imagination, remisez vos croyances et suivez les instructions suivantes.

## Première étape

### *Plonger dans l'Observation silencieuse et l'Unité*

Utilisez n'importe quelle technique des deux premières parties de ce livre, selon celle qui fonctionne le mieux pour vous. En glissant dans l'Observation silencieuse, vous aurez peut-être de la difficulté à conserver une vision claire de votre problème dans votre esprit. Ce n'est pas une coïncidence.

## Deuxième étape

### *Déterminer si le problème est imaginaire, physique ou les deux*

Faites comme si vous aviez avec vous un animal qui vous est familier (si vous êtes assis auprès d'un vrai chien, un vrai chat, un vrai mouton ou une vraie horde d'éléphants, c'est encore mieux). Revoyez le problème que vous avez écrit précédemment. Voici le test : pouvez-vous expliquer votre problème à un animal de telle façon que l'animal partage votre croyance que vous avez un problème ?

Si ce n'est pas le cas, le problème est purement imaginaire.

Bon. Avant de m'envoyer des courriels de bêtises, laissez-moi m'expliquer. Je n'ai pas dit que votre problème n'est pas réel. Il est réel, d'accord. C'était le thème majeur du chapitre précédent. Votre cœur brisé, vos 25 kilos en trop, votre carte de crédit surchargée, l'admirateur obsessionnel qui vous harcèle par des mots d'amour avec des références à *La Mélodie du bonheur*. Bref, tous vos problèmes sont aussi réels que la mort et les impôts. Mais, à moins que vous ne puissiez les montrer réellement, en ce moment même, à un être qui ne peut pas parler, ils ne sont pas physiquement réels, pour vous, là, maintenant, dans le lieu où vous vous trouvez. Ils existent pour vous seulement comme des scénarios dans votre imagination.

Plusieurs problèmes comportent des éléments qu'un animal peut reconnaître. Lorsque nous sommes en souffrance, comme Ned Rogers (voir le chapitre 6), les animaux le savent souvent et semblent se sentir concernés, comme Kasey, la guenon. Si votre admirateur obsessionnel bizarre entrait dans la pièce, un chien, un chat ou un éléphant (je ne suis pas certaine pour le mouton !) ressentirait immédiatement une créature déséquilibrée et se sentirait effarouché. Mais si vous vous inquiétez au sujet d'une future catastrophe, si vous nourrissez une rancune ou si vous vous apitoyez sur votre sort, alors bonne chance pour communiquer votre problème à votre basset ou même à votre perroquet parlant. Ils manquent simplement d'imagination pour de tels *problèmes*.

Rappelez-vous que la différence entre l'imagination ordinaire – qui crée presque tous nos prétendus problèmes – et l'Imagination – qui est au-delà des mots et par conséquent ne peut soutenir des scénarios douloureux – peut être testée en regardant si la pensée que vous entretenez blesse ou guérit. Tout ce qui ne cause aucune souffrance physique et qui ne peut être expliqué à un lapin est le produit d'une imagination négative. C'est réel, mais seulement dans votre tête. Abandonnez ce qui roule dans votre tête, et le *problème* cessera d'exister.

Plusieurs de mes clients se mettent en colère contre moi lorsque je leur dis que leurs problèmes sont imaginaires. Je suis pourtant la première à reconnaître que j'ai souffert immensément de ce genre de dilemme. Voici quelques problèmes imaginaires qui, à un moment ou à un autre, ont do-miné ma vie intérieure entière : me sentir totalement seule dans l'Univers, tout détester de mon corps, me lamenter sur le fait que différentes personnes que j'aimais ne m'aiment plus, croire que Dieu me méprise, m'inquiéter d'avoir une maladie mortelle quelconque, m'apitoyer sur le handicap de mon fils, craindre que les avions qui me transportent ou qui transportent mes bien-aimés s'écrasent, en avoir beaucoup trop à faire, réaliser que j'ai observé toutes les choses qui se font sous le soleil, et voici, tout est vanité et poursuite du vent.

D'accord, j'ai emprunté la dernière ligne du livre de l'Ecclésiaste, mais croyez-moi, je peux en témoigner.

Pour chaque cas que j'ai mentionné, je pensais vraiment que mes problèmes existaient dans la réalité objective, non seulement dans mon imagination. J'avais tort.

Ce qui causait toute ma souffrance – les problèmes – était purement et seulement dans la réalité de la pensée. Voici une comparaison entre les *situations* – qui étaient physiquement réelles – et les *problèmes* – qui étaient les produits de mon imagination.

| Situation (ce qui est arrivé) | Problème (ce qui blesse) |
|---|---|
| Au début de ma vie d'adulte, j'étais extrêmement en retard sur le plan émotionnel et je n'ai pas connu de connexions émotionnelles solides et positives. | Je suis totalement seule dans l'Univers. |
| Mon corps n'a jamais ressemblé à ce que la société projetait comme image, et pendant des années, il était marqué par une douleur chronique. | Mon corps est horrible, comme un monstre répugnant. |
| Plusieurs personnes que j'aime tendrement n'ont plus de relation avec moi. | J'ai perdu ceux que j'aime. |
| Pendant les trente premières années de vie, on m'a répété avec insistance que Dieu était un narcissique humanoïde mâle qui jugeait et qui ne me pardonnerait jamais si j'abandonnais ma religion d'origine (ce que j'ai fait, finalement!). | Dieu me déteste. |
| J'ai enduré plusieurs symptômes et limitations physiques que, pendant des années, personne ne comprenait. | Je suis en train de crever d'une affreuse affliction. |
| Mon fils a un chromosome supplémentaire dans chacune de ses cellules; mentalement et physiquement, il est mis à l'épreuve. | Mon fils connaîtra une vie malheureuse, j'ai raté ma mission de mère. |
| Les avions s'écrasent parfois; mes bien-aimés et moi-même prenons l'avion parfois. | Nous (ou je, ou ils) mourrons dans une horreur indescriptible. |
| Il y a plusieurs tâches à remplir pour que ma vie se déroule comme je le souhaite. | J'ai trop à faire. |
| La plupart des activités humaines semblent totalement futiles à mes yeux, et de toute façon, nous mourrons tous un jour. | Tout est vanité et poursuite du vent. |

Vous aimeriez peut-être écrire ici la situation à la base de votre problème, celui que je vous ai demandé de noter à la page 203.

| Situation (ce qui arrive) | Problème (ce qui blesse) |
|---|---|
|  |  |

Si vous vous sentez dans une impasse, je dois admettre que c'est en effet quelque peu difficile comme question. En commençant l'exercice, je vous ai demandé de glisser dans l'Observation silencieuse et l'Unité. Si vous êtes fermement enraciné dans ces états d'être, il se peut que vous ne soyez pas capable de remplir les espaces ci-dessus. Dans la perception au-delà des mots dans laquelle nous sommes tous Un, la plupart des problèmes n'existent tout simplement pas. Et vous avez une note supplémentaire si vous ne pouvez pas penser à un seul problème réel qui vous dérange en ce moment même. Le reste de nous, penauds, poursuivra avec la troisième étape de son processus de résolution de problèmes.

## Troisième étape

*Résoudre les problèmes imaginaires dans la réalité de l'imagination*

Ma partenaire, Karen, enseigne aux futurs travailleurs sociaux au College of Public Programs de l'université de l'État d'Arizona. Un jour, un collègue trouva une faute typographique dans le curriculum vitæ de Karen en révisant une demande de subvention pour le département. On y lisait que Karen travaillait au College of *Pubic* Programs. Bien que les *Pubic*[14] *Programs* semblent plus excitants quel les *Public Programs* (les séminaires sur l'«onction» doivent, à eux seuls, être palpitants), ce n'était ni approprié ni exact dans le curriculum vitæ de Karen.

Devant ce problème, qu'auriez-vous fait ? Probablement ce que fit Karen : rire, rougir et courir à l'ordinateur pour corriger l'erreur. Vous n'auriez pas imprimé une quantité de curriculums vitæ et essayé de corriger l'erreur sur chacun d'eux à l'aide d'un liquide correcteur et d'un stylo, tout comme

---

14. Pubic : pubien.

vous n'auriez pas appelé les administrateurs du programme de subventions pour leur dire : « Vous voyez l'endroit où il est indiqué que je travaille au College of *Pubic* Programs? C'est une erreur typographique. On devrait lire *Public* Programs. Pouvez-vous juste ajouter le *l* manquant? Désolé, c'est mon erreur. »

L'Imagination est notre façon d'écrire des codes dans l'Internet énergétique, en formulant de nouvelles idées, de nouvelles actions et de nouveaux objets. La plupart d'entre nous travaillent avec des programmes de l'Imagination défectueux qui reproduisent les mêmes *fautes d'impression* encore et encore, en croyant à quelque chose qui ne conduit pourtant pas à un comportement efficace ou au bonheur. Mais au lieu de trouver nos *erreurs d'impression* dans nos propres pensées et de les corriger là où elles surviennent, nous continuons à essayer de corriger la même foutue erreur dans des dizaines de situations physiques *problématiques* identiques. D'un point de vue métaphorique, nous ne modifions pas la typo dans l'ordinateur, mais nous essayons plutôt de corriger chaque feuille à la main une fois qu'elle est imprimée. C'est une telle erreur centrale dans notre façon de penser actuelle qu'il vaut la peine d'en donner d'autres exemples.

Erica était une jolie et gentille femme de mon entourage qui avait marié un homme plus vieux et fortuné et qui a été mère de trois fils costauds. Son mari l'a quittée pour une plus *jeune, jolie* et *gentille* femme. Erica avait besoin d'argent et de compagnie, alors elle a commencé à chercher un autre mari riche et âgé. Elle était ouverte à cette stratégie pour résoudre son problème. Éventuellement, elle maria un vieil homme riche à craquer et qui était aussi agréable à vivre que le diable en personne. « Une partie de moi sera soulagée lorsqu'il mourra », me dit franchement Erica. « Vivre avec lui n'est pas une mince tâche. » Le riche deuxième mari a trépassé, finalement, laissant une petite fortune à Erica. Mais cinq ans plus tard, ses fonds étaient de nouveau à sec. « Je travaille sur le problème », m'assura-t-elle la dernière fois où je l'ai vue. « Connais-tu des hommes riches et âgés? »

Le problème d'Alan était qu'il n'était jamais reconnu ou justement rémunéré pour les brillantes performances qu'il offrait à ses employeurs. Avant ses quarante ans, il avait changé d'emploi une demi-douzaine de fois, ajoutant plusieurs zéros au montant de profit des entreprises, mais se retrouvant les mains vides quand venait le temps des bonis et des promotions. « Je n'ai pas encore trouvé la bonne entreprise », me raconta-t-il. « Comment se fait-il que tout le monde dans les organisations américaines soit des salopards? »

Cindy était une auteure créative et à l'esprit fertile. Non seulement écrivait-elle de magnifiques poèmes et d'intéressants essais, mais elle avait aussi des idées géniales pour en faire la promotion en ligne. Elle partageait toutes ses idées avec d'autres écrivains et des éditeurs, en espérant que ces gens l'aideraient à lancer sa carrière. Mais, chaque fois, ils lui volaient plutôt ses idées en créant les sites Internet et en réalisant les concepts de *marketing* que Cindy avait créés. Évidemment, Cindy n'en recevait ni le crédit, ni l'argent, ni l'aide qu'elle aurait souhaités.

Greg est un homme de belle apparence, amusant, intelligent, prospère et honnête, exactement le genre de type qui devrait avoir du succès auprès des femmes. Pourtant, alors que ses amis sont mariés et ont fondé une famille, Greg n'a jamais eu une relation à long terme avec une femme. Il a rarement des rendez-vous galants, et lorsque des amis lui présentent des femmes intéressantes, il est toujours déçu. « Chaque femme avec qui je suis sorti a fait quelque chose d'impardonnable à la toute première rencontre, me dit-il, pourquoi ai-je cette malchance incroyable ? »

Deux mots : *Pubic Programs*.

Toutes ces personnes ont créé un code informatique mental dans lequel des *erreurs typographiques* se sont glissées. Ces erreurs produisent toujours le même scénario, fois après fois. Chacune de ces personnes a dépensé beaucoup de temps et d'énergie à essayer de résoudre ses problèmes de l'imagination en changeant sa situation physique, *imprimant* la même erreur constamment et essayant de la corriger avec du liquide correcteur sur chaque feuille. Si vous vous butez continuellement à un même problème, c'est parce que vous avez une *erreur typographique* dans votre imagination, votre modèle mental de la réalité. Trouvez et rectifiez le code erroné, et le problème physique disparaîtra. Durant le processus, vous libérerez votre esprit de l'imagination limitée qui causait le problème, lui permettant d'Imaginer les visions de guérison du découvreur de voies.

## Identifier les typos imaginaires derrière les problèmes physiques

Tout comme Karen, dont le collègue à l'œil de lynx avait relevé la faute typographique sur son curriculum vitæ, vous avez vous aussi un *correcteur d'épreuves* qui vous aide en mettant en évidence continuellement vos *fautes typographiques* dans le code que vous écrivez avec votre imagination. Votre propre subconscient – ce Moi alerte, subtil et non verbal – est spécifiquement conçu pour trouver vos erreurs de typo, les porter à votre attention et vous motiver à changer le problème sur le plan de votre pensée, le seul endroit où vous pouvez procéder aux réparations nécessaires. Le signal dont se sert votre subconscient-correcteur-d'épreuves pour vous signaler un mauvais code est une enseigne au néon éclatant qui dit principalement ceci : « Dans cette sphère de ta vie, c'est nul. »

Les *coachs* de vie de mon équipe et moi-même commençons toujours une rencontre avec un nouveau client en lui demandant : « Quel est l'aspect de votre vie qui vous apporte le moins de satisfaction actuellement ? » (Quelques-uns de mes *coachs* débutent d'une façon plus directe : « Alors, où est-ce que ça dérape ? ») Pour certaines personnes, l'aspect le moins satisfaisant peut être un immense tas goudronneux de terreur, de rage et de désespoir. Pour ceux qui ont moins d'erreurs de typo dans leur imagination, ce qui est *moins satisfaisant* désigne des choses qui sont un peu moins captivantes que les autres aspects de leur joyeuse vie. Les quatre exemples mentionnés auparavant se trouvent à mi-chemin entre les deux extrémités. Erica craignait de manquer d'argent, Alan se sentait sous-estimé à son travail, Cindy en avait marre de se faire piquer ses idées et Greg n'arrivait pas à trouver un partenaire romantique.

Avant d'amener ces gens à procéder à des changements laborieux dans le monde physique, un bon *coach* trouvera l'erreur mentale qui produit les mêmes situations désastreuses encore et encore. La façon de le faire est de laisser la souffrance mettre à jour les erreurs dans le code de l'imagination, démontrant que vous permettez à un médiocre imposteur d'outrepasser votre Imagination de découvreur de voies. Faites-le pour vous-même, maintenant, selon le problème que vous avez :

1. Quand vous pensez à votre problème, que ressentez-vous physiquement ?

_____

_____

_____

2. Où cette sensation physique se situe-t-elle dans votre corps ?

_____

_____

_____

3. Comment la décririez-vous ? Est-ce une sensation de brûlure, de tension, d'étouffement, d'engourdissement, de picotement ? Quelle est son intensité ? Quelle couleur a-t-elle ? Quelle forme a-t-elle ?

_____

_____

_____

4. Décrivez l'émotion reliée à cette sensation. Si vous deviez la classer dans l'une des quatre catégories telles que folie, tristesse, joie ou peur, laquelle conviendrait le mieux ? (Elle peut se retrouver dans plus d'une catégorie.)

_____

_____

_____

5. Permettez à la sensation d'occuper votre conscience sans aucune résistance. Laissez-la se déchaîner. Maintenant, trouvez une pensée associée à cette sensation. Si vous êtes attentif, vous *entendrez* cette pensée intérieurement. Plusieurs pensées peuvent se présenter : choisissez celle associée à la plus misérable sensation. Écrivez la plus horrifiante, désolante ou enrageante pensée accompagnant votre affreuse sensation.

_____

_____

_____

Félicitations ! Vous venez tout juste d'isoler une *erreur de typo* dans le code informatique de votre imagination. Votre imagination est si puissante – même celle qui n'est pas l'Imagination des découvreurs de voies – que toutes les situations physiques que vous créerez sans corriger cette *erreur de typo* engendreront la même satanée erreur, le même *Pubic Programs*, avec une fidélité absolue. Il est inutile d'essayer de résoudre votre problème dans le monde des formes sans corriger l'erreur d'abord dans la réalité sans forme. C'est pourquoi la magie, parfois d'apparence latente, de l'Observation silencieuse et de l'Unité, doit absolument précéder toute tentative de créer quoi que ce soit de merveilleusement magique dans le monde physique.

C'est plus facile à saisir dans la vie des autres que dans la nôtre. Prenons Erica, Alan, Cindy et Greg. Après avoir complété l'exercice précédent, ils ont identifié les *erreurs de typo* suivantes dans leur esprit :

Erica : « Ma seule valeur est mon attrait sexuel. »

Alan : « Je n'obtiendrai jamais le respect que je mérite. »

Cindy : « Je suis créative, mais je ne suis pas capable d'être en affaires. »

Greg : « Je ne peux faire confiance à personne. »

Tous ces gens – et vous et moi – ont écrit leurs codes erronés dans leurs programmes informatiques mentaux à cause d'expériences douloureuses. Tous nos parents ont fait des erreurs, et chacun de nous a souffert de traumatismes ou de pertes quelconques. Mais je ne m'attarderai pas à ces situations dans ce livre, car les expériences qui ont créé des *erreurs de typo* dans notre code énergétique sont peut-être intéressantes, mais pas du tout importantes et encore moins utiles. Ce qui est important et utile est de changer le code.

## Corriger le code de son Imagination

Pour réparer les erreurs de programmation qui créent vos problèmes, remplacez les pensées derrière les situations problématiques par une observation du monde au-delà des mots. Cela vous conduit à l'Unité qui, elle, élimine la plupart des problèmes de votre vie si complètement et si instantanément que c'en est quelque peu décevant. (Pour moi, l'un des aspects les plus agréables à propos de l'accompagnement des gens qui passent beaucoup de temps à pratiquer les technologies de magie est qu'il n'y a littéralement pas de drame ni d'effort gaspillé tandis que l'on résout des problèmes ou que l'on analyse des erreurs. Il n'y a qu'un plaisir partagé tout au long du procédé.)

Pour vous donner un exemple du fonctionnement de ce procédé, rappelez-vous les problèmes imaginaires, dont j'ai fait mention quelques pages auparavant, ceux qui me ruinaient l'existence. Vous avez déjà vu comment mon code mental traitait comme des problèmes les différentes situations que je vivais. Voilà maintenant comment je vois les mêmes situations selon la perspective de l'Observation silencieuse et de l'Unité.

| Situation (même qu'avant) | Comment je vois les choses à partir de l'Unité sans mots |
|---|---|
| Au début de ma vie d'adulte, j'étais extrêmement en retard sur le plan émotionnel et je n'ai pas connu de connexions émotionnelles solides et positives. | Tout au long de ma vie, j'ai été entourée d'amour. En fait, je suis faite d'amour comme toute chose. La solitude est impossible, illusoire. |
| Mon corps n'a jamais ressemblé à ce que la société projetait comme image, et pendant des années, il était marqué par une douleur chronique. | J'habite temporairement dans un étrange animal qui accepte de souffrir pour m'aider à apprendre. |
| Plusieurs personnes que j'aime tendrement n'ont plus de relation avec moi. | Pour un instant, de minuscules aspects de l'amour peuvent s'éloigner les uns des autres sur la mer de l'amour, comme des danseurs. |
| Pendant les trente premières années de vie, on m'a répété avec insistance que Dieu était un narcissique humanoïde mâle qui jugeait et qui ne me pardonnerait jamais si j'abandonnais ma religion d'origine (ce que j'ai fait, finalement!). | Quoi ? |
| J'ai enduré plusieurs symptômes et limitations physiques que, pendant des années, personne ne comprenait. | L'existence physique m'a appris des choses, à travers la souffrance, qui augmente mon aptitude à être dans la joie. |
| Mon fils a un chromosome supplémentaire dans chacune de ses cellules; mentalement et physiquement, il est mis à l'épreuve. | Je vis avec un maître spirituel. Et si vous n'êtes pas en accord avec ma vision des choses, je m'en fous respectueusement. |
| Les avions s'écrasent parfois; mes bien-aimés et moi-même prenons l'avion parfois. | Oh! Regardez! Un avion! |
| Il y a plusieurs tâches à remplir pour que ma vie se déroule comme je le souhaite. | Nous y voilà! Que dois-je faire? |
| La plupart des activités humaines semblent totalement futiles à mes yeux, et de toute façon, nous mourrons tous un jour. | Quel étrange et savoureux jeu que la vie! |

Évidemment, je ne vois pas toujours les choses de cette façon, seulement lorsque je préfère ne pas souffrir. Et je ne prétends pas que ma perception de l'Unité soit l'absolue vérité. C'est seulement une façon sans souffrance d'Imaginer la réalité, un état d'esprit guérisseur des conditionnements pour lesquels différentes situations semblent de douloureux problèmes. Lorsque je choisis d'Imaginer que ma perception de l'Unité est vraie, je suis plus aimable, plus heureuse, en meilleure santé, plus productive et meilleure en tout, que ce soit faire mon lit ou gagner ma vie.

Comment percevriez-vous votre problème si vous Imaginiez, ne serait-ce que pour en faire l'expérience, que l'Unité est une description exacte de la réalité ? Réécrivez votre propre situation problématique et notez comment elle vous apparaît lorsque vous Imaginez le monde selon l'Unité.

| Situation (ce qui arrive) | Telle que je la vois à partir de l'Observation silencieuse et l'Unité |
|---|---|
|  |  |

Lorsqu'Erica, Alan, Cindy et Greg sont entrés en Observation silencieuse et qu'ils se sont connectés à l'Unité, leurs problèmes se sont évaporés.

Erica a eu une révélation lorsqu'elle a commencé à s'imaginer elle-même à travers les yeux de son chat siamois. Pour le chat, Erica n'était pas un pathétique objet sexuel vieillissant. Elle était une humaine aux mille ressources avec une infinité d'options pour s'en sortir. Lorsqu'Erica devint de plus en plus convaincue que cette vision Imaginée d'elle-même pouvait être vraie, elle réalisa que son sens de l'investissement pouvait la mener à une carrière en finance. Elle a également réalisé d'excellents placements personnels qui lui ont permis de rebâtir sa fortune sans avoir recours à un autre mariage misérable.

Alan est entré en Observation silencieuse par les voies du jeu. En se concentrant sur les moments où sa passion pour son travail se déroule dans le plaisir, il a pu dépasser ses pensées sombres au sujet des employeurs *diaboliques*. En mettant l'accent sur ses habiletés, il a gagné le respect de la personne qui peut influencer ses relations sociales : lui-même. Il a commencé à Imaginer qu'il était vraiment le type à succès que son Moi Imaginait dans l'Univers au-delà des mots. Il devint alors plus en confiance et plus détendu, et ses collègues et patrons commencèrent à le traiter de mieux en mieux.

Cindy, l'auteure, est entrée *en mode* d'Observation silencieuse et a réalisé qu'elle était très intuitive. Elle pouvait ressentir la transmission d'énergie émotionnelle entre elle et les gens qui sont susceptibles de l'aider dans sa carrière. Dès qu'elle a commencé à en être consciente, au lieu de continuer sans cesse à entretenir des histoires dénigrantes, elle vit que son énergie d'avant faisait en sorte que les gens ne réalisaient même pas qu'elle souhaitait travailler avec eux. Elle émettait une énergie de faiblesse. Les gens percevaient qu'elle n'était pas disponible pour des collaborations. Elle a commencé à Imaginer que son travail était très recherché, elle a nourri une énergie beaucoup plus enthousiaste, et bientôt, elle fut engagée pour écrire un blogue pour un site Internet de littérature.

Greg a réalisé qu'il avait toujours évité l'Unité dans sa vie amoureuse. Le code mental *Je ne peux faire confiance à personne*, écrit durant une enfance horrible, émettait un puissant signal de peur que les autres – spécialement les femmes – percevaient comme un champ de force de rejet. Greg a dû passer considérablement de temps dans l'Observation silencieuse, en Imaginant un nouvel univers sécurisant, avant de se sentir connecté – sans ressentir de la crainte – à un philodendron ! On était loin des femmes ! Il s'exerça à ressentir l'Unité dans un sentiment de confiance avec les plantes, puis les animaux, les imaginant maintenant aimables et accueillants. Effectivement, ces êtres donnèrent raison à son Imagination. Greg adopta un chien. Quelques années plus tard, il vivait heureux et amoureux d'une femme du TEAM qu'il avait rencontrée au parc pour chiens.

Ces conclusions heureuses n'étaient pas des solutions à une seule situation problématique. D'autres solutions heureuses sont apparues dans la vie de ces gens tandis qu'ils restructuraient leurs programmes mentaux en Imaginant une réalité comblée de paix et de connexion. Les *Pubic Programs* sont devenus des *Public Programs* dans des centaines de situations après qu'ils ont rectifié le code erroné qui était à la source des problèmes. De plus, des situations qui auraient pu devenir des problèmes dramatiques se sont dissipées rapidement ou ne sont jamais survenues.

Et ne croyez pas que ce soit parce que les problèmes de ces gens n'étaient vraiment pas sérieux. Rappelez-vous les personnes qui vivent des situations problématiques hors du commun tout en demeurant connectées solidement à l'Observation silencieuse et à l'Unité. Elles Imaginent que ces situations sont totalement libres de problèmes. J'ai parlé d'Aung San Suu Kyi et d'Immaculée Ilibagiza, qui ont appris à vivre ainsi en dépit du meurtre de leurs êtres chers et des menaces constantes à leur propre vie. Le dalaï-lama a écrit *L'art du bonheur* après avoir vu son propre pays saccagé et occupé, son peuple massacré, sa culture délibérément détruite et après s'être vu enlever tous les éléments de sa vie. L'enseignante spirituelle Byron Katie se plaît à dire : « Lorsque je marche à travers un groupe de personnes, je sais qu'elles m'aiment. Je ne m'attends pas cependant à ce qu'elles le réalisent nécessairement. » Cette joyeuse façon de se brancher à l'Unité fait en sorte que l'on ne peut aucunement heurter ses sentiments. Est-ce qu'elle imagine des choses ? Bien sûr que si, mais ce sont des choses qui guérissent. Et ça fonctionne pour elle.

Tous ces gens agissent aussi dans le monde physique pour transformer des situations de tous les jours. Ils vont chez le docteur s'ils sont malades ; ils réchauffent leur soupe si elle est froide ; ils encouragent ceux qui souffrent ; ils participent à des mouvements sociaux occasionnels pour la paix et la justice. L'Imagination basée sur l'Univers au-delà des mots et l'Unité n'est pas inerte ni paralysée. Elle résout toutes sortes de problèmes dans la réalité physique. C'est l'un de ses jeux favoris. Et ça nous amène à la quatrième étape.

## Quatrième étape

### *Éliminer les éléments physiques de problèmes*

Lorsque mon amie Jayne était mourante, son chien Sam semblait très conscient de sa détresse. Lorsqu'elle ressentait la peur, la tristesse ou la douleur physique, Sam essayait, souvent avec persistance, de passer à travers les tubes et les barreaux de son lit d'hôpital, installé chez elle, pour pouvoir lui toucher physiquement. Il déposait sa tête sur ses jambes ou il essayait de se coucher auprès d'elle pour la réconforter. L'ironie, c'est que Sam était lui aussi atteint d'un cancer. N'ayant pas l'imagination des humains, cela n'était pas un problème pour lui. Pour lui, le seul problème était l'inconfort de Jayne. Et cette partie de la situation était un problème qui pouvait être résolu ou, du moins, amélioré, par des gestes et des actions physiques et mentaux. Sam pouvait lécher la main de Jayne et nous, les humains, avec notre merveilleux héritage d'inventions, pouvions lui administrer par voies intraveineuses des solutés, des antibiotiques et de la morphine.

Cette simplification de la résolution d'un problème dans l'action physique et dans le moment présent est merveilleusement bien illustrée dans les premiers chapitres de *Mange, prie, aime*. On y retrouve Elizabeth Gilbert à genoux dans sa salle de bain, sanglotant, comme plusieurs nuits auparavant. Elle avait ce que la plupart des gens verraient comme un énorme *problème* :

elle s'est établie dans la vie et dans un mariage qui semble parfait – un mari, une maison, des projets de maternité –, mais elle souhaite en sortir. Elle a creusé sans fin son esprit et son cœur à la recherche de solutions, mais en vain. Puis, en désespoir de cause, elle commence à prier.

« La prière se rétrécit d'elle-même à cette unique supplique – *s'il vous plaît, dites-moi ce que je dois faire* – répétée en boucle. J'ignore combien de fois je la réitérai. Je sais seulement que j'implorais comme pour ma vie […].

» Puis j'ai entendu une voix […] Comment décrire l'affection et la chaleur qui émanaient de cette voix tandis qu'elle me donnait la réponse qui allait sceller à jamais ma foi dans le divin ?

» La voix dit : "Va te coucher, Liz."

» Je relâchais ma respiration.

» Immédiatement, il m'apparut évident que c'était la seule chose à faire. Je n'avais pas accepté d'autre réponse. Je n'aurais accordé aucun crédit à une voix puissante qui aurait tonné : "Tu dois divorcer" ou "Tu ne dois pas divorcer". Parce que ce n'est pas la vraie sagesse. La vraie sagesse donne la seule réponse possible à un moment donné[15] […]. »

C'est ce que le bon vieux Sam offrait à Jayne, quelque chose que tout animal comprendrait totalement. C'est la combinaison des trois premières technologies de magie : l'Observation silencieuse, l'Unité et l'Imagination – pour résoudre un problème physique réel. La suite de l'histoire de Gilbert se déroule alors qu'elle voyage autour du monde, résolvant sa situation et sa souffrance émotionnelle en suivant la voie d'un véritable découvreur de voies. Tandis qu'elle trouve des réponses à ses grandes questions dans son Imagination, elle ne rencontre aucun problème réel qu'elle ne peut résoudre en s'en tenant simplement à manger, à prier et à aimer. Le titre de son livre résume une stratégie de résolution de problèmes qui peut servir tout au long d'une vie humaine.

Revoyez votre problème, celui que vous avez formulé précédemment. Y décelez-vous un aspect qui crée un écart, ici et maintenant, entre la réalité physique que vous désirez et celle que vous vivez ? Souvenez-vous de faire abstraction des généralités comme *J'ai besoin de plus d'argent*. À moins que vous soyez en ce moment même en train d'acheter quelque chose que vous voulez, le problème est imaginaire. Les vrais problèmes physiques sont simples. Un cheval les comprendrait. Un chat ou un fourmilier le saisirait totalement. Si vous avez froid, allez dans un endroit plus chaud, revêtez un

---

15. Elizabeth Gilbert, *Mange, prie, aime*, France, Calmann-Lévy, 2008, p. 29.

chandail ou recouvrez-vous d'une couverture. Si vous êtes seul, demandez une accolade à quelqu'un ou lisez le livre d'une personne qui a su apprivoiser la solitude. Si vous êtes en douleur, détendez-vous et utilisez tout ce qui peut vous soulager, tout comme Jayne utilisait la morphine.

Bref, allez vous recoucher, cher ami !

Une fois que vous avez fait tout ce que vous pouviez pour être bien physiquement, dans le moment présent, que vous êtes relié à l'Unité et à l'Observation silencieuse et que vous ne ressentez aucune insatisfaction émotionnelle, vous pouvez orienter votre Imagination vers des choses plus globales, comme bâtir une fortune, éradiquer les injustices sociales, sauver le monde…

En fait, c'est ce que vous ferez de toute façon en exprimant votre vraie nature. Votre Imagination de découvreur de voies ira beaucoup plus loin que tout ce à quoi votre petit esprit pourra rêver.

La résolution de problèmes que vous réalisez avec une Imagination libre sera débarrassée du sentiment de panique des besoins immédiats et s'inscrira dans l'énergie beaucoup plus puissante du jeu. Je me plais à nommer ce processus la « résolution des casse-têtes », parce qu'il commence dans une perspective où très peu de problèmes *surviennent*. Le chapitre suivant est consacré à l'utilisation de l'Imagination pour résoudre des casse-têtes. Mais, avant d'en parler, je dois admettre qu'une Imagination libre, combinée avec un travail physique et mental ciblé sur un seul et même problème, crée souvent des miracles. J'ignore comment, mais j'ai vu tellement de choses inexplicables survenir de cette façon que je ne peux pas ne pas en faire mention. Si vous commencez à Imaginer à partir du vide paisible de l'Unité sans mots, vous verrez des changements s'opérer dans le monde physique en accord avec ce qui se crée dans votre Imagination.

## Se défaire des problèmes physiques seulement en s'alignant sur l'Imagination des découvreurs de voies

Débutons avec un aspect que l'on considérait comme absurde lorsque j'étais enfant, mais qui est maintenant largement reconnu par la médecine moderne : notre Imagination influence notre corps physique. Notre façon de penser peut restructurer les tissus de notre cerveau et modifier notre état de santé physique dramatiquement, et ce, même si personne ne peut vraiment l'expliquer. Nous savons que nos inquiétudes peuvent nous rendre malades, causant des déséquilibres hormonaux par le stress. Nous pouvons aussi nous Imaginer en état de bien-être, à un niveau que les chercheurs commencent tout juste à comprendre.

Par exemple, lors d'une récente expérience, 65 % des patients souffrant du syndrome du côlon irritable ont noté une amélioration de leur état après avoir pris un placebo, comparativement à 35 % chez les patients qui n'avaient rien pris. Tout cela alors que les docteurs leur ont dit tout au long de l'expérience qu'ils prenaient un placebo. Et lorsque les pilules de placebo – que tout le monde savait n'être que des pilules de sucre – se sont épuisées, les symptômes des patients sont revenus comme s'ils avaient cessé de prendre une véritable médication. Plusieurs d'entre eux se sont alors procuré des pilules similaires ou des capsules de suppléments vitaminiques, et ont commencé à en consommer. Vous l'aurez deviné, les patients notèrent de nouveau une amélioration des symptômes. Le simple fait de prendre des capsules ou des pilules les aidait à Imaginer que leurs tissus et organes physiques redevenaient sains.

Lors d'une autre expérience, on demandait à des hommes âgés d'imaginer qu'ils retournaient dans le temps. Ils vivaient un certain temps dans un décor favorisant ce retour dans le temps, avec des éléments de la première moitié du XXᵉ siècle, écoutant des émissions de radio de la même époque. On ne les autorisait pas à utiliser des choses datant d'après 1950 ni même à en discuter. À la fin de l'étude, les sujets testés ont semblé avoir diminué leur âge : leur système immunitaire était plus efficace et plus fort, leurs perceptions sensorielles étaient améliorées, leur force musculaire avait augmenté et – tenez-vous bien – leurs doigts avaient allongé.

Malheureusement, cette étude fut menée dans les années 1990. Je vis actuellement dans un véritable bunker décoré à la mode des années 1980. Je refuse de parler de quoi que ce soit datant d'après l'administration Reagan. Je ne peux donc rien dire de plus. De plus, les énormes bourrures aux épaules de mes vêtements et ma chevelure gonflée rendent l'expérience difficile ! Sérieusement, mon point est qu'avant même que nous inventions un objet ou un procédé dans la réalité physique, le code que nous inscrivons dans notre Imagination commence à émerger de la pure réalité imaginaire et à créer de nouvelles réalités dans nos corps de chair et d'os.

## Les traces physiques d'un code imaginaire rectifié

Nos corps, nos relations, nos carrières et d'autres situations problématiques se transforment souvent spontanément tandis que nous Imaginons le monde à nouveau. Nous agissons différemment, de façon subtile ou non, en devenant de plus en plus adeptes des trois premières technologies de magie. Sans autre moyen de résolution que l'Imagination, peut-être par l'Internet d'énergie, nos vies commencent à se rectifier d'elles-mêmes. Voici quelques trucs survenus par rapport à mes propres *problèmes* lorsque j'ai cessé d'imaginer le monde mécaniquement et que j'ai commencé à l'Imaginer à la façon des découvreurs de voies.

| Situation (ce qui est arrivé) | Transformation physique spontanée après avoir Imaginé le monde à nouveau |
|---|---|
| Au début de ma vie d'adulte, j'étais extrêmement en retard sur le plan émotionnel et je n'ai pas connu de connexions émotionnelles solides et positives. | Ma vie est remplie de gens que j'adore, qui me donnent de l'amour en échange. |
| Mon corps n'a jamais ressemblé à ce que la société projetait comme image, et pendant des années, il était marqué par une douleur chronique. | J'en suis venue à aimer vivre dans mon corps. Les malaises chroniques, comme les excès de poids ou la douleur, sont disparus. |
| Plusieurs personnes que j'aime tendrement n'ont plus de relation avec moi. | Je ressens l'amour et la joie lorsque je pense à ces personnes et à mes relations avec elles. |
| Pendant les trente premières années de vie, on m'a répété avec insistance que Dieu était un narcissique humanoïde mâle qui jugeait et qui ne me pardonnerait jamais si j'abandonnais ma religion d'origine (ce que j'ai fait, finalement !). | Je fais l'expérience de façon presque continue d'être infiniment aimée par une puissance supérieure et bienveillante. |
| J'ai enduré plusieurs symptômes et limitations physiques que, pendant des années, personne ne comprenait. | Bien que l'on m'ait diagnostiqué plusieurs maladies incurables, tous mes symptômes sont en rémission. |
| Mon fils a un chromosome supplémentaire dans chacune de ses cellules; mentalement et physiquement, il est mis à l'épreuve. | Adam m'apporte une joie infinie. Le livre que j'ai écrit sur lui a lancé ma carrière. |

| | |
|---|---|
| Les avions s'écrasent parfois; mes bien-aimés et moi-même prenons l'avion parfois. | J'adore voler. |
| Il y a plusieurs tâches à remplir pour que ma vie se déroule comme je le souhaite. | Mystérieusement, si je fais seulement ce que je veux, tout s'accomplit. |
| La plupart des activités humaines semblent totalement futiles à mes yeux, et de toute façon, nous mourrons tous un jour. | J'adore jouer le jeu de la vie humaine et je ne crains pas la mort. |

Peut-être voulez-vous faire l'expérience de tout cela par vous-même, dans votre propre vie, en visualisant des situations à partir de l'Imagination des découvreurs de voies, et observer comment les choses se placent pour vous. Selon ce que j'ai pu observer dans ma propre vie et dans celle de centaines de *coachs* et de milliers de clients, je crois qu'en utilisant la troisième technologie de magie, chacun de vos *problèmes*, que ce soit vos brûlures d'estomac ou vos immenses chagrins, vont commencer à changer, à s'adoucir et à prendre des directions qui vous rendront plus heureux.

Si vous persistez suffisamment longtemps, les choses commenceront même à devenir étranges, comme ce fut le cas à Londolozi lorsque mes amis et moi avons finalement aligné notre Imagination sur l'Observation au-delà des mots et l'Unité. Il n'y avait aucune chance que notre comportement physique crée la pluie et attire les lycaons simultanément. Cela aurait pu être une coïncidence, mais elle aurait été étonnante. C'est une chose de reconnaître que notre corps et notre esprit répondent à l'Imagination. C'en est une autre de voir des éléments distants et distincts de la réalité physique en faire apparemment autant.

## Lorsque les choses deviennent bizarres

À mesure que votre imagination de tous les jours se changera en Imagination du découvreur de voies, vous commencerez à vous sentir comme un apprenti sorcier : à peu près tout ce que vous pouvez Imaginer apparaîtra dans votre réalité physique. Mais, contrairement aux nouveaux sorciers dans les légendes, vous n'abuserez pas de votre pouvoir, parce que tout ce qui relève de l'avidité ou de la cupidité vient de l'imagination ordinaire et non de l'Imagination, et par conséquent n'a que très peu de pouvoir. Seul l'amour fait la véritable magie. Tant que les Varty et moi tentions de forcer la manifestation des lycaons et de la pluie, rien ne se passait. Ce n'est qu'en retrouvant la voie de la compassion que ce que nous Imaginions apparaissait.

J'ai pensé que l'expérience de l'appel des animaux n'avait pas réussi dans mon cas parce que je n'avais pas vu les lycaons le jour où ils sont arrivés à Londolozi. Mais le jour où j'y suis retournée, des mois plus tard, j'ai appris que les animaux avaient agi de façon encore plus improbable que tout ce que nous avions pu Imaginer. Ces chiens sauvages africains ont arrêté leur marche habituelle de nomades pour établir une tanière et mettre bas, ce qu'ils font rarement.

« S'il vous plaît, peut-on aller voir la tanière ? » dis-je en suppliant mes amis.

Je sais que nous ne verrons pas vraiment ces bêtes. Ces animaux sont reconnus pour être si furtifs que presque personne n'a réussi à bien les observer jusqu'ici. Je souhaite seulement examiner leurs pistes, ce qui, dans ce cas-ci, est presque aussi intéressant que de voir les bêtes elles-mêmes. Toujours aussi attentionnés, Boyd et Bronwyn me conduisent jusqu'à une termitière abandonnée où les lycaons ont creusé leur tanière.

Presque immédiatement après avoir garé la Land Rover, deux créatures sveltes et au pelage tacheté émergent de la tanière et nous regardent avec un semblant de sourire, comme pour nous souhaiter la bienvenue. Puis, un à un, cinq petits chiots sortent à leur tour et se mettent à jouer à deux ou trois mètres de nous. Les adultes s'étendent sur le sol pour veiller, satisfaits et détendus. Une fois de plus, les animaux de Londolozi semblent agir de façon inexplicable. Ils nous font suffisamment confiance pour nous permettre d'être tout près de ce qu'ils ont de plus précieux au monde : leurs bébés. Je m'assois, le cœur rempli de gratitude, me demandant encore si cela peut vraiment être réel. Si ça ne l'est pas, si je suis en train de rêver tout cela dans ma tête, tout ce que je peux dire est que je ne veux plus jamais quitter la réalité de l'Imagination.

# CHAPITRE 10

## LAISSEZ VOTRE IMAGINATION RÉSOUDRE VOS CASSE-TÊTES

Il n'y a pas de clé à Londolozi – elles sont fréquemment égarées et elles deviennent encombrantes –, mais à chacune de mes visites, les bâtiments pour les invités sont verrouillés avec des serrures assez sophistiquées. Du moins, à l'extérieur. À l'intérieur, les portes n'ont qu'un simple loquet coulissant. Par contre, à l'extérieur, des « barrures » en fer, toujours plus performantes ou compliquées à ouvrir, protègent l'entrée. Ces *gadgets* doivent être dévissés, décrochés, tout en étant poussés sur le côté... Bref, vous voyez le genre : difficiles à déverrouiller.

Cette constante augmentation du degré de complication de l'ouverture des serrures m'a toujours tracassée, jusqu'à cet après-midi. En retournant à mon bâtiment, je trouve un énorme babouin mâle devant la porte, examinant le système de serrure. L'expression sur son visage me rappelle celle de l'un de mes anciens professeurs qui avait l'habitude de tellement se concentrer sur des problèmes de logique que ses yeux me faisaient penser à des rayons lasers brûlant le papier sur le bureau devant lui. En m'apercevant, le babouin ne bronche même pas. Il bâille, bouche grande ouverte. De toute évidence, ce n'est pas un signe de bienvenue, mais plus une façon de me dire qu'il peut m'ouvrir le crâne de ses incisives. Sa réaction me rappelle d'autres souvenirs de mon ancien professeur. Je m'assois sur une pierre pour réfléchir, en espérant que le babouin ne trouve pas la façon de défaire la serrure avant que je sache comment composer avec sa présence.

Puis, un garde forestier arrive, avec à la main un lance-pierres spécialement utilisé pour lancer de petits cailloux vers les singes trop « invasifs ». Le babouin finit par grimper à un arbre tout près, à contrecœur, évidemment. En déverrouillant la porte, je sens son regard scruter chacun de mes gestes.

Il vient de perdre une bataille, mais le casse-tête non résolu de la serrure le dévore, et j'ai l'impression qu'il réussira éventuellement à le résoudre.

Les babouins à Londolozi n'ont pas besoin d'entrer dans les bâtiments des invités, mais bon sang qu'ils adorent tenter leur chance. Et lorsqu'ils réussissent à y pénétrer – habituellement lorsqu'un invité enclenche incorrectement le mécanisme en quittant la demeure –, les babouins s'adonnent à un saccage en règle. Ils dévalisent les minibars, boivent la lotion pour les mains, ouvrent les valises et volent leur contenu. Ils se mettent des petites culottes sur la tête et du rouge à lèvres sur les jointures. Ils se roulent et jouent sur la fine literie. Ils souillent la pièce comme de vrais *rockstars*. Il faut ensuite tout nettoyer avec un puissant *savon à babouin* écologique. De là le combat de bras de fer : les humains changent les serrures et les babouins tentent de comprendre le fonctionnement des nouveaux mécanismes, et ainsi de suite.

Ces animaux sont presque aussi forts que nous pour résoudre des énigmes du genre, une fois que nous les avons inventées. Leur amour presque obsessif pour les casse-têtes est évident. Mais vous ne les verrez jamais forger des boulons de fer, bâtir des habitations ou préparer leur propre lotion. Les humains ont appris à faire tout cela avec la même compulsion pour résoudre des casse-têtes que celle des babouins. Mais nous avons un avantage majeur sur eux : le langage ! Il nous permet des pas de géant dans la résolution de casse-têtes, alors que les autres singes tâtonnent longtemps pour trouver la solution.

Il est ironique de constater que la même pensée verbale abstraite qui fait de nous de futiles générateurs de problèmes nous rend aussi champions dans la solution des problèmes. La plupart des gens utilisent leur imagination beaucoup plus souvent pour créer des problèmes que pour en résoudre. Mais, une fois que nous accédons à l'Imagination des découvreurs de voies – cet esprit amusé, intense, fasciné qui voit tout comme une possibilité et rien comme une tragédie –, il n'y a aucune limite à ce que nous pouvons inventer. Nous pouvons trouver une façon de composer avec tout ce que le monde sauvage et nouveau met sur notre route.

Dans le dernier chapitre, j'ai défini les *problèmes* comme étant soit des pensées négatives imaginaires, soit de simples trucs que nous pouvons changer en mieux dès maintenant. Dans ce chapitre-ci, j'utilise le mot *casse-têtes* pour désigner différentes situations qui tracassent plusieurs découvreurs de voies : comment gagner leur vie, rester en santé, trouver l'amour véritable, être acceptés des autres, soulager la faim dans le monde, éliminer la cellulite, éviter les sectes, débarrasser le Pacifique d'un amoncellement de morceaux de plastique aussi grand que le Texas, sauver le monde.

## Les trois étapes pour résoudre tout casse-tête

Vous n'avez besoin que de trois choses pour résoudre tout casse-tête par votre Imagination : la curiosité enjouée, qui naît à la base d'une vision du monde libre de problèmes, le but défini de résoudre un casse-tête en particulier et la créativité autonome de votre merveilleux cerveau, cet ordinateur humain. La partie consciente de ce procédé exige que vous apportiez volontairement votre Imagination à trouver sa voie à travers le casse-tête lui-même. En d'autres mots, vous entrez, métaphoriquement, un code dans l'Internet d'énergie pour créer un programme de résolution de casse-têtes. Une fois que c'est fait, votre esprit – et peut-être quelque chose de plus grand encore, l'Esprit Un – fait rouler le programme et en ressort des solutions. Vous préparez le tout, mais vous ne faites rien d'autre. L'esprit le fait pour vous, comme si vous entriez des données mathématiques dans un ordinateur qui résout le problème et vous imprime la réponse. Cette sorte de résolution de casse-têtes est agréable et puissamment magique. Il y a d'innombrables façons de s'en servir. Je n'offre ici que quelques possibilités de base pour vous aider à démarrer un processus qui est inné en vous.

Ici encore, tout en lisant les instructions, vous voudrez peut-être essayer le procédé concrètement sur l'un des casse-têtes de votre propre vie. Dans l'espace ci-dessous, écrivez un *problème* que vous essayez de résoudre. Ce sera le casse-tête qui vous servira d'exemple durant le présent chapitre. Appelons-le « casse-tête X ».

## Casse-tête X (un problème que vous tentez de résoudre depuis longtemps)

_____

_____

_____

_____

_____

_____

_____

_____

## Première étape

*Entrer dans l'état d'esprit libre de problèmes du découvreur de voies*

Vous savez comment y parvenir : simplement en vous plaçant en Observation silencieuse et en accédant à l'Unité. Certaines personnes croient que cela leur enlèvera toute motivation à rectifier leur vie, car la sagesse traditionnelle prétend que plus les circonstances sont urgentes et difficiles, meilleurs nous sommes à trouver des solutions. Toutefois, les recherches sur la créativité démontrent avec constance que les gens sont nettement meilleurs à trouver des solutions lorsqu'ils sont détachés du résultat, lorsqu'ils ont l'impression de jouer, ce que les découvreurs de voies doivent faire d'ailleurs.

Par exemple, lorsque des sujets se voient offrir de l'argent pour résoudre un problème qui nécessite de penser hors des contextes habituels, ils trouvent des solutions beaucoup moins rapidement que lorsqu'ils le font que pour le plaisir, sans incitatif positif ou négatif. Les cas de nécessité absolue diminuent et limitent l'habileté du cerveau à trouver des idées et à parvenir à des solutions nouvelles. Tout comme le fait toute forme de rigidité, de répétition ennuyante et de jugement. L'Unité au-delà des mots est de loin la condition optimale pour de brillantes idées de résolution de casse-têtes. Si vous ressentez qu'un problème est très sérieux, que vous devez trouver une solution, surmontez ce sentiment, car votre Imagination de découvreur de voies œuvre dans le plaisir, non dans le stress.

## Deuxième étape

*Définir son but ultime à atteindre en résolvant le casse-tête désigné*

La plupart des gens essaient de résoudre les casse-têtes que la vie leur apporte sans jamais s'arrêter pour se demander si leurs solutions serviront leur vraie nature. Depuis votre naissance, les gens autour de vous ont présumé que vous travailleriez fort pour dépasser certains obstacles, simplement parce que c'est une habitude culturelle. On attendait de vous que vous alliez à l'école, que vous trouviez un emploi, que vous fondiez une famille… Sur ce chemin, vous auriez à résoudre une multitude de casse-têtes, du test d'épellation en première année aux politiques exigeantes des entreprises. Des milliards de personnes dédient leur vie entière à régler de tels casse-têtes. Étonnamment, peu d'entre elles se demandent pourquoi.

Retrouver votre vraie nature commence par savoir le but de toute résolution de casse-têtes. En fait, comme les structures sociales deviennent très fluides, omettre de définir votre but, de nos jours, vous condamne à errer sans raison de problème en problème. Vous devenez perdu et confus, vous demandant pourquoi personne ne vous montre la prochaine étape à réaliser. Sans les structures rigides des sociétés passées, les découvreurs de voies peuvent et doivent aligner leur cheminement sur un objectif constant. Autrement, ils se perdent lamentablement dans le chaos du nouveau monde qui s'ouvre à eux.

Pensez à quelque chose que vous planifiez faire demain. Puis, posez-vous la question suivante : « Quel est mon but en faisant cela ? » Si la réponse ne vous semble pas très claire, prenez un instant pour y penser. Le faites-vous par plaisir, pour plaire à votre mère, pour éviter que vos cheveux se dressent comme ceux d'Einstein ? Une fois que vous trouvez la réponse, demandez-vous ceci : « Quel objectif est-ce que je sers en accomplissant ce but ? » Vous pouvez considérer ce nouvel objectif comme un but plus élevé. Et il y a probablement un autre but plus élevé que ce dernier. Ultimement, tout ce que vous faites est relié à une série de buts de plus en plus élevés. Poursuivez votre but en accomplissant le dernier but trouvé jusqu'à ce que vous en arriviez à quelque chose que vous ne pouvez pas remplacer par un but plus élevé. Vous en arrivez à une fin souhaitable en soi. Par exemple, voici comment s'est déroulé ce processus pour l'un de mes clients, Alonzo.

**Q. Qu'allez-vous faire demain ?**

R. Assister à une conférence professionnelle.

**Q. Quel est votre but en assistant à cette conférence ?**

R. Trouver de bons employés pour mon entreprise.

**Q. Quel est votre but en embauchant de bons employés ?**

R. Augmenter la productivité.

**Q. Quel est le but d'augmenter la productivité ?**

R. Permettre à mon entreprise de survivre et de prospérer.

**Q. Quel est votre but de permettre à votre entreprise de survivre et de prospérer ?**

R. M'assurer d'avoir un bon emploi pour le reste de ma vie active.

**Q. Quel est le but d'avoir un bon emploi ?**

R. Avoir suffisamment d'argent pour m'assurer une sécurité financière.

**Q. Quel est votre but d'avoir une sécurité financière ?**

R. Vivre confortablement le plus longtemps possible et soutenir les gens que j'aime.

**Q. Quel est votre but de vivre confortablement et le plus longtemps possible ?**

R. Juste vivre confortablement et le plus longtemps possible.

**Q. Quel est votre but en soutenant ceux que vous aimez ?**

R. Qu'ils puissent vivre confortablement et le plus longtemps possible.

Lorsque vous vous butez de façon répétitive à un but qui est une fin en soi, vous êtes alors devant ce que j'appelle votre « but ultime ». Le but ultime d'Alonzo est de vivre confortablement et le plus longtemps possible. Avoir identifié ce but ultime permettra à Alonzo de choisir parmi d'infinies possibilités les casse-têtes à résoudre.

Il n'est d'aucune utilité de s'attaquer à des défis – même d'en parler – qui ne lui permettront pas de satisfaire son but ultime. Et il y a sans doute d'autres options pour le conduire plus rapidement à son but ultime que ce qu'il a prévu faire.

Je suis renversée de voir que si peu de gens n'ont jamais même considéré s'interroger ainsi.

« Quel est mon but d'amener mes enfants à l'école (ou d'assister au mariage de mon voisin, ou d'aller travailler, ou de tondre ma pelouse) ? » répètent-ils en me regardant comme si je leur avais demandé de se caresser les sourcils. « Eh bien… parce que je dois le faire. »

Inconsciemment, ils servent le but de satisfaire les attentes de la société. Une fois que je les amène à démêler tout cela, ils commencent à identifier leurs buts plus élevés derrière les attentes immédiates. Habituellement, ils finissent en décrivant le même but ultime que celui d'Alonzo, quelque chose qui ressemble à ceci : « Je veux vivre aussi longtemps que possible, soutenir ma famille et connaître une aisance matérielle. »

Voilà une belle définition d'un but ultime emprisonné dans les programmes évolutifs de toute créature vivante : les algues, les vers solitaires et même les politiciens. Un nombre incalculable d'humains ont investi chaque milligramme de leur habileté à résoudre des casse-têtes dans le but de vivre longtemps, repus et plus ou moins dans le luxe. Pourtant, plusieurs d'entre eux dépensent leur temps et leur argent à prendre plus d'antidépresseurs pour augmenter l'efficacité de ceux qu'ils absorbent déjà. Nous avons ce que tout être vivant est programmé à vouloir : suffisamment de nourriture et des abris pour survivre et se reproduire. Mais ça ne comble pas tous les besoins de notre vraie nature.

Plusieurs de mes clients ont exprimé une déception dévastatrice après avoir atteint le sommet de la pyramide du succès et n'y avoir rien trouvé. « Une fois que vous atteignez le sommet, vous vous apercevez que vous êtes devant rien », me dit une femme. Survivre pour procréer dans l'aisance est notre mandat évolutif. Mais ça ne ramène pas notre cœur et notre âme à la maison. Pour cela, il faut une Imagination de découvreurs de voies.

## Au-delà du but de vivre longtemps et de procréer

Comme moi, peut-être avez-vous eu la « chance » d'être déprimé au point de penser au suicide à un moment ou à un autre de votre vie. Vouloir mourir envoie une balle courbe dans le jeu dont le but ultime est l'évolution. Si vous n'avez aucun désir de vivre et ne pouvez concevoir de mettre au monde d'innocents enfants dans une société désespérante, alors quel est le but de la vie ?

C'est la question que je me posais, assise à la bibliothèque Lamont, de Harvard, par une soirée froide et amère de mes dix-sept ans. Les carrelages de la bibliothèque sont recouverts de graffitis laissés par des générations d'étudiants, que personne ne veut effacer pour le peu que ce soit intéressant (c'est une chose que j'ai aimée à Harvard). Ce soir-là, après une contemplation morose des graffitis, j'ai écrit dans un tout petit espace libre entre les commentaires d'étudiants : « Mon but ultime n'est pas de vivre. C'est de faire l'expérience de la joie, si la joie est possible. »

Cet instant a altéré le cours de ma vie de façon permanente. Je n'allais pas connaître la joie véritable avant quelques années encore, mais j'avais mis en branle, sans le savoir, mon Imagination de découvreur de voies pour résoudre un seul et immense casse-tête : comment être heureuse ? D'avoir précisé cet ultime but influença tout ce que j'ai fait par la suite. Je suis devenue une personne qui prenait des risques, qui ignorait les attentes des autres et dont l'agenda n'avait aucun sens pour la plupart des gens. J'ai étudié une grande variété de sujets qui, selon mon conseiller pédagogique, ne me mèneraient nulle part, mais qui m'intéressaient, tout simplement. J'ai changé d'option pour ma majeure, j'ai obtenu un diplôme de Ph. D., mais je n'ai jamais cherché une carrière universitaire, j'ai gardé mon bébé atteint du syndrome de Down et j'ai ignoré toute pratique professionnelle, à moins qu'elle m'apporte intrinsèquement de la joie. Et je le fais encore. Ça peut sembler insensé, mais ça nourrit mon but ultime. Ce que mes amis et conseillers voyaient comme une série de choix aléatoires s'avéra être la voie la plus directe pour avancer vers mon but ultime en expérimentant la joie.

Bien que je ne me sois jamais éloignée de l'affirmation que j'avais gravée sur le carrelage de la bibliothèque Lamont, je l'ai un peu adaptée. En comprenant que la joie m'apportait toujours un sentiment d'être Un avec toute chose, mon but ultime passa de *ressentir la joie pour moi-même* à *maximiser la joie pour tous les êtres*, le genre de truc comme *la joie de chacun est la mienne*, vous voyez? C'est ainsi que j'ai trouvé ma voie dans ce monde. C'est le but de tout ce que je fais, incluant l'écriture de ce livre.

Pensez à votre but ultime, la raison derrière la raison, derrière la raison, derrière la raison pour laquelle vous voulez résoudre le casse-tête de votre vie que vous avez identifié.

Écrivez ici votre but ultime.

_____

_____

_____

Maintenant, engagez-vous à résoudre seulement les casse-têtes individuels qui vous rapprochent de votre but ultime. Ça peut sembler confondant, car chaque casse-tête résolu peut être un pas vers de multiples buts. Pensez à votre but ultime comme au sommet d'une pyramide de casse-tête, comme dans le graphique suivant.

Chaque petite flèche représente un casse-tête de la vie, et chacune vous conduit à un casse-tête de plus haut niveau. Comme vous le constatez, plusieurs pyramides de casse-têtes se superposent, du moins, pour un temps.

Par exemple, trouver un partenaire de vie compatible avec vous et qui gagne bien sa vie vous fera faire un pas en avant sur les pyramides de l'argent, de la joie et de la romance d'un seul coup. Mais, supposons que vous tombiez amoureux d'un acheteur compulsif sans emploi. Dans ce cas, vous devez décider quel but vous voulez servir : si vous mariez votre bien-aimé, sans le sou, vous abandonnez le but *argent* pour le but *romance*. Si vous mettez fin à la relation seulement à cause des problèmes financiers, alors vous abandonnez la *romance* pour privilégier le but *argent*.

Je mets l'accent sur ces trois pyramides parce que la culture moderne a tendance à les confondre en une seule. Vos parents, les messages publicitaires à la télévision, les films et vos amis peuvent vous faire croire – implicitement ou explicitement – que l'argent, la romance et la joie ne sont qu'une seule et même pyramide, de la base jusqu'au sommet, que trouver le parfait amoureux et gagner plein d'argent sont les vrais casse-têtes à régler pour atteindre le bonheur. Mais, j'ai *coaché* des centaines et des centaines de personnes qui continuaient à œuvrer dans des emplois qu'elles détestaient (en fait, elles gravissaient la pyramide de l'argent en délaissant la pyramide de la joie) ou s'accrochaient à des relations qui les rendaient misérables (en fait, elles choisissaient le but *romance* au détriment du but *joie*) ou les deux. À ma connaissance, de tels choix n'ont jamais rendu quelqu'un heureux à long terme. Par contre, chaque fois que j'ai vu une personne choisir le but de la *joie-pour-tous-les-êtres*, au lieu des buts plus typiques, les miracles se sont produits.

## Troisième étape

### *Actionner votre esprit magique et créateur de métaphores*

Nous en sommes à la troisième étape de la résolution des casse-têtes par l'Imagination, celle de puiser dans le *Tout-Moment* des solutions qui vous aident à accomplir votre but plus élevé lorsque vous défrichez votre chemin à travers les défis de la vie. La résolution de problèmes est beaucoup moins magique lorsque vous fixez votre attention sur le but matériel d'une longue vie confortable. Lorsque nous orientons nos intentions de résolutions de casse-têtes vers le but de la joie pour tous, quelque chose – peut-être le miraculeux subconscient humain, peut-être quelque chose de plus miraculeux encore – propose des solutions si brillantes qu'elles nous jettent par terre, si simples que nous nous tapons sur le front de ne pas y avoir pensé, si magnifiques qu'elles font naître des larmes dans nos yeux.

Toutes ces solutions incluent un mot extraordinairement magique : *comme*. En tant qu'humains ayant développé de grandes habiletés linguistiques, nous avons le don unique de penser en métaphore. Le langage lui-même est une grande métaphore; nous acceptions qu'un mot soit l'objet qu'il représente. Ce n'est pas vrai, mais l'habileté à Imaginer que ce le soit nous permet de faire des liens entre l'information, les actions et les objets comme jamais auparavant. La clé pour comprendre toutes les étonnantes solutions de résolutions de casse-têtes créées par l'Imagination humaine – toute vision humaine ou toute innovation pour naviguer dans le monde nouveau et inconnu – se réduit à ce petit concept : « C'est comme si ».

Mon ami, le babouin, est presque aussi intelligent que moi, mais lorsqu'il voit un rondin flotter sur la rivière, il pense ceci : *Rondin sur la rivière*. Un humain pourrait observer le même rondin et penser : *Ce rondin avance comme un cheval* ou *Cette rivière est comme un chemin*. Bingo! Le concept du bateau est né, le casse-tête de traverser la rivière est résolu, par le concept magique, « C'est comme si », que les babouins utilisent rarement, de toute évidence.

Dans toutes les anciennes traditions de sagesse, les découvreurs de voies ont appris à voir des métaphores en toute chose et à utiliser ce concept pour résoudre les casse-têtes que l'humanité doit affronter – et spécialement les défis dans la pyramide de la joie pour tous. J'ai écouté des guérisseurs amérindiens raconter de longues histoires métaphoriques qui m'ont fait frissonner jusqu'aux os, comme si mon corps reconnaissait les symboles que mon esprit pouvait à peine suivre : « Cette histoire est semblable au voyage de mon âme. » Les mystiques asiatiques disaient que l'illumination était *comme* le reflet de la lune sur des milliers de tasses à thé, *comme* un morceau de bois non sculpté, *comme* un ciel sans nuages. Jésus, le découvreur de voies le plus populaire de tous les temps, était un véritable geyser à métaphores : « Le royaume des cieux est *comme* un trésor », dit-il dans le Nouveau Testament, mais aussi *comme* un filet, *comme* une graine de sénevé, *comme* une perle, *comme* la levure… Je suis certaine que si Jésus était un Américain moderne, il pourrait nous dire que le royaume des cieux est *comme* une buanderie, *comme* une équipe de luge olympique, comme une double portion de frites et un coke. Ce gars-là était une « machine » à métaphores.

La métaphore est aussi une méthode par laquelle les découvreurs de voies scientifiques et économiques ont résolu des casse-têtes et ainsi donné au monde la technologie moderne. James Watt a réalisé que la valve de sa théière était *comme* le piston d'un moteur et que les deux pouvaient être mus par la vapeur. *Tadam!* La révolution industrielle prenait son envol. Darwin comprit que les espèces se diversifiaient comme les branches d'un arbre. Einstein remarqua la similitude entre son propre corps s'éloignant de l'horloge d'un clocher et un photon de lumière s'éloignant de la même horloge. Sur le plan du commerce, comme l'écrit l'auteur dans le domaine des affaires, David Murray, « les penseurs créatifs sont des penseurs métaphoriques. Point à la ligne ». Les arts, quant à eux, sont une centrale à métaphores; chaque tableau, poème, danse ou chanson est une métaphore pour quelque chose.

Rappelez-vous que notre société est la seule dans l'Histoire à diviser les rôles de mystique, de guérisseur, de scientifique et d'artiste. Les autres cultures considèrent toutes ces habiletés comme les fonctions naturelles de l'Imagination des découvreurs de voies. Le secret pour maîtriser la créativité dans tous les domaines est de savoir comment se servir de la métaphore sans être prisonnier du langage – une délicate marche sur un fil, car le langage est si intimement uni à la pensée métaphorique. Pour ma part, je trouve très utile de comprendre comment le cerveau utilise la métaphore pour résoudre des casse-têtes, alternant avec la programmation verbale et non verbale.

## Sous le capot de l'Imagination : comment le cerveau résout les casse-têtes

De façon générale, le côté gauche de votre cerveau utilise le langage pour analyser – littéralement pour découper les choses. La grande partie de ce que vous avez appris à l'école était des connaissances morcelées en petites bouchées dont on a nourri votre cerveau morceau par morceau, à travers les mots et les nombres. Ce procédé a créé de nombreuses connexions entre les neurones de l'hémisphère gauche de votre cerveau, des liens physiques qui, selon les neurologues, sont relativement courts et directs.

Votre hémisphère droit est moins dédié à l'analyse et plus à la synthèse, soit la combinaison, le mélange et la connexion entre divers éléments. Cet hémisphère droit se demande constamment : « À quoi cela ressemble-t-il ? C'est comme quoi ? » Certains neurones de votre hémisphère droit sont plus longs que ceux de votre hémisphère gauche. Physiquement, ils s'étirent à l'intérieur de votre tête, comme s'ils se cherchaient les uns les autres. Lorsque deux neurones qui n'étaient pas connectés ensemble auparavant se rejoignent, vous pouvez comprendre quelque chose comme vous ne l'aviez jamais compris auparavant. C'est le moment où vous vous exclamez : « Ha! ha! C'est comme ça! »

En utilisant la clé, *c'est comme ça*, vous pouvez programmer votre cerveau de découvreur de voies pour trouver une issue à presque tous les casse-têtes de la vie, incluant celui de comment accomplir votre but ultime. Reprenez le problème que vous avez inscrit auparavant, celui que nous avons nommé « casse-tête X ». Pour le résoudre, vous avez simplement à penser à quelque chose d'autre – appelons-le « truc Y » – qui est *comme* le casse-tête. Vous concentrer sur le truc Y vous aidera à résoudre le casse-tête X et à accomplir votre but. Les instructions qui suivent vous montreront différentes façons d'y parvenir.

## Quelques façons concrètes de vous servir de votre programme de résolution de casse-têtes

Il y a plusieurs jeux pour vous aider à écrire et à utiliser le programme de résolution de casse-têtes de votre Imagination. Chacune de ces méthodes se résume en quatre étapes suivantes :

1. Utilisez des pensées verbales et conscientes pour définir le casse-tête que vous voulez résoudre.

2. Définissez votre but en résolvant ce casse-tête.

3. Accédez à l'Observation silencieuse et à l'Unité qui préparent et activent votre hémisphère droit non verbal.

4. Alimentez votre Imagination par le jeu et le repos, comme un courant électrique alternatif.

Si vous suivez toutes ces étapes, éventuellement, la solution – ou du moins une idée qui vous orientera vers la solution – surgira de votre hémisphère droit silencieux et deviendra une pensée verbale et consciente. Ce n'est pas l'acte de penser comme on vous a appris à le faire pour vous préparer à un examen. C'est l'étonnante façon qu'utilise votre vraie nature pour trouver sa voie dans le monde matériel, s'évertuant à créer quelque chose qui existe d'abord seulement dans votre Imagination.

## Premier jeu métaphorique

### *Exploiter son esprit créateur de métaphores*

Pensez à votre casse-tête X tout en vous plaçant dans un état de détente et de paix. Cela requiert la discipline d'un découvreur de voies, car votre esprit verbal pourrait être tenté de voir le casse-tête comme un problème, ce qui dérouterait votre programmation de résolution de casse-têtes. Pour les besoins de la démonstration, disons que votre casse-tête X est le même que celui auquel plusieurs de mes clients font face : « Comment puis-je gagner ma vie en faisant ce que j'aime ? » Après avoir formulé votre question, entrez dans l'état d'Observation silencieuse et accédez à l'Unité. Maintenez ces états durant une trentaine de secondes. Votre intention s'élargira alors suffisamment pour inclure le but ultime de la joie pour tous les êtres (ce qui permet à votre esprit créateur de métaphores de fonctionner de façon optimale).

Puis, commencez à produire plusieurs métaphores reliées à votre casse-tête X. Pour ce faire, notez de quelle façon votre casse-tête s'apparente à tout objet qui se trouve dans votre entourage immédiat. Pour vous en faire la démonstration, je ferai l'exercice pour vous. Je noterai les objets qui m'entourent et je laisserai mon cerveau me suggérer de quelle façon chaque objet peut être similaire au processus de gagner ma vie en faisant quelque chose que j'aime.

| Objet | Ce qui retient mon attention sur cet objet | Comment cet objet peut être similaire au processus de gagner ma vie en faisant quelque chose que j'aime |
|---|---|---|
| Casquette de baseball | Une casquette de baseball protège du soleil les yeux du joueur. | Je travaille plus joyeusement si je bloque les distractions comme la casquette bloque les rayons du soleil. Je pourrais établir un bouclier de temps et d'espace pour éviter d'être interrompue. |
| Photographie | Avant, il fallait du temps et du doigté pour développer et retoucher des photos. Maintenant, avec la technologie numérique, tout se fait instantanément et presque tout le monde peut retoucher une photo avec un ordinateur. | Je pourrais utiliser de nouvelles méthodes pour accomplir certaines tâches plus rapidement. Je pourrais alors offrir aux gens un produit de qualité sans avoir à y mettre un temps fou et des efforts incroyables. |

| Chien | Les chiens s'amusent dans toute activité, et c'est la raison pour laquelle les gens en prennent soin. | Si je maximise mon degré de plaisir jusqu'à en ressentir le bonheur, que les chiens ressentent sans effort, peut-être que les gens me paieront pour simplement être là et... aboyer ! |
|-------|--------------------------------------------------------------------------------------------------------|---------------------------------------------------------------------------------------------------------------------------------------------------------------------------------------|
| Tasse à café | Ma tasse favorite est celle que ma fille a peinte pour moi. Je bois mon café dans cette tasse tous les matins. | Si je peux offrir aux gens quelque chose de personnel et quelque chose qui est conçu spécialement pour eux, peut-être voudront-ils absolument se le procurer. |
| Sablier | Un sablier indique le temps qui passe de façon élégante et simple, tandis que les montres digitales et les horloges sont compliquées et de haute technologie. | Peut-être y a-t-il une façon simple, élégante et peu compliquée de faire quelque chose que j'ai toujours fait par des moyens compliqués et technologiques. |

Je sais que ces idées fonctionnent, car je les ai mises en pratique. J'ai engagé une merveilleuse assistante pour filtrer mes appels téléphoniques dérangeants (ma casquette de baseball). J'ai enregistré des conférences pour la formation des *coachs*, de sorte que, lorsque j'enseigne, je peux réellement échanger avec les participants au lieu de simplement donner la conférence (j'ai utilisé une nouvelle technologie pour me faire épargner du temps et être plus efficace). Chaque fois que je trouve quelque chose qui me fait bondir de joie et me rend heureuse, je suis payée pour en parler aux gens (comme le chien). J'ai conçu des interventions personnalisées pour mes clients (comme la tasse peinte par ma fille), de sorte qu'ils soient très motivés. J'enseigne souvent des notions complexes comme l'Unité en amenant les clients à interagir avec des éléments usuels et simples, comme des cuillères !

À votre tour maintenant ! Tout en ayant votre casse-tête X en mémoire, choisissez au hasard cinq objets physiques autour de vous. Sans forcer et vous inquiéter de la qualité de ce qui vous viendra en tête, laissez votre esprit jouer avec les métaphores en comparant chaque objet avec votre casse-tête. Les métaphores n'ont pas besoin d'être géniales. Essayer de les rendre bonnes ou géniales mettra en veilleuse votre Imagination. Moins vous êtes structuré et discipliné à cette étape de la résolution de casse-têtes, meilleures seront les solutions qui surgiront de votre esprit. Une fois que vous aurez rempli le tableau suivant, vous constaterez peut-être que les métaphores aléatoires commencent à naître dans votre conscience sans même que vous cherchiez à en créer. Ce sera alors le signe que vous utilisez la troisième technologie de magie à un niveau optimal.

| Objet choisi au hasard dans votre environnement | Ce qui retient mon attention sur cet objet | Comment cet objet peut être similaire au casse-tête que je veux résoudre |
|---|---|---|
| | | |
| | | |
| | | |
| | | |
| | | |

## Deuxième jeu métaphorique

*Pousser plus loin les métaphores jusqu'à obtenir des solutions supérieures*

Après avoir lu un article que j'avais rédigé, ma fille m'a fait le commentaire suivant : « Wow, m'man ! Ça doit être fantastique de gagner sa vie en poussant plus loin les métaphores ! » Elle avait bien compris. Chaque dilemme résolu chez un client par mon aide, chaque effort que j'ai fait pour améliorer ma propre vie, chaque voie que j'ai découverte à travers les difficultés de la vie étaient des métaphores poussées plus loin. Mon premier livre de développement personnel, *Finding Your Own North Star*, poussait plus à fond – sur des centaines de pages, en fait – la métaphore d'une vie idéale en tant qu'étoile polaire. J'y parlais du *compas* intérieur qui nous guide, des *terres* arides que nous devons traverser, des croyances *embrumées* qui peuvent nous empêcher de voir les étoiles, etc. L'idée d'un découvreur de voies traçant sa trajectoire sur les mers est encore une extension de la même et simple métaphore. Ça semble presque un truc idiot, mais le fait est que j'ai vraiment mené ma propre vie en poussant cette métaphore au-delà de toute logique et que les lecteurs semblent aussi s'en servir.

Certaines métaphores fonctionnent mieux que d'autres pour la résolution de casse-têtes. La plupart sont boiteuses, quelques-unes sont plutôt bonnes et, parfois, un éclair de génie vous viendra soudainement à l'esprit. Continuez à alimenter la création de métaphores et, éventuellement, vous aurez un éclair de génie qui illuminera votre vie. Si l'une des métaphores que vous avez notées dans votre tableau précédent semble bien fonctionner, développez-la. Par exemple, peut-être votre vieille belle-mère est semblable à une gargouille parce qu'elle fait peur, qu'elle est grotesque et qu'elle semble occuper votre maison en permanence. Quels casse-têtes pouvez-vous résoudre avec une gargouille ? À l'époque médiévale, les gens croyaient que les gargouilles éloignaient les esprits démoniaques. Vous pouvez affecter votre horrible belle-mère à répondre aux sollicitations téléphoniques, aux témoins de Jéhovah et à tout autre type de personnes que vous souhaitez éloigner de chez vous.

En développant votre attention, vous verrez de plus en plus des objets, des situations et des histoires comme des métaphores pour vous aider à résoudre les nombreux casse-têtes de votre vie. Peut-être que maintenir votre maison en ordre est semblable à regarder la télévision : il y a tellement de choses inutiles que vous préféreriez ne pas voir. Tout comme vous pouvez bloquer certaines chaînes de télé que vous ne voulez pas regarder, vous pouvez interdire certaines catégories d'éléments de pénétrer chez vous. Par exemple, rien de ce qui ne comble pas un besoin ou qui n'enrichit pas votre vie ne doit entrer chez vous. Ou alors, élever des enfants peut vous faire penser à la besogne de peindre votre maison : c'est toujours à recommencer et vous faites des gaffes. Des métaphores reliées à la peinture peuvent vous aider à prévenir les accidents et à ramasser les dégâts dans votre vie parentale. Peut-être votre carrière vous fait-elle penser au ski parce que vous devez vous lancer vers l'avant (ce que vous ressentez comme un danger) pour continuer.

Exercez-vous à créer des métaphores comme les exemples précédents, puis poussez-les plus loin, développez-les, sans relâche. Encore une fois, ne vous souciez pas de la qualité de la métaphore. Je ne le répéterai jamais assez : *l'Imagination des découvreurs de voies n'est pas l'esprit conscient au travail, mais bien le subconscient au jeu.* Soyez fou. Soyez léger. Laissez votre Imagination jouer le jeu pour vous.

# Troisième jeu métaphorique

### *Jeter le tout dans l'évier de cuisine*

Si vous n'êtes pas habitué de pondre des métaphores, le jeu qui suit pourrait vous plonger dans le bain. Vous ne pouvez pas forcer l'apparition d'une bonne métaphore dans votre conscience, mais vous pouvez augmenter le taux de création de métaphores dans votre Imagination en nourrissant plusieurs informations aléatoires dans votre cerveau. Plus vous y accumulerez de l'information, plus votre Imagination de découvreurs de voies aura des matériaux pour créer. Après avoir défini votre casse-tête, déplacez votre *focus* sur plusieurs sujets totalement différents et sans lien, en alternant rapidement de l'un à l'autre. Tout peut servir, même l'évier de la cuisine. Plus ces sujets seront différents, plus votre esprit générateur de métaphores aura la possibilité de trouver une solution.

J'ai vu des gens utiliser cette technique et obtenir d'étonnantes solutions aux casse-têtes de leur vie. Je me souviens notamment d'un homme, Georges, qui venait d'assister à l'une de mes conférences sur le thème *créer sa vie parfaite*. Lorsque Georges, un militaire, servait en Irak, il devait souvent patrouiller dans un véhicule pratique, mais tout à fait inconfortable et dans lequel il avait les jambes coincées et le dos rudement mis à l'épreuve. En bon soldat qu'il était, il endura les douleurs, mais sans jamais s'y habituer.

De retour à la maison, après la guerre, Georges ne trouva pas d'emploi. Il proposa ses services pour une multitude de postes, mais sans succès. Une bonne journée, complètement découragé, il interrompit la chasse à l'emploi et en profita pour accompagner sa femme pour diverses courses – au lave-auto, au magasin de tissu, au bureau de poste. Cet après-midi-là, l'hémisphère droit du cerveau de Georges rassembla toutes les informations perçues dans les différents endroits que le couple visita. Le lave-auto lui rappela ses promenades dans les véhicules militaires. Le magasin de tissu lui fit réaliser qu'il pourrait rendre plus confortables des véhicules s'il cousait un siège de tissu flexible qui procurerait aux soldats un meilleur support physique. Au bureau de poste, il lui vint l'idée de fabriquer quelques-uns des sièges flexibles et de les envoyer à ses amis militaires toujours en poste en Irak. Georges passa les jours suivants à confectionner un siège de courroies en nylon résistant qui serait fixé par des attaches en métal aux sièges du véhicule militaire. Il expédia son prototype à un ami outre-mer.

En un mot, l'innovation de Georges fut éventuellement soumise aux dirigeants militaires et Georges a depuis un contrat avec l'armée américaine pour concevoir des modifications susceptibles d'améliorer le confort des véhicules militaires. Il dirige son entreprise à partir de chez lui, il emploie plusieurs personnes qui n'arrivaient pas à trouver du travail dans la jungle de notre économie, il adore son travail et il en tire un excellent revenu.

Le mariage d'Amanda se termina alors qu'elle amorçait la soixantaine. Elle resta avec peu d'argent et d'expérience de travail. Elle pensa devenir une éducatrice spécialisée parce qu'auparavant, elle avait imaginé toutes sortes de façons créatives d'aider son garçon autiste à apprendre à lire. Mais retourner aux études pour obtenir un diplôme pour enseigner exigeait du temps, et Amanda se sentait trop vieille – sans dire trop pauvre – pour investir une telle somme de temps. Un jour, elle chercha sur Internet des programmes pour l'obtention de diplômes. Elle se disait qu'elle pourrait suivre des cours à distance. Après avoir visité une douzaine de sites, son esprit créateur de métaphores la gratifia d'une idée de génie. Elle créa un site Internet pour enseigner aux mères d'enfants souffrant de handicaps comment aider leurs enfants à apprendre à lire et à calculer.

L'écrivaine Amy Sutherland aimait beaucoup son mari, mais n'était pas très entichée de ses habitudes, comme celles de laisser traîner son linge sale ou de répondre aux questions, lors des conversations, par des grognements monosyllabiques. Puis, Sutherland rédigea un article sur un sujet qui l'a toujours intéressée : comment les dresseurs s'y prennent pour dompter les animaux exotiques. Elle observa des dresseurs travailler avec des douzaines de bêtes de toutes sortes dans diverses situations. Elle en vint à réaliser qu'elle pourrait utiliser certaines de leurs techniques avec son mari, par exemple récompenser un comportement dirigé vers ce que l'on souhaite développer chez le sujet ou ne donner absolument aucune attention aux comportements non désirés. Non seulement améliora-t-elle sa relation, mais son article pour le *New York Times* au sujet de la comparaison entre l'entraînement des animaux et celui de son ami devint si populaire qu'elle en tira un livre à succès, What Shamu Taught Me about Life, Love and Marriage (« Ce que Shamu m'a appris sur la vie, l'amour et le mariage »).

À votre tour d'essayer. Reprenez votre problème X. Maintenant, lisez, regardez, agissez, appelez ou connectez-vous d'une façon quelconque à au moins cinq sources d'information qui n'ont rien de commun entre elles. Laissez votre esprit créateur de métaphores broyer le tout. Si ce n'est pas suffisant, essayez alors le prochain jeu.

## Quatrième jeu métaphorique

*Propulser le moteur des idées en accélérant son hémisphère droit*

Toutes les stratégies pour entrer dans l'état d'observation au-delà des mots et dans l'Unité propulseront les capacités créatives de votre cerveau. Toutes les technologies de magie stimulent votre hémisphère droit et augmentent le pourcentage de comparaisons inconscientes en vue de résoudre un casse-tête. Elles vous dirigent vers une pure perception sensorielle et des « flânages » physiques tout en vous éloignant de la façon de penser dite *normale*. C'est pourquoi tant de génies ont la réputation d'être lunatiques ou distraits. Chez ces êtres, la partie de l'esprit qui semble *absente* est la pensée logique. Par contre, la partie de l'esprit qui synthétise les nouvelles idées est très présente.

« Laissez le plus distrait des hommes plonger dans sa plus profonde rêverie », écrivait Herman Melville. « Mettez-le sur ses pieds, donnez-lui l'élan et infailliblement il vous conduira à l'eau. »

De la même façon, errer dans la nature, particulièrement en observant quelque chose qui bouge constamment, comme l'eau, plonge notre cerveau dans la plus profonde rêverie. Si vous avez identifié votre casse-tête, établi votre but, jeté le tout dans l'évier, mais qu'aucune solution n'est encore apparue, bougez !

Marchez, courez, conduisez, nagez, faites de la planche, montez à cheval… Si vous ne pouvez pas quitter le lit, observez une fontaine, une flamme, un poisson dans un bocal, le mouvement des feuilles sous l'effet de la brise de votre fenêtre. Perdez-vous dans l'observation et dans un rythme quelconque. Cela mettra au neutre vos facultés analytiques et démarrera le moteur de votre esprit magique et créateur de métaphores.

Ce procédé est fameux pour permettre à des solutions totalement articulées de surgir dans votre conscience. Les psychologues appellent ce phénomène l'« effet Eurêka ». On prétend que le mathématicien grec, Archimède, en fit l'expérience alors qu'il prenait un bain pour relaxer après une dure journée à chercher comment calculer la masse d'un objet irrégulier. Alors qu'il s'immergeait dans l'eau, selon l'histoire, la solution frappa Archimède comme une éponge imbibée d'eau. « Attendez un peu ! Un corps immergé dans l'eau déplace l'eau de façon égale à sa masse ! » Il sortit du bain et courut dans Athènes, nu et criant « Eurêka ! », ce qui, en grec, signifie « j'ai trouvé ! ». Sans doute ses concitoyens d'Athènes ont-ils pensé qu'Archimède venait de redécouvrir une partie significative de son corps lorsqu'il retira ses vêtements.

Peu importe! Lorsque l'effet Eurêka vous éclate dans la tête, vous savez que vous avez trouvé la bonne solution, parce que votre hémisphère droit a formé des comparaisons métaphoriques et a résolu plusieurs problèmes sans même que vous en soyez conscient. Archimède, Melville et d'autres maîtres de la création savaient instinctivement comment mettre en œuvre la magie qui résout les casse-têtes. Mais, dans plusieurs cultures, les découvreurs de voies sont entraînés à le faire consciemment. Ils envoient volontairement leur conscience sur le territoire du subconscient, naviguant ainsi avec succès au travers des casse-têtes qui défient toute compréhension analytique.

Le prochain exercice est un regroupement de voyages guidés ou de visualisations qui font partie de l'entraînement des découvreurs de voies de plusieurs cultures. Joseph Campbell décrivait la saga du héros comme *le héros aux cent visages*. Vous pouvez considérer l'histoire qui suit comme le voyage d'un découvreur de voies aux cent visages. C'est l'une des plus puissantes façons de faire fonctionner votre programme de résolution de casse-têtes de votre cerveau droit. Tout en lisant, notez que le territoire qui y est décrit est une métaphore du cerveau lui-même, avec ses composantes civilisées, organisées (l'hémisphère gauche) et son étrange, mais fertile folie (l'hémisphère droit).

## Cinquième jeu métaphorique

*Avancer à pas de géant dans ses bottes de sept lieues jusqu'à sa place de guérison*

Installez-vous confortablement et détendez-vous. Si vous le désirez, enregistrez le texte qui suit ou procurez-vous une version audio gratuite [en anglais seulement] au www.marthabeck.com. Écoutez l'enregistrement les yeux clos en laissant votre Imagination contrôler entièrement ce que vous *voyez* mentalement. La règle la plus importante à suivre durant cet exercice est de ne penser à rien. Ne décidez pas de ce qui *devrait* être là et n'essayez pas d'inventer des images. Observez tout simplement ce qui se déroule. Si rien ne survient, c'est correct aussi.

*Imaginez que vous êtes assis dans votre pièce favorite de la maison – une pièce complètement fermée, et non une terrasse ou une galerie. Soudain, quelque chose d'inattendu se produit : sur l'un des murs, une trace translucide de la grandeur d'une porte se forme. La matière à l'intérieur de cette trace se dissout. Par l'ouverture ainsi créée, vous pouvez voir une ville, mais pas une ville que vous connaissez. Regardez à vos pieds. Une paire de bottes est apparue à côté de chacun de vos pieds. Ce sont des « bottes de sept lieues », comme le folklore européen les appelle. Chaque pas que vous faites avec de telles bottes couvre sept lieues, ou trente-cinq kilomètres. Chaussez les bottes.*

*Vous vous sentez puissamment attiré par l'ouverture dans le mur. Vous la traversez et commencez à marcher à grandes enjambées et très rapidement à travers la ville, sept lieues par pas. Presque immédiatement, vous quittez les structures linéaires de la ville et vous vous retrouvez dans la campagne, traversant des villages et des fermes. Bientôt, vous atteignez une zone encore plus sauvage. Les seuls signes de présence humaine que vous voyez sont de petits groupes réunis autour de feux de camp. Vous quittez aussi cette région marginale pour atteindre une zone encore plus sauvage, une zone que seulement quelques humains ont vue avant vous.*

*Permettez à cette zone sauvage d'être ce qu'elle veut, peu importe l'image. Vous pouviez vous attendre à une forêt de pins, mais vous retrouver dans une jungle, ou désirer les montagnes et aboutir dans le désert. Tout est bien. Peu importe où vous êtes, cette zone sauvage est plus qu'ancienne. Elle est primordiale. Plus vous avancez, plus vous ressentez la profondeur et le côté inexploré des lieux. Si vous avez commencé votre voyage de plein jour, vous notez que le soleil se couche. Si vous l'avez amorcé durant la nuit, vous remarquez qu'il fait encore plus sombre. Vous marchez maintenant sous la lueur de la lune, mais c'est très bien, car vous pouvez voir dans le noir aussi bien qu'une panthère. Quelque chose au cœur de la zone sauvage vous appelle. Vous ressentez cet appel comme un intense et agréable désir dans votre cœur.*

Maintenant, vous sentez que vous approchez près de la plus profonde, sauvage et ancienne place de tous les temps. Retirez vos bottes de sept lieues – elles réapparaîtront lorsque vous en aurez besoin – et parcourez lentement les derniers mètres qui entourent cet ancien site sacré. C'est votre lieu de guérison, votre lieu chamanique. Il peut être une caverne, une clairière entre les arbres, un étang, les sommets d'une montagne. En l'atteignant, vous ressentez une immense joie parce que ce lieu est l'origine d'une merveilleuse magie qui existe spécialement pour vous. Prenez un moment pour regarder tout autour de vous. Voyez les choses que votre Vous le plus véritable a conservées ici : des objets, des personnes, des souvenirs. Ne pensez à rien. Regardez seulement. Si vous n'y voyez rien d'intéressant, c'est bien ainsi.

Assoyez-vous dans votre lieu chamanique et prenez une profonde inspiration de son air si pur. Sentez l'odeur des arbres, de la terre, des fleurs ou de l'eau. En expirant, détendez-vous encore plus profondément. Vous vous sentez entouré d'une incroyable énergie d'amour. À chacune des respirations, la sensation d'être reconnu et accepté inconditionnellement grandit de plus en plus.

*Vous levez les yeux et vous percevez un être qui vient de pénétrer à son tour dans votre lieu chamanique. Ça peut être un animal, une personne, une figure mythique, un ange ou quoi que ce soit d'autre. Ne prévoyez aucune image, voyez tout simplement. Peu importe la forme, c'est un être totalement sage et bien aimant qui ne veut que votre plus grand bien. Les yeux de l'être s'illuminent de joie lorsque vous vous reconnaissez l'un et l'autre. Appelez cet être votre « guide ».*

*Votre guide s'avance et s'assoit près de vous. Avec ou sans les mots, il – ou elle – vous demande s'il y a quelque chose qui vous trouble. Parlez à votre guide d'un problème qui vous préoccupe. Décrivez-le brièvement; votre guide en connaît déjà les détails. Après avoir décrit votre problème, cessez de parler et attendez une minute. Votre guide se rend dans la réalité magique – encore plus profonde que votre place de guérison – pour trouver une solution. Attendez patiemment, respirez l'air doux et demeurez dans le sentiment de paix absolue.*

*(Laissez une minute de silence s'écouler si vous enregistrez le texte.)*

*Maintenant, tournez-vous et voyez votre guide tenant une boîte – elle peut être grande et décorée ou simplement une minuscule boîte taillée et qui peut tenir au creux de la main. Ne forcez aucune image. Voyez, simplement. Dans ce lieu sécurisant et paisible, il n'y a aucune urgence, mais vous êtes curieux. Ouvrez la boîte et regardez ce qu'il y a à l'intérieur.*

*L'objet dans la boîte est le symbole de la solution à votre problème. Ce peut être un symbole si évident qu'il vous montre instantanément comment corriger la situation ou il peut n'avoir aucun sens pour vous à ce moment-ci. L'une ou l'autre des options est bien. Votre seul travail est de rapporter ce symbole dans votre vie ordinaire et de le garder près de vous jusqu'à ce que vous en compreniez la signification.*

*Les bottes de sept lieues réapparaissent et vous les enfilez. Dites au revoir à votre guide, mais sachez que vous pouvez le rencontrer n'importe quand et ce n'est donc pas un adieu. Sortez de votre lieu chamanique, sept lieues à la fois. Retournez dans le milieu sauvage, traversez les feux de camp, les villages, les fermes et la cité. Voyez votre maison et pénétrez-y, à travers les murs, de retour dans votre pièce préférée. Assoyez-vous à la même place qu'à votre départ. Retirez vos bottes de sept lieues. Elles disparaissent, tout comme l'ouverture dans le mur.*

*Maintenant, contemplez l'objet que vous avez rapporté de votre lieu chamanique. Gardez-le près de vous et laissez-le vous insuffler des idées chaque fois que vous pensez au problème que vous avez présenté à votre guide. Demandez-vous : « En quoi cet objet ressemble-t-il au problème que je veux résoudre? » Créez une métaphore et poussez-la plus loin, développez-la – ou plusieurs – jusqu'à ce que le lien entre votre objet sacré et votre casse-tête se révèle de lui-même. Mettez le tout dans l'évier. Ravivez l'effet Eurêka. Si la réponse ne vous est pas encore parvenue à la conscience, ne vous inquiétez pas, elle viendra.*

## Ça n'a rien à voir avec le casse-tête

Le physicien Richard Feynman était dans la vingtaine lorsqu'il accepta de travailler avec les scientifiques à Los Alamos pour développer des armes qui pourraient vaincre Hitler. Comme le projet était considéré comme *top secret*, le personnel était isolé dans un lieu gardé secret. Feynman se rappelait : « Il n'y avait rien à faire là-bas. » Alors, il a commencé à essayer de déverrouiller les cadenas des casiers. À un moment, il découvrit que trois de ses collègues utilisaient la même combinaison de chiffres, soit 27-18-28, selon la base des logarithmes qui est 2.7182. Il laissa une série de notes à l'intérieur des casiers des autres scientifiques simplement pour s'amuser. Ça causa tout un émoi, car ses collègues ont d'abord cru qu'il y avait un espion parmi eux. Il fallut du temps à Feynman pour les convaincre que l'intrus n'était rien d'autre que son gros cerveau qui s'emmerdait et qui cherchait un casse-tête à résoudre.

En fin de compte, voyez-vous, le but ultime de toute escapade de « résolveur » de casse-tête n'est pas tant d'avoir la solution, mais plutôt de *trouver* la solution, d'envoyer son Imagination sur le vaporeux voyage au-delà de ce que l'on sait déjà, de trouver sa voie tumultueuse vers une destination inconnue et invisible, de ressentir la sensation grisante de la découverte et de l'invention.

C'est ce que mon ami le babouin cherchait à faire en manipulant la serrure de ma maison d'invités. Tous les animaux adorent résoudre des casse-têtes, pourvu qu'ils soient à leur portée. Nous, les humains, avons changé le visage de la Terre avec nos métaphores très développées et nos solutions créatives. La majeure partie de ce que nous avons fait est le reflet de notre imagination basée sur la peur et centrée sur nous et, à cet égard, nous sommes une espèce destructive. Mais ceux qui retrouvent la vraie nature de l'Imagination des découvreurs de voies, bien installée dans le moment présent et nourrie de compassion, peuvent trouver leur voie dans un monde nouveau, changeant et sauvage. Ils pourraient même renouveler, remettre à l'état sauvage et restaurer le monde lui-même.

# CHAPITRE 11

## LORSQUE TOUT VA BIEN PARCE QUE TOUT VA MAL

Mon amie Donna est vraiment une magnifique personne. Petite et délicate, le regard doux et le cœur compatissant, Donna donne continuellement quoi que ce soit à quiconque autour d'elle. Nous nous sommes rencontrées en promenant nos chiens. Immédiatement, elle m'a fait penser à un saint aperçu sur un vitrail. Elle semblait faire rayonner des bénédictions par sa seule présence et elle paraissait détachée et un peu triste. Elle avait aussi la vibration du TEAM. Plus j'ai appris de choses sur elle, plus les détails de sa vie révélaient l'archétype du découvreur de voies. Elle présentait une grande *sensitivité*, un historique de perte tôt dans la vie, un désir intense de soulager la souffrance, une connexion profonde avec les animaux. Donna démontrait aussi le scepticisme du scientifique. Lorsque je lui ai parlé d'une équipe d'humains – le TEAM – dévouée à réparer le monde, elle… hum, disons qu'elle a essayé de ne pas me juger !

Évidemment, une fois que j'ai connu encore mieux Donna, j'ai voulu l'emmener à Londolozi. J'en suis venue à considérer cet endroit comme le nombril du TEAM, un lieu physique où un cordon ombilical divin achemine directement aux êtres des nutriments pour l'âme, de l'oxygène psychologique et des anticorps pour guérir les maladies qui assaillent l'humanité de nos jours. Le séjour de Mandela à Londolozi ne lui a-t-il pas permis d'accroître sa paix intérieure qui allait sauver son pays d'un chaos potentiel ? Un modèle complet de restauration de l'Éden ne s'est-il pas développé à partir de l'exemple de Londolozi ? La population locale n'a-t-elle pas évolué en faisant équipe avec la nature au lieu de la détruire pour survivre ? Il y a plusieurs lieux extraordinaires de guérison sur la Terre, mais il y a une raison pour laquelle Londolozi est appelée la « protectrice de tout ce qui vit ». J'étais persuadée que la grande lassitude par rapport au monde et à la vie que j'avais toujours ressentie chez Donna pouvait être guérie par une visite à Londolozi. Tous les guérisseurs ont aussi besoin d'être guéris.

Et c'est ainsi que Donna et moi partageons un dîner. J'ai déjà un groupe complet de clients que j'emmène sous peu à Londolozi pour une retraite d'une semaine. Je viens tout juste d'apprendre que l'un de ces clients doit annuler sa participation pour des raisons de santé. J'y vois un signe du destin. Cette place était prévue pour être celle de Donna ! À mon grand ravissement, Donna accepte. Quelques semaines plus tard, nous nous installons dans une Land Rover pour vivre la première expérience de Donna à travers la brousse. Mon niveau d'anticipation est à son maximum. Pour moi, la joie ressentie en observant l'éveil d'un découvreur de voies est si « intoxicante » qu'elle rend l'ecstasy semblable à une simple aspirine.

Pendant une dizaine de minutes, nous parcourons la brousse sans apercevoir un seul animal. Mais Donna dit se sentir étrangement heureuse. Elle prétend même ressentir qu'elle est plus légère et pure. Soudain, une girafe sortit d'entre les arbres à grandes enjambées. Chaque Américain a vu des milliers de fois une telle scène à la télé, dans des films ou au zoo. Mais la différence entre rencontrer une girafe dans la nature sauvage et en observer une dans un autre contexte est comparable à la différence entre faire l'amour et lire un dépliant sur les maladies transmises sexuellement. Lorsque Donna aperçoit cette immense et pourtant gracieuse créature, l'air ambiant autour d'elle semble s'illuminer, comme si des feux d'artifice éclataient dans le ciel. Elle rit. Je pensais l'avoir déjà entendue rire auparavant, mais non. Cette fois, j'entends son vrai rire, un rire comme des cloches d'église, comme une pure joie distillée.

Tandis que la promenade se poursuit, Londolozi commence à entrer en effervescence. Jusqu'ici, je n'avais jamais vu autant d'animaux spectaculaires en si peu de temps. Ils semblent attirés par le rire de Donna, comme les enfants américains le sont lorsqu'ils courent vers le camion de glace du coin, mais les animaux ne sont pas aussi gras et leurs intentions sont plus pures. Nous sommes salués par trois léopards. L'un d'eux plonge dans le regard de Donna comme s'il reconnaissait une mère perdue depuis longtemps. À un tournant, nous trouvons un éléphant mâle balançant oreilles et trompe. Il ne nous semble pas agressif, mais plutôt accueillant. Tant de bonheur me met dans un état de grâce. Je ressens de la gratitude pour la courageuse décision de Donna d'avoir accepté de faire partie de cette grande aventure. Mon plan inavoué de changer sa vie fonctionne parfaitement.

Et puis, tout se met à aller de travers.

Le matin suivant, le reste des participants à la retraite arrivent. Nous sommes séparés en deux groupes pour les activités de la matinée. Boyd et moi accompagnons la moitié des participants dans une Land Rover tandis que le reste du groupe part pour un safari avec un garde forestier. Donna fait partie de ce deuxième groupe. Elle est pleinement dédiée à redécouvrir son enfant intérieur et elle décide de grimper à un arbre. Un très gros arbre. Ayant signé toutes les décharges concernant des accidents et reconnaissant qu'elle a choisi librement de vivre cette aventure, elle s'élance presque en courant vers l'arbre, l'escalade en moins de temps qu'il ne le faut pour le dire et en redescend avec la même insouciance. Mais, en touchant le sol, elle pose le pied sur quelque chose d'instable, tombe à la renverse et atterrit sur son bras droit. Lorsque les groupes se réunissent en fin d'après-midi, Donna affirme s'être fait une entorse au poignet. « Ce n'est que mon ego qui a été vraiment blessé », assure-t-elle dans son tout nouveau rire.

Ce que j'ignore, c'est que sous une apparence de petite fleur fragile, Donna est une véritable combattante spartiate. La chute lui a, en réalité, brisé les deux os de l'avant-bras, dans une région riche en terminaisons nerveuses, près de son poignet. La douleur doit être indescriptible, mais la première réaction de Donna est de simplement mettre un bandage autour de son poignet fracturé et de s'excuser pour les inconvénients causés au reste du groupe. Au troisième jour de la retraite, en constatant que Donna est pâle et ne mange plus, Boyd et moi devenons vraiment inquiets.

Sur la recommandation du docteur du camp, Donna passe donc sa troisième journée en Afrique à parcourir des routes poussiéreuses. On la conduit à l'hôpital le plus près, à six heures de route. Les docteurs, très doués – l'Afrique du Sud est reconnue pour la qualité de ses médecins –, lui font un plâtre temporaire, mais l'avisent que la cassure est si vilaine qu'elle devra être corrigée par une intervention chirurgicale pratiquée par un spécialiste à son retour aux États-Unis. Au moins, la médication contrôle la douleur et permet à Donna de retrouver l'appétit. Elle savoure donc un repas dans une petite ville entre l'hôpital et Londolozi. Malheureusement, les précautions sanitaires ne sont pas les mêmes dans cette petite bourgade qu'à Londolozi. Déjà, à son retour au camp, elle montre les symptômes d'un virus inconnu de son organisme. Elle est donc maintenant sérieusement blessée au bras, fiévreuse, sous-alimentée, épuisée et encore en plus sous l'effet du décalage horaire. Malgré tout, elle semble être de plus en plus ouverte et présente, rien de moins !

De mon côté, je suis dévastée. Dans une tentative d'améliorer la situation, j'obtiens pour Donna un billet de retour en première classe avec une compagnie aérienne où elle pourra profiter d'une vraie couchette avec oreillers, un confort décent et des petits soins de tout l'équipage de vol. Lorsque Karen nous appelle d'urgence des États-Unis, je présume qu'elle veut confirmer la réservation pour Donna. Mais non! Elle appelle pour nous informer que l'Islande vient d'éclater – en fait, un volcan d'Islande longtemps endormi vient d'entrer en éruption – et que l'Europe est sous un nuage de cendres. Tous les vols sont retardés pour un temps indéfini. Nous nous résignons à placer Donna sur un vol beaucoup moins luxueux où elle est coincée dans un siège pas plus confortable qu'un panier d'épicerie et doit subir plusieurs escales. Tout ce qu'il y a de mieux pour la douleur, la fatigue et la déshydratation qui affligent Donna.

Comme la grande philosophe Roseanne Roseannadanna avait l'habitude de dire à l'émission *Saturday Night Live*, « il y a toujours quelque chose... si ce n'est pas une chose, c'en est une autre ». Et comment! L'Islande, en plus? Peut-on y croire? J'ai amené des douzaines de personnes à Londolozi et aucune d'elles n'a jamais eu de problèmes majeurs. Aucune... sauf cette femme qui m'est si précieuse et qui semblait si vulnérable. Pour elle, tout semble aller de mal en pis.

Ou peut-être pas, finalement.

Plus tard, en discutant avec Donna de ses affreuses mésaventures, elle insiste constamment sur le fait que la souffrance physique, le manque de sommeil et toutes ses tribulations lors de son expérience à Londolozi étaient exactement ce dont elle avait besoin pour changer radicalement sa vie. Son habituel scepticisme, qui s'était évaporé au premier rire de joie à la vue de la girafe sortant de la forêt, n'a jamais eu une autre chance de s'installer en elle – elle était beaucoup trop souffrante physiquement. Le travail psychologique réalisé lors de la retraite entra directement et profondément dans sa psyché trop occupée à s'occuper de la fatigue et des malaises pour maintenir ses défenses. Le chemin des tourments conduisit Donna dans un état d'Observation silencieuse si intensément qu'elle ne put s'empêcher de vivre dans l'Unité. Lorsque le reste du groupe la décrivait comme une personne remplie d'amour, lorsque les animaux lui reflétaient la beauté indomptable de sa vraie nature, Donna n'avait tout simplement pas la force de résister à la vérité.

Peut-être est-ce la raison pour laquelle Donna est l'une des rares adultes au mitan de la vie que j'ai vue se transformer aussi soudainement, dramatiquement et de façon aussi permanente. L'enfant aventurière et grimpeuse au rire musical ne s'est jamais plus cachée par la suite. Avant même d'avoir commencé à guérir son corps, Donna s'était engagée dans la guérison de tous et de tout plus activement que jamais. Elle devint une *coach* intuitive, intelligente et attentionnée. Elle a fondé un regroupement d'âmes partageant les mêmes valeurs et visions. Elle est passée d'une tempête silencieuse d'amour et de générosité à une mousson en effervescence.

Même aujourd'hui, je ne pense pas que Donna croit en mon concept du TEAM, mais elle en fait tellement partie. Tellement !

## Aventure, mésaventure et Imagination

L'aventure qui, par définition, suppose presque toujours la mésaventure, est l'une des façons les plus efficaces de libérer l'Imagination d'un découvreur de voies, de créer de nouvelles visions de notre propre futur et le futur de tout ce qui existe sur Terre. Imaginez notre espèce comme un énorme cerveau où chaque personne est un simple neurone. Chaque fois que vous établissez une nouvelle connexion avec quelque chose que vous n'avez jamais vu auparavant, le cerveau en entier (l'humanité comme un tout) profite d'une nouvelle connaissance ou d'une idée créative. Qui sait ? Peut-être êtes-vous le seul lien possible entre quelqu'un ou quelque chose qui a désespérément besoin d'être *réparé* et les forces qui essaient désespérément de le *réparer*. Votre propre vie, votre carrière ou votre santé pourraient-elles seulement trouver la zone la plus satisfaisante lorsque vous vous reliez aux choses qui veulent être actives ou reliées à travers vous ? Peut-être que votre participation à l'aventure, avec son lot de mésaventures imprévisibles, est la seule façon d'activer le lien.

Définissons l'aventure comme étant tout ce que vous faites pour inviter activement dans votre vie un problème ou un casse-tête que vous pourriez tout simplement éviter. Rechercher volontairement des situations non familières maximise les expériences qui, même si elles sont souvent dérangeantes et inconfortables, permettent de grands bonds de l'Imagination. Lorsque vous partez à l'aventure, vous devenez une version animée des longs et créatifs neurones de l'hémisphère droit qui stimulent la création d'idées inspirées. Étudiez n'importe quelle avancée dans les arts, les sciences ou le développement de la société et vous verrez qu'elle est née dans l'Imagination d'un neurone humain, d'une personne qui s'est aventurée sur des territoires et des idées inconnus.

Par exemple, si vous aimez les toiles des impressionnistes français, soyez reconnaissant qu'ils aient défié l'aventure pour étudier les arts dans des endroits comme l'Asie, ce qui leur a permis d'Imaginer une toute nouvelle façon de peindre. Si vous avez adoré l'étonnante production du *Roi Lion*, vous avez en fait observé les aventures de Julie Taymor en Indonésie où elle a appris les techniques de marionnettes d'ombre. Si c'est le jazz ou le rock-and-roll qui vous passionne, soyez reconnaissant envers les esclaves qui ont mélangé leurs anciennes harmonies africaines et les rythmes de leurs tambours aux lignes mélodiques occidentales pour créer une nouvelle musique, transformant du coup leur horrible sort en joie et consolation. Si vous êtes Américain et que vous révérez l'idéologie de liberté et d'égalitarisme, vous devez beaucoup aux Européens et aux Américains d'origine, ceux que l'on appelait les « Indiens », qui se sont aventurés dans le monde de l'un et l'autre. La structure du gouvernement des Indiens – ou Amérindiens, comme on le dit de nos jours – basée sur la combinaison d'individualisme et de *leadership*, fut l'inspiration première à la base du système politique maintenant apprécié aux États-Unis.

Voici un exemple que j'adore : celui de Squanto, l'Indien amical qui, comme m'informa mon enseignante de première année, aida les colons anglais à survivre dans le Nouveau Monde. Madame Nelson nous a appris, à nous, ses petits étudiants de six ans, comment Squanto montra aux colons la façon d'augmenter les récoltes en fertilisant chaque semence de maïs plantée avec un petit poisson mort. Mais, madame Nelson ne mentionna pas où Squanto avait appris cette technique. Il l'apprit en France ! Le véritable nom de Squanto était *Tisquantum*. Il avait été capturé par un explorateur anglais en 1614 pour être ensuite vendu comme esclave en Espagne. Il se retrouva en France, puis en Angleterre avant de finalement revenir chez lui. Il découvrit alors que pratiquement tous les habitants de son village étaient morts à cause de maladies européennes. Les colons américains n'ont pas survécu parce que Dieu leur avait envoyé un *noble sauvage*. Ils ont survécu, pour le meilleur ou pour le pire, parce qu'un aventurier international et multilingue avait combiné la sagesse ancestrale de son peuple avec ce qu'il avait appris lors de son voyage qu'il n'avait jamais voulu entreprendre.

## L'âge des aventures par visionnement

Par le passé, il fallait des décennies et parfois des siècles pour que les idées nées d'une aventure d'un aventurier influencent des millions d'autres personnes. (Les aventures de Charles Darwin, en 1836, sur le HMS Beagle, par exemple, ont mené à des découvertes qui n'ont pas encore rejoint certaines parties de l'État où je vis !). Mais, vers la fin du XX$^e$ siècle, l'esprit global a atteint un tournant dans sa capacité à apprendre rapidement d'un seul individu. Aujourd'hui, simplement en cliquant sur YouTube, toute personne ayant accès à Internet peut voir des merveilles qui, auparavant, auraient nécessité des aventures extrêmement difficiles et longues pour non seulement obtenir l'information, mais aussi pour la communiquer.

C'est fantastique de pouvoir vivre des aventures par visionnement grâce à nos nouvelles technologies magiques. Si vous avez quelques minutes libres, voici une aventure que vous pouvez vivre en seulement quelques minutes avec une connexion Internet[16] :

- Voulez-vous voir l'incroyable art corporel de la tribu Omo qui vit dans une région isolée de l'Éthiopie ? Croyez-moi, si vous aimez la beauté, la mode ou l'émerveillement pur, c'est pour vous ! Allez au www.youtube.com/watch ?v=IsYPBRy8ljQ.

- Vous êtes-vous déjà demandé ce que c'était de vivre une ancienne cérémonie lors de laquelle les découvreurs de voies utilisaient les sons et les rythmes pour favoriser l'Observation silencieuse, l'Unité et l'Imagination ? Alors, attrapez des écouteurs et visitez le www.youtube.com/watch ?v=OXkbj8MDZXo&feature=related.

- Pour un coup d'œil sur l'une des rares tribus encore isolées du monde, à partir d'une vidéo réalisée par un avion décrivant des cercles au-dessus de la forêt de l'Amazonie grâce à une caméra qui peut faire le *focus* sur des gens à plus d'un kilomètre, visitez le www.youtube.com/watch ?v=sLErPqqCC54.

- Avez-vous entendu parler du phénomène du centième singe ? Apparemment, une femelle adulte d'une troupe de macaques japonais apprit à laver ses patates et son riz en les lançant dans la mer. Les aliments flottaient et le sable et la terre s'en détachaient. La femelle enseigna sa technique à d'autres membres de sa troupe. Après qu'une centaine de singes ont assimilé la technique mystérieusement, on observa que des singes sur d'autres îles commencèrent à utiliser la même technique. Personne ne sait comment l'enseignement fut transmis (du moins, personne qui ne comprend pas l'Unité au-delà des mots). Suivez le lien ci-après et observez la troupe de singes sur l'île du Japon. Vous pourrez aussi les entendre communiquer par des sons qui, selon certains scientifiques, se rapprochent d'un langage verbal (www.youtube.com/watch ?v=gz8F1SKJ2JE&feature=fvwrel).

- Et pour la variété, pourquoi ne pas observer un éléphant de mer se lier d'amitié – en vérité, il semble tomber amoureux – d'un membre humain du TEAM sur une plage froide de Géorgie (pas l'État, le pays !) ? Visitez le www.liveleak.com/view ?i=4e2_1271613335.

---

16. NDT : entre le moment de l'écriture du livre et sa parution en français, il est possible que certains liens ne soient plus disponibles.

Ne vous arrêtez pas là! Les suggestions qui vous seront faites sur YouTube tout au long de vos visionnements vous permettront de vivre des aventures aussi longtemps que vous le voudrez. Plus les scènes seront étranges, plus votre Imagination grandira et sera productive.

Lorsque mon père est né, en 1910, aucun individu ne pouvait espérer voir toutes les merveilles proposées ci-dessus. Même le plus intrépide des aventuriers de l'âge de l'exploration (du XV$^e$ au XVII$^e$ siècle) aurait été des plus chanceux s'il en avait vu une seule. En voir deux aurait été au-delà de toute attente. Et, même s'il avait eu cette chance, il n'aurait pu partager ses expériences que par un travail ardu de dessin, d'écriture ou de narration avec les quelques personnes qu'il aurait croisées dans sa vie. Notre capacité actuelle à connaître des aventures est ahurissante, et notre capacité à les partager l'est encore plus. L'immense cerveau qu'est l'espèce humaine n'a jamais appris aussi rapidement que maintenant.

Cette capacité accélérée d'avoir accès à des aventures et de les partager change dramatiquement la façon dont vivent les humains partout dans le monde. Alors que je rédige ce livre, des manifestants en Égypte sont en train d'abolir une dictature vieille de trente ans, principalement en échangeant de l'information sur des cellulaires et des portables. Twitter est devenu un outil qui peut déloger les tyrans. Des despotes à travers le monde combattront de tels soulèvements en utilisant la force militaire et la suppression de l'information. Ils réussiront peut-être pour un bref moment, mais ils ne pourront tenir longtemps contre la montée des nouvelles technologies. Trop d'informations voyagent trop vite entre tellement d'êtres humains, comme des synapses dans le cerveau. Le totalitarisme, qui dépend largement du contrôle de l'information et de l'interdiction de se rassembler librement, se dissout dans la transparence créée par la liberté de vivre des aventures d'ouverture de conscience. Tout cela fait naître en moi l'espoir que le TEAM et les découvreurs de voies mondiales ont encore le temps d'élaborer de nouvelles façons de naviguer en tant qu'individus, espèces et parties intégrantes d'une écologie délicatement équilibrée. Personne ne peut anticiper les changements qu'une seule personne peut engendrer dans le nouveau monde qui s'ouvre à nous. Plus vous libérerez et nourrirez votre Imagination de découvreur de voies en accueillant les aventures, meilleures seront les chances de chacun.

## L'appel du héros pour l'aventure

L'anthropologue Joseph Campbell a élaboré un modèle du *voyage du héros*. Il a compilé des centaines de légendes et de contes d'aventures ancestrales rapportées par des découvreurs de voies de partout dans le monde.

L'histoire du héros commence avec le personnage vivant une vie normale et heureuse. Puis, comme venant de nulle part, un appel à l'aventure résonne en lui. L'étape suivante n'est pas l'acceptation, mais bien le refus de cet appel. L'anthropologue Sheila Seifert en parle ainsi : « Le héros choisit de ne pas avancer dans l'aventure parce qu'il ne veut pas abandonner sa position sociale, son pouvoir, ses idéaux, ses buts ou ses responsabilités; le refus est souvent basé sur sa peur de l'inconnu et le confort de sa vie habituelle. Généralement, des personnages secondaires appuient le refus du héros. »

Donna a d'abord refusé de m'accompagner en Afrique, non pas parce qu'elle n'était pas intéressée (elle l'était, en fait), mais parce que c'était tellement plus confortable et moins coûteux de rester à la maison. Aucune personne sensée ne saute sur une folle occasion d'aller Dieu sait où.

Heureusement pour les conteurs d'histoires, dans la fable classique du héros, le refus de l'appel est suivi d'un événement que Campbell définit comme une aide surnaturelle. Des êtres, des objets ou des événements surgissent mystérieusement dans la vie du héros. Adieu, la zone de confort; bonjour, l'aventure. Dans l'aventure héroïque de Donna, l'aide surnaturelle fut la place qui s'est libérée juste à temps pour qu'elle puisse se joindre à notre safari. Lorsque je lui en avais parlé, je pouvais presque ressentir une subtile énergie la pousser vers l'aventure.

« Je savais que je devais le faire », me confia-t-elle plus tard. « Je ne savais pas vraiment pourquoi, mais quelque chose en moi me disait : "Vas-y !" »

Si j'avais su que Donna allait vivre une expérience si difficile en Afrique, je lui aurais conseillé de ne pas m'accompagner. Mais elle s'était engagée dans une aventure de découvreur de voies, et cela signifie avancer vers l'étape classique suivante, la route des épreuves, sur laquelle, selon Campbell, le héros est testé et trouvé vulnérable, mais le résultat révèle une partie de lui dont il ignorait l'existence. Aujourd'hui, en dépit de toute la souffrance et des malchances qu'elle a dû endurer en Afrique – ou peut-être à cause d'elles –, Donna affirme que le voyage lui a fourni exactement l'expérience dont elle avait besoin.

Les histoires de héros n'impliquent pas toutes des voyages dans des lieux historiques. Brad a répondu à l'appel de l'aventure la première fois qu'il a assisté à une réunion des AA et qu'il a admis qu'il était alcoolique. Susan, une psychologue qui est aussi danseuse, a d'abord refusé puis accepté une invitation à animer un séminaire d'arts créatifs pour un groupe d'ingénieurs en informatique, sans se douter qu'elle démarrait ainsi une toute nouvelle carrière de consultante en affaires. Anne se lança dans une grande aventure lorsqu'elle décida d'écrire son premier roman. Zach vécut pendant des années avec un secret : même si ses parents pensaient qu'il avait obtenu son diplôme de comptable, en réalité, il avait changé d'orientation et avait fait des études en biologie marine, vivant l'aventure de sa vie dans un domaine qui l'enthousiasmait. Lorsque ses parents s'en aperçurent, leur réaction négative ne fut qu'un défi de plus sur la route des épreuves de Zach.

En ce moment, prenez un instant pour revoir dans votre propre vie les moments où vous avez répondu à l'appel de l'aventure, à l'appel du héros. Ce sont des moments où vous avez agi de façon inhabituelle, anormale même, peut-être en brisant des règles implicites de votre rang social, ou de votre système de croyances, pour choisir une voie d'action incertaine et peu commode. Peut-être n'aviez-vous aucune idée pourquoi vous faisiez ce choix. Vous vous rappelez peut-être vous être senti étrangement poussé ou tiré vers quelque chose, ou alors quelqu'un s'est peut-être pointé dans votre vie pour vous encourager, ou bien toute une série d'événements se sont peut-être succédé pour vous orienter dans une certaine direction. Certaines de vos aventures peuvent vous avoir amené à voyager physiquement, mais certaines vous ont peut-être fait voguer vers des pensées, des actions ou des relations totalement nouvelles.

Si ces appels à l'action étaient de véritables catalyseurs d'héroïsme, ils n'étaient pas suivis d'un succès agréable et facile. Plusieurs de mes clients en sont confus. Ils me disaient : « Si j'étais censé retourner aux études…, marier cet élégant étranger…, élever une race de furets super imposants…, créer une nouvelle marque de fromage… ou peu importe…, pourquoi tout est allé de travers ? »

La réponse est que l'aventure où rien ne va mal n'est que vacances, et les découvreurs de voies ne sont pas désignés pour de simples vacances. La meilleure façon de changer l'imagination ordinaire en une Imagination de découvreurs de voies est d'emprunter la route des épreuves.

## Les fruits du chemin difficile

Si c'est vrai que le moment est venu pour le TEAM de réparer le monde, ce livre peut vous être parvenu au beau milieu du tumulte de l'aventure. Ou alors vous résistez peut-être activement à une inclination irrationnelle à faire quelque chose de complètement fou, émotif et totalement inutile, quelque chose que votre famille et vos amis trouvent ridicule, mais ce quelque chose ne cesse de vous interpeller. Comme le dit Mary Oliver, lorsque vous sentez la bruine sur vos lèvres et que vous pressentez devant vous les hautes chutes plongeantes et bouillonnantes, alors ramez, ramez vers elles pour votre vie !

Que vous ressentiez l'appel à commencer une carrière, à élever un enfant, à vous occuper de prisonniers ou à rester assis, en pyjama, à réfléchir à un problème philosophique, suivre cet appel peut vous faire vivre un enfer. D'un autre côté, selon les histoires de héros d'une multitude de civilisations, voici, selon Seifert, quelques-unes des récompenses que vous obtiendrez en voyageant sur la route des épreuves.

« Le protagoniste devient sûr de lui et souvent il reçoit des dons physiques et des récompenses émotionnelles. Puisque les limitations personnelles sont rompues, le protagoniste peut voir l'image complète [et]… comprendre comment le but ultime peut être accompli et la mission, complétée… [À la fin de l'aventure], le protagoniste a l'habileté, le pouvoir ou la sagesse, hors de toute limite, de relaxer dans n'importe quel univers (physique, mental, émotionnel ou spirituel) où il se trouve. Il est capable de combiner les œuvres des sociétés non illuminées (anciennes) et des sociétés illuminées (nouvelles) en un seul monde. »

En d'autres mots, ceux qui ont emprunté une quelconque aventure de héros (que ce soit comme découvreurs de voies ou autres archétypes) sont les seuls humains avec suffisamment d'Imagination pour réparer le monde dans lequel nous nous trouvons en ce moment. Les difficultés et les mystères qui nous effraient ou nous torturent sur la route des épreuves du héros stimulent suffisamment notre Imagination pour absorber des concepts inconnus qui peuvent nous permettre de créer des changements significatifs. Avec une Imagination élargie, un réparateur aventurier peut créer un équilibre harmonieux entre un ancien comportement non illuminé et un nouvel état d'être qui guérit ce que nous avions brisé. Les découvreurs de voies sont nés pour être des héros. Que cette promesse soit réalisée ou non dépend de la réponse du découvreur de voies à l'appel de départ pour l'aventure – ou, du moins, à l'appel qui vient de nouveau après le refus d'origine.

## L'aventure et le mélange des opposés

Saviez-vous que vous avez tendance à être plus attiré sexuellement par les personnes dont le système immunitaire est différent du vôtre que par celles qui partagent votre profil immunitaire? Ce facteur, mesuré par une glande à l'intérieur de votre nez, détecte les phéromones des personnes sans que vous en soyez conscient, prévient les consanguinités (en vous rendant désintéressé des gens dont le génotype est en lien avec le vôtre) et assure à vos bébés d'avoir le plus large spectre d'immunité. Par analogie, les aventures qui créent l'Imagination la plus élargie, la plus puissante et la plus utile sont celles qui réunissent des éléments d'univers complètement différents.

C'est l'une des raisons pour lesquelles je trouve l'Afrique si fascinante. En tant que Nord-Américaine, je suis issue de la culture la plus jeune, la plus riche et la plus industrialisée, tandis que l'Afrique est le continent le plus pauvre et le moins développé, tout en étant le berceau de l'humanité. En réunissant ces deux extrêmes, l'Imagination fait un bond, que ce soit chez l'aventurier africain qui se rend en Amérique ou chez l'Américain qui « rencontre » l'Afrique. L'un de mes passe-temps favoris est de trouver des histoires au sujet des héros africains dont l'Imagination fut enflammée au contact des normes du Premier Monde.

Par exemple, au Kenya, j'ai rencontré une femme étonnante, Ingrid Munro. Cette Suédoise mariée à un Canadien a passé la majeure partie de sa vie à Nairobi. Le père d'Ingrid était un médecin qui vécut un certain temps au Kenya avant de retourner en Suède. Alors qu'Ingrid était de retour à Nairobi en visite, elle reçut un appel d'un chirurgien africain qui s'apprêtait à opérer un jeune enfant de la rue qui venait d'être heurté par un autobus. Le chirurgien connaissait le père d'Ingrid. Il lui demanda si elle pouvait appeler son père en Suède pour que ce dernier l'aide par téléphone à réussir une opération qui pouvait sauver la jambe du garçon.

Non seulement Ingrid accepta d'aider le chirurgien, mais elle finit par adopter le jeune garçon. Puis, elle s'est intéressée aux femmes mendiantes qui avaient aidé le garçon à survivre avant qu'il rencontre Ingrid. Elle commença alors une réflexion sur des façons par lesquelles ces femmes pourraient s'extirper de la pauvreté en utilisant de minuscules investissements. C'était il y a bien des années. Lorsque je l'ai rencontrée, Ingrid avait aidé plus de 300 000 femmes mendiantes à se sortir de la déchéance et à devenir des entrepreneures prospères. L'organisation qu'elle mit sur pied, Jamii Bora, a sa propre banque, sa compagnie d'assurance et un service de développement urbain.

Jamii Bora est dirigée par ces femmes, ces aventurières africaines, qui vivaient jadis dans les rues de Nairobi, mendiant pour des sous et aidant des enfants comme le fils d'Ingrid à survivre dès leur plus jeune âge. Lorsque j'ai demandé à quelques-unes d'entre elles comment elles se sont sorties de la pauvreté, ces héroïnes mentionnèrent que les prêts minimes qu'elles reçurent (environ 50 $ chacune) les ont aidées, mais ce qui a le plus contribué à leur succès, selon elles, était la façon de voir le monde qu'Ingrid nourrissait. « Elle nous disait : "Vous pouvez le faire. Je vous vois réussir" », me dit une femme tandis que les autres approuvaient. Ce fut l'Imagination d'une découvreuse de voies, libérant l'Imagination des mendiantes de la rue, qui les a appelées à l'aventure. Leur route d'épreuves ne les a pas seulement sorties de la pauvreté, elle les a conduites à aider des centaines de milliers de femmes.

William Kamkwamba est un autre héros dont les aventures ont débuté dans une minuscule bibliothèque du Malawi. Incapable de défrayer les coûts d'inscription de 80 $ pour fréquenter l'école, le jeune William, qui avait alors quatorze ans, emprunta un livre américain de cinquième année sur l'électricité. Même s'il ne connaissait pas l'anglais, il était fasciné par une photo dans le livre qui présentait un moulin à vent générateur d'électricité. Cette photo alluma son Imagination, et William commença à résoudre le casse-tête comme s'il n'y avait pas de lendemain. Avec le livre comme guide, il passa deux mois à créer son propre moulin à vent en utilisant une bicyclette brisée, un ventilateur de tracteur et des pièces de caoutchouc taillées à même ses sandales – tout cela pendant que son village entier crevait de faim durant une famine. Les amis et les membres de sa famille croyaient que William avait perdu la tête, jusqu'à ce que son moulin à vent de fortune produise suffisamment d'énergie pour alimenter une radio puis allumer une ampoule. C'était la première fois que son village avait de l'électricité.

La nouvelle de l'accomplissement de William fut reprise par la presse locale puis transmise à l'international. Vous pouvez voir un reportage sur lui alors qu'il décrit son moulin à vent et qu'il voit l'Amérique pour la première fois au www.youtube.com/watch?v=arD374MFk4w. Depuis, il a construit d'autres moulins à vent, des panneaux solaires et des puits. Il espère fournir l'électricité à tout son village. Dans un livre qui raconte son histoire, *The Boy Who Harnessed the Wind*, il mentionne que son processus de création aurait été infiniment plus facile s'il avait connu Internet. En tenant compte de ce qu'il a pu réaliser avec un simple manuel d'instruction, ça dépasse l'entendement de penser à ce qu'il pourra inventer maintenant que son Imagination peut avoir accès à de l'information de partout dans le monde. Pensez à William la prochaine fois que vous serez en ligne.

Et puis, il y a aussi Ishmael Beah, dont la région d'origine de Sierra Leone fut dévastée par la guerre civile dans les années 1990. Beah fut capturé par un groupe militaire, drogué et endoctriné pour devenir un *soldat* alors qu'il était un jeune adolescent. Après quelques années d'enfer, Ishmael fut l'un des deux enfants soldats de son bataillon à être secouru par une organisation humanitaire. Il a survécu à une difficile réhabilitation et fut choisi pour représenter Sierra Leone à une conférence pour les jeunes à New York. Là-bas, il fit la connaissance d'une écrivaine professionnelle – une découvreuse de voies, en fait –, Laura Simms, qui discuta pendant des heures avec lui.

Lorsqu'Ishmael retourna en Sierra Leone, il fut de nouveau absorbé dans une vague de violence tandis que la guerre faisait toujours rage. Dans le livre *A Long Way Gone*, il décrit comment les images de son futur qu'il se créa à partir de ses aventures et ses conversations avec Laura Simms l'ont aidé à Imaginer son évasion de son pays et son retour en Amérique. Il retrouva Laura qui l'adopta. Elle fut en mesure d'accueillir Ishmael grâce à l'aventure du garçon et à sa propre Imagination qui avaient ouvert son esprit à la possibilité d'un nouveau futur.

C'est le genre de choses qui se produisent lorsqu'un découvreur de voies du tiers monde accepte l'appel de l'aventure et finit par vivre une expérience qui libère son Imagination. D'une certaine façon, cette sorte d'aventure est presque un cliché : le pauvre Africain sans ressource est inspiré par la richesse, la grandeur et l'optimisme d'une *civilisation avancée*. Mais tout découvreur de voies vous dira que lorsque deux mondes différents s'entremêlent, l'échange d'Imagination se fait toujours dans les deux sens.

## Ce que les aventures dans le monde ancien peuvent enseigner aux réparateurs dans le nouveau monde

Toutes les deux Américaines diplômées, Donna et moi avons trouvé en Afrique l'inspiration et une nouvelle façon d'Imaginer l'avenir de l'humanité. Imprégnées depuis notre naissance d'une culture qui favorise les *progrès* à travers une expansion débridée des cités humaines et des technologies, nous n'avions jamais Imaginé que les humains pouvaient s'épanouir en guérissant nos vies intérieures et le monde naturel qui nous entoure.

Bien que la nature en Afrique ait été chamboulée par l'activité humaine, les dommages y sont moins étendus, justement parce que le *développement* fut lent. Essayez de restaurer les forêts de Manhattan et vous vous retrouverez en grande difficulté ! Restaurer la Suisse à son état naturel avant l'humanité le serait tout autant ! Guérir et restaurer la migration des bisons dans les grandes plaines américaines exigeraient la démolition d'innombrables Wal-Mart, sans parler des villes et des mégapoles. Mais l'Afrique, le berceau de notre espèce, est encore suffisamment proche de son état primaire pour nous aider à Imaginer la restauration de l'Éden. Près des ghettos densément peuplés de Nairobi se trouve une réserve sauvage où des humains se dévouent à élever des éléphanteaux orphelins. Londolozi et les écosystèmes *restaurés* aux alentours sont plus imposants que la Suisse comme territoire. Et il n'y a pas de WalMart au Karoo. Les gens, les animaux et les plantes qui y vivent peuvent accroître l'Imagination des découvreurs de voies tout comme l'aventure sur Times Square peut ouvrir les horizons d'un enfant africain. Et puis, il y a la magie de l'Afrique.

Quiconque ayant en lui un soupçon de l'archétype du découvreur de voies commencera à s'éveiller et à s'illuminer en marchant sur la terre du berceau des premiers humains, en scrutant le même regard des animaux que nos lointains ancêtres considéraient comme sacré, en grimpant aux mêmes arbres que vénéraient les arrière-arrière-arrière-grands-parents. Peut-être que cette magie n'opère pas seulement en Afrique. Peut-être chaque découvreur de voies se sent-il poussé vers un lieu différent, une aventure spécialement conçue pour lui, pour sa propre vie. Ce n'est pas important où l'appel de l'aventure nous entraîne. Il importe seulement que nous le suivions.

Peu importe l'aventure inconfortable ou insensée qui vous appelle actuellement, dites non aussi longtemps que vous le pourrez. L'appel se répétera simplement – inlassablement, incessamment – jusqu'à ce que vous disiez oui, alors attachez votre ceinture parce que ce ne sera pas un voyage des plus confortables. Une fois que vous acceptez votre *mission* héroïque, il y aura toujours quelque chose qui se produira. Prenez avec vous une trousse de premiers soins, quelques tablettes pour purifier l'eau et un surplus d'argent caché dans votre chaussette. Ayez un œil sur l'Islande. Attendez-vous à toute forme de complication et de désastre. Attendez-vous aussi à ce que les mésaventures étendent votre Imagination jusqu'à votre véritable mission dans la vie. Votre aventure héroïque peut briser votre cœur, vos finances ou votre bras. Mais elle guérira aussi votre âme, votre vie et votre partie du nouveau monde.

## Libérer l'Imagination à travers l'aventure

Tout ce qui est nécessaire pour embarquer dans une aventure est de choisir de faire quelque chose que vous n'avez jamais fait auparavant. Voyagez dans de nouveaux endroits. Apprenez de nouvelles habiletés. Servez-vous de nouvelles technologies. Recherchez constamment les apprentissages et l'innovation au lieu du confort et de la routine.

- *Une aventure de découvreurs de voies*
  Allez dans un endroit où vous n'êtes jamais allé

  Répondre à l'appel de grandes aventures est plus facile si vous vous êtes entraîné à en vivre de plus simples. Aujourd'hui, allez dans un lieu près de chez vous où vous n'êtes jamais allé auparavant. Prenez un café dans un lieu différent des autres jours, faites les courses dans un supermarché ou une épicerie différente. Faites une promenade dans un quartier que vous n'aviez même pas remarqué.

Vous vous sentirez sans doute un peu inconfortable. Votre cerveau sera forcé de créer de nouvelles connexions neuronales pour se familiariser avec ces petites innovations. Observez cette sensation sans la craindre, lui résister ou l'éviter. Apprenez à être à l'aise avec l'inconfort inévitablement lié à toute aventure.

- *Une aventure de découvreurs de voies*
  Développez une nouvelle aptitude

La plupart d'entre nous admirent des aptitudes ou des habiletés qu'ils ne maîtrisent pas ou qu'ils n'ont jamais essayé de développer. Avez-vous toujours souhaité faire de la poterie, jouer de la guitare ou danser le tango? Admirer une habileté que vous n'avez pas encore maîtrisée est une forme d'appel à l'aventure. Vous avez refusé de répondre à l'appel auparavant. Cette semaine, dites oui. Inscrivez-vous à un cours ou essayez par vous-même.

Une fois de plus, notez la frustration ou la perplexité que vous ressentirez, tout spécialement au début. Remarquez comment tout semble aller de travers. Habituez-vous à cette phase de l'apprentissage. Persistez au moins jusqu'à ce que vous connaissiez un succès, aussi minime soit-il.

- *Une aventure de découvreurs de voies*
  Servez-vous de la technologie d'une manière différente

Le monde, aujourd'hui, est dominé par des aventuriers qui recherchent des aventures non pas dans des lieux inconnus, mais dans des technologies inconnues. Si vous êtes technophobe et que vous n'avez jamais utilisé Internet, vivez une nouvelle aventure via You-Tube, comme je l'ai décrit précédemment. Si vous êtes un « crack » en informatique qui peut monter une carte mère sans problème, mais qui déteste mettre le nez dehors, apprenez à faire un feu avec deux bouts de bois et la force musculaire. Si vous êtes une fille très féminine détestant les autos, apprenez à changer vous-même l'huile du moteur de votre voiture. Si vous êtes un homme qui raffole des voitures, apprenez à tricoter un chandail. Les humains sont des animaux qui utilisent des outils. Plus vous utiliserez d'outils différents, mieux votre cerveau naviguera dans le nouveau monde changeant.

- *Une aventure de découvreurs de voies*
  Planifiez un gros événement

  Trouvez une semaine libre dans votre agenda des mois à venir et planifiez aller dans un lieu qui vous a toujours attiré. Pour maximiser votre plaisir, donnez un but à votre voyage, un objectif relié à la restauration du monde.

  Ça peut être du bénévolat pour nettoyer les lieux d'un désastre naturel, du bénévolat pour une organisation humanitaire, la plantation d'arbres dans une région dénudée…

  Si vous pouvez vous le permettre, vivez cette aventure dans une région étrangère. Si vous avez peu de moyens financiers, pensez à une aventure dans la vie sauvage. Consommez des baies et différentes pousses comestibles. Peu importe où votre aventure vous conduit, emmenez des amis du TEAM et emportez des cahiers de notes pour y inscrire des plans un peu fous pour sauver le monde.

- *Une aventure de découvreurs de voies*
  Célébrez votre chemin d'épreuves

  Peu importe ce qui se passe dans votre vie actuellement, vous connaissez des problèmes, des embûches et des frustrations (je sais, vous pouvez dire que je suis médium). Au lieu de résister et d'éprouver du ressentiment devant ces difficultés, recadrez-les dans un chemin d'épreuves. Voyez-vous comme un héros dans une histoire racontée autour de feux de camp… la légende de Michelle et du plombier incompétent ou celle du grand combat de Doug avec le superviseur d'enfer. Partez dans une quête. Racontez l'histoire. Vous verrez que plus une aventure est perturbante et même dévastatrice, meilleure sera la légende de découvreurs de voies qui en ressortira.

## L'appel du nouveau monde changeant et inconnu

L'ironie de l'aventure du héros, c'est qu'après avoir traversé des choses terribles dans d'horribles endroits, après avoir fait l'expérience de cauchemars et d'épreuves, le héros ne veut pas retourner en arrière. Il a appris des choses qui font de lui une personne nouvelle, plus profonde, plus heureuse, et comme le mentionne Seifert, parfois, il préfère vivre dans l'illumination plutôt que retourner à un chez-soi qui pourrait ne pas accepter le don ultime.

Tandis que j'attends avec Donna le petit avion qui la sortira de Londolozi, je remarque la tristesse habituelle de retour dans son regard. Son bras cassé a l'air en piteux état dans son plâtre temporaire. La main est enflée et bleue. Elle est affaiblie par un manque de sommeil et par les troubles intestinaux dont elle a souffert. À son arrivée, elle était mince; maintenant, elle est squelettique. Je me sens affreusement mal de l'avoir embarquée dans cette aventure où tout a mal tourné. Pas étonnant qu'elle ait l'air si misérable.

Lorsque l'avion arrive, je donne l'accolade à Donna et je m'excuse une fois de plus. Elle me regarde avec des yeux perçants.

« Je ne peux pas partir », dit-elle en se mettant à pleurer. « Je ne veux pas retourner. J'appartiens à l'Afrique. »

Au lieu de la supplier à nouveau pour qu'elle me pardonne de lui avoir fait vivre cette mésaventure, je me surprends à la rassurer, à lui dire qu'elle sera bientôt de retour. Comme tout héros, elle est profondément amoureuse du lieu qui a conspiré à briser la coquille de son habituel et tranquille isolement émotionnel. Même après avoir vécu plus d'épreuves que quiconque que j'ai amené à Londolozi, elle sent qu'elle a trouvé le paradis sur terre. Et je vous le promets, c'est aussi ce que vous ressentirez au sujet de vos propres aventures en enfer. Éventuellement.

Au moment d'écrire ce livre, Donna projette une autre aventure africaine avec son mari, Joël. Plus important encore, elle a appris avec l'expérience qu'elle n'a jamais vraiment quitté Londolozi. Ayant poursuivi son aventure à travers les bouleversements psychologiques de l'apprentissage de la magie des découvreurs de voies, elle peut maintenant atteindre l'état d'unité quand elle le désire. Là, dans le *Tout-Moment*, toutes ses aventures se déroulent toujours. La girafe surgit de la forêt, l'éléphant scrute son regard, l'arbre lui brise le bras et la coquille autour de son cœur, les amis africains soignent toujours ses blessures, la terre gronde et entre en éruption, les rivières et les nuages offrent leur réconfort liquide.

Aucune aventure de héros ne se termine vraiment, et votre prochaine aventure se déroule déjà. Le moment où vous acceptez l'appel de l'aventure, le chemin d'épreuves commence à trouver sa voie à partir de votre subconscient jusque dans votre conscience, libérant et agrandissant votre Imagination, vous aidant à devenir la guérison que vous souhaitez créer. Pour citer de nouveau Mary Oliver, toutes vos aventures héroïques « briseront votre cœur, ce qui veut dire qu'elles l'ouvriront au reste du monde et qu'il ne se refermera plus jamais ».

# QUATRIÈME PARTIE

## LA QUATRIÈME TECHNOLOGIE DE MAGIE

## LA MANIFESTATION

# CHAPITRE 12

## LA QUATRIÈME TECHNOLOGIE DE MAGIE

Les trois premières technologies de magie s'opèrent dans les espaces intérieurs de nos perceptions, de nos pensées, de nos sentiments et de nos rêves. Leur utilisation nous révèle notre vraie nature et la guérit : nous percevons la vérité de nos vies dans la tranquillité de l'Observation silencieuse; nous ressentons l'amour et la connexion avec tout ce qui vit à travers l'Unité; nous configurons nos désirs, résolvons nos casse-têtes et concevons de nouvelles solutions avec l'Imagination. Lorsque toutes ces technologies sont mises en œuvre en même temps, il ne manque plus qu'une petite poussée pour créer, dans la réalité tridimensionnelle, les conditions, les objets et les événements que nous avons imaginés. Cette petite poussée est la quatrième technologie de magie : l'art de la Manifestation!

Manifester, comme vous l'avez sans doute déjà compris, donne forme physiquement à ce qui a d'abord existé dans l'Imagination seulement. Pour reprendre la métaphore de l'ordinateur, rappelons-nous que nous nous connectons à l'Internet énergétique par l'Observation silencieuse, que nous communiquons en envoyant des messages énergétiques par l'Unité et que nous entrons des codes pour créer des choses « en ligne » avec l'Imagination. Manifester est alors comme imprimer une page du site Internet que vous venez de créer ou activer une machine quelconque grâce à un programme informatique. L'objet ou l'action existe dans l'espace tridimensionnel, et non seulement en tant qu'agencement de particules d'énergie. Une fois que vous transformez quelque chose de virtuel en un objet physique, vous pouvez le montrer aux gens qui n'utilisent pas l'ordinateur, qui n'ont pas d'ordinateur, qui n'ont jamais vu d'ordinateur ou qui ne croient pas que l'ordinateur existe. Maîtriser la Manifestation signifie que vous n'avez plus besoin d'amener les gens à croire aux habiletés de découvreurs de voies; vous n'avez qu'à leur montrer les résultats. Et comme me l'ont démontré un guépard, une bande de singes et une photographe endormie, si vous en venez à ne plus croire en votre propre magie, l'Univers métaphysique vous secouera quelque peu pour vous ramener à la réalité.

## Comment ne pas manifester les choses

Lorsque j'étais une bonne fille mormone, quelques membres de l'Église m'avaient dit que si j'avais eu suffisamment la foi, j'aurais pu *guérir* le syndrome de Down d'Adam avant qu'il naisse. La croyance générale au sujet des miracles (pas pour tous les mormons, mais sûrement pour quelques-uns) semble être que si vous appartenez à la seule vraie Église, suivez toutes les règles et croyez vraiment, vraiment, *vraiment* à quelque chose, vous pouvez le réaliser dans l'existence (de plus, ça aide si vous battez vous-même votre blé!). Des adeptes de plusieurs autres religions semblent penser de cette façon. Selon cette pensée, suffisamment de croyance rigide en un système créé par des humains et suffisamment de concentration absolue sur ce que vous désirez voir arriver produiront des miracles. Les découvreurs de voies et les *réparateurs* du monde ne travaillent pas ainsi.

Ne vous méprenez pas : dans chaque culture et tradition, des gens ayant des connaissances mystiques ont essayé de forcer la manifestation de leurs désirs. Des sorciers noirs, des chamans menés par leur ego et des prêtres assoiffés de pouvoir tentent d'influencer la réalité par leurs désirs. Quelques-uns se servent des technologies de magie avec suffisamment d'habileté pour devenir quelque peu puissants, mais d'une manière limitée, avec peu de rayonnement. Ce qu'ils manifestent a tendance à être grotesque, comme des monstres, tordus de peur et de manipulation qui attirent l'attention pour un moment, mais qui finissent par s'évanouir et par se désintégrer comme tout autre zombie.

À l'inverse, les découvreurs de voies expérimentés savent que leur magie n'est pas reliée aux fantaisies et aux peurs de leur personnalité. Ils ne forcent pas la réalité à se plier à leurs demandes. La véritable manifestation, c'est inviter l'Unité universelle à jouer avec l'Imagination individuelle d'un être humain. Le processus ne débute jamais avec un *focus* intense et accaparant; il commence toujours dans l'état de détachement propre à l'Observation silencieuse. Envahi par une profonde acceptation du moment présent, le découvreur de voies perçoit ce que le Un aimerait créer et y ajoute des idées formées dans son Imagination, son expérience humaine. Cette union de la vastitude et de la particularité n'est en rien la volonté. Il n'y a aucun besoin de provoquer les choses. Il n'y a qu'un amour si enveloppant et nourrissant que l'on en oublie tous les besoins. La manifestation à pleins gaz est d'une pure aisance. C'est la mise en action des trois premières technologies de magie auxquelles on ajoute une alternance joyeuse et détendue de repos et de jeu.

## Échanger l'« huile de bras » contre l'énergie

Nous avons tous appris à provoquer les choses dans le monde physique. On nous a enseigné la démarche : nous fixer des buts, relever nos manches, mettre le plaisir de côté et travailler, travailler, travailler, travailler, travailler. Et travailler encore plus fort ne nuit pas. Souvent, nous avons besoin de l'aide d'autres personnes, alors nous devons travailler encore pour les trouver puis les motiver par des récompenses physiques (nourriture, argent, camaraderie, approbation) ou par des punitions physiques (licenciement, emprisonnement, rupture, critique). Tout cela est un dur labeur, un lourd processus. Ça exige tellement de temps et d'énergie au corps et à l'esprit calculateur. La Genèse nous rappelle ce qui suit : « C'est à la sueur de ton visage que tu mangeras du pain, jusqu'à ce que tu retournes à la terre, d'où tu es issu. Car tu es poussière, et tu retourneras à la poussière. »

Bon, d'accord, mais nous vivons maintenant dans un monde où une large part des choses sont créées à partir de l'information pure plutôt qu'à partir de la matière physique. Beaucoup de gens mangent leur pain sans avoir à suer du visage. Et ce n'est pas seulement un phénomène moderne. Plus loin, dans la Bible, Jésus ne semble pas plus suer en redonnant la vue à un homme aveugle que mon ophtalmologiste avec son équipement laser pour opérer les yeux. La Manifestation, qui utilise avant tout l'information et l'énergie, nous permet de faire des choses qui semblent miraculeusement puissantes sans beaucoup d'efforts. C'est une chose de le dire, mais c'est encore mieux d'en démontrer les résultats. Et pour le faire, je demande souvent l'aide de mes amis à quatre pattes.

## Deux façons de voir les choses

Durant des milliers d'années, dans plusieurs cultures traditionnelles, des générations ont passé, les unes après les autres, des journées entières incalculables à dompter et à entraîner des chevaux. Travailler avec des chevaux n'est pas facile. Ce sont des animaux imposants, forts et qui paniquent à la moindre occasion. La méthode la plus typique utilisée par les dresseurs pour établir la relation avec un cheval, basée sur des coutumes millénaires transmises d'une génération à une autre, consiste en quelque sorte à « casser » le caractère de l'animal. Cela nécessite souvent des semaines de coercition pendant lesquelles des cordes, des fouets, des chaînes, des groupes d'hommes et une considérable énergie de violence finiront par convaincre l'animal qu'il n'a pas d'autre choix que de se soumettre au commandement des hommes. Selon cette vision traditionnelle, l'être humain ne peut établir une véritable relation de coopération avec le cheval tant que ce dernier n'est pas cassé.

C'est tout un contraste en comparaison avec la méthode utilisée par Koelle et ses mentors qui consiste à s'unir à l'animal. Cette méthode a pour but d'établir une relation de coopération entre l'humain et l'animal en ayant recours uniquement à la présence, à l'observation, au langage corporel et à l'énergie. J'ai vu Koelle se servir de cette magie transformatrice avec des animaux terrifiés, gravement traumatisés, avec des chevaux qui ruaient, fuyaient, hurlaient et tentaient de piétiner tout être humain qui essayait de les casser et qui devenaient ainsi condamnés à être tués. Elle a établi une connexion avec des mustangs capturés alors qu'ils étaient encore sauvages comme le vent. Des éléphants et des zèbres sauvages ont réagi aussi positivement que les chevaux à la méthode de Koelle, bien que, pour respecter leur nature, elle n'ait jamais cherché à imposer une collaboration. Koelle a enseigné à des centaines de personnes à s'unir aux chevaux, incluant des gens comme moi qui n'avaient jamais été près d'un cheval avant ses premières leçons. En d'autres mots, n'importe qui choisissant d'apprendre cette méthode de communication avec les animaux, digne des découvreurs de voies et des guérisseurs, peut y parvenir. C'est une technique suffisamment développée pour qu'elle ait des allures de magie, mais ça ne l'empêche pas d'être aussi une science.

J'ai décrit partiellement cette méthode d'union au chapitre 4, mais voici tout de même la description du processus habituel, qui diffère quelque peu de l'exercice mentionné alors :

1. Une personne marche dans l'enclos circulaire où se trouve le cheval. Ni la personne ni l'animal ne se sont rencontrés auparavant, et le cheval n'a reçu aucun entraînement.

2. À une certaine distance de l'animal, la personne encourage le cheval à bouger dans l'enclos pendant un certain temps (avec un cheval né dans un milieu domestique, deux à cinq minutes sont habituellement suffisantes).

3. Si la personne est calme et qu'elle maintient une intention claire et précise dans son Imagination, le cheval commence bientôt à signaler, par les oreilles, les lèvres, la position de la tête et son énergie, qu'il se sent en sécurité auprès de la personne.

4. La personne s'éloigne un peu, puis s'immobilise.

5. Le cheval s'avance jusqu'à ce que son museau soit tout près de l'épaule de la personne, s'immobilise et attend d'éventuelles instructions.

6. Le cheval suit gentiment et calmement la personne partout où va cette dernière, sans corde, fouet, chaîne ou autre outil de brutalité.

Koelle et moi utilisons cette méthode et d'autres façons de jouer avec les chevaux (vraiment, on ne parle plus de travail) dans nos séminaires. Nous appelons ces séminaires « Comment faire survenir les choses », quoique Koelle ait parfois l'impression que c'est de la fausse représentation. C'est simplement plus facile à dire, et plus attrayant pour les rationalistes modernes, que « Comment remarquer ce qui désire se manifester dans le *Tout-Moment* et lui donner la permission et l'espace nécessaire pour devenir une réalité physique ».

Voyez-vous, le cheval est une métaphore vivante et aimante pour tout ce que vous voulez créer. Plus d'argent, des relations épanouies, une bonne condition physique, des découvertes intellectuelles, une sérénité émotionnelle, de sains écosystèmes, de très bonnes chaussures… Toutes ces choses répondent au même procédé et à la même énergie qui harmonisent le lieu et l'énergie entre un être humain et un animal. Tout ce que vous désirez ou tout ce dont vous avez besoin attend de *s'unir* à vous.

Ainsi, vous êtes parfaitement libre de vous attaquer à l'œuvre de votre vie avec les poings fermés et les dents serrées afin de casser, de contrôler, de forcer et de dominer tout, incluant les choses et les personnes, comme la plupart des gens tentent de casser les chevaux. Cependant, si vous désirez mettre en pratique l'Observation silencieuse, l'Unité et l'Imagination puis faire le dernier pas en y ajoutant une alternance rythmique de jeu et de repos physique, vous pouvez devenir un véritable découvreur de voies et obtenir des résultats beaucoup plus grands avec beaucoup moins d'efforts.

## La Manifestation accidentelle (Comment obtenir ce que vous ne voulez pas)

Chaque jour, chaque heure, sans même le remarquer, vous faites apparaître dans votre Imagination des choses qui n'ont jamais existé auparavant. Vous utilisez cette étonnante faculté humaine de penser abstraitement en projetant vos pensées dans le futur et en créant des juxtapositions de choses qui n'avaient jamais été en interaction avant. Cela dit, votre imagination n'est peut-être pas aussi libre que vous pourriez le croire. Si vous n'avez pas pratiqué la résolution de casse-tête et l'aventure, vos attentes seront coincées dans la petite région désolante de ce que vous croyez déjà possible. Chaque schéma négatif que vous manifestez à répétition reflète la qualité de vos attentes, de vos anticipations. Même si vous vous remplissez la tête d'ambitieuses pensées joyeuses ou que vous chantez des affirmations positives jusqu'à ce que vos amis souhaitent vous gifler, ce à quoi vous vous attendez le plus au plus profond de vous-même est ce qui guide votre comportement qui, à son tour, détermine ce que vous manifestez.

Par exemple, Nancy croit qu'elle ne gagnera jamais assez d'argent pour vraiment relaxer. Même si elle accomplit son travail avec une intensité désespérée et qu'elle trouve que son salaire est très élevé, chaque fois qu'elle obtient une augmentation ou une prime, elle finit par hausser ses dépenses, ce qui maintient sa situation financière exactement au niveau qui coïncide avec son anticipation de *pas assez*.

Gérard a un problème similaire avec le temps. Il est toujours tellement occupé qu'il a peu de temps pour pratiquer des loisirs personnels, sortir en famille ou même dormir. Même s'il se plaint chaque jour de cette situation, son anticipation sous-jacente et non verbalisée est la suivante : « J'ai de la valeur seulement si je suis constamment en train de *faire* quelque chose. » Il ne manifestera pas un horaire plus dégagé tant qu'il ne corrigera pas l'utilisation de son Imagination.

Polly se sent seule, incapable de trouver un amoureux ou même des amis intimes. Même si elle essaie constamment d'entrer en relation avec les gens, ses anticipations furent enregistrées durant son enfance. Elle vivait alors la solitude d'enfant unique d'une mère qui travaillait fort et elle obtenait de brillants résultats scolaires qui faisaient en sorte que peu de ses camarades de classe pouvaient la suivre. Ses anticipations, et non ses pensées délibérées, dominent tout ce qu'elle manifeste.

Une autre façon de Manifester accidentellement est de résister, voire d'essayer d'éloigner le schéma négatif que vous observez chez les autres, de tenter de faire exactement le contraire de vos modèles dysfonctionnels. Cela finit par être aussi pénible que tout ce que vous avez essayé d'éviter et vous mène souvent exactement dans la position ou la situation que vous cherchiez à éviter.

Par exemple, ma cliente Bonnie a grandi dans un foyer où la violence régnait. Se jurant de briser ce cycle, elle a adopté un style extrêmement doux et peu confiant dans ses relations interpersonnelles. Malheureusement, cette énergie de crainte et de servilité est exactement celle que recherchent les prédateurs et les abuseurs chez leur victime. Bonnie a marié un homme abuseur et ses fils ont plus tard battu leur propre femme.

Chuck fut élevé par des parents obsédés par leur fortune. Il rejeta leur matérialisme jamais assouvi et devint un fier artiste sans le sou. Le problème est que personne n'est à l'argent comme les gens riches, sauf les gens pauvres. Luttant constamment pour payer son loyer et sa nourriture, Chuck est obsédé par l'argent tout autant que ses parents.

Ma mère souffrait de fibromyalgie et était pratiquement « invalide » au moment où je suis née. Dans une tentative pour éviter le même sort, je devins maniaque de l'entraînement physique, développant ainsi des symptômes de fibromyalgie à dix-huit ans, ce qui est plutôt rare.

Dans quel domaine de votre vie manifestez-vous accidentellement? Avez-vous une terrible malchance? Est-ce que les gens vous poursuivent constamment en justice? Êtes-vous toujours la demoiselle d'honneur, mais jamais la mariée? Vous réveillez-vous régulièrement dans une chambre d'hôtel anonyme, affichant une barbe de trois jours, portant des collants et un soutien-gorge sport très inhabituel pour vous? De tels schémas répétitifs ne vous tombent pas dessus à cause d'un destin quelconque. Vous les manifestez vous-même en utilisant de façon inconsciente la quatrième technologie de magie. Maintenant, il est temps de maîtriser ce procédé consciemment afin que vous puissiez manifester votre vie aussi magnifiquement qu'elle est censée l'être.

## Maîtriser la Manifestation

La plupart des étapes de la Manifestation se font automatiquement à mesure que vous vous servez des trois premières technologies de magie. Utilisez donc toutes les techniques que ce livre vous a enseignées jusqu'ici pour compléter l'exercice suivant. Notez que c'est une pratique en profondeur. Pour devenir un maître de la Manifestation, vous devez répéter vos efforts plusieurs fois en surveillant leur efficacité. Et vous chercherez constamment à l'améliorer. C'est ce que vous avez fait dans plusieurs des exercices proposés jusqu'ici. Par exemple, plier une cuillère requiert une quelconque action physique, mais pas aussi intense et difficile que si vous n'aviez pas utilisé l'Observation silencieuse, l'Unité et l'Imagination avant la manipulation physique de la cuillère. Les vrais *réparateurs*, guérisseurs et découvreurs de voies agissent toujours de cette façon, peu importe ce qu'ils font. Leur habileté à accomplir des choses devient stupéfiante tandis que leur vie exige de moins en moins d'efforts.

La Manifestation n'est pas un bouton sur lequel on appuie, comme pour le four à micro-ondes. Elle se compare plus à un élan de golf. Ça semble simple et facile aussi longtemps que vous ne l'avez pas essayé, mais en vous y exerçant, vous remarquez des ajustements à apporter et des subtilités qui font toute la différence entre frapper la balle directement sur l'allée ou la manquer complètement. Abordez cet exercice dans un esprit de jeu, mais avec l'intention de vous améliorer, comme vous le feriez pour tout art ou activité.

## Première étape

### Pensez à quelque chose de simple que vous souhaiteriez manifester dans votre vie

Rappelez-vous que ce n'est qu'une session pour vous entraîner. Ne cherchez pas à réaliser immédiatement les douze travaux d'Hercule. Essayer d'apprendre la Manifestation en vous concentrant sur d'énormes problèmes qui vous obsèdent depuis des années, c'est comme essayer d'apprendre les règlements du football en vous ralliant à une équipe de la NFL en pleine action d'une partie. La clé pour Manifester est la légèreté, une totale libération de l'énergie de l'agrippement. Tant que vous ne vous serez pas exercé un tant soit peu, vous n'arriverez pas à le faire dans des secteurs de votre vie pour lesquels vos émotions sont vives. C'est la raison pour laquelle je recommande que vous vous exerciez sur quelque chose que vous désirez, mais sans plus, un peu comme je désire avoir un iPad, bien que je n'en aie même pas besoin. Ce que vous manifesterez sera peut-être un objet, mais également un événement, une relation, une habileté, une expérience...

La meilleure façon de trouver des objectifs qui conviennent pour vous entraîner à Manifester est de reprendre les différentes méthodes que nous avons vues pour libérer votre Imagination. Si vous avez un problème, éliminez les composantes purement imaginaires dans votre esprit puis utilisez la Manifestation pour corriger les aspects physiques restants du problème. Trouver un casse-tête que vous aimeriez résoudre est une excellente façon d'Imaginer de nouvelles solutions, lesquelles vous pouvez ensuite Manifester. Si vous vous sentez las ou sans inspiration, une petite aventure vous fournira de nouvelles informations, de nouvelles métaphores, de nouveaux indices qui pourraient bien tout transformer dans votre vie.

Lorsqu'il vous vient une idée, notez-la :

*Ce que je veux Manifester…*

_____

_____

_____

_____

## Deuxième étape

### Notez la tension entre vouloir et ne pas avoir encore

La plupart d'entre nous excellent à se sentir impatients, frustrés, dévalisés ou négligés. Nous ne sommes cependant pas très bons pour observer ces sentiments avec détachement. Tandis que vous contemplez ce que vous désirez, portez attention à l'inconfort ressenti de ne pas l'avoir encore. Comme vous vous entraînez avec un léger désir et non avec l'Everest, ce sentiment ne devrait pas trop vous bouleverser (si c'est le cas, changez l'objet que vous désirez manifester par un autre qui vous inspire moins d'émotions). Avant de trouver la zone parfaite de Manifestation, nous sommes plusieurs à être coincés dans une émotion négative chaque fois que nous nous concentrons sur quelque chose que nous désirons, mais que nous n'avons pas. Cette émotion peut aller de la frustration à la rage, de la déception au désespoir, de l'anxiété au découragement. Ce schéma ne fera que gonfler la situation négative.

D'un autre côté, il se peut que vous tentiez de repousser les émotions négatives que vous ressentez au sujet de ce que vous voulez en vous persuadant que ce n'est pas si important et que ça ne vaut pas la peine de vous torturer les méninges. Tout cela est vrai, évidemment; rien ne mérite que l'on se crée de la souffrance mentale. Par contre, le but, ici, est de ressentir toute une gamme d'émotions sans s'attacher à aucune forme. Les chercheurs spirituels renient souvent leurs désirs, par exemple, en faisant des vœux de pauvreté ou de célibat, en citant des passages de la Bible comme celui qui affirme que « l'argent est la racine de tout mal », ou encore en se référant à la position de Bouddha selon laquelle les désirs créent la souffrance. Ce ne sont que de mauvaises interprétations de la sagesse de découvreurs de voies. La Bible mentionne que l'*amour* de l'argent est la racine de tout mal, tandis que le Bouddha a enseigné que l'*attachement* aux désirs crée la souffrance. La Bible suggère que chercher d'abord le royaume des cieux nous permet d'obtenir tout ce que notre âme désire, en pleine mesure bien tassée et en abondance.

Quant à Bouddha, il a abandonné l'ascétisme pour une longue et confortable vie de désirs, d'abondance et de réalisations sans attachement.

C'est l'aspect émotionnel de l'agrippement, du cramponnage et du besoin qui crée l'appréhension silencieuse et profonde de la perte et de la privation et qui nous cause des cauchemars dans le monde des Formes. Le désir sans l'attachement est joyeux et ludique. La faim rend la nourriture encore plus satisfaisante; mais nous forcer à renier notre faim nous rendra éventuellement voraces et insatiables. Sans l'attachement, nous pouvons recevoir les messages de l'Internet de l'Énergie qui nous assure que nos besoins seront comblés. Une telle assurance permet à nos actions de nous apporter une merveilleuse abondance dans le monde concret de la Forme.

Si vous vous apercevez que vous êtes attaché à un quelconque résultat, l'Observation silencieuse et l'Unité vous seront toujours d'un grand secours. En abandonnant vos scénarios mentaux et en observant vos propres sentiments, vous noterez que vous pouvez lâcher prise quant à la désolante attitude d'attachement. C'est ce qui est arrivé lorsque j'ai cessé de chasser les guépards et que j'ai plutôt commencé à apprécier mon séjour à Phinda. Bien sûr, il est plus difficile de nous détacher des choses qui sont importantes pour nous. C'est pourquoi nous nous entraînons d'abord avec des objectifs plus modestes. En gagnant de l'assurance et de l'habileté, vous serez en mesure de vouloir intensément quelque chose ou d'avoir une aversion pour les atrocités ou de saisir les signaux d'urgence pour vous extirper d'un danger sans être désespérément attaché à l'une de ces émotions.

## Troisième étape

### Imaginez la perfection… calmement

La pratique en profondeur dans le monde de la Forme exige de faire avec votre corps ce que vous avez déjà accompli avec votre Imagination : viser le parfait résultat. Vous maintenez la perfection imaginée tandis que vous agissez, guidant ainsi vos actions physiques vers le résultat imaginé. L'étudiant en musique maintient dans l'oreille de son esprit la parfaite séquence au piano; le joueur de tennis imagine le service parfait; le poète ressent la suite de mots qui s'harmonisera parfaitement avec l'expérience du lecteur; les gens d'affaires et les politiciens imaginent une négociation parfaite; les nouveaux parents imaginent conserver leur calme et leur équilibre mental de façon parfaite malgré le manque de sommeil et leur lassitude.

En Imaginant le dénouement parfait de votre situation, si vous vous apercevez que votre mâchoire, votre poitrine ou toute autre partie de votre corps sont tendues, cela vous informe que vous laissez l'attachement s'infiltrer dans votre Imagination. Entrez dans l'Observation silencieuse au-delà des mots, détendez-vous et Imaginez la parfaite image jusqu'à ce que vous ressentiez seulement des émotions positives : le plaisir, la joie, l'enchantement, la gratitude, la satisfaction. Non, ce que vous avez imaginé n'est pas encore arrivé. Oui, vous pouvez vraiment vous libérer de toute négativité à son sujet. Autrement, vous chasseriez les chevaux au lieu de les laisser venir à vous, les attachant et les terrifiant jusqu'à ce qu'ils cèdent. Ça peut fonctionner, mais ça laissera des traces et ce sera exténuant. Et nous ne voulons pas plus de travail. Nous voulons de la magie.

## Quatrième étape

### Abandonnez la forme de ce que vous désirez et concentrez-vous sur son essence

Une fois que vous avez ressenti l'émotion du dénouement parfait d'une situation, balayez de votre esprit l'image et la pensée de l'objet physique, mais préservez l'émotion ressentie en imaginant que vous l'avez déjà.

Vous avez peut-être déjà fait l'expérience de ce processus lorsque quelque chose de merveilleux est survenu dans votre vie (un nouvel emploi, la planification de vacances, un contrat signé, l'évasion d'une prison, etc.) et que vous avez dû cesser d'y penser pour vous concentrer sur une tâche quelconque qui requérait votre pleine attention, comme pratiquer une chirurgie buccale ou préparer un sandwich sophistiqué. Tandis que vous vous concentriez sur la tâche immédiate, vous ne pensiez pas à l'heureux événement, mais son éclat et l'enthousiasme qu'il soulevait demeuraient présents, baignant le moment présent de bonheur et de satisfaction. Voilà l'énergie de la Manifestation.

Continuez à alterner avec Imaginer ce que vous voulez dans les moindres détails et délaisser cette image et ramener votre attention sur le moment présent tout en maintenant l'enthousiasme ressenti en Imagination. Fiez-vous à vos habiletés pour atteindre l'Unité et devenez totalement conscient du moment présent. En vous maintenant dans le moment présent, tout en nourrissant des émotions positives, vous appelez, avec beaucoup de puissance, ce que vous désirez de l'Imagination jusqu'au monde de la Manifestation. À cette étape, vos actions et vos gestes seront amusants, enjoués, parcimonieux et incroyablement efficaces.

## Cinquième étape

### Recherchez tout signal d'une réponse évidente

Être amoureux à la fois du moment présent et de la perfection future que vous avez imaginée vous rend irrésistiblement magnétique. Vous le ressentirez peut-être dans votre for intérieur. C'est comme si votre joie de ce scénario jamais imaginé auparavant remplissait tout l'espace qui vous entoure, et que l'Unité, n'ayant jamais fait l'expérience de votre perspective par rapport à la chose imaginée, devenait intensément curieuse. Vous pouvez sentir cette connexion et cet intérêt survolté dans l'air. Vous verrez aussi des objets physiques vous répondre. Les oiseaux et les animaux s'approcheront de vous. Les gens vous souriront plus et vous demanderont ce que vous aimeriez recevoir, se portant volontaires pour coopérer avec vous. Votre propre corps, vos paroles et vos actions vous surprendront, car ils correspondront exactement à ce qu'il est nécessaire qu'ils soient, sans aucun effort physique ou mental.

Bien sûr, au premier niveau, l'objectif est que la situation ou l'objet que vous avez imaginé se manifeste dans votre expérience physique. Mais, à un autre niveau, la véritable joie de ce processus est le lien amusant et enjoué entre vous et tout ce qui vous entoure. Puisqu'il n'y a pas de mots dans l'Observation silencieuse et aucune séparation dans l'Unité, vous devenez un pur observateur de la réjouissante interaction entre votre esprit et votre environnement, regardant les choses imaginées se manifester. Vous en venez à simplement vous prélasser dans l'émerveillement et le plaisir de ressentir tout ce qui vous entoure dire OUI aux désirs de votre cœur.

## Sixième étape

### Notez tout ce que vous avez soudainement le goût de faire

Maintenir le sentiment d'une joyeuse interaction entre l'Imagination et la Manifestation physique est souvent suffisant pour amener les choses à se manifester à la hâte dans votre expérience concrète. Cependant, lorsque la Manifestation requiert votre participation physique, une impulsion d'agir naîtra en vous, une impulsion si énergique et puissante qu'il sera moins agréable de la retenir que de la suivre. L'étape de l'action semblera savoureuse, intéressante, « interpellante ». Les actions à faire ne seront peut-être pas celles auxquelles vous vous attendiez. Faites-les quand même.

Ne confondez pas un sentiment d'anxiété ou d'urgence négative avec un élan créatif. Ici encore, retenir ou vous agripper à quoi que ce soit mettra un frein à la magie de la Manifestation. Vous vous retrouverez dans la même situation inchangée et il y aura un énorme travail à faire. Attendez qu'une impulsion d'agir survienne sans attachement. Parfois, c'est plus facile à remarquer lorsque vous prenez part aux efforts de Manifestation de quelqu'un d'autre. Vous pouvez faire des choses littéralement héroïques pour une autre personne sans savoir pourquoi. Mon amie Kelly n'avait aucunement l'intention de se lever après seulement quatre heures de sommeil pour photographier un guépard. Cela dit, lorsqu'elle fut réveillée par les singes martelant son toit, l'impulsion était si forte qu'elle la propulsa en courant en pyjama à travers le campement.

En parlant de sommeil, voici une autre chose cruciale à ne pas oublier au sujet de l'impulsion d'agir : l'action la plus profitable pour vous à tout moment peut être le repos. Je n'insisterai jamais assez sur ce point. Tout dans la nature monte et baisse. Essayer de toujours monter sans jamais baisser est une stratégie basée sur l'anxiété et elle est génératrice de stress. La magie des découvreurs de voies a souvent besoin que vous vous endormiez littéralement pour pouvoir agir. L'étape finale pour s'unir à un cheval est de s'en éloigner. Le pas final pour vous connecter à tout ce que vous essayez de transférer de l'Imagination à la Manifestation est le lâcher-prise, l'abandon, le détachement total. La sieste est l'une des plus puissantes étapes parmi tant d'autres pour Manifester. Si l'impulsion de vous reposer ou de dormir naît en vous, annulez tout et couchez-vous!

Comme ce n'est pas une action flamboyante dans la Manifestation, vous ne vous sentirez peut-être pas très enthousiaste à l'idée de suivre cette impulsion de faire ce que vous avez soudainement le goût de faire (comme dormir). Et comme c'est quelque chose que vous aurez plus ou moins le goût de faire, vous ne ferez que quelques actions en ce sens. Et pourtant, ce sera très agréable.

Notez quelque chose que vous avez soudainement, et plus ou moins, le goût de faire.

## Septième étape

### Maintenez l'état énergétique de la Manifestation pendant que vous accomplissez des actions quelconques

Tout en accomplissant des actions quelconques, notez et écartez doucement toute tentation de commencer à penser verbalement, de retourner dans l'attachement ou d'essayer de *travailler* sur le problème. Je le répète, cela contrecarrera immédiatement la magie de la Manifestation. La zone où la magie opère est tellement détachée qu'elle peut sembler presque « ennuyante », mais uniquement en comparaison avec l'activité survoltée. Accordez une attention particulière aux résultats physiques; répétez ce qui fonctionne (même très peu) et corrigez ce qui ne vous réussit pas. Peu à peu, vous ressentirez l'agréable et légère énergie à laquelle Lao-tseu fait référence lorsqu'il parle de *faire sans faire*. La Force accomplira tout pour vous, incluant les choses qu'elle accomplit à travers vous.

## Pratiquer la Manifestation jusqu'à ce qu'elle commence réellement à survenir

Si les instructions précédentes ne vous semblent pas déconcertantes, soit vous êtes un découvreur de voies accompli, soit vous n'avez pas compris la démarche. Toute description verbale, incluant celle qui précède, ne peut vous donner qu'un aperçu de l'expérience de la Manifestation. Ici encore, discuter et lire sur un sujet n'a pas la même portée que l'expérimenter.

Par exemple, la première fois que j'ai essayé de créer un lien d'Unité avec un cheval, j'avais lu toute la théorie, mémorisé toutes les étapes, observé une démonstration à la télé et une autre en personne. Cependant, je n'avais absolument aucune idée de ce que je faisais. Comme le fait tout élément de la vie sauvage, le cheval me renvoyait parfaitement le reflet de ma propre confusion, arrêtant, repartant, tournant, courant, toujours en essayant désespérément de suivre mes signaux contradictoires. Mon langage corporel était confus, mais le vrai problème était mon énergie. J'étais tendue, hyper-concentrée, excitée, et j'avais besoin d'aide. Vous avez sans doute ressenti la même chose devant un commis envahissant et beaucoup trop soucieux de vous vendre des vêtements ou devant un camarade de classe qui mène frénétiquement sa propagande pour devenir populaire. Il n'y a rien de mal avec cette énergie. C'est juste qu'elle ne fonctionne pas. Ou, pour être plus précis, elle exige trop de travail, d'efforts; elle n'est pas dans l'esprit du jeu.

Quelques années après ce premier essai, je me suis retrouvée dans un enclos circulaire avec un cheval, sans personne d'autre, pendant environ une quinzaine de minutes. À l'abri du regard des autres, sans ressentir aucune peur, me concentrant uniquement sur le bonheur et la curiosité, j'ai réussi mon premier lien dans l'Unité sans aucun problème. Ai-je sauté de joie? Non, une telle énergie survoltée ne fait pas partie du spectre d'énergie de la Manifestation. Je n'oublierai jamais la pure joie du moment, mais je n'en avais pas besoin alors, tout comme je n'en ai pas besoin maintenant. Vous n'avez pas besoin de quelque chose qui *est*; vous l'appréciez, simplement.

Une fois que vous pouvez soutenir cette sensation, celle de simultanément Imaginer ce que vous voulez, ressentir le plaisir de l'avoir et demeurer ancré et heureux dans le moment présent, vous serez bombardé de sous en provenance du ciel. Puis, vous pourrez manifester des dollars en provenance du ciel, et des amis en provenance du ciel, et des danses élaborées en provenance du ciel, et des guépards en provenance du ciel, et tout ce que le ciel a en main. Vous pouvez trouver une façon d'obtenir n'importe quoi à partir de n'importe où, tout spécialement dans notre nouveau monde changeant.

## Les liens d'Unité inattendus avec des choses que vous avez imaginées dans le passé

En vous entraînant à réaliser encore et encore les étapes de la Manifestation, attendez-vous à quelque chose d'étonnant : tout ce que vous avez déjà voulu (dans la perspective de votre vraie nature) commencera à ne faire qu'un avec vous. Atteignez un niveau de calme et de paix digne d'un découvreur de voies, et badaboum, voilà que déboule dans votre vie tout ce que vous avez désiré avoir durant votre enfance et votre adolescence, l'emploi que vous souhaitiez obtenir plus que tout au monde après vos études, le partenaire amoureux que vous attendiez lorsque vous étiez seul, la concrétisation des rêves fous et insensés que vous aviez élaborés pour plaire à votre *coach* de vie. C'est comme si, après avoir trimé dur pour obtenir ces choses pendant des années, vous aviez créé un *momentum* qui continuait à les attirer à vous bien après avoir oublié que vous les aviez demandées. En fait, c'est lorsque vous oubliez que vous les avez demandées qu'elles arrivent finalement.

C'est ce qui m'arrive concernant ma demande de voir un *cheetah* (guépard) en liberté. Moins de deux mois après la réception de Sal à Phinda, je me retrouve au Kenya, voyageant avec un groupe de philanthropes mené par une femme intrépide et visionnaire – membre du TEAM, bien sûr – nommée « J'Lein Liese ». C'est le genre de personne qui se pointe un jour dans une contrée ravagée par la guerre comme une touriste solitaire, qui devient rapidement la confidente du premier ministre et du *leader* des forces de l'opposition et qui négocie la paix l'après-midi suivant, autour de rafraîchissements. Le pouvoir de Manifestation de J'Lein titille mon esprit. Je n'ai aucune idée comment elle y parvient, mais je la suis toujours avec joie. Comme tout le monde, d'ailleurs!

J'ai déjà mentionné à J'Lein ma fixation à voir un guépard. À un certain moment, elle part pour *parler à quelqu'un*, une personne qui ne l'a jamais rencontrée auparavant, mais qui devient rapidement très conciliante entre les mains de J'Lein. Quinze minutes plus tard, nous profitons d'une « audience » personnelle – et habituellement strictement interdite – avec une famille de guépards orphelins qui ont été élevés par des zoologistes bienveillants à Nairobi.

Chaque espèce animale possède sa propre énergie. Les chevaux sont gentils et peureux. Les chiens sont enjoués et facilement impressionnés. Les chats domestiques sont originaux et ils s'offensent rapidement. Mais, les guépards... Oh! mon Dieu! L'énergie du guépard est l'une des formes d'affection les plus intensément douces que j'aie pu ressentir dans ma vie. Je m'agenouille auprès de l'un d'eux et je caresse son épais pelage. Il commence à lécher mon bras en retour. Comme la langue des guépards est similaire à du papier sablé de catégorie industrielle, les coups de langue sont physiquement presque insoutenables. J'ai l'impression que le guépard m'arrache une couche de peau chaque fois. Mais, je suis si transportée par l'amour que je le remarque à peine. Longtemps après, mon bras demeure irrité et sensible, mais au lieu de m'en inquiéter, je suis épatée de conserver un tel souvenir qui me rappelle à quel point les choses sont tendres à la jonction de la pensée et de la réalité tridimensionnelle, au point de bascule de la création, à l'endroit où le point des découvreurs de voies relie finalement l'Imagination et la Manifestation.

# CHAPITRE 13

## MANIFESTER VOTRE ART, GUÉRIR VOTRE ÊTRE

Nous entendons le lion bien avant de le voir. Le son n'a rien de comparable à celui entendu dans les films. Il commence comme un doux et profond gémissement rappelant le bâillement humain, puis il s'intensifie constamment jusqu'à atteindre 115 décibels – le volume d'un moteur de jet ou des amplificateurs du plus intense concert rock extérieur – avant de baisser de ton et de se terminer en une série de grognements creux. Vous pouvez l'entendre à plus de deux kilomètres, et parfois même jusqu'à dix kilomètres de distance. Si vous êtes suffisamment près, le son vous fera littéralement frémir intérieurement. On a parfois l'impression qu'un lion peut tuer un humain simplement en rugissant.

« Reculons », murmure Boyd.

Mais je ne veux pas battre en retraite.

J'ai cette confiance inébranlable qui s'acquiert seulement après des années… d'inexpérience totale! J'obéis, néanmoins, en maugréant, et suis Solly qui nous conduit à un *kopi*, l'un de ces petits monts nommés selon leur ressemblance à des tasses renversées et qui parsèment la savane.

« Vite! Vite! Grimpez! » murmure encore Boyd à l'arrière du groupe. Un sentiment d'urgence se dénote dans sa voix habituellement décontractée. Un autre rugissement s'élève derrière nous, comme le bâillement criard, directement dans le micro, d'un chanteur de groupe heavy métal. Cinq décibels de plus et les vibrations seraient perçues par notre ouïe non seulement comme un son, mais aussi comme une douleur. Ce dernier rugissement a l'effet d'une poussée dans mon dos! Je grimpe plus vite!

« Ici », murmure Solly alors que nous atteignons une rangée de grosses pierres volcaniques à mi-chemin dans l'ascension du *kopi*. Nous nous assoyons sur les pierres en observant la savane à nos pieds.

Comme dans une scène de cinéma parfaitement coordonnée, le lion surgit des épais buissons au pied de la colline. Le soleil levant lui donne l'allure d'une masse dorée tout en muscles et en crinière et pesant 250 kilos, comme une illustration vivante du poème de Gerard Manley Hopkins qui commence ainsi : « Notre monde est chargé de majesté divine; il sourd comme flambe une feuille d'or secouée. » Le lion lève la tête et prend une profonde respiration, gonflant son torse comme la soufflerie d'un forgeron. Un autre rugissement sort de ses mâchoires qui pourraient broyer le crâne d'un homme comme une vulgaire arachide. Le son s'amplifie… s'amplifie encore… et s'amplifie toujours, jusqu'à ce que je ressente que mon angoisse commence à se désintégrer. Je n'ai jamais assisté à une performance aussi éblouissante. Ça valait tellement la peine de se lever à trois heures du matin pour avoir des sièges dans la première rangée!

Évidemment, assister au concert d'un lion exige une tactique différente de celle de camper devant la billetterie. Pour obtenir nos billets, nous avons marché pendant des heures à un bon rythme à travers les buissons. Solly était le guide, suivi par Koelle et moi. Boyd fermait la marche en transportant un lourd fusil, qu'il avait peu de chances d'utiliser, vu sa grande connaissance de la savane.

Pour les Africains, les moindres empreintes sur le sol, le froissement d'une brindille d'herbe que je n'arrive même pas à voir peuvent être des signaux aussi évidents que des enseignes lumineuses les informant des déplacements du lion, de tout ce qu'il a fait et de presque toutes les pensées qu'il a pu avoir!

J'en connais suffisamment sur le « traquage » pour être impressionnée. J'ai commencé à apprendre cet art le jour où Solly m'avait fait signe de me pencher près de lui, avait ramassé un long bâton et dessiné un cercle sur le sol. « Que vois-tu? » avait-il demandé.

J'avais scruté le sol au milieu du cercle. Dans le sable fin, on percevait une énorme empreinte.

« Euh… la trace d'un lion? » avais-je répondu.

Solly avait approuvé d'un signe de la tête. Intérieurement, je me suis félicitée. Mais Solly avait insisté. Il avait de nouveau encerclé la trace de son bâton.

« Que vois-tu? » avait-il répété.

J'étais confuse. J'avais eu la bonne réponse, non? Impassible, Solly avait maintenu son regard sur l'empreinte. J'avais essayé autre chose.

« La trace est vraiment énorme. Ça devait être… euh… un mâle? »

De nouveau, Solly avait approuvé de la tête, presque imperceptiblement. Il avait alors tendu une main qu'il avait remuée légèrement, sans jamais quitter l'empreinte des yeux. J'avais de nouveau regardé la trace. Cette fois, pour une raison quelconque, je l'avais trouvée immensément intéressante.

Plus tard, j'allais réaliser qu'en se servant à peine du langage corporel, Solly m'avait transportée dans l'Observation silencieuse. Au lieu de me servir de mon néocortex analytique et lent, j'avais alors observé la trace du lion avec toutes mes facultés sensorielles non verbales héritées de millions d'ancêtres. Sans réfléchir, j'avais promené ma main à mon tour au-dessus de l'empreinte, m'imaginant être celui qui l'avait gravée dans le sol. Soudain, j'avais remarqué que l'empreinte était légèrement étalée, comme si elle avait été poussée légèrement vers la droite. C'était le mouvement que Solly cherchait à me faire voir en bougeant sa main. J'avais tourné ma propre main dans les airs et ressenti une légère force de torsion monter dans mon bras. Presque inconsciemment, j'avais équilibré l'action en tournant ma tête sur la gauche.

Quelque chose venait de se déclencher en moi. Je savais soudainement – non par la pensée, mais par le ressenti – ce que le lion avait probablement fait pour laisser une telle empreinte : il avait entendu quelque chose derrière lui, sur sa gauche, et il s'était momentanément arrêté pour jeter un coup d'œil vers le bruit. Je pouvais sentir la précision de son attention, de ses yeux dorés scrutant les buissons. Il cherchait quelque chose : une proie, un adversaire, un membre de sa bande… Mes propres oreilles et yeux s'étaient remplis de sons d'oiseaux, de sautillements de criquets et de bruissements de feuilles, percevant un million de minuscules impressions pouvant mener à des détails significatifs pour le lion. Comme rien ne s'était présenté à lui, j'avais alors porté mon regard sur l'immense empreinte suivante, puis sur l'autre… et sur l'autre.

C'était à ce moment que j'avais finalement compris ce que Boyd et Solly cherchaient à percevoir en fixant le sol et la poussière pendant des heures. Ils lisaient. Chaque ligne des empreintes était une histoire, écrite à la première personne par l'animal qui l'avait faite.

Une fois que je suis allée dans mon cerveau droit, les traces du lion ont semblé me parler, comme Sherlock Holmes parlant au pauvre Dr Watson.

Les empreintes étaient profondes, régulières et bien alignées. Il était fort possible qu'il ait mangé récemment et qu'il ne chassait pas lors de son passage. Les traces des coussins sous ses pattes étaient nettes et bien définies; la brise ne les avait pas estompées et aucun autre animal n'était passé derrière lui. Le lion avait dû laisser ses traces depuis peu. En fait, il m'était alors apparu qu'il nous surveillait peut-être. Tous mes sens étaient soudainement en état d'alerte. L'histoire des empreintes était devenue l'histoire la plus intense et mystérieuse que j'avais lue dans ma vie, comme celle qui me tenait rivée à des romans policiers ou à des épisodes de « CSI ». Cette fois, un élément s'ajoutait au suspense : ma vie était potentiellement en danger. J'étais captivée ; je voulais suivre ces traces toute la journée.

Depuis, j'ai emmené dans les buissons des douzaines de citoyens de l'Ancien Monde pour leurs premières leçons de traquage. J'ai observé les mêmes réactions chaque fois : un désintéressement, suivi d'une curiosité, puis d'une fascination et finalement d'une quasi-dépendance. J'ai tendance à approuver d'autres anthropologues qui affirment que lire les empreintes et les traces d'animaux est inscrit directement dans notre ADN. Des empreintes de pas dans le sol sont peut-être les ancêtres de l'alphabet, de l'observation analytique, de la méthode scientifique elle-même...

*Que vois-tu?*

*Que vois-tu?*

*Que vois-tu?*

Cette question a mené les humains jusqu'à la Lune, dans d'autres galaxies par les télescopes et les satellites, dans des endroits où la matière n'est plus qu'énergie. Et elle vous aidera à traquer votre vie idéale dans le tout nouveau monde changeant du XXI$^e$ siècle. Elle vous dira quoi faire et créer dans le monde de la Manifestation.

## Suivre la piste de votre voie à travers le nouveau monde changeant

À l'époque de ma naissance, au début des années 1960, les gens des nations développées n'avaient plus besoin de pister quoi que ce soit. Nous profitions de plusieurs siècles de pavés, de chemin de fer et de routes ouvertes. L'industrialisation avait remplacé les empreintes d'animaux, repoussé les limites de la nature, permis aux humains de se multiplier et avait créé des directions sans ambiguïté pour des millions d'entre eux. Dans l'Amérique de mon enfance, les hommes allaient travailler chaque jour de la semaine, même si cette routine canalisait une large part de leur créativité à imaginer des façons de se suicider. Les femmes, sauf pour les occasionnelles périodes d'enfantement, avaient pratiquement les mêmes options de vie que les meubles!

Au moment où je suis devenue aide à la recherche à l'Harvard Business School dans les années 1980, les choses étaient en train de se transformer. Le simple fait que j'aie pu obtenir ce poste le démontrait. Toutefois, j'ai compris tout le sens de ces changements lorsque j'ai participé à l'analyse d'une étude longitudinale concernant 125 diplômés de l'Harvard Business School. Les gars (oui, c'étaient tous des gars!) qui avaient décroché de très bons emplois en sortant de l'école en arrachaient dans les années 1980. Ils se sentaient piégés dans leur propre vie et absolument pas épanouis. Les sujets qui avaient semblé un peu perdus en sortant de l'école, qui avaient essayé différents emplois, mais qui avaient finalement créé leur propre petite compagnie, étaient ceux qui s'en sortaient bien financièrement et psychologiquement.

« Wow! me suis-je exclamée en lisant les données, c'est fou! » Les gars qui avaient été les traqueurs de carrière connaissaient moins de succès que ceux qui menaient leur vie de façon plus erratique et indépendante. En conservant cette observation dans mon esprit, j'ai commencé à enseigner le développement de carrière en affirmant aux étudiants qu'ils pouvaient « conduire » leur vie là où ils le souhaitaient. Peut-être même qu'un jour, leur disais-je, ils n'auraient même plus besoin de routes! Peut-être dirigeraient-ils leur vie comme un véhicule tout-terrain!

J'avais tort. Pas parce que les formes sociales étaient sur le point de se compliquer de plus en plus, mais parce que même dans mes réflexions les plus insensées, je n'avais jamais rêvé de voir les structures sociales et économiques devenir aussi fluides et instables durant le temps de ma propre existence. Les termes *découvreurs de voies*, rappelez-vous, renvoient à des gens qui sont capables de trouver leur route et ce dont ils ont besoin, non seulement sur la terre ferme, mais aussi sur l'eau. Un véhicule tout-terrain n'est pas une bonne métaphore pour la vie moderne, car tout se transforme en un immense courant de changements fluides et en mouvement. Les carrières toutes tracées d'avance, comme autrefois, les autoroutes bien indiquées et même le sol lui-même sont emportés.

Selon un principe connu sous le nom de la « loi de Moore », la capacité des appareils numériques double tous les dix-huit mois. Plusieurs experts pensent maintenant que c'est même trop conservateur. Au moment d'écrire ces lignes, la toile du Web (*World Wide Web*) a environ 6 000 jours. Mais d'ici à ce que le présent livre soit publié, la capacité de la technologie du Web sera au moins deux fois ce qu'elle est maintenant – aussi éloignée de ma réalité actuelle que ma réalité actuelle peut l'être de la technologie d'avant le Web. Pour savoir ce que nous devons manifester dans cet environnement toujours en mouvement et inexploré, nous devons radicalement abandonner toutes nos attentes et porter une attention digne d'un traqueur à tous les signaux qui surgissent continuellement de notre environnement et de nos propres instincts.

Heureusement, nous avons à notre disposition les technologies de magie développées par les découvreurs de voies alors que le monde était vraiment sauvage, bien avant qu'il y ait des chemins de fer et des routes disponibles à volonté. Oublions les diplômes d'études, les stratégies de *marketing* de base, les fusions de sociétés et toutes les autres structures sociales que nous avions crus si solides au cours du préhistorique XXᵉ siècle. Aujourd'hui, votre meilleure option pour vous créer une carrière satisfaisante et une vie heureuse est d'écarter le livre des règlements et de vous en remettre aux technologies de magie.

Le reste de ce livre explique comment diriger ce procédé dans le temps et l'espace physique, mais c'est au fond ce que vous apprenez à faire depuis le premier chapitre. La procédure pour retrouver votre voie dans un tout nouveau monde inconnu est toujours la même : vous mettre en état d'Observation silencieuse, ressentir votre environnement et votre position par l'Unité, Imaginer ce que vous voulez et Manifester les choses – situations, objets, relations, projets, activités – qui expriment votre perspective unique. Il existe un mot, court et agréable, pour désigner cette sorte de créativité radicale : *art*!

## Commencez à exprimer votre art

Votre art, contrairement à l'art en général, est la façon dont votre unique nature véritable s'exprime dans le monde de la Manifestation. Vous pouvez la découvrir en repensant aux moments de votre vie où vous étiez fasciné et complètement absorbé par l'acte de création. Ce que vous Manifestez avec authenticité interpellera beaucoup plus de gens que vous seulement. Comme le psychologue Carl Rogers l'écrit, « ce qui est le plus personnel est le plus général ». Votre essence fait partie du Grand Soi Universel, mais votre expérience unique en tant qu'individu n'a jamais été vue ou vécue par le

Un. Dans ce nouveau monde changeant et inexploré, comme jamais auparavant dans l'histoire de l'humanité, vous pouvez rencontrer des personnes qui aiment votre art, qui sont prêtes à vous appuyer dans la création de tout ce que votre véritable nature trouve beau, utile, nourrissant ou guérisseur. Il n'y a pas de route fixe vers le succès de nos jours. Le déroulement de deux carrières n'a pas besoin d'être similaire. Par contre, le processus de traquer ou de pister votre art peut être partagé, enseigné et appris.

Par exemple, jetons un coup d'œil à la vie et à la carrière de David Berceli. Garçon gentil, intelligent et souriant, David a grandi en voulant aider et soigner quiconque en avait besoin. Ce désir, qui se manifestait régulièrement, était une piste, un signe que sa nature véritable était celle d'un guérisseur, d'un *réparateur*. David aimait aussi la religion. Considéré comme un mystique catholique, il a choisi de prendre tout ce qu'il y avait de bon dans l'Église et de faire en sorte de ne pas tenir compte des aspects négatifs. Il est devenu prêtre. Il adorait sa vocation. Il était sur la bonne piste.

Un jour, David fut désigné missionnaire au Liban, au moment même où le pays entrait en guerre. Il vécut au Liban pendant des années, et ce, sous la menace constante d'exploser en mille miettes. Plusieurs de ses amis et de ses connaissances furent tués, les autres ont vécu dans la peur incessante. David aussi. Le sentier éclairé de joie, d'enthousiasme et d'énergie qui l'avait conduit à sa vocation devenait flou. Et il disparaissait complètement lorsque David se sentait très anxieux. Rien ne lui apportait de la joie. Cependant, après un certain temps, il remarqua quelques traces un peu vagues d'une piste. Ces traces apparaissaient dans certaines conditions spécifiques. Lorsqu'une menace était passée, il se mettait parfois à trembler physiquement. Immédiatement après, il se sentait plus calme (une piste!). Lorsqu'il ne vivait pas de tremblements, il ne ressentait aucune paix ni aucune joie. Il perdait alors la trace de cette nouvelle piste.

David se fascina pour les tremblements. En étudiant la physiologie des animaux, il apprit que toutes les créatures ont tendance à trembloter après avoir vécu un traumatisme. Les humains se permettent de le faire à l'occasion, mais trop souvent ils répriment leurs tremblements, soit pour demeurer attentifs, soit pour se prouver qu'ils vont bien… Bon sang! Juste bien!

Lorsque j'ai rencontré David, il rédigeait une thèse de doctorat sur les pouvoirs de guérison des tremblements post-traumatiques. En explorant sa propre fascination à travers d'intenses recherches et en passant des milliers d'heures auprès de survivants traumatisés, il découvrit que les gens coincés dans la peur et la souffrance pouvaient *débloquer* leur stress post-traumatique en se permettant de trembler, même si l'événement traumatisant avait eu lieu des décennies auparavant.

Aujourd'hui, David voyage à travers le monde, dans des zones ravagées par la guerre, pour œuvrer auprès des gens traumatisés. Il se dévoue pour guérir les effets dévastateurs du syndrome de stress post-traumatique. Le tremblement est la Manifestation de son génie personnel, de son art. David l'utilise pour remettre sur pied des milliers de personnes qui ne verront jamais un thérapeute, et encore moins un psychologue. En quelques minutes ou parfois en deux ou trois heures de tremblements *guidés*, David aide des groupes entiers à atteindre un état de guérison qui autrement aurait exigé des années de consultations.

Maintenant, David avance à grandes enjambées sur les pistes excitantes de sa vie parfaite, comme Boyd traquant un lion. En dépit d'un horaire dément, de voyages continuels et d'immersions au cœur de populations parmi les plus tourmentées de la planète, David rayonne de joie. Il dégage cette puissante – et étonnante – tranquillité, cette paix qui dépasse l'entendement, de celui qui a éradiqué de son être toute trace de peur. « Je ne quitterai pas cette place, m'a-t-il confié en gesticulant calmement vers son propre corps, même pas pour attraper un vol international ou pour résister à la violence chez les autres. » Son corps physique est une partie de la Terre où il peut toujours trouver les traces de sa vie parfaite.

Pouvez-vous imaginer un orienteur au collège diriger le jeune David Berceli vers cette *carrière* qui change la vie des gens? « Oh oui! l'orienteur aurait-il dit, vous vieillirez dans le but d'aider un nombre incalculable de gens traumatisés à trembler jusqu'à ce qu'ils se sentent mieux. » Mais sans doute pas. En fait, personne avant David n'avait créé une telle carrière. Aujourd'hui, David est tellement sollicité qu'il enseigne sa méthode à des étudiants à travers le monde.

## Les routes « louvoyantes » des découvreurs de voies

Plusieurs découvreurs de voies des temps modernes que je connais ont des parcours de carrière aussi étranges que celui de David. Je vous ai parlé de plusieurs d'entre eux dans ce livre. Lynn Trotta utilise sa compréhension du langage des oiseaux pour amener les gens à se reconnecter à des aspects d'eux-mêmes qu'ils avaient négligés ou complètement ignorés. Michael, son mari, est un Amérindien entraîné à être un gardien de feu. Il a jusqu'ici enseigné à des centaines d'enfants perturbés à guérir leur vie en devenant des gardiens de feux de camp. Susan Hyatt, une *coach* de vie très talentueuse, est aussi une fanatique des *smoothies* verts qu'elle propose à ses clients pour les aider à perdre du poids et à obtenir une santé maximale. L'œuvre de Dan

Howard est d'enseigner aux gens à se reposer *intentionnellement*, atteignant un état de plus profonde relaxation, par quelques exercices mentaux, un état comme ils n'en avaient jamais connu auparavant. Toutes ces personnes sont des artistes géniaux, et je ne suis pas la seule cliente disposée à payer pour leur art respectif.

Avec le tsunami du changement qui déferle sur le monde actuellement, de moins en moins de gens sont en mesure de maintenir leur cheminement à travers les anciennes formes *concrètes* de carrière. Pour trouver la sécurité dans un monde instable, vous devrez peut-être traquer votre véritable nature dans des endroits où aucun humain ne s'est aventuré jusqu'ici. Vous aurez peut-être à diriger toutes les Manifestations de votre vie et de votre carrière à travers ce processus radical. Vous pouvez commencer de la même façon que j'ai commencé à étudier les pistes des lions, en regardant attentivement quelques pistes précises. La première piste que nous allons examiner est ce que j'appelle « vos 10 000 heures ».

## Suivre la piste de votre vraie nature

*Première leçon : vos 10 000 heures*

Lorsque la technologie a atteint un niveau permettant aux scientifiques d'observer le cerveau en action, des chercheurs allemands se sont rendus dans des écoles de musique pour étudier les différences entre le cerveau des étudiants au talent moyen et celui des génies musicaux. Ils ont finalement découvert qu'il n'y avait aucune différence. Les neuroscientifiques croient maintenant que personne ne naît avec un cerveau plus apte à exécuter une tâche plus qu'une autre personne. La seule différence entre les musiciens ordinaires et les génies musicaux était que ces derniers exerçaient leur art plus intensément, qu'ils pratiquaient plus en profondeur que les autres. En fait, ils Imaginaient la Manifestation parfaite d'une pièce, puis ils essayaient de reproduire dans la réalité physique ce qu'ils avaient Imaginé. Pour être un génie musical de niveau mondial, un étudiant doit répéter cette pratique en profondeur pendant environ 10 000 heures.

C'est aussi vrai dans les sports, dans la programmation informatique, dans les relations personnelles, dans la gestion financière et dans toute autre discipline complexe. Le père de Tiger Woods a enrubanné un bâton de golf dans les mains de son fils, alors qu'il était un enfant, pour s'assurer que Tiger pratique en profondeur pendant au moins 10 000 heures avant qu'il atteigne l'âge de se raser. Solly et Boyd étaient des vétérans du traquage d'animaux bien avant l'adolescence en ayant pratiqué plus de 10 000 heures. David

Berceli a passé bien au-delà de 10 000 heures à étudier les désordres post-traumatiques des gens. Koelle a commencé à quinze ans à étudier de façon obsessionnelle comment murmurer aux chevaux pendant de longues heures chaque jour. Dan Howard a aussi passé des heures étendu sur le sol à ressentir les états de détente profonde. Aujourd'hui, lorsqu'il entre en détente suffisamment profondément, il peut même ressentir les cristaux dans le sol. Un jour, il a détecté et déterré pour moi quelques magnifiques cristaux pour me démontrer que sa technique pour s'exercer à la relaxation profonde était beaucoup plus qu'une simple détente.

Wade Davis a écrit au sujet d'un Polynésien nommé « Mau » qui fut choisi à la naissance pour devenir un découvreur de voies. Enfant, il a passé plusieurs heures dans des bassins de la mer, absorbant les rythmes de la mer. À quatorze ans, Mau attacha ses testicules après un canoë pour mieux ressentir le mouvement du bateau à travers l'eau. Tandis que vous essayez de concevoir la logistique de cette procédure (que vous vouliez l'essayer ou pas!), pensez à quelque chose qui vous absorbe à ce point, et je ne parle pas de la serveuse du bar au coin de la rue. Pensez à quelque chose qui vous intéresse au point d'en frôler l'obsession. Comme beaucoup de mères passionnées de tennis ou de professeurs de piano l'ont appris, vous pouvez forcer quelqu'un à pratiquer, mais pas avec une telle intensité. Celle-ci ne vient que de l'intérieur de l'étudiant.

Dix mille heures équivalent à environ six heures par jour pendant cinq ans, ou à trois heures par jour pendant dix ans, ou encore à une heure et demie pendant vingt ans. Il est aussi possible de l'atteindre en pratiquant douze heures par jour pendant deux ans et demi. Y a-t-il quelque chose qui vous intéresse suffisamment pour y avoir consacré déjà autant d'heures de pratique intense?

Presque tout le monde peut répondre oui à cette question. Si vous ne trouvez pas, c'est que vous n'élargissez pas suffisamment votre champ de recherche. Pratiquement tout peut être votre art. Si vous avez eu des parents narcissiques, vous avez passé au moins 10 000 heures à comprendre les narcissiques. Si vous réorganisez continuellement et compulsivement vos garde-robes, vous êtes possiblement un maître dans l'art de l'organisation. Si vous avez passé 10 000 heures à lire, vous êtes probablement un expert dans l'art de la communication écrite. Lorsque j'enseignais au collège, je disais à mes étudiants qu'ils pouvaient. me remettre leurs travaux finaux sous la forme d'enregistrements vidéo, puisque 10 000 heures à regarder la télé en avaient fait des génies de la vidéo. Aujourd'hui, j'entraîne des *coachs* que je recrute principalement parmi des gens qui ont déjà passé 10 000 heures à essayer d'aider les autres à améliorer leur vie. Avec quelques ajouts et quelques touches, ces génies sont prêts à transformer l'univers de leurs clients.

Faites la liste des activités pour lesquelles vous avez au moins 10 000 heures de pratique intense. Commencez par ce qui est évident : respirer, trouver de délicieux aliments, aimer vos enfants, toiletter votre tarentule… Portez attention aux schémas qui semblent se profiler. Peut-être vous exercez-vous intensément à chanter les ballades country que vous avez toujours aimées et que vous écoutez à la radio. Peut-être naviguez-vous obstinément et constamment sur Internet, cherchant sur YouTube des vidéos de gens qui tombent. Si vous collectionnez quoi que ce soit, des timbres-poste aux météorites ou aux peluches, vous avez pratiqué intensément l'art de chercher et de dénicher des spécimens rares. Toutes ces activités sont des Manifestations que vous avez créées à partir de l'Observation silencieuse dans laquelle les découvreurs entrent dans l'Unité et imaginent le futur. Il y a dix espaces ci-après, mais ne soyez pas découragé si vous n'avez que quelques réponses. Il y a tellement d'heures dans une vie, vous pratiquerez bien autre chose!

1. _____

2. _____

3. _____

4. _____

5. _____

6. _____

7. _____

8. _____

9. _____

10. _____

Tout ce qui se trouve sur cette liste constitue une piste claire et précise laissée par votre vraie nature. Cette piste constitue une partie de votre art, la façon dont votre véritable nature s'exprime dans le monde de la Manifestation. Délaissons cette liste pour un moment afin de voir d'autres traces. Ne vous inquiétez pas. Vous reviendrez à votre liste par la suite.

## Suivre la piste de votre vraie nature

*Deuxième leçon : connaître l'enfer et en sortir*

Beaucoup de gens me disent : « Je dois trouver ma passion. » Ils réalisent rarement que le mot *passion* est dérivé du latin *pati*, « souffrir ». Ils ignorent que *passion* signifiait à l'origine « souffrance » (comme dans la Passion du Christ). En sachant cela, il devient beaucoup plus facile de relever la trace de vos passions. Même si vous ne ressentez aucun intérêt pour un domaine quelconque, il y a de fortes chances que vous ayez déjà souffert. Les découvreurs de voies de toutes les cultures savent que la guérison de soi, peu importe la blessure, est le terrain fertile de la guérison des autres, de la création d'un changement positif dans le monde de la Manifestation et de l'établissement de sa carrière, de l'œuvre de sa vie. Retracez votre vraie nature sur cette voie de la passion. Souvent, c'est la piste la plus évidente.

Pensez à la pire épreuve à laquelle vous avez survécu. Décrivez-la ici-bas. Puis, pensez à la deuxième pire épreuve. Si vous êtes âgé ou si vous avez vécu plusieurs expériences, vous pourrez sans doute décrire plusieurs moments où vous vous êtes retrouvé en enfer : avoir été laissé pour compte sur les marches de l'église le matin de vos supposées noces, avoir subi une fausse couche, avoir développé une synovite du coude (épicondylite latérale), avoir été volé à la pointe du fusil, avoir accidentellement appuyé sur la touche *envoyer* lors d'un message très confidentiel avec des photos de certaines parties de votre anatomie… Inscrivez vos cinq plus affreuses expériences (la première étant la plus terrible) :

*Les moments où je me suis retrouvé en enfer*

1. _____

2. _____

3. _____

4. _____

5. _____

Ces expériences étaient épouvantables, mais parce qu'elles étaient épouvantables, elles sont aussi précieuses. La souffrance fournit à notre vraie nature un but que nous pouvons poursuivre avec une réelle passion. Peu importe les expériences qui vous ont mené en enfer, vous pouvez y trouver un sens en guidant les autres hors de ces sentiers. La pensée la plus motivante pour un découvreur de voies ayant souffert ou souffrant encore est la suivante : « Je peux aider les gens qui traversent la même chose. » C'est une situation gagnant-gagnant. Elle favorise la propre guérison du guérisseur, elle transforme la tragédie en une grâce, elle bénit et guérit les autres, elle diffuse l'énergie de guérison au Grand Soi dans son entier.

## Le guérisseur cicatrisé

Si vous êtes en grande souffrance en ce moment, vous ne vous sentez peut-être pas très optimiste quant à la possibilité que l'épreuve vous amène sur le meilleur sentier de votre vie. Beaucoup de gens croient que souffrir les disqualifie pour faire une puissante différence positive dans le monde. Ce dont ils ont besoin – ou, du moins, c'est ce qu'ils pensent – est une vie parfaite et un diplôme de haut niveau. Lisez donc l'histoire qui suit.

Après avoir pris soin de son père tout au long de son agonie, ma cousine Lydia fut réconfortée par une dame qui alla à sa rencontre lors des funérailles. « Je sais comment vous devez vous sentir, lui dit la dame. Je n'ai vécu la mort d'aucun de mes proches, mais je me suis fait épiler les jambes à la cire chaude et j'imagine que ça fait autant souffrir. »

Je me fous du diplôme qu'elle peut ou non avoir, je ne choisirais pas cette femme comme thérapeute du deuil. D'un autre côté, j'ignore les références de Maya Angelou. Je m'intéresse seulement au fait qu'elle connaît la souffrance et la fin de la souffrance, et que sa façon imagée d'en parler m'aide à passer de l'une à l'autre. Le goût du pouding se dévoile en le mangeant.

Plusieurs découvreurs de voies ont vécu des épisodes correspondant à des milliers de jambes épilées à la cire chaude. Abus, dépression, maladie, perte, dépendance… voilà des problèmes réguliers chez les jeunes guérisseurs en devenir. Ils doivent vivre, être. Sans une profonde souffrance, les guérisseurs ne peuvent probablement pas aider les gens qui un jour les regarderont dans les yeux et leur demanderont : « Puis-je vraiment être heureux après avoir vécu cet enfer? » Vous pouvez parier sur ça : peu importe votre souffrance, elle vous conduit vers votre raison d'être, vers le but de votre vie. Elle vous apporte de la profondeur, de la résonance. Elle vous met dans le coup. Elle vous transforme en guérisseur, mais à une condition : vous devez continuer à suivre ses pistes. Comme Winston Churchill l'a dit, « si vous traversez l'enfer, continuez d'avancer ».

## Compléter le tour

Plusieurs artistes – des metteurs en scène, des auteurs, des peintres – se spécialisent dans l'art de montrer comment les gens atterrissent en enfer. Leurs œuvres sondent les bas-fonds du désespoir humain, montrent des vies qui se désintègrent en chaos, dépeignent sans retenue la tristesse des relations et des sociétés à la dérive.

Énorme et poussiéreux sensationnalisme. Je vais vous dire ceci : n'importe qui peut aller en enfer. La plupart d'entre nous le font régulièrement. C'est un très court chemin à partir d'une vie ordinaire. Personne n'a besoin de me dire que la souffrance est omniprésente et que nous allons tous mourir un jour. Je respecte le talent des artistes qui propagent ce genre de messages, mais ils sont à des mondes des découvreurs de voies, des artistes qui manifestent des créations qui tendent la main à l'auditoire en enfer et le ramènent à la vie. Les mauvais artistes ignorent la noirceur de l'existence humaine. Les bons artistes s'y retrouvent embrassant la pleine catastrophe de notre condition et trouvent au-delà d'elle une vérité encore plus profonde, une vérité de paix, de guérison et de rédemption.

Un professeur spécialisé dans l'œuvre de Shakespeare m'a dit une fois que le grand auteur avait perdu l'esprit, peut-être même était-il devenu sénile et dément, après avoir écrit de grandes tragédies. Selon ce professeur, cela expliquait pourquoi les dernières pièces de Shakespeare, les romances, avaient des fins heureuses, souvent agrémentées de spiritualité, de mysticisme ou d'événements magiques. Pour moi, ce professeur était un bon artiste (complètement à l'aise d'aller en enfer) confondu et embarrassé par un grand artiste (qui avait trouvé une voie pour sortir de l'enfer). « Nous ne devons pas cesser d'explorer », écrivait T. S. Eliot dans *Four Quartets*, « et la fin de toute notre exploration nous ramènera là où nous avons commencé. Et nous connaîtrons l'endroit pour la première fois. »

Cela est vrai pour tous les découvreurs de voies, pas juste pour les auteurs et les poètes. Tout art peut enseigner à l'âme humaine une façon de se sortir de l'enfer. Par ses séances de tremblements guidés, David Berceli amène les gens directement au cœur de leurs pires traumatismes refoulés, puis les ramène à un état de paix. Durant des périodes de noirceur et de doutes, Boyd se sert de son expérience de traqueur pour retrouver la piste de sa propre mission de vie, exactement comme vous le faites maintenant. Koelle aide les chevaux (et les gens) à dépasser leurs phobies en les exposant gentiment, mais à répétition, à ce qu'ils craignent précisément. Mes *coachs* ciblent la pire expérience de leurs clients (ce que nous appelons la « région la moins satisfaisante »), les y amènent puis les tirent de ce bas-fond jusqu'à la confiance en eux et à la clarté. Tous ces gens peuvent aider les autres à se sortir de l'enfer parce qu'ils ont déjà trouvé leur propre chemin pour dépasser les expériences infernales.

## Suivre les pistes par en avant

Chaque piste est parfois évidente, d'autres fois beaucoup moins. Même à titre de novice, je n'avais aucun problème à suivre la piste d'un lion sur un sol mou et terreux. Mais dès que le sol devenait rocailleux ou que l'animal avait marché dans d'épaisses broussailles, je perdais la trace. Les grands traqueurs peuvent lire les moindres signes comme par magie, mais même pour eux, les pistes deviennent difficiles à suivre sur certains sols ou dans certaines conditions. Le processus est alors toujours le même : retourner à la dernière piste nette et évidente, essayer de deviner où l'animal a pu se diriger à partir de là et suivre son intuition dans cette direction en essayant de retracer les pistes un peu plus loin. Si ça n'arrive pas, il faut retourner de nouveau à la piste évidente et repartir dans une autre direction. Éventuellement, peut-être que, de l'autre côté de la rivière, des pierres ou du tronc d'arbre au sol, une piste sera retrouvée.

Il y a des moments où les pistes de notre vraie nature nous conduisent clairement et immanquablement vers l'avant. Votre prochain pas en direction de votre vie parfaite est peut-être absolument apparent pour vous maintenant : vous ressentez l'urgence irrépressible de marier votre âme sœur, d'étudier le norvégien, de démarrer votre propre pâtisserie ou (mon urgence préférée!) de faire une sieste. Si c'est le cas, faites le pas en avant! Suivez les pistes, même si le prochain pas à faire peut sembler apeurant et illogique et que tout le monde vous croit cinglé. Vous n'atteindrez jamais votre but si vous ne suivez pas les pistes évidentes.

D'un autre côté, vous pourrez vous sentir complètement dérouté, désorienté et incertain de tout. Si c'est le cas, c'est que vous avez cessé, à un moment ou à un autre, de suivre les traces de votre vraie nature. Au lieu d'essayer de reprendre la trace à partir du point où vous êtes rendu, retournez à la dernière piste évidente. Retournez au dernier moment où vous étiez totalement engagé dans votre activité de 10 000 heures de pratique, ou à la dernière fois où vous avez fait un pas qui vous a apporté un quelconque sentiment de soulagement et de bonheur. La piste la plus évidente remplira ce critère : vous la créez lorsque vous appliquez votre art de niveau supérieur à votre propre guérison.

Vous êtes invité ci-dessous à relater des souvenirs de moments où vous avez été absorbé dans la pratique intense d'une activité qui soulageait votre souffrance ou augmentait votre joie. Peut-être que votre passion pour la peinture à l'huile vous a déjà aidé à entrer dans un état d'Observation silencieuse où votre dépression ne pouvait vous atteindre, ou peut-être que le fait de jardiner vous a libéré de votre colère, ou peut-être que cuisiner vous a transporté dans une énergie d'espoir où vous avez nourri les autres et vous-même émotionnellement et physiquement. Laissez votre Imagination trouver une piste, aussi faible et subtile puisse-t-elle être.

### *Comment ma fascination de 10 000 heures m'a aidé à sortir de l'enfer*

« Mon amour pour (décrivez votre activité de 10 000 heures) m'a aidé à me sortir de (décrivez votre plus grande souffrance) lorsque (décrivez une expérience où vous avez soulagé votre profonde souffrance par une profonde fascination). »

Si vous repensez à ce souvenir, vous réaliserez que vous utilisiez alors les quatre technologies de magie. Votre activité de 10 000 heures vous avait plongé dans la fascination de l'Observation silencieuse, vous avait connecté à l'Unité plus grande que vous-même, vous avait aidé à Imaginer quelques merveilleuses actions, de beaux objets ou d'heureux événements et vous avait conduit à les Manifester dans le monde réel. À ce moment, vous pratiquiez l'art de guérir, quelque peu différent de tout ce que le Grand Soi Universel avait auparavant créé dans cette lignée. Vous êtes le maître mondial de cet art particulier.

## Suivre votre piste dans le futur en tant que *réparateur*

Essayez ceci : reformulez l'affirmation que vous avez rédigée précédemment pour en faire la définition d'un rôle. Dites ce qui suit à voix haute : « J'aide les gens qui sont aux prises avec (inscrivez votre enfer) en faisant (insérez votre art de 10 000 heures). C'est ce que je fais. »

Bien sûr, ce n'est pas votre seul travail, votre seule identité, mais c'est probablement la définition d'un rôle plus stable et plus défini que tout ce qui est basé sur des modèles professionnels ou sociaux extérieurs à votre vraie nature. Et ça deviendra de plus en plus vrai au fur et à mesure que le temps passera et que les changements sociaux s'accéléreront. Les technologies qui sous-tendent les impressionnantes transformations de notre époque ne font pas que détruire les pistes des anciennes carrières. Elles créent aussi de nouvelles occasions, principalement en établissant des contacts entre les gens si directs et faciles que des amas de gens intéressés se forment autour de l'art même le plus étrange et inusité.

Vous pouvez l'observer dans la vie des découvreurs de voies mentionnés dans ce chapitre. David gagne sa vie en faisant ce qui lui a permis de guérir son propre traumatisme. La famille entière de Boyd a vécu de grands drames, de la maladie à la mort d'êtres chers en passant par des écrasements d'avions. Tout cela a conduit les membres de cette famille à créer des endroits sécuritaires et à devenir « les protecteurs de tout ce qui vit » (c'est la signification de Londolozi), ce qui est non seulement devenu leur passion, mais aussi leur gagne-pain. Adolescente, Koelle visualisait la compagnie des chevaux pour guérir les blessures infligées par des adultes prédateurs dans son enfance. Brooke se fit voler les économies de toute une vie et prit quarante kilos avant d'apprendre à créer une entreprise rentable et de perdre du poids du même coup.

Voici d'autres exemples de gens qui ont suivi la trace de leur propre fascination et qui ont souffert en cheminant vers le but de leur vie – quelques-uns au travers d'emplois familiers, d'autres au travers de nouveaux et étonnants emplois. La pire expérience de Kathleen avait été de développer le trouble de panique durant sa vingtaine. Elle a appris à se calmer en ayant des conversations significatives avec des amis; elle est aujourd'hui thérapeute. Anton fut molesté dans son enfance et il se dirigea vers les drogues pour engourdir sa souffrance. Il a retrouvé le chemin de l'espoir et de l'amour, principalement en pratiquant le surf (en réhabilitation, son *pouvoir supérieur* était l'océan). Il enseigne maintenant à des groupes de gens, cherchant à se libérer de leurs dépendances, comment « surfer » vers la réhabilitation. Jeannie était ridiculisée sans pitié à l'école secondaire et elle s'évadait en lisant des romans de fantaisie. Aujourd'hui, elle écrit des histoires, qu'elle vend en ligne, pour réconforter et inspirer des jeunes traversant la même chose. Clark a grandi dans un quartier violent et ne s'est jamais senti en sécurité. Un jour, il a rescapé un pitbull maltraité et l'a entraîné à être son ami et son protecteur. Aujourd'hui, Clark participe à un programme dans lequel des prisonniers élèvent et dressent des chiens pour les mettre au service de personnes handicapées.

Si vous êtes vraiment né sous l'archétype du *réparateur*, l'idée d'utiliser votre art de 10 000 heures pour aider ou guérir quoi que ce soit – les personnes, les animaux, les plantes, les écosystèmes – vous apportera l'électrisante sensation d'une piste claire, précise et fraîche. Elle vous poussera vers l'avant, piquera votre curiosité et votre enthousiasme et vous informera sur ce que vous devez Manifester. Même si vous êtes en ce moment loin de votre vie parfaite, vous ressentirez un soulagement et une aisance par rapport à toute autre voie que vous pourriez contempler. Et cela vous mènera directement dans la portion du nouveau monde encore à découvrir qui espère les dons que vous seul pouvez lui apporter.

Peu importe les changements économiques ou sociaux qui surviendront dans le futur, les arts des guérisseurs (un art unique à chacun) seront toujours populaires. Pourquoi? Parce que tout et spécialement les êtres humains ont besoin de guérison et la privilégient parmi tout ce qu'ils peuvent s'offrir. C'est pourquoi même des sans-abris dépendants de l'héroïne que j'ai *coachés* réussissent à trouver l'argent (environ 200 000 $ par année) pour se procurer leur drogue dans la rue. Les habiletés des guérisseurs sont potentiellement aussi réconfortantes que les drogues, sans les effets négatifs comme la sécheresse de la bouche, la prise de poids ou une vie de criminel.

Si l'archétype du guérisseur ne vous interpelle pas, c'est très bien. Vous pouvez toujours utiliser les technologies de magie pour affirmer votre vraie nature et trouver le bonheur. Ce processus vous sera d'une aide inestimable dans votre carrière. Mais si vous faites l'expérience d'une vie classique de découvreur de voies, vous pouvez et vous devriez faire de votre art votre gagne-pain. Peut-être aurez-vous besoin d'un coup de pouce pour structurer une façon de rendre disponible ce que vous offrez. Cette étape de la Manifestation est le sujet du prochain chapitre. Le plus important dans tout cela n'est pas que votre art peut vous faire gagner de l'argent, même si c'est le cas et que c'est agréable. L'aspect le plus excitant est que, dans le nouveau monde, vous pouvez vivre seulement de votre art et à temps plein. Cela signifie vous lever chaque matin et plonger dans votre passion de 10 000 heures; faire ce qui vous fascine le plus jusqu'à ce que vos regrets et vos faiblesses deviennent vos plus grandes joies et forces. Si vous êtes un découvreur de voies, vous êtes déjà passé par l'enfer. Si vous n'êtes pas encore allé au paradis, c'est le temps de commencer à faire de votre art votre revenu principal.

## Pratiquer la Manifestation de votre art

Je vous offre quelques exercices additionnels que vous pouvez faire avant d'entamer la prochaine étape de la Manifestation. Leur but est de stimuler votre Imagination en vous aidant à trouver des idées pour utiliser votre passion ou fascination au problème qui vous a fait vivre de la souffrance auparavant. Ces exercices sont amusants à compléter avec des amis, spécialement si ces derniers font partie du TEAM.

### *Manifester comme un découvreur de voies : rechercher sur Google*

Démarrez votre ordinateur, votre iPhone, votre implant cervical ou tout autre équipement électronique qui vous permet de relever des pistes dans cette immensité sauvage que nous appelons « Internet ». En vous servant de votre liste de 10 000 heures et de celle de vos séjours en enfer que vous avez dressée plus tôt, inscrivez dans la recherche Google des combinaisons de vos habiletés et de vos défis. Par exemple, si vous aimez le tricot et que vous souffrez de diabète, vous pourriez inscrire *tricoter* et *diabète* dans la recherche Google. Je l'ai fait et je fus étonnée de trouver des sites dédiés au tricot comme cure pour le diabète juvénile. Si votre habileté est la bicyclette et que votre enfer personnel a été un divorce désastreux, vous pouvez rechercher *bicyclette* et *divorce*. J'ai trouvé un site pour les papas divorcés qui participent à des tours cyclistes afin de tisser des liens avec leurs enfants, et un autre groupe de cyclistes pour se relever d'un divorce.

À la limite, cet exercice peut vous donner des idées sur les façons d'utiliser votre art. Ça vous aidera assurément à trouver des gens partageant vos champs d'intérêt et à peut-être « monter » votre carrière. Et peut-être que ce ne sera qu'une piste intéressante, quelque chose que votre vraie nature reconnaîtra immédiatement comme étant votre prochaine étape à franchir.

### Manifester comme un découvreur de voies : rechercher à grande échelle

Une variation de l'exercice précédent consiste à rechercher sur Google votre passion de 10 000 heures et un problème social – ou même mondial – qui vous dérange. Par exemple, si vous êtes porté vers la mode et que vous détestez la discrimination, vous pourriez rechercher *accessoires* et *racisme*. Il est assuré que vous trouverez des gens vendant des accessoires avec des messages antiracistes, des designers de mode travaillant pour la justice sociale et des sites où tout achat d'accessoire permet un don à des organismes promouvant la tolérance et la fraternité. Une fois de plus, cela peut s'avérer une inspiration ou une façon d'utiliser votre propre art.

### Manifester comme un découvreur de voies : dix façons dont votre art peut aider les gens à se sortir de l'enfer

À l'aide de votre ordinateur, de conseils de vos amis ou de tout autre catalyseur d'idées, pensez à au moins 10 façons différentes d'utiliser chacune de vos passions ou habiletés de 10 000 heures pour aider les gens à se sortir de l'enfer que vous avez connu. Les idées pourront s'avérer complètement irréalistes, ridicules ou même stupides, mais laissez-les tout de même se pointer. Quelque part, dans le processus, vous tomberez sur une piste intéressante.

*Manifester comme un découvreur de voies : suivre votre voie au-delà de la peur*

En retournant à la maison après notre expédition pour suivre la piste d'un lion, j'étais amoureuse du son des lions. J'ai passé des heures sur Internet à la recherche du parfait rugissement.

J'en ai trouvé un et je l'ai choisi comme sonnerie de mon téléphone. Ce fut difficile d'en dénicher un se rapprochant du vrai son, car l'envergure du volume d'un vrai rugissement joue un rôle crucial dans l'effet ressenti. L'un de mes amis « technos » a pu doubler le volume sur mon téléphone. Ce n'était pas encore parfait, mais c'était beaucoup mieux.

Une nuit, vers deux heures du matin, quelqu'un composa un mauvais numéro et aboutit sur mon téléphone. Avant de comprendre ce qui se passait, j'avais déjà sauté du lit et je m'étais réfugiée, tremblante, dans la salle de bain, derrière la toilette. C'est alors que j'ai réalisé que je m'étais délibérément exposée à l'un des plus terrifiants sons dans la nature. Un anthropologue m'a déjà dit qu'il croyait que les félins à longs crocs chassaient les humains dans la préhistoire et que notre cerveau est concentré à éviter les rencontres avec les lions. Bref, je dormais littéralement avec l'ennemi. Pourtant, lorsque j'étais dans un lieu où les lions auraient pu littéralement me tuer, leurs rugissements étaient parmi les plus beaux et les plus mélodieux sons que j'avais entendus jusque-là.

La leçon que j'en ai tiré est que lorsque nous sommes sur la piste de quelque chose, que tous nos sens sont en alerte, que notre attention est bien centrée sur le moment présent, notre corps sait que nous sommes très conscients de notre sécurité. En fait, c'est le moment où nous sommes le plus en sécurité. Le monde devient de plus en plus étrange et plus fluide chaque jour et une nouvelle dimension inexplorée devient de plus en plus présente. Traquer est donc de nouveau notre voie la plus sécuritaire. Suivre la trace de vos passions – les passions fascinantes et souffrantes – est la voie des découvreurs à son niveau le plus intense, concentré et au-delà de la peur. Lorsque vous êtes découragé de la sauvagerie du monde tel que vous le connaissez, ne cherchez pas la sécurité dans les institutions. Elle ne s'y trouve plus. Cherchez plutôt dans votre vie, votre histoire, vos passions, vos champs d'intérêt. Puis, demandez-vous, encore et encore, ce que vos ancêtres se sont demandé les uns aux autres alors qu'ils ont suivi d'innombrables pistes :

*Que voyez-vous?*
*Que voyez-vous?*
*Que voyez-vous?*

# CHAPITRE 14

## COMMENT MANIFESTER UN REVENU SUBSTANTIEL

« J e crois que cette tortue est en difficulté, dis-je.

— Non, répond Boyd, les tortues traînent tout le temps dans la piscine.

— C'est plus sécuritaire que dans la rivière, ajoute Bronwyn, et c'est aussi leur demeure après tout. Elles sont les bienvenues pour une trempette avec nous. Elles ne font que nager à travers la piscine. »

En sortant des arbres qui bordent les rives gazonnées ceinturant la piscine d'eau, la petite forme dans l'eau attire mon attention, je ne sais pas pourquoi.

« Pour une tortue, on ne peut pas dire qu'elle est une bonne nageuse », dis-je.

En nous avançant encore plus près, Bronwyn s'exclame : « Oh! c'est une tortue terrestre! »

Et les tortues terrestres, comme vous le déduisez sûrement, ne nagent pas habituellement. Celle-ci agite ses pattes courtes et épaisses pour tenter de maintenir son corps de voûte à la surface. Elle se dirige vers le bord de la piscine, mais je vois qu'elle n'arrivera jamais à y grimper par elle-même. J'entre dans l'eau, la ramasse et la dépose sur l'herbe. La tortue est haletante et exténuée. C'est la première fois que je vois une tortue haleter de la sorte.

« Bon sang! C'est une autre tortue léopard! » dis-je tandis que Boyd prend doucement l'animal et la dépose dans un coin du terrain plus adapté aux tortues terrestres.

« C'est la troisième que je vois aujourd'hui. Est-ce une période propice ou quoi? » lançai-je.

Mes amis secouent la tête en guise de négation. Ils ne peuvent expliquer pourquoi je rencontre des tortues léopard toutes les quelques heures. Mais moi, si!

Voyez-vous, lorsque vous utilisez les quatre technologies de magie, quelque chose de fascinant survient : l'Unité commence à vous parler, utilisant n'importe quel messager disponible pour vous joindre à travers le monde physique. Des objets et des événements se pointent pour vous rassurer, vous indiquer la meilleure voie à suivre et vous éloigner de situations problématiques. Au cours de ce voyage à Londolozi, l'Unité a apparemment choisi de me parler en « langue reptilienne »!

Des décennies auparavant, alors que j'étais malade physiquement, dévastée sur le plan émotionnel et généralement incapable de remplir toute fonction, à moins que la position fœtale, dans un lit, le permette, j'avais choisi la tortue terrestre comme mascotte animale. Depuis, j'ai collectionné les représentations de tortues terrestres – en bijoux, en sculptures, en photographies – pour me souvenir d'avancer lentement et constamment, de me sortir le cou pour aller de l'avant, de maintenir une carapace résiliente et un intérieur moelleux. Depuis le début de mes recherches sur les technologies de magie, il m'est arrivé de souhaiter avoir une mascotte plus excitante que la tortue, comme le léopard. Les léopards ou les animaux qui lui ressemblent (le lion de montagne, la panthère, le jaguar et même le modeste chat domestique) sont les mascottes des guérisseurs et des sorciers à travers le monde. J'avais donc été ravie d'apprendre qu'à Londolozi, lieu reconnu pour les étonnants liens amicaux entre les hommes et les léopards, vivait aussi une créature appelée « tortue léopard ». Ce joli petit animal ressemble à une tortue élégamment revêtue d'une carapace tachetée comme certains félins.

Parce que les tortues léopard sont devenues depuis mon symbole préféré, je suis émue de secourir ce petit animal haletant de la piscine à Londolozi. Je connais la joie que l'on peut ressentir uniquement en faisant un bon geste sans brûler littéralement de calories. Même si j'aide l'animal qui se noie, l'Observation silencieuse me chuchote que l'aide est dans les deux sens. Il semble que, d'une quelconque façon, les tortues léopard essaient aussi de m'aider.

Ça m'apparaît être une explication à la multitude de tortues léopard que j'ai vues en une courte période. Durant tous mes autres séjours en Afrique, je n'en avais vu qu'un seul spécimen. Cette fois, elles semblent partout : sur le sentier entre la maison des Varty et le camp, sur l'herbe, alors que nous allions relever des pistes d'animaux, près du patio où nous prenions le *lunch*. Une s'est même mise en face de moi alors que je retournais à ma chambre après l'épisode de la piscine. Plus tard, tandis que je m'assois dans ma chambre pour essayer d'écrire, quelque chose à l'extérieur capte mon attention par la fenêtre. Bien sûr! Une autre tortue léopard qui, cette fois, parcourt la véranda aller-retour, comme un soldat montant la garde.

Je cesse d'écrire et je fixe cette tortue léopard jusqu'à ce que mes yeux s'embrouillent – approximativement après deux cinquièmes de seconde! Des voyages incessants, des conférences publiques, des *coachings* et des dates de tombée pour mes textes m'ont laissée avec l'énergie d'un cadavre, sans le puissant tonus musculaire de *rigor mortis*. Chaque cellule de mon corps ressent la fatigue et en souffre, parce qu'en travaillant frénétiquement et en superposant les plages horaires chaque jour, j'ai oublié comment dormir. Je ne me suis pas réservé autre chose que de petits sommes pour autant que je m'en souvienne. Je me gifle le visage et je fixe la tortue léopard, me répétant de me concentrer… Pourquoi y a-t-il donc autant de tortues qui croisent littéralement mon chemin? Quel est le message qu'elles semblent essayer de me livrer? Essaient-elles de me dire de continuer… à continuer, peu importe la fatigue? Ça m'apparaît juste.

La tortue léopard s'immobilise un instant, me regarde de l'un de ses yeux noirs, puis recommence à déambuler sur la véranda. Aller-retour… aller-retour… et le regard fixé sur moi. Finalement, propulsée par le même magnétisme qui m'a amenée jusque dans la piscine pour récupérer l'autre tortue, je sors sur la véranda et ramasse celle qui y déambule. Elle a à peu près la même taille qu'un ballon de volleyball aplati. Sa carapace est or, noire et brune. Je l'amène à la hauteur de mes yeux et je la regarde. Elle se retire dans les confins de sa carapace.

« Qu'essaies-tu de me dire? » Dans mon délire de fatigue, j'ai l'impression de converser avec Yoda, quoique la tortue me rappelle plus Don Rickles[17]. Ça me rassure. Qui n'aime pas Don Rickles? La tortue pointe son museau à l'extérieur. Je pourrais jurer qu'elle me sourit.

« D'accord, lui dis-je, pourquoi ne me montres-tu pas ce que je dois faire? » Je dépose la tortue léopard sur le sol. Ses pattes se déploient immédiatement et elle *sprinte* (comme une tortue!) jusque sous une petite plante à un mètre de moi.

Et elle s'endort. Pendant quinze heures.

---

17. Acteur et comique américain.

Cette nuit-là, moi aussi, j'ai dormi profondément avec, tout près de ma chambre, la tortue léopard, comme un grand félin tacheté qu'elle n'est pas. Dans mes rêves, je marche à travers la savane dans un état d'immense bien-être, ressentant le contact de mes pieds comme s'ils massaient mes propres épaules, entendant les grenouilles, les criquets, les hyènes et les hippopotames comme si leurs voix venaient de mon propre corps vibrant de sonorités. Je suis l'étendue sauvage. Les pierres, les plantes et les animaux sont la continuité de mon propre système nerveux. Les tortues sont une partie de moi essayant de me réconforter, de participer à mon bien-être, aussi automatiquement que ma main peut balayer mes cheveux de mes yeux.

Je suppose que la vie d'un vrai guérisseur, d'un *réparateur* véritable, doit être ressentie continuellement. La guérison est un effet naturel de l'amour vécu dans l'Unité. Et l'Unité ne peut s'empêcher de répondre à cette énergie de guérison en offrant encore plus d'amour. Aider les autres, c'est s'aider soi-même. Peu importe ce que vous donnez, vous recevez aussi. Certaines cultures amérindiennes désignent cette douce tornade de compassion par la « réparation du cercle des peurs ». Plus vous expérimentez cette voie, moins il devient intéressant de maintenir tout autre état de conscience. Être un guérisseur, un réparateur, est une façon extraordinaire de vivre.

Et de nos jours, c'est aussi une façon extraordinaire de gagner notre vie.

## Pourquoi réparer le « cercle » des gens ressemble à une stratégie financière

En mars 2011, comme vous vous en souvenez sans doute, un important tremblement de terre est survenu sur les côtes du Japon, créant une gigantesque vague qui a brièvement transformé les terres en un océan jusqu'à plusieurs kilomètres de la côte. Des centaines de personnes se sont servies de technologies *magiques* – pour la plupart des caméras vidéo dans des téléphones intelligents – pour enregistrer leur expérience du désastre. Environ une semaine plus tard, j'ai visionné avec une fascination particulière l'une de ces vidéos sur YouTube. Ça commence par des sirènes qui retentissent et l'eau qui s'infiltre dans la ville de Sendai. La situation commence ensuite à devenir plus sérieuse, puis vraiment dangereuse et enfin complètement inconcevable. Pendant six minutes complètes, la vague poursuit sa percée dévastatrice, emportant les bateaux, les autos et finalement inondant les édifices jusqu'aux deuxièmes étages. La vidéo est un cauchemar presque hypnotisant.

Je repassais ce clip, essayant de me figurer l'énormité du désastre, lorsque, étrangement, une autre fenêtre s'est ouverte et une autre vidéo est apparue. J'ignore comment ça s'est passé, sans doute avais-je appuyé sur une touche sans le vouloir, mais j'eus l'impression que la scène de la nouvelle vidéo était apparue spontanément sur mon écran. Elle montrait le surfeur Mike Parsons attrapant ce qui s'avéra une vague colossale. Comme dans la vidéo du tsunami, la vague débuta de façon impressionnante puis devint alarmante et finalement complètement incroyable. À son apogée, elle mesurait une vingtaine de mètres, soit pratiquement la hauteur d'un édifice de sept étages. Lorsque la vague roula et se brisa, le volume d'eau qui s'abattit sur Parsons donnait l'impression de pouvoir engloutir une ville, laissant seul un humain désarmé debout sur une planche de surf. Pourtant, après avoir surfé sur la vague jusqu'à la fin, Parsons a refait surface non seulement sain et sauf, mais agitant la main de joie. Il venait de vivre le rêve de tout surfer. La *Big One* était survenue et il était exactement à la bonne place et au bon moment pour en profiter.

Ces deux vidéos sont ce qui illustre le mieux ce qui se passe actuellement sur le plan de l'économie mondiale – incluant votre situation financière actuelle. Le monde croule sous ce que le professeur de l'Harvard Business School, Clayton Christensen, appelle l'« innovation perturbatrice ». Les façons établies de faire des affaires sont maltraitées, puis déracinées et démolies par les façons – telles des vagues puissantes – d'utiliser les machines, d'acheter, de vendre et de mener les affaires humaines. Ce que nous avons l'habitude de nommer les structures économiques « solides » ne sont pas plus sûres que les maisons de bois et les édifices de Sendai lorsque le tsunami a frappé. De l'autre côté, de très petites compagnies d'affaires qui peuvent *surfer* sur les changements – c'est-à-dire s'adapter rapidement et avec flexibilité à un environnement changeant – réussissent de mieux en mieux, non seulement à survivre, mais à bien tirer leur épingle du jeu.

Prenez, par exemple, le livre que vous lisez actuellement. Les livres étaient jadis des objets aussi précieux que l'or parce qu'ils étaient laborieusement faits à la main. Puis, pendant longtemps, ils étaient littéralement rédigés à la plume par l'auteur lui-même. Un imprimeur transformait les écrits dans une forme qu'il pouvait reproduire en plusieurs exemplaires et vendre à des marchands. Les machines à écrire rendirent le processus un peu plus allégé, mais lorsque j'ai écrit mon premier livre, il fallait encore des milliers et des milliers de personnes – le personnel de l'éditeur, des papetières, des imprimeurs, des transporteurs et des libraires – pour apporter les mots de mon esprit jusqu'aux lecteurs un peu partout. Tout ce travail se fait encore, mais si je veux faire paraître un très imposant blogue, je peux envoyer le *manuscrit* (le terme signifie « écrit à la main ») à travers la réalité virtuelle et rejoindre des milliards de personnes simultanément, sans grands efforts ni dépenses importantes. Dans mon champ d'activité, comme dans plusieurs autres, les individus peuvent accomplir des choses plus vite et de façon plus économique qu'auparavant, où le travail de nombreux ouvriers était nécessaire.

Cela se passe dans pratiquement chaque domaine, principalement grâce à l'innovation technologique. Au cours du XX$^e$ siècle, les technologies du transport permettaient aux manufacturiers de faire des économies en engageant des gens dans des régions sous-développées plutôt que dans leur propre pays. Maintenant, le transfert presque instantané de l'information permet à des compagnies ou à des individus en Amérique du Nord d'engager des employés en Inde pour faire du travail plus important et nécessitant des connaissances; tenue de livres, papiers légaux, publicité, graphisme, gestion d'activités et bien d'autres. Les détaillants en ligne grugent une part de marché aux grands magasins. L'industrie de la musique comme on l'a connue jadis a été éclipsée le jour où il devint possible de transférer une chanson par courriel. Les journaux ferment un peu partout dans les pays développés parce que de plus en plus de gens choisissent de trouver les informations qui les intéressent en ligne.

L'économiste Thomas Friedman a remporté le prix Pulitzer pour avoir observé que, grâce à la technologie, *le monde est plat*, signifiant en fait que de nos jours, faire de l'argent est un jeu qui ne concerne plus seulement les grandes organisations structurées en pyramide, mais qui se joue aussi à un niveau plus équitable et répandu. Un génie isolé au Bangladesh ou en Sibérie peut se servir de l'ordinateur – de l'école, d'un dortoir ou de la maison – et avoir accès à autant d'informations que le chercheur dans la bibliothèque du Congrès. Partout, des individus et des petits groupes (surfeurs) se servent de cette réalité pour faire des affaires de nouvelle manière, et ils devancent de grandes organisations (structures établies). Si vous occupez un emploi de l'ancien monde, le tsunami du changement est soit déjà en train de balayer votre industrie ou il fonce vers le rivage, prêt à inonder votre situation « sécuritaire ».

Il y a deux façons de composer avec cette énorme vague de changement : vous pouvez soit vous accrocher à une compagnie d'ancienne structure – qui est probablement un piège financier mortel – ou sortir des sentiers battus et surfer. Si vous choisissez la première option, bonne chance, mon ami. Même si votre emploi survit sous une forme ou une autre, l'environnement disparaîtra, et des collègues aussi. Vous finirez par travailler de plus en plus dur pour de moins de moins d'argent pour que la compagnie puisse continuer à exister. Il est plus sûr de monter sur une planche de surf, c'est-à-dire trouver une manière moins coûteuse et à plus petite échelle de faire de l'argent et qui vous apporte énormément de satisfaction tout en offrant quelque chose aux consommateurs qu'ils ne peuvent trouver ailleurs. Et qu'est-ce que ce sera ? Votre art de découvreur de voies, évidemment.

## Le tout nouvel esprit du découvreur de voies

Le livre d'affaires préféré de Thomas Friedman est celui de Daniel Pink intitulé *A Whole New Mind: Why Right-Brainers Will Rule the Future*. Pink considère que le tsunami de changements dans le monde développé est une partie du passage du fouillis d'informations à la créativité. « Nous sommes passés d'une société de travailleurs industriels à une société de travailleurs du savoir, écrit Pink, et nous sommes en train de progresser à nouveau, cette fois vers une société de créateurs et de contacts, de reconnaissance des schémas et de découverte de sens. »

Dans cette nouvelle économie, où le labeur manuel et le travail relié au savoir seront si mécanisés qu'ils ne requerront que peu d'assistance humaine, les produits et les services les plus recherchés ne seront pas de haute techno-logie, mais plutôt de *haut concept* et de *haut contact*. Pink définit ces termes. En lisant les définitions, gardez en tête l'archétype du découvreur de voies, dont nous discutons depuis le début de ce livre.

« Le haut concept implique l'habileté à créer la beauté artistique et émotionnelle, à détecter les schémas et les occasions, à bâtir une histoire satisfaisante et à combiner des idées apparemment sans lien entre elles dans une invention originale. Le haut contact implique l'habileté à se relier aux autres, à comprendre les subtilités de l'interaction humaine, à trouver la joie en soi-même et à la diffuser aux autres et à sortir du quotidien pour poursuivre un but ou une raison d'être. »

En d'autres mots, la personnalité artistique, imaginative et non orthodoxe du *réparateur* ou du *guérisseur* est la meilleure chose à posséder dans le nou-veau monde. La transition économique n'est pas encore complétée, mais elle s'opère. La vague se lève, et je suis prête à parier que vous êtes né pour surfer !

Pink décrit six « sens » qui seront particulièrement importants et utiles dans ce tout nouveau monde économique. Il ne parle pas des sens comme la vue ou l'ouïe, mais de sens en tant que capacités de percevoir, comme dans l'expression « le sens de l'humour ». Être un haut salarié requiert un sens de la conception, de l'histoire (non dans le sens historique, mais dans le sens de narration), de la symphonie (l'habileté de coordonner des éléments disparates dans des schémas sensés), de l'empathie, du jeu et de la signification. En tant que découvreur de voies (si vous n'en êtes pas un, pas d'offense, mais que faites-vous à cet avant-dernier chapitre?), ces six sens sont les points forts de votre personnalité, ce qui vous rend le plus heureux. Votre art englobe sûrement un ou plusieurs de ces sens. Pour cheminer dans l'accomplissement de votre plus grand but, vous n'avez qu'à offrir votre art à votre *tribu*, comme un produit ou un service.

## Vous êtes un créateur de satisfaction, pas un distributeur (et c'est une bonne chose)

Utiliser votre spécialité de 10 000 heures pour ramener les gens de l'enfer est un précieux don au monde. Votre capacité de ravir, d'inspirer, de réconforter et de guérir est désespérément désirée par les gens qui seront heureux de vous payer en retour. Mais pour que cet échange se produise, vous avez besoin d'une méthode pour rendre votre art accessible dans le monde de la Manifestation. Comme il y a autant d'arts que d'individus, il est impossible d'identifier toutes les formes possibles que pourrait prendre votre art en particulier. Mais pour vous aider, pensez à votre art comme à la Manifestation dans l'une des catégories qui suivent. Rappelez-vous que peu importe si quelque chose nécessite du temps (comme une performance), de l'espace (comme une peinture) ou la réalité virtuelle (comme Facebook), si elle peut être transférée d'un esprit à un autre, elle est alors entrée dans le monde de la manifestation.

| Manifestations possibles de votre art (les composantes de votre modèle d'affaires) | | |
|---|---|---|
| **Besoin (demande)** | **Objet (bien)** | **Action (service)** |
| Éducation | Livre, film, enregistrement, etc. | Raconter, enseigner, donner des conférences, etc. |
| Connexion humaine | Club, organisation, groupe d'activité, bénévolat, etc. | *Coacher*, conseiller, organiser, lever des fonds, etc. |

| Beauté et esthétisme | Peinture, sculpture, bijou, architecture, mode, etc. | Faire de la musique, de la comédie, danser, animer (télé, radio, spectacle), etc. |
|---|---|---|
| Outil pour gagner un revenu | Appareil, auto, équipement électronique, site Internet, etc. | Donner des formations en commerce, en art, en artisanat, etc. |
| Besoin quotidien | Maison, édifice, vêtement, etc. | Soigner les enfants, les animaux, cuisiner, magasiner, etc. |
| Soins physiques et confort | Nourriture, médicaments, savon, lotion, parfum, etc. | Donner des sessions de massage, d'acupuncture, d'entraînement, pratiquer la chirurgie, etc. |

Que votre art concerne la recherche en biochimie pharmaceutique, la fabrication de vitraux ou la livraison de plats végétariens et d'alimentation vivante à des gens trop occupés pour tondre eux-mêmes leur pelouse, il s'insère probablement dans au moins l'une des catégories précédentes. Il est important de noter que chaque élément du tableau a une valeur en lui-même. Vous ne pouvez en dire autant de la grande majorité des emplois du XXᵉ siècle. La plupart des emplois n'étaient pas du domaine de la création, mais de celui de la distribution. Pour faire fonctionner un journal quotidien, vous aviez besoin de beaucoup plus de camelots que de journalistes. L'industrie du vêtement avait besoin de plus de vendeurs que de designers. Il faut une impressionnante équipe pour transmettre à un large public les films et les émissions de télé, alors que seulement quelques scripteurs et acteurs ont créé la performance.

Tandis que le monde s'aplanit, les emplois de distribution sont appelés à disparaître. Un site de nouvelles ne requiert aucun camelot. Un dessinateur de vêtements n'a pas besoin des commerces et des vendeurs pour vendre ses vêtements; un ordinateur, une caméra et un compte PayPal suffisent. Oubliez les centaines de techniciens pour réaliser un film ou une vidéo. Aujourd'hui, toute maman de banlieue peut tourner une vidéo de ses jumeaux, la mettre en ligne et la voir se propager à des milliers de personnes.

Vous concentrer sur votre art unique fait de vous un créateur de satisfaction. Dans l'économie émergente, être un tel créateur est la meilleure sécurité d'emploi existante. Aucun ordinateur ne sait comment ramener les gens de l'enfer; votre art ne peut être mécanisé. Personne d'autre ne combine votre art de 10 000 heures avec votre passion particulière. On ne peut pas vous imiter. Des gens peuvent essayer de le faire, mais votre énergie personnelle est unique. Pensez à tous ceux qui ont essayé de reproduire le succès de gens comme Oprah, J. K. Rowling ou Lady Gaga. Ça ne fonctionne pas, car vous ne pouvez feindre la profonde énergie personnelle qui rend un créateur si fascinant.

Encore mieux, par les technologies magiques de distribution, vous pouvez facilement trouver votre *tribu* – les gens qui ont besoin de votre art –, même si elle est dissipée à travers le monde. Non, oubliez ce que je viens d'écrire… Vous n'avez pas à trouver les gens qui ont besoin de votre art. Ils vous trouveront. Ils vous cherchent déjà. La seule chose que vous devez faire est de vous présenter là où ils vous cherchent.

## Aider votre *tribu* à trouver votre art

Dans son livre à succès *Tribes*, Seth Godin, l'auteur de livres d'affaires, explique l'importance économique des gens partageant des champs d'intérêt communs et la façon dont ils façonnent le tsunami mouvant et frappant le monde que nous connaissons actuellement : « Une tribu est un groupe de personnes connectées les unes aux autres, connectées à un *leader* et connectées à une idée… Croyez-vous en ce que vous faites? Chaque jour? Il ressort de cela que la croyance est une brillante stratégie… La voie la plus rentable est aussi la plus sûre, la plus facile et la plus amusante. »

Des tribus de consommateurs se forment parce que dans l'économie d'aujourd'hui, les gens veulent un travail qui a un sens, des produits qui ont un sens et des services qui ont un sens. La production industrielle est en train d'être déjouée par des innovateurs dérangeants qui, sur leurs petites planches de surf, peuvent offrir de tels éléments. Comme le précise Godin, « plusieurs consommateurs ont décidé de dépenser leur argent pour des produits qui ne sont pas manufacturés par des industries. Et ils ont décidé de ne pas perdre leur temps avec des idées ou des trucs "prêts à l'usage". À la place, les consommateurs ont décidé de dépenser leur temps et leur argent pour des articles originaux, des histoires, des choses qui comptent et en lesquelles ils croient ».

Puisque les économies « tribale » et « techno » sont très fluides, chacun de nous peut appartenir à plusieurs tribus, et peut même être le *leader* d'une tribu. À titre de découvreur de voies, vous êtes dans une position privilégiée pour devenir un *leader*. Les tribus les plus stimulantes sont composées de gens qui ont besoin du même type d'aide, car ils sont embourbés dans le même genre d'enfer. Ce qui a créé votre propre expérience de la descente aux enfers et de la remontée – perte, désillusion, pauvreté, abus, dépendance, échec, sous-vêtement constricteur ou colère d'oiseau – a aussi affecté d'autres personnes. Ces gens cherchent à être réconfortés et guidés. De nos jours, même votre grand-mère ne choisit pas le bottin téléphonique ou la bibliothèque pour trouver de l'information sur ses pires problèmes. Pratiquement tout le monde fait une recherche sur Google ou en parle à quelqu'un qui fait cette recherche pour lui.

Vous pouvez être un *réparateur* ou un *guérisseur* prospère dans le monde actuel sans nécessairement vous promouvoir en ligne. Cela dit, Internet est un lieu où il est si facile de former une tribu que ce serait fou de s'en passer. Par exemple, l'un des *coachs* que j'ai aidés à former, Abigail Steidley, se spécialise dans l'aide aux femmes souffrant d'inflammations pelviennes. Si Abigail avait ouvert un bureau de consultations dans sa région, disons dans les années 1980, elle aurait eu à louer un bureau et à concevoir une énorme enseigne, *Centre de douleur pelvienne*, pour attirer les clients. Elle aurait probablement inscrit son nom dans les Pages jaunes, peut-être réservé des espaces publicitaires dans les journaux locaux et même un panneau publicitaire sur les abords de la route principale de sa région. Tout cela aurait été très dispendieux sans assurer la venue de clients. En fait, l'espérance du nombre de clients aurait été plutôt mince. Cependant, de nos jours, ces clients font une recherche sur Google et le nom d'Abigail apparaît devant eux. Ils peuvent entrer en contact avec elle en quelques clics et profiter des trucs, des informations et du *coaching* d'une experte. Abigail a de nouveaux clients et une tribu de gens souffrant d'inflammation pelvienne se forme.

C'est ce qu'on appelle le « *marketing* entrant ». Au lieu de vendre votre produit ou votre service en l'adoptant au goût du jour, en le dénaturant parfois, vous créez un créneau très spécifique offrant quelque chose d'unique et d'utile à une tribu de gens qui cherchent justement ce type d'aide. Au lieu de *généraliser* votre produit et de tenter de joindre je ne sais combien de millions de personnes parmi lesquelles très peu deviendront vos clients, vous spécialisez votre offre et permettez ainsi aux gens qui ont besoin de votre produit de *surfer* directement jusqu'à vous. Par exemple, si vous écrivez un livre de cuisine du genre *De bons mets que tout le monde aimera*, il attirera beaucoup moins de clients entrants qu'un livre intitulé *Recettes végétariennes pour diabétiques casher*. Personne n'inscrira dans une recherche sur Google *De bons mets pour tout le monde*, mais tout végétarien diabétique et casher fouinera sur Internet en inscrivant les termes précis qui le concernent et tombera finalement sur vos recettes inhabituelles.

## Votre art de 10 000 heures et les systèmes de distribution technologiques

Le modèle d'affaires des découvreurs de voies des temps modernes est basé sur une seule vérité : la technologie humaine change énormément plus vite que la biologie humaine. Cela signifie que dans une ère dominée par les machines et les villes, nous avons toujours le cerveau, le corps et les besoins de base de nos ancêtres, des gens qui vivaient en petit groupe, près les uns des autres et de la nature. Une règle du succès dans le nouveau monde économique est celle-ci : servez-vous des technologies les plus innovatrices pour distribuer les produits et services les plus primaires.

Tout cela renverse les anciens concepts de détermination des prix. Anciennement (des hommes des cavernes jusqu'au XX$^e$ siècle), la plupart des objets et des services étaient créés avec des outils ou par des procédés primitifs par des individus qui devaient être présents pour que le travail se réalise. Les simples produits faits à la main étaient bas de gamme et peu dispendieux. Les produits et les services de haute technologie, les produits faits ou réalisés par des machines, étaient considérés comme haut de gamme. Plus la technologie du système de création était sophistiquée et élevée, plus les gens payaient pour les produits, quels qu'ils soient. Maintenant, le contraire est vrai. Alors qu'avant, une haute technologie équivalait à un prix de vente élevé et qu'une technologie de base équivalait à un prix peu élevé, la tendance actuelle va vers l'opposé : une haute technologie entraîne un prix peu élevé tandis qu'une technologie moins sophistiquée équivaut à un prix élevé.

| Ancien | Nouveau |
|---|---|
| Technologie élevée = prix élevé | Technologie élevée = bas prix |
| Nouveau | Ancien |
| Technologie de base = prix élevé | Technologie de base = bas prix |

Par exemple, un livre téléchargé dans votre liseuse sans fil est probablement peu dispendieux, tandis qu'un livre calligraphié à la main sur un papier fait à la main, relié à la main avec du cuir tanné à la main vaut une fortune.

Télécharger la vidéo d'un *gag* de Jay Leno ne coûte rien (si vous vous servez de l'ordinateur d'un ami, vous n'avez même pas besoin de posséder votre propre équipement). Mais faire venir Jay Leno en personne dans votre salon – un humain en chair et en os dans le temps réel, c'est la base des connexions physiques – vous coûtera la peau des fesses. Aller observer des lions dans un zoo dispendieux (haute technologie) est considérablement moins cher qu'aller à Londolozi voir les lions là où Dieu les a mis (technologie de base).

Pour survivre en tant que découvreur de voies, vous devez distribuer beaucoup d'éléments à bas prix par des réseaux de distribution de haute technologie (comme des blogueurs populaires qui reçoivent des revenus par les abonnements et les publicités) ou distribuer peu d'éléments dispendieux par des méthodes primaires de distribution (comme un entraîneur personnel qui se présente chez des clients pour des séances d'entraînement). Si vous aimez les nouvelles technologies, choisissez le modèle « haut volume, petit prix »; si vous êtes du genre « enfant de la nature », créez un créneau bien à vous et servez-vous des technologies de magie pour donner accès à votre art aux clients intéressés.

Voici deux exemples.

Mon ami Sebastian était un garçon plutôt maladroit et ringard qui passait presque tout son temps dans un endroit dernier cri appelé « laboratoire informatique » à poinçonner des cartes pour faire fonctionner ce qui était à la base une immense calculatrice. À son entrée au collège, il était en mesure de programmer de simples jeux. Il obtint un diplôme en science informatique et s'améliora constamment en programmation, atteignant les 10 000 heures de passion à l'âge légal de consommer de l'alcool.

Malheureusement – vous me voyez venir –, Sebastian n'était pas tout à fait monsieur Popularité. Accablé d'une timidité presque pathologique, il entretenait d'éternelles rêveries romantiques dans lesquelles il était un chevalier errant qui se pointait au bon moment pour sauver des demoiselles en programmant un robot informatisé pour tuer un dragon. Sebastian fit équipe avec l'un de ses amis artistes pour créer un jeu où le but est de tuer un dragon. Ils vendirent l'idée à une compagnie de jeux pour une jolie somme. Durant ce temps, tout le monde avait commencé à se servir des ordinateurs. Même les dames. Partout dans le monde, de très jolies femmes vivaient de grandes frustrations devant leurs ordinateurs : la connexion Internet se fermait, des documents se perdaient ou leur écran gelait.

Ultimement, ce fut l'idée de sauver des femmes d'un dragon qui conduisit Sebastian à une brillante compagnie de *marketing* pour secourir les gens des problèmes avec leurs ordinateurs. Vivant toujours dans la ville où il avait étudié, Sebastian démarra l'un des premiers services où les gens pouvaient téléphoner pour demander une assistance technique concernant leurs problèmes de technologie. Non seulement Sebastian eut des revenus élevés en aidant les gens à gérer les « dragons » dans leurs appareils informatiques, mais il sortait aussi de sa coquille sociale. Il découvrit que sa passion de venir à la rescousse des autres faisait de lui un consultant gentil et patient, alors que plusieurs techniciens traitaient leurs clients moins connaisseurs avec mépris.

Sebastian engagea une aide féminine – ringarde elle aussi – qui est aujourd'hui sa conjointe. En se servant de sa passion de 10 000 heures (la programmation et le fantasme d'être un héros à la rescousse des autres) pour se sortir de son propre enfer (la timidité et la solitude), il a trouvé sa voie vers une carrière, une relation et une vie qui le rendent heureux.

À l'autre bout du spectre, on retrouve un guérisseur nommé « Fernando ». Il a grandi dans les canyons du nord du Mexique. Il a appris les habiletés des Anciens, comme le pistage et le camouflage dans la nature pour éviter d'être tué par les trafiquants de drogue, les seules personnes supposément *civilisées* dans cette région. Fernando a acquis l'amour de la course à travers les montagnes, et dans les années 1980, lorsque la course à pied devint une folie aux États-Unis, il était déjà un ultramarathonien fort populaire dans sa région, même si cela ne voulait rien dire pour lui.

Fernando commença à *coacher* des coureurs nord-américains venus apprendre ses *techniques*. Rapidement, les coureurs comprirent que pour Fernando, courir ne signifiait pas parcourir une distance le plus rapidement possible, mais plutôt une façon de glisser dans un état d'Observation silencieuse à travers la voie du jeu sacré. Il s'est joint à l'un de ses étudiants américains et a offert des pratiques à des coureurs novices. Il leur enseignait à courir tout le parcours dans l'Unité, à ouvrir leur Imagination et à permettre à leurs passions de les guider dans la Manifestation de leur vie. Trente ans plus tard, l'agenda professionnel de Fernando est complètement rempli, en dépit du fait qu'il ait toujours demandé à ses clients de ne rien dire à propos de son art. À travers le réseau silencieux de gens interconnectés par les technologies de l'ancien monde, l'influence de Fernando s'étend à chaque coin du monde.

Si vous vendez un art de technologie de base, vous devrez y attribuer un prix substantiel, car il est rare et non reproductible. Vous n'avez besoin que d'une petite tribu pour gagner un bon revenu, mais les gens devront vraiment être engagés envers cet art. Si vous offrez plutôt un art de haute technologie, qui est facile à reproduire, comme un blogue journalier, vous pouvez en demander un prix très bas, car il vous est possible de joindre des milliards de personnes sans pratiquement d'efforts. Dans les deux cas, plus votre art est spécifique et plus votre tribu est passionnée, plus vous aurez de succès. Rappelez-vous que le mot *passion* signifie que les membres de votre tribu sont fascinants ou souffrants, ou peut-être même les deux. Ils répandront la nouvelle au sujet de votre produit ou de votre service. Tout ce que vous avez à faire est de rester en équilibre sur votre planche de surf.

## Exemples de découvreurs de voies utilisant les technologies de magie pour distribuer leur art

Puisque chaque découvreur de voies, chaque guérisseur, chaque *réparateur* sont différents et uniques, vous ne pouvez reproduire complètement le modèle d'affaires de l'un d'entre eux, que ce soit dans le domaine de la haute technologie ou dans celui de base. Toutefois, en contemplant le succès de ces êtres, vous pouvez trouver une façon de résoudre votre propre casse-tête et de démarrer votre carrière. Leurs exemples peuvent susciter une étincelle dans votre Imagination qui mènera à un modèle d'affaires réalisable dans le monde de la Manifestation. Voici donc les histoires vraies de découvreurs de voies des temps modernes.

En ce moment même, tandis que j'écris ces mots à mon ordinateur, apparaît, à droite de mon écran, une fenêtre me montrant l'image en continu et en temps réel du nid d'un aigle à Decorah, dans l'Iowa. Ce reportage en direct est réalisé et distribué par des *réparateurs* de la Terre, anonymes, qui s'identifient sous l'appellation « Raptor Resource Project ». Ils financent leurs recherches en ajoutant des vidéos en direct sur leur site. Ici, maintenant, de mon bureau, je peux observer trois petits aiglons sautiller dans le nid pendant que leur père dévoué nettoie leur repaire d'herbes séchées. Un mois auparavant, je les avais vus éclore et – oh! attendez! voilà la maman qui revient au nid! Elle a attrapé un poisson. Maintenant, elle nourrit ses bébés. Elle tient patiemment dans son bec des lambeaux de chair de poisson tandis que les petits se bousculent et essaient de coordonner leurs mouvements – dont ceux de la tête! – pour cueillir ce que leur mère leur tend. J'adore observer cette famille d'aigles, tout comme plus de 50 000 personnes qui sont connectées à ce reportage en même temps que moi. Notre tribu d'observateurs d'aigles est répandue à travers le monde, mais d'une certaine manière, nous sommes aussi tous réunis au sommet d'un seul arbre, sans même déranger les aigles.

Maintenant que les aigles m'ont éblouie en ligne, je peux aussi bien naviguer et acheter l'un de mes chandails favoris d'une compagnie appelée

« Chewy Lou », fondée par une femme, Alyssa Dinowitz, après que sa mère a reçu un diagnostic de cancer du sein. Alyssa était dans la douche et cherchait quelque chose auquel se raccrocher. Son Imagination lui inspira une image : de magnifiques t-shirts, de grande qualité, décorés de mots d'encouragement et de délicats cristaux Swarovski. Alyssa décida d'engager des gens aux prises avec des difficultés cognitives pour l'aider à confectionner les t-shirts. Ces chandails n'ont rien de comparable sur le marché actuellement. Lorsque j'en porte un, les gens me demandent chaque fois où je l'ai acheté. Je leur parle alors de Chewy Lou; ils vont sur le site et achètent un ou plusieurs chandails. L'art d'Alyssa guérit de bien des manières : il lève des fonds pour la recherche sur le cancer, donne du travail à un groupe de personnes défavorisées et fait le ravissement de clients comme moi.

Après avoir acheté un tout nouveau chandail d'Alyssa, je célèbre cette acquisition en visitant le site d'Allie Brosh, une jeune femme au sens de l'humour hilarant et douée pour les dessins humoristiques (il est facile de voir qu'elle dessine depuis au moins 10 000 heures!). Lorsque l'un des amis d'Allie lui a suggéré d'écrire un blogue, elle ne savait même pas de quoi parlait cet ami. En un mot, aujourd'hui, le site d'Allie (Hyperbole and a Half) est suivi par des centaines de milliers de personnes et génère un revenu très substantiel. Elle travaille aussi sur un projet de livre. Son art se décrit ainsi : offrir l'hilarité et un rafraîchissement du mental à une joyeuse tribu, tout cela en étant simplement elle-même, en racontant ses histoires et en dessinant ses images.

Après avoir lu la dernière notification d'Allie, je me dirige vers la maison virtuelle de Michael Trotta, un *leader* de tribu que j'ai déjà mentionné dans ce livre. Son site offre des expériences de survie en milieu sauvage et d'éveil à la nature. Bien que je puisse profiter de ces expériences par mon ordinateur, la Manifestation physique complète de l'entreprise de Michael – c'est-à-dire l'endroit physique où les gens se réunissent pour apprendre de nouvelles habiletés et échanger des idées – est littéralement à tout endroit de la Terre : les forêts du nord-est de l'Amérique, les déserts du Sud-Ouest, les grandes plaines du Canada… Michael travaille partout finalement.

Il est temps pour moi de commencer l'écriture, alors je décide d'aller puiser un peu d'encouragement en visitant (toujours en ligne) une autre auteure. Amanda Hocking écrivait des romans de fantaisie durant toute son enfance, d'abord à la main puis à l'ordinateur. Malheureusement – non, non, je me reprends –, heureusement, aucun éditeur n'a retenu les livres d'Amanda. Elle gagnait sa vie en travaillant auprès de personnes handicapées tout en écrivant d'autres histoires magiques durant ses temps libres. (N'est-ce pas l'Archétype du *réparateur*?) Un jour, Amanda décida de publier ses livres en ligne, par elle-même. C'était en avril 2010. Au moment où j'écris ceci, soit en avril 2011, Amanda a vendu plus de 185 000 livres et est reconnue comme une « millionnaire Kindle »! Sa tribu de lecteurs passionnés et avides de son art ne cesse de grossir.

Commencez-vous à me croire? Toute personne qui offre un art de *réparateur* précieux, innovateur ou unique peut être le découvreur de voies d'une tribu et en tirer un revenu substantiel. J'ai la chance de travailler chaque jour avec de telles personnes, et bien que j'écrive tout cela au beau milieu d'une crise financière importante, chacune d'elles continue à prospérer. Si vous êtes un véritable découvreur de voies, distribuer les technologies de magie (Observation silencieuse, Unité, Imagination et Manifestation) par les technologies magiques (tout appareil qui relie physiquement les humains dans le monde concret) est la voie la plus facile pour surfer sur le tsunami économique du nouveau monde changeant. En fait, si vous le faites de la bonne façon, ça vous semblera même bizarrement facile. Et quelle est la bonne façon dans ce tourbillon de changements? Utiliser les technologies de magie que j'ai décrites tout au long de ce livre pour Manifester votre carrière de découvreur de voies, puis chercher les technologies nouvelles – et parfois si étonnantes qu'on croirait qu'elles sont magiques – pour distribuer ce que vous avez créé.

## Utiliser les technologies de magie pour attirer et entretenir votre tribu

Bien sûr, pour générer un revenu dans le monde concret, il faut faire des actions concrètes. Mais, avec les nouvelles technologies, de moins en moins d'actions physiques s'avèrent nécessaires. Je dirais même qu'aujourd'hui, aucune série d'actions physiques ne peuvent produire suffisamment de puissance pour créer une carrière prospère si elles ne sont pas soutenues autrement. Tandis que le monde change, de plus en plus, le travail à l'ancienne – le genre de travail que la plupart des gens faisaient avant le tournant du XXI$^e$ siècle, les emplois manuels ou *corporatifs* que l'on désigne par des occupations « typiques » – est nécessaire pour maintenir les anciens niveaux de prospérité économique. Essayer de bâtir une affaire ou une carrière comme la plupart des affaires ou des carrières des années, disons, 1990, est comme ériger une maison pendant qu'un tsunami déferle dessus, démolissant tout avant que vous ayez fini de la créer. Par contre, l'utilisation de l'Observation silencieuse, de l'Unité et de l'Imagination crée une telle concentration d'énergie dans un but précis que lorsque vient le temps de Manifester une carrière concrète, l'action requise est minime, douce, joyeuse et amusante. La magie du *réparateur* réside dans l'art de savoir surfer, non dans le labeur à la sueur de son front.

J'ai compris cela dans les années où je travaillais tellement que j'en oubliais de dormir. Aujourd'hui, je mène mes affaires autrement. Les réunions que je tiens avec le personnel de ma petite compagnie virtuelle ressemblent à ceci : cinq à dix personnes se retrouvent en vidéoconférence, peu importe où elles se trouvent dans le monde. Je maintiens volontairement la petite taille de l'entreprise; je ne veux pas d'un entrepôt de béton dans un tsunami de changements. Mon PDG planifie le *meeting* en s'assurant que tout le monde sera en pyjama. Généralement, l'un des participants propose de commencer en visionnant une vidéo sur YouTube dans laquelle un golden retriever danse le mambo (ou quelque chose de similaire). Puis, nous discutons de nos affaires, qui consistent principalement en la formation de *coachs* et en la création de cours audio ou vidéo pour aider les gens à guérir différents aspects de leur vie et à maximiser leur bien-être.

Nous cherchons des casse-têtes à résoudre pour que cette entreprise devienne de plus en plus gagnant-gagnant pour nous et nos clients. Nous revoyons nos procédures et analysons de meilleures méthodes pour servir nos clients et nos *coachs*. Si aucune solution n'est proposée au départ, chaque participant entre en Observation silencieuse et ressent l'Unité, préparant le terrain pour que notre cerveau non verbal offre des solutions ou des idées, ressentant ce qui *désire se manifester*. Puis, nous décrivons à tour de rôle ce que nous avons Imaginé. Presque invariablement – à un point où c'est presque ridicule –, il y a un consensus sur une idée importante concernant la création d'un produit, l'amélioration d'un service, le recrutement d'une personne ou sur toute autre action à faire. S'il y a des divergences d'opinions, tous examinent leurs croyances pour voir quels *problèmes* apparents (et ce sont presque toujours des croyances inutiles) nous empêchent de considérer le point de vue des uns et des autres.

Lorsque nous sommes dans la même vision, c'est le temps d'implanter nos idées dans le monde de la Manifestation. C'est une étape importante, alors il est crucial de ne pas devenir sérieux et de plutôt réaliser que ce n'est qu'un jeu amusant. L'attitude selon laquelle les « affaires-c'est-sérieux-et-ce-n'est-pas-un-jeu » mène à l'échec financier, et je ne le tolère pas dans ma compagnie. Si mon équipe et moi nous butons à un mur dans la résolution d'un *casse-tête*, nous nous posons deux questions : « Comment pourrions-nous rendre le tout plus ludique? Comment pourrions-nous rendre le tout plus reposant? » Si nous ressentons de la fatigue ou de l'épuisement en tentant de résoudre un problème quelconque, nous terminons la vidéoconférence et nous nous reposons – pour nous-mêmes, pour les uns, les autres, pour nos clients. Nous nous réunissons plus tard, lors d'une nouvelle vidéoconférence, pour résoudre le casse-tête… dans un esprit de jeu!

L'énergie d'aisance et de plaisir est ce que je surveille avant tout dans mon entreprise. Mettre l'énergie de l'épuisement et de l'anxiété dans mon travail serait comme offrir des pommes pourries à mes clients – et ils le savent car, même s'ils n'en sont pas conscients, ils peuvent ressentir la véracité de ma vie et de ce que je fais. Ils sont reliés à moi dans l'Unité. Comme vous. Pour réussir financièrement dans le nouveau monde, vous devrez éventuellement apprendre à vivre selon le principe suivant : « Reposez-vous jusqu'à ce que vous ayez le goût de jouez, puis jouez jusqu'à ce que vous ressentiez le besoin de vous reposer. Ne faites jamais rien d'autre. »

## La boucle infinie du repos et du jeu

J'ai réalisé que je devais vivre selon ce principe lors de mon voyage à Londolozi où j'ai croisé tant de tortues léopard. Après m'être endormie sous l'inspiration et en même temps que l'une d'entre elles, je me suis réveillée de ce somptueux sommeil en prenant conscience que lorsque je prends soin de moi, ça m'aide à utiliser les technologies de magie de façon continue, et toute ma tribu en ressent les effets positifs. L'Univers entier de la Manifestation peut alors me soutenir de multiples façons : émotivement, physiquement et financièrement. Lorsque je me suis éveillée de mon sommeil de tortue, j'ai vu dans mon Imagination un symbole visuel de la vie d'un découvreur de voies : une boucle infinie, continuelle, s'alimentant elle-même, une boucle de repos et de jeu. J'ai rapidement dessiné cette image.

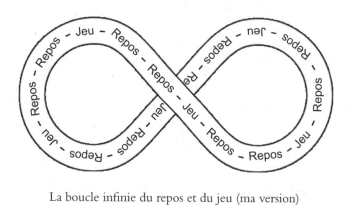

La boucle infinie du repos et du jeu (ma version)

Même si vous faites tout ce qu'il faut et correctement, incluant tous les exercices proposés dans ce livre, votre carrière de découvreur de voies ou de guérisseur ne prospérera pas si vous vous permettez de glisser dans la peur ou de sombrer dans l'épuisement. Ces sentiments perturbants peuvent vous évincer de votre planche de surf et vous projeter dans les eaux tumultueuses des désastres financiers qui se multiplient actuellement. Ce ne sont pas des signaux vous signifiant que vous devez trouver un emploi *corporatif*; pour un découvreur de voies, dans le monde d'aujourd'hui, un tel choix serait un suicide énergétique et financier. Ces signaux vous indiquent plutôt que vous avez besoin de vous reposer et de jouer. L'avidité, la déprime et l'énergie de labeur et d'efforts constants tuent les fondations énergétiques de toute compagnie, éloignant les clients, ruinant la créativité, et rendent le succès infiniment plus difficile à atteindre.

Vous pourriez penser qu'il est facile de se maintenir dans l'énergie de la boucle du jeu et du repos, parce qu'on s'y sent merveilleusement bien. Mais pour la plupart d'entre nous, il est plus facile de tomber dans la peur que de rester en équilibre dans le bonheur. Cela découle d'une partie profonde de notre cerveau – appelée le « cerveau reptilien », car il s'est d'abord développé chez les reptiles – qui crée continuellement les peurs que je nomme « manque » et « attaque ». C'est la terreur de ne pas avoir suffisamment de quelque chose et celle qu'un événement dramatique se produira. Je surnomme votre cerveau reptilien votre « lézard intérieur ». Un lézard intérieur apeuré s'attend à la privation et à l'opposition, alors il s'accroche à tout ce qui, selon lui, le protégera du manque et de l'attaque et repousse désespérément tout ce qui le rend le moindrement nerveux. En ce qui concerne la carrière, cette énergie crée exactement ce que le lézard Imagine : une catastrophe financière et sociale basée sur la peur.

Lorsque je me suis éveillée de ma longue nuit de sommeil et que j'ai trouvé la tortue léopard toujours dans un repos heureux près de la véranda de ma chambre, j'ai su avec une clarté sans précédent que mes peurs de lézard m'avaient tenue éloignée du cycle du jeu et du repos toute ma vie. J'ai mené des recherches sur les technologies de magie pendant des années, mais je n'ai pas eu foi en elles. Je pense toujours qu'il faut un travail constant et épuisant pour me maintenir à flot financièrement. Le travail est ma structure de solidité. Mon lézard intérieur a peur de lâcher prise et de surfer, de se reposer lorsqu'il est fatigué et de jouer lorsqu'il en a envie. Assise dans un état de contemplation, je remarque un petit lézard se précipiter sur ma véranda.

« Allo, lui dis-je, es-tu le symbole de mes peurs? »

Au même moment, je le jure devant Dieu, un magnifique petit serpent ondule sur la véranda. Avant que j'aie le temps de penser à quoi que ce soit, le serpent attrape le lézard entre ses crocs, le tuant presque instantanément. Le serpent a avalé le petit lézard, a grimpé à un arbre tout près et s'est positionné en forme de boucle infinie que j'ai photographiée avec mon téléphone.

La boucle infinie du repos et du jeu (la version reptilienne)

Oui, lors de ce voyage particulier, le monde de la Manifestation me parle assurément en « reptile ». Il vous parlera à vous aussi, de multiples façons, dès le moment où vous commencerez à abandonner vos peurs et à faire confiance à une nouvelle – mais ancienne au fond – voie naturelle, ludique et délicieuse de la prospérité.

Voici quelques casse-têtes à résoudre, quelques jeux à faire pendant que vous surfez sur votre vie de *réparateur* et de découvreur de voies. Si vous sentez du stress ou de l'anxiété en répétant ces exercices, vous devez calmer votre lézard intérieur. Vous y parvenez en trouvant des façons d'être plus enjoué (si votre énergie est élevée) ou plus reposé (si votre énergie est basse). Et rappelez-vous bien que ces casse-têtes exigent que vous agissiez dans le monde de la Manifestation. Vous trouverez des solutions efficaces seulement si vous entretenez la conscience non verbale de l'Observation silencieuse, le doux réconfort de l'Unité et le délirant plaisir de l'Imagination libre.

# Les jeux pour mieux faire votre travail en offrant votre art à votre tribu

*Voie de Manifestation du découvreur de voies : emballez votre art*

1. Reprenez votre art ou vos arts définis dans le chapitre précédent, votre activité de 10 000 heures et votre façon de l'utiliser pour survivre à votre plus mauvaise expérience.

2. Pensez à d'autres personnes qui souffrent dans le même passage difficile que celui que vous avez connu (votre expérience de la traversée de l'enfer). Elles sont votre tribu. Ressentez-les.

3. Imaginez-vous en train d'aider ces personnes à guérir de leur expérience *infernale* en utilisant les stratégies qui vous ont aidé, spécialement celles reliées à votre activité de 10 000 heures. Dans votre Imagination, observez-vous le faire.

4. Imaginez trois objets que vous pourriez créer (servez-vous de la charte *Les formes que peut prendre votre art pour stimuler votre Imagination*) et qui pourraient apporter votre art à votre tribu. Soyez insensé et enjoué si vous voulez que les idées fonctionnent de façon optimale. Parlez-en à un ami et faites un remue-méninges ensemble. Notez vos trois premières idées.

5. Toujours dans la même énergie de jeu, Imaginez trois activités que vous pouvez mener pour apprendre à votre tribu à guérir en se servant de votre art.

6. Commencez à poser des questions autour de vous (toujours dans un esprit enjoué). Trouvez des gens qui pourraient faire partie de votre tribu et décrivez-leur vos idées. Demandez-leur leur avis sur ce qui pourrait rendre vos produits ou vos services encore plus aidants et intéressants. Imaginez cela jusqu'à ce que vous trouviez quelque chose à créer dans le monde de la Manifestation.

*Voie de Manifestation du découvreur de voies : recherchez des façons d'apporter votre art à votre tribu par les technologies de magie*

Vous avez probablement déjà fait une recherche sur Google à propos de votre pire expérience. Refaites-en une nouvelle, cette fois, pour voir de quelles façons d'autres découvreurs de voies offrent déjà des produits et des services à votre tribu. Notez ce qui vous attire. Servez-vous de ces exemples pour alimenter votre Imagination et trouvez des façons de transmettre votre art à votre tribu. Il ne s'agit pas de copier ni de plagier. Votre création sera toujours unique. Il s'agit simplement de prendre note de la façon dont des arts comme le vôtre sont diffusés de nos jours.

### *Voie de Manifestation du découvreur de voies : reposez-vous et jouez; vous défierez ainsi gentiment votre lézard intérieur*

Plusieurs fois par jour, disons toutes les heures, portez votre attention sur votre énergie reliée au travail. Si vous vous sentez épuisé, fatigué ou encore effrayé ou craintif, vous êtes en train d'obéir à votre lézard intérieur. Dans le monde actuel, ce n'est pas une stratégie qui rapporte. Si vous constatez que votre énergie est basse, que vous êtes fatigué ou frustré, demandez-vous : « Qu'est-ce que je peux faire immédiatement? » Ce sera peut-être de vous étendre pour un moment ou de faire quelque chose d'*intentionnellement reposant*. C'est la méthode de Dan Howard : diriger l'esprit vers le repos pour que le corps se régénère plus efficacement. Toute forme de repos, aussi minimale soit-elle, améliorera votre vie intérieure et votre productivité.

Si votre énergie est élevée, demandez-vous : « Qu'est-ce que je peux faire immédiatement pour me sentir plus enjoué? » Faites des blagues. Visionnez une vidéo cocasse sur YouTube. Avec vos enfants, faites une compétition d'imitation de cris d'animaux. Amusez-vous! Si votre lézard intérieur devient nerveux ou anxieux au sujet de ce repos et de ce jeu, respirez profondément et poursuivez l'exercice. Votre lézard a besoin d'être absorbé par la boucle infinie du repos et du jeu. Seulement, alors, pourrez-vous découvrir à quel point votre carrière de découvreur de voies est censée être prospère.

### *Voie de la Manifestation du découvreur de voies : reposez-vous pour votre tribu*

Étendez-vous et pensez à tous les gens qui souffrent de la même expérience infernale que vous avez connue et traversée. Imaginez la Terre à partir de l'espace. Chaque membre de votre tribu est un minuscule point lumineux quelque part sur le globe. Reposez-vous intentionnellement pour vous-même, puis répétez silencieusement : « Je me repose pour ma tribu maintenant. » Ressentez la profondeur de votre connexion avec ces gens. Cet étrange exercice est le meilleur que j'ai trouvé pour vous aider à joindre votre tribu et, par conséquent, à faire croître votre entreprise ou votre affaire (pour parler « en termes de » XX$^e$ siècle).

## Le plaisir du succès

Après que le monde de la Manifestation ait communiqué avec moi par l'entremise de trois reptiles – la tortue léopard, le lézard et le serpent –, j'ai décidé de faire confiance à ces messages animaliers et d'opter pour la foi. J'ai commencé à me servir des technologies de magie plus souvent, spéciale-ment lorsque je *travaille*. Ce qui en a découlé est aussi arrivé à des centaines de personnes que j'ai *coachées* : je suis devenue plus en santé et plus détendue. J'ai aussi commencé à savourer ma vie de tous les jours plus que je ne l'aurais cru possible. Chaque matin, maintenant, je me lève pour jouer. Je me sens plus en forme et plus ravie que je l'ai été depuis mon enfance. Je ressens que si je fais beaucoup moins de travail, au lieu de s'écrouler, mes affaires s'améliorent, poussées plus loin par les forces fluides du nouveau monde.

Le message reçu de l'Unité lors de mon « voyage de reptiles » est que, même si les tortues léopard ne peuvent pas très bien nager, elles adorent tout de même surfer. Si votre but est de réparer, de guérir les choses, l'Unité vous envoie des messages similaires, déjà, vous enseignant de telles mer-veilles. Ouvrez les yeux pour dénicher les messages. Regardez autour de vous pour le plus grand plaisir disponible. Croyez que ce jeu enjoué, et non le *travail* meurtrissant que vous pensiez être votre destin, est votre billet pour la sécurité et la prospérité. Nous vivons dans un monde fluide, où les vagues grossissent de jour en jour, et c'est une excellente chose. Votre destin n'est pas de sombrer et de vous noyer. Il est de surfer sur ces vagues.

# CHAPITRE 15

## SAUTER À PIEDS JOINTS DANS LE NOUVEAU MONDE CHANGEANT

Une fois de plus, je me laisse bercer par un arbre dans la pénombre, entourée des membres du TEAM. Cette fois, cependant, les arbres sont ici, dans le monde des formes, et non seulement dans la chanson d'un chaman de la forêt tropicale ou dans mon Imagination fiévreuse. Avec Boyd, Koelle et dix clients, je suis assise sur une plateforme de bois dans les branches d'un acacia, à plusieurs kilomètres du camp de Londolozi. Il est quatre heures du matin. Personne ne bouge. Personne ne fait un bruit.

Je me demande si les clients autour de moi apprécient ce moment ou s'ils souhaitent frénétiquement être à la maison avec un sac de nachos dans une main et une télécommande dans l'autre. J'espère qu'ils sont déjà engagés dans les technologies de magie, glissant dans l'Observation silencieuse à travers l'immobilité et le calme, et peut-être aussi – vu notre fatigue, nos frissons et nos engourdissements causés par l'inconfort de notre position – à travers le tourment.

Bien sûr, la voie du ravissement est présente elle aussi. Observer la Voie lactée et ses étoiles dans le ciel d'encre, entendre les appels des oiseaux et des animaux à travers la pénombre, respirer le parfum des fleurs nocturnes… tout cela fait partie de l'expérience que nos ancêtres ont accumulée dans leurs cellules, des choses que notre culture a oubliées dans le bruit des camions à ordures et dans le bourdonnement des climatiseurs, et je ne voudrais pas faire une méditation assise dans un arbre en Afrique chaque soir. Mais je regretterais de passer une vie entière sur cette planète sans avoir vécu une telle expérience.

Ces pensées naissent dans ma conscience puis s'évanouissent comme de la fumée. Un moment d'Observation silencieuse les remplace. Je ressens la montée familière d'énergie qui me rappelle que je fais Un avec cette infinité qui m'entoure. La rivière au loin devient mon flux sanguin, le doux vent est mon souffle et le chant rythmique de 10 000 grenouilles qui se séduisent est le battement de mon cœur.

Puis, je sens que quelque chose m'observe.

Mes poils se dressent sur ma nuque. Tous mes sens se concentrent sur un point précis dans les branches, à plusieurs mètres de ma position. Il fait trop noir pour voir quoi que ce soit. Je n'entends rien non plus, mais je ressens l'attention d'un animal aux aguets, la texture des pattes sur l'écorce et le prédateur sur pattes, comme si j'étais à la fois la bête et l'arbre. Puis – mais peut-être ai-je tort –, je sens à peine une odeur, comme celle du hall d'un cinéma miteux. Mon cœur se met à battre frénétiquement, car la dernière fois où j'ai senti cette odeur, quelque chose m'a tuée.

Ce n'était qu'un rêve, mais l'un de ces rêves qui vous semblent si réels que vous en avez pour des semaines à vous demander s'il n'est pas plus vrai que votre vie éveillée. Le rêve était simple, direct et terriblement terrifiant. Dans ce rêve, j'ouvrais le panneau de la tente dans laquelle je dormais et je voyais un léopard accroupi dans l'herbe. Ma joie de voir cet animal fascinant disparaissait aussitôt, car dès que nos regards se croisèrent, le léopard m'attaqua. Le poids de son corps contre l'épais tissu du panneau de la tente était écrasant, suffocant et horrifiant. Je me suis réveillée désorientée et couverte de sueur. Il me fallut plus d'une heure pour retrouver le sommeil. Et le léopard m'y attendait de nouveau.

Dans le second rêve, j'avais à peine ouvert le panneau de la tente que le léopard chargea. Je sentais ses dents sur ma gorge et les griffes de ses pattes arrière pénétrer dans mon abdomen. Je pouvais sentir l'odeur de mon sang mêlée à celle de maïs soufflé au beurre qui se dégageait du léopard. Je parvins à m'extirper de nouveau de ce rêve, haletante comme quelqu'un qui aurait tiré un enfant des sables mouvants. Cette fois, je n'ai pas osé essayer de me rendormir. Il n'y avait aucun doute dans mon esprit que le léopard m'y attendait toujours. J'ai croisé mes jambes et j'ai essayé de méditer, me souvenant de l'horrible sensation que j'avais jadis ressentie à la suite d'un affreux cauchemar dans mon enfance. J'étais terrifiée par le sommeil dont j'avais pourtant désespérément besoin.

Après une demi-heure en état méditatif, l'hémisphère droit de mon cerveau fit naître une idée si simple et si évidente que j'en éclatai de rire.

Ce à quoi je résiste persiste. Alors, tout ce que j'avais à faire pour mettre fin au cauchemar était de cesser de lutter. Je me suis recouchée et rendormie. Je suis aussitôt retournée dans le même rêve. Cette fois, j'ai méthodiquement défait la fermeture éclair du panneau de la tente que j'ai repoussé et je me suis tenue dans l'ouverture. J'ai cherché à croiser le merveilleux regard du léopard qui s'élança aussitôt vers moi. Je me suis affaissée. Je sentais ses mâchoires se refermer autour de mon cou et ses pattes arrière déchirer mon abdomen. À ce moment, je me sentis absorbée dans le léopard, et le léopard absorbé dans moi. Je me suis réveillée avec un débordant sentiment de clarté, de calme et de paix. Par la fenêtre entrouverte de ma chambre à Londolozi, je sentais l'odeur du maïs soufflé au beurre typique des salles de cinéma.

Lorsque j'ai confié à un ami africain mes étranges rêves de léopard, il me dit trois choses que j'ai pu valider plus tard par des lectures et l'expérience :

1. Dans plusieurs cultures traditionnelles, le passage, d'une vie ordinaire à celle de *réparateur* ou de *guérisseur*, est marqué par des rêves ou des visions d'être tué ou mangé.

2. La bête qui se pointe dans la vision ou le rêve pour dévorer la personne est souvent un grand félin solitaire.

3. Dans la vraie vie, les léopards ont vraiment une odeur de maïs soufflé!

Tout cela me revient en mémoire dans la pénombre entre les branches de l'acacia, sur la plateforme de bois où mes amis et clients méditent silencieusement tout autour de moi. Tandis que mes sens sont en état d'alerte, analysant cette odeur de cinéma qui me vient par chaque inspiration, je commence à me demander pourquoi j'ai accepté de participer à cette vigile en haut d'un arbre. Soudainement, une *sereine méditation* d'une nuit perchée dans un arbre me semble une idée aussi brillante que celle d'emmener les enfants d'une garderie visiter une prison à sécurité maximale. Je veux que tout s'éloigne, là, maintenant : la noirceur, les frissons, l'incertitude, la fatigue, l'inconfort, les engourdissements. Je veux ma télécommande.

## Les nuits de l'âme du léopard

Il y a de telles nuits dans la vie de chaque découvreur de voies. Il se peut que vous vous retrouviez à un passage inconnu ou inconfortable de votre saga personnelle, une situation dans laquelle vous n'avez aucune idée de ce qui suivra, mais vous savez que ça pourrait être difficile. Votre emploi ou votre profession pourrait être relégué aux oubliettes. Votre famille pourrait être

ébranlée. Votre corps pourrait ne pas tenir le coup. Des émotions conflic-
tuelles pourraient vous briser le cœur. Il est bien possible qu'à ce moment-
là, vous oubliiez pourquoi vous vous étiez lancé dans des aventures qui
vous ont conduit dans une telle situation. L'inspiration et la motivation qui
vous semblaient électrisantes et dynamiques au début peuvent alors devenir
idiotes et vouées à l'échec.

J'aimerais vous dire qu'il est possible de faire marche arrière et de
retourner à un monde sécuritaire, sain et civilisé où tout sera constant et
prévisible, mais c'est impossible. Il se trouve que nous sommes sur cette
planète, maintenant, et il n'y a pas moyen de retourner à une façon d'être
plus lente, plus pédestre, disons, moins magique. La seule façon pour un
guérisseur-né, pour un vrai découvreur de voies, de vivre dans la paix et
l'abondance dans notre nouveau monde changeant, est d'abandonner les
vieux modèles de pensée, de travail, de prise de décision et de relation avec
les autres. Et si ça ne fonctionne pas, la seule option est de lâcher prise
encore plus. Abandonnez-vous à la façon dont les choses cherchent à se
manifester, même si cela implique souvent une vaste et terrifiante perte de
contrôle. Faites confiance à la magie née dans votre âme. Laissez le léopard
vous tuer, tuer votre moi présent pour que la nature de votre vrai Moi puisse
émerger.

## Des bonds de foi

Le mot pour désigner un *groupe* de léopards (comme un *troupeau* de
vaches, une *envolée* d'oiseaux ou un *banc* de poissons) est *bond*. Les léopards
sont incroyablement habiles pour bondir. J'en ai déjà vu un faire un saut de
trois mètres jusque dans un arbre avec la carcasse d'une antilope, presque
aussi grosse que lui, entre ses mâchoires. Le mot *bond* est aussi très approprié pour les découvreurs de voies, dont l'animal fétiche est le léopard.
Quiconque emprunte la façon de vivre du découvreur, du *réparateur*, doit
constamment faire des bonds infinis et impressionnants de foi. Chaque fois
que vous affrontez un futur inconnu dans un état de créativité, plutôt que
de vous agripper à ce que vous connaissez déjà, vous bondissez. Chaque fois
que vous osez croire que votre art peut vous soutenir financièrement, vous
bondissez. Chaque fois que vous faites confiance à votre tribu de *réparateurs*,
vous bondissez. Chaque fois que vous accueillez et acceptez un amour qui
vous dénude le corps, le cœur et l'âme, vous bondissez. Et chaque fois que
vous commencez à douter de vous-même, de votre destinée, de votre habileté
à guérir un quelconque endroit dans le monde, vous devez bondir dans les
branches de la magie, comme le léopard le fait dans l'arbre.

La vie que vous mènerez en tant que découvreur de voies vous apportera énormément plus de joie, d'amour et d'abondance que l'existence que vous vous créeriez en vous accrochant aux vieilles façons de faire et d'être. Par contre, pour trouver la voie de votre vraie nature à travers ce nouveau monde changeant, vous ne pouvez pas simplement *contempler* la vision du monde du découvreur. Vous devez prendre le risque de vous y engager. Vous devez véritablement croire que ce qui ressemble à de la magie « est » vraiment, que ça existe réellement et que vous pouvez vous en servir. Vous aurez à prendre des décisions qui vont à l'encontre de tout ce que vous pourriez considérer comme sécuritaire et logique, sur la base d'une évidence qui semblera insensée ou bizarre, non parce que la science n'appuie pas le concept d'un univers réceptif et interconnecté énergétiquement (elle le fait!), mais parce que le concept d'un tel univers n'est pas considéré comme *normal* dans la culture dans laquelle vous avez été éduqué.

En fait, si vous choisissez de vivre l'archétype du découvreur de voies, ce n'est pas tant un défi à votre culture que vous lancerez qu'un bond que vous ferez dans une nouvelle culture basée sur des réalités plus sensées et plus profondes que ce que nous appelons le « bon sens ». Cette nouvelle culture a déjà commencé à s'éveiller – non seulement en vous et en vos espoirs, mais dans le monde physique de la Manifestation. Elle mélange la sagesse des anciens découvreurs de voies aux étonnants appareils modernes. Elle ne ravage pas la vraie nature des humains, des animaux et de la Terre; elle soigne, restaure, materne et célèbre toute la nature, celle en nous et celle autour de nous. Elle grandit non par des politiques, des lois et des restrictions, mais bien par des histoires, des rires et des aventures entre des amis chers, à travers les technologies de magie diffusées par les technologies magiques. Où que vous alliez, elle vous trouvera. Elle se tient là, dans la plus sombre partie de votre vie. Elle vous traque, maintenant.

## Des exemples tirés de mes quelques dernières semaines

En menant mes recherches pour la rédaction de ce livre, peut-être me suis-je immergée si profondément dans tout ce qui concernait les technologies de magie et la magie de la technologie que j'en voyais des exemples tout autour de moi, comme un étudiant en médecine remarquerait des symptômes ou comme une accro du *shopping* dénicherait toutes les « aubaines ». Ou peut-être aussi qu'en pratiquant intensément toutes les méthodes apprises et en mélangeant sans cesse l'ancien et le nouveau monde, j'ai réellement Manifesté des situations validant mes théories au sujet du

TEAM et de sa mission. Et il se peut encore que les découvreurs de voies ressentent leur destinée, apprennent à développer leur art et à l'utiliser dans des manifestations surprenantes et multiples partout sur notre planète bleue. Quoi qu'il en soit, quelque chose est en train de se produire. Permettez-moi de vous donner quelques exemples que j'ai remarqués dans le seul intervalle de l'écriture de ce chapitre.

Par un bel après-midi sous le chaud soleil de Phoenix, je recevais pour un *coaching* une jeune femme qui avait remporté le premier prix à un concours organisé par une chaîne de grands magasins. Je ne sais plus de quel ordre était le concours, mais il semble qu'une heure en consultation avec moi faisait partie du premier prix (Je suppose que la personne en deuxième position gagnait le droit d'être battue avec la latte d'un lit! Les gens ne tiennent pas vraiment compte de la valeur des prix!). J'ai pris un cahier de notes et un stylo, me préparant à un bref retour au *coaching normal* que j'avais abandonné depuis des années pour passer tout mon temps avec le TEAM.

La gagnante était une jeune femme qui me semblait très structurée et organisée. Elle s'appelait « Kyria ». Nous nous sommes assises dans sa suite à l'hôtel. Elle me dit d'emblée qu'elle aimerait recevoir des conseils sur la façon de publiciser son entreprise de dressage de chiens au service des personnes handicapées. Les chiens de Kyria aidaient non seulement les non-voyants, mais aussi les gens souffrant d'épilepsie, de paralysie et de stress post-traumatique. Plusieurs des chiens qu'elle avait dressés assistaient des vétérans de l'armée de retour du Moyen-Orient. Ses chiens étaient tellement populaires que Kyria dut, de toute urgence, obtenir un diplôme d'études supérieures pour pouvoir enseigner en toute légalité sa méthode à des professionnels de la santé mentale.

« Voyez-vous, me dit Kyria, étrangement réservée, ces chiens font quelque chose pour ces gens, et ce n'est pas seulement une assistance physique. C'est… »

Sa voix se tut.

« … C'est quelque chose que vous ne pouvez pas décrire par des mots? ai-je insisté.

– Exactement, répondit Kyria, je sais que ça peut sembler idiot, mais ces chiens font quelque chose que vous pouvez *ressentir*… Ils *réparent* quelque chose. »

Autre moment de silence.

« Et je ne sais pas pourquoi, reprit-elle, mais je dois faire ce travail de dressage. » Elle me regarda comme pour chercher de l'aide. « Je le sais depuis que je suis un tout petit enfant. Je dois le faire.

– Avez-vous déjà souffert d'une mystérieuse maladie chronique? » lui demandai-je.

Kyria cligna des yeux.

« Comment avez-vous su cela?

– Ressentez-vous que vous faites partie de quelque chose de grand qui doit survenir bientôt? »

Les larmes dans ses yeux rendaient tout commentaire inutile.

« Mon enfant, dis-je, attachez votre ceinture de sécurité. »

J'ai alors abandonné mon cahier de notes et mon stylo et j'ai donné à Kyria autant d'informations que je le pouvais concernant le TEAM. Je lui ai enseigné les quatre technologies de magie d'une seule traite, terminant avec ces mots : « Et c'est ainsi que nous sauvons le monde. » J'ai essuyé mon front fiévreux et espéré que la jeune femme ne fût pas trop ébranlée d'être enfermée dans une suite d'hôtel avec une folle!

Kyria prit une longue respiration et dit lentement : « Tout ce que vous venez de dire trouve écho en moi. Je n'en avais tout simplement jamais parlé à quiconque auparavant… Quelles sont les prochaines étapes? » demanda-t-elle sur un ton des plus banals.

Go TEAM!

––––––––––

Quelques jours plus tard, je reçus une invitation surprise de dernière minute pour assister au tout dernier enregistrement de l'émission *The Oprah Winfrey Show*. Avec un soupçon d'insouciance, j'ai balayé mes dates de tombée pour la remise de mes textes et je suis partie pour Chicago remplie de gratitude et d'anticipation. Tandis que l'auditoire attendait que l'enregistrement commence, l'animation de la foule menée par les producteurs transforma les admirateurs en une cohue criant sa dévotion passionnée. Lors du décompte pour le début de l'émission, mes oreilles se mirent à bourdonner sous l'effet des cris et des expressions d'excitation. Il m'apparut que les paquets de papiers-mouchoirs, placés délibérément sous chaque siège pour essuyer les larmes d'une centaine de visages émus, pourraient aussi servir à éponger l'adrénaline qui transpirait à travers les vêtements des gens. Puis, le producteur donna le signal particulier signifiant « elle arrive! ».

Les cris se transformèrent immédiatement en un silence excitant et intense. Tous les yeux étaient tournés vers la porte à l'arrière du studio d'où Oprah avait l'habitude de faire son entrée. Trente secondes passèrent tandis que la foule retenait son souffle, prête à lancer une autre clameur d'adoration. Une minute passa. Quelques-uns d'entre nous avaient recommencé à respirer de nouveau. Une autre minute. L'expression des gens passa des yeux exorbités au calme. Une autre minute, et tout le monde commença à se détendre. Je ne sais pas si c'est ce qu'attendait Oprah pour faire son entrée, mais c'est à ce moment que les rideaux au fond de la scène s'écartèrent et elle s'avança calmement.

Je suis certaine qu'il y eut une explosion de joie et de cris, mais je ne m'en souviens plus. Tout ce dont je me souviens, c'est que cette femme, seule, sur la scène, se maintenait dans la plus profonde Observation silencieuse qu'il m'avait été donné de constater en dehors d'un milieu complètement sauvage. Son énergie regroupait la foule entière dans l'Unité et l'y maintenait par la puissance du non-verbal. La reine de la télévision passa la dernière heure de son émission non pas en alignant des célébrités autour d'elle ou en donnant des cadeaux matériels impressionnants, mais tranquillement à parler de l'énergie divine qui circule à travers chaque être humain et de la façon dont l'Imagination façonne tout ce dont nous faisons l'expérience. Elle apportait un message simple et puissant dans le monde de la Manifestation, pas tellement par ses paroles, mais plus encore par sa façon de l'incarner. Je ne sais pas comment la toute dernière émission d'Oprah fut perçue à travers la magie technologique qu'est la télévision, mais en studio, les gens restèrent longtemps dans un état de respect, songeurs, abasourdis par une grande sensation de paix, frappés par un tsunami de guérison.

Go TEAM!

---

De Chicago, je me suis rendue directement dans une autre ville où Andrew, un client bien connu, était devant un gigantesque bond de foi. Pour suivre son cœur, Andrew aurait à démissionner d'une position d'influence et de très grand pouvoir, à tourner le dos à plus d'argent que la plupart d'entre nous peuvent imaginer, à briser les liens avec plusieurs relations intimes qui avaient trahi sa confiance et inévitablement à attirer les regards insistants du public qui peuvent transformer la gloire en un enfer. La pression sociale à l'encontre du bond de foi d'Andrew était indescriptible. La seule chose qui l'incitait à aller de l'avant était un mince mais lumineux filet d'espoir – oh oui! et aussi un guide sud-américain qui venait d'une lignée de chamans de la forêt tropicale et qui me lança un tel « vous! vous! vous! » en me voyant que j'en fus presque renversée.

Rodrigo préfère ne pas utiliser le terme *chaman* parce qu'il a été galvaudé et que les gens en sont venus à le confondre. Il se désigne plutôt comme un *guide*. Évidemment, en ce qui me concerne, il est un *découvreur de voies*. Il avait passé une partie de sa vie dans la forêt amazonienne, dans une tribu qui n'avait jamais eu de contacts avec le monde moderne. Après que la malaria l'eut forcé à quitter la jungle, il avait obtenu trois doctorats. Il s'était ensuite consacré à apporter aux êtres, dont l'âme était souffrante, les anciennes méthodes de guérison. Bien qu'il n'ait jamais fait de publicité – il demande même la discrétion de la part de ses clients –, Rodrigo a travaillé avec plusieurs des personnes les plus influentes de la terre, des personnes qui n'avaient jamais prévu consulter un guide de l'âme issu de la jungle pour du réconfort et des conseils.

J'arrivai au *penthouse* d'Andrew, à Park City, juste à temps pour observer Rodrigo commencer une séance de guérison qui allait s'étirer jusqu'au petit matin. Ça ressemblait à une forme intense de thérapie qui débuta avec une rapidité déconcertante parce que Rodrigo peut lire très précisément les pensées des gens en les regardant dans les yeux. Tout en aidant Andrew dans le processus le conduisant à son bond de foi, Rodrigo relatait des événements et des sentiments du passé de son client, dont Andrew n'avait jamais parlé à personne. Le guide allait allègrement d'une méthode de psychologie clinique à une autre : la Gestalt, l'approche « rogérienne » et plusieurs autres techniques que je reconnaissais pour les avoir étudiées pendant plus de 10 000 heures dans des livres, dans des cours ou auprès de spécialistes.

Sur la base d'une tout autre expérience, j'ai aussi reconnu le mouvement du corps de Rodrigo tandis qu'il s'accroupissait sur le sol, fixant directement Andrew dans les yeux, posant gentiment des questions et répondant tout aussi doucement à d'autres, clignant à peine des yeux durant des heures. Il bougeait comme un gros chat. Il *ressemblait* à un gros chat. Il rôdait; ses yeux traquaient les pensées de son client, mais dans le seul but d'apporter le réconfort et la paix. Rodrigo en action était l'amour en chasse.

Go TEAM!

# Le rêve possible

Parfois, durant cette longue nuit, Rodrigo et moi quittions les autres pour manger un sandwich dans une autre pièce. Il me semblait que nous avions déjà partagé des centaines de repas, lui et moi (« vous! vous! vous! »). Bien qu'il soit plus habile et plus doué que je ne le serai jamais, Rodrigo et moi partageons la même passion : nous relier à quelque chose de profond, de beau, de primal et de complètement nouveau qui attend de se manifester dans la conscience humaine. Nous avons le même objectif : transmettre cette forme de conscience de guérison de chaque être humain à toutes les autres personnes, créatures et systèmes. Et nous avons également la même approche éclectique : apprendre et utiliser toute connaissance humaine disponible, qu'elle vienne des traditions des anciennes cultures ou de revues scientifiques fraîchement sorties des presses.

« Je surveille toujours Andrew, en passant », dit Rodrigo en faisant un signe de la tête vers la pièce où Andrew et ses amis étaient demeurés. D'où nous étions, nous ne pouvions les voir de nos yeux. « Désolé si je donne l'impression d'être un peu distrait.

– Non, non, je comprends, dis-je à mon tour, vous faites partie du TEAM. » Je ne me souciais même pas qu'il sache ou non ce que cela signifiait. « J'adore observer les membres du TEAM faire leur travail. J'appelle ça "votre art". J'en connais, en Afrique, qui guérissent des écosystèmes », ajoutai-je.

Je savais que je bavardais, mais je m'en foutais. J'avais l'impression de partager des nouvelles avec un membre de la famille au sujet de ses autres frères et sœurs.

« Merveilleux! s'exclama Rodrigo. Avez-vous rencontré ceux en Chine?

– Je ne savais pas qu'il y en avait aussi en Chine! C'est une nouvelle fantastique.

– Il y en a dans tous les pays, ajouta-t-il. Quelques-uns d'entre nous doivent bientôt se rencontrer au Canada. »

J'étais encore plus surprise. « Vous êtes vraiment allé à des rencontres du TEAM?

– Oh oui! dit Rodrigo entre deux bouchées de son sandwich. Des rencontres un peu partout dans le monde, avec différents groupes. »

Il mentionna quelques noms de personnes qui acceptaient que l'on parle d'elles librement, des noms qui me laissèrent bouche bée. Puis, tout en trempant une frite dans du ketchup, il me regarda dans les yeux et répondit à la question qui tournoyait dans mon esprit trouble, même si je ne l'avais pas exprimée verbalement.

« Oui, cela est vraiment en train de se produire, dit Rodrigo avec son gentil sourire. Bien sûr que si! »

Go TEAM!

## Votre propre nouveau monde

Comme tous ces découvreurs de voies et des centaines d'autres que j'ai rencontrés, vous pourriez ressentir un appel à devenir le changement que vous souhaitez voir survenir dans le monde, *maintenant!* Vous y parviendrez en guérissant votre propre nature véritable puis chaque autre aspect de vraie nature qui vous interpelle. Commencez immédiatement. Je veux dire en ce moment même. Il ne faut pas attendre qu'une quelconque institution extérieure ou que certains professeurs vous indiquent les cordages. Il n'y a pas de structures fixes sur la route du découvreur de voies. Il n'y a plus de façon *institutionnalisée* de vous entraîner. Vous pouvez trouver d'autres *réparateurs* — en fait, vous allez les attirer à vous —, mais les seuls cordages qu'ils vous montreront seront ceux de leur propre récit tandis qu'ils cheminent. Par définition, les découvreurs de voies créent des sentiers où il n'y en a pas et trouvent des destinations que personne ne connaissait. À partir de vos technologies de magie, vous pouvez trouver une façon de vivre et d'être que vous serez le premier à réaliser de cette façon précise.

Si vous êtes actuellement sur le chemin de votre mission de vie, de retour de votre enfer et sûr de vos habiletés de navigateur, alors, pour l'amour de Dieu, commencez à guider le reste d'entre nous. Si, par contre, vous foncez dans la noirceur devant vous sans un indice de votre destination, faites le bond. Optez pour la voie du *réparateur* à travers le nouveau monde, une méthode pour façonner votre vie enseignée par des gens tout au long de l'histoire de l'humanité, des gens qui ne cherchent pas tant à atteindre des buts qu'à les apporter dans l'existence. Le parcours du découvreur de voies est enraciné dans une tranquillité immobile. Pourtant, il vous mènera dans les coins les plus actifs du nouveau monde.

Voici un résumé pour vous rappeler comment vous devriez avancer en ce jour présent en tant que découvreur de voies, traquant le sens et la guérison dans la partie du monde où vous êtes, des plaines d'Afrique où la vie respire jusqu'aux canyons concrets de Manhattan.

## Une journée dans la vie d'un découvreur de voies

### Premier pas

Dès votre réveil – que ce soit du sommeil, d'un mauvais état d'esprit ou du chaos des besoins des autres –, entrez en Observation silencieuse. Cela peut survenir à tout moment de la journée. Cela peut survenir parce que vous êtes très reposé ou parce que vous êtes si fatigué que vous ne pouvez rester une seconde de plus concentré sur votre boulot ennuyant et abrutissant. Vous pourriez être réveillé par une tasse de café noir, une épineuse discussion, un projet qui échoue ou un joli minois. Peu importe comment cela survient, dès que ça survient et aussi souvent que ça se produit, utilisez une méthode que vous connaissez pour rejoindre l'espace silencieux où rien n'interfère avec votre conscience du moment présent, qui est toute votre vie, là, maintenant.

S'il y a en vous une souffrance qu'un animal ne pourrait saisir, laissez l'Observation silencieuse vous montrer que cette souffrance est faite de mensonges. Comme le disait Jill Bolte Taylor, transférez-vous sur le côté droit de votre cerveau, là où l'observation et l'énergie règnent si puissamment que les scénarios de souffrance ne peuvent subsister. Pratiquez en profondeur l'art de bondir en dehors du langage des mots vers le langage de l'amour. Faites-le en ayant foi qu'en abandonnant le supposé contrôle de votre esprit, vous vous retrouverez dans la vérité, trouvant alors – paradoxalement – la guérison que vous espériez au cœur même de votre pensée verbale.

### Deuxième pas

Tandis que l'Observation silencieuse vous amène dans le moment présent, les priorités selon lesquelles vous choisissez le parcours de votre journée – et de votre vie – changeront. Vous sentirez le calme du Un qui peut subvenir à tous vos besoins particuliers. Cela vous laissera un sentiment de gratitude pour tout et celui de ne plus rien avoir à retenir. Ce sera un renversement complet de comment la peur apprend à la plupart des humains à penser. Alors qu'avant, vous auriez argumenté avec votre conjoint ronchonneur, frénétiquement travaillé pour respecter les délais et ignoré les colibris bâtissant un nid juste sous votre fenêtre, maintenant, vous pourriez bien sortir pour contempler les oiseaux et tasser tout le reste. Au lieu d'envoyer vos enfants à l'école, vous pourriez tout aussi bien vous étendre avec eux sur un tapis de feuilles d'automne. .

Restez dans une attitude au-delà des mots et soyez calme tout en faisant ces choix, car l'Unité ne vous amène pas sur des sentiers où vous vous sentirez en sécurité. La plupart du temps, elle vous entraîne sur le bord d'une falaise et vous pousse dans le vide. Sautez! Ne pensez pas à l'atterrissage; ne vous inquiétez pas de votre chute. Vous tombez amoureux. En tombant dans l'Unité, vous ferez les choix fous et insensés pour lesquels les amoureux, les saints et les *réparateurs* ont toujours été populaires et reconnus : vous verrez le meilleur en chacun; vous saurez que vous êtes protégé, puissant et merveilleux. Ces vérités guériront vos blessures et feront de vous ce que Rumi appelle une « impressionnante gentillesse ».

## Troisième pas

Alors que l'Observation silencieuse et l'Unité libèrent votre vie intérieure du ressentiment, de la défensive et de la peur, vous évacuerez une grande quantité d'énergie émotionnelle et physique. Votre prochaine tâche est de voir jusqu'où vous pouvez ouvrir votre esprit à ce moment-ci, ce que vous pouvez projeter de grand et de merveilleux par votre Imagination. Servez-vous de vos casse-têtes de vie pour vous exercer à libérer vos pouvoirs de création. Imaginez le meilleur résultat possible dans la discussion avec votre conjoint toujours aussi ronchonneur, dans vos délais au travail qui vous hantent toujours, dans les apprentissages scolaires que vos enfants ont ratés tandis qu'ils se prélassaient à vos côtés dans les feuilles d'automne, à récolter de précieux souvenirs qui seront encore présents à leur mémoire bien longtemps après que les leçons scolaires auront été oubliées. Visualisez ce qui surviendrait à chaque occasion si vous et toutes les personnes que vous rencontriez viviez entièrement dans un état d'Unité au-delà des mots. Puis, voyez que dans sa vraie nature, chacun vit déjà de cette façon. Imaginez cela.

Prenez soin, alors que vous envoyez votre Imagination à travers le Web cosmique, de ne pas étiqueter les événements d'aujourd'hui comme des *problèmes*. Résolvez-les comme s'il s'agissait de casse-têtes qui sont là pour vous enseigner et vous éclairer. Écartez gentiment vos anticipations au sujet des terribles choses qui pourraient survenir. Reconnaissez que ce que vous voyez comme un résultat négatif peut être en fait une incitation à Imaginer de plus belles choses encore. Placez votre passe-temps favori aux côtés de votre situation « tracassante » et demandez-vous « comment est-ce que tout cela est arrivé? ». Entassez une centaine de faits au hasard dans votre cerveau, et sortez marcher sans but précis, permettant à votre hémisphère droit de créer un moment « eurêka ».

Ce que vous Imaginez aujourd'hui n'apparaîtra pas nécessairement dans le monde de la Manifestation. En Imaginant des déroulements et des résultats positifs, vous commencez à attirer des circonstances favorables, de nouveaux amis et la bonne fortune par le pont entre le *Tout-Moment* et le monde physique. Et de nos jours, il y a moins de limites au pouvoir de chaque individu de créer un résultat Imaginé. Comme le disait Arthur C. Clarke, « la seule façon de découvrir les limites du possible est de s'aventurer un peu au-delà d'elles jusque dans l'impossible ». Même avec la magie technologique et l'échange fertile et sans précédent d'idées sur la Terre actuellement, il faut une Imagination sans limites pour visualiser l'impossible. Visualisez-le quand même. Bondissez!

## Quatrième pas

Une fois que votre Imagination est au service de l'Unité au-delà des mots, vous pouvez dédier votre énergie physique à Manifester la version matérielle de ce que vous avez Imaginé. N'oubliez jamais que cela doit se faire en jouant jusqu'à ce que vous vous sentiez fatigué puis en vous reposant jusqu'à ce que vous ayez le goût de jouer. Si vous vous surprenez à faire quelque chose d'autre, comme travailler, tuer le temps ou chercher des façons de vous esquiver, vous êtes alors sous l'emprise du langage. Arrêtez tout. Respirez. Bondissez de nouveau dans l'Observation silencieuse comme si votre vie en dépendait. Toute autre chose stoppera votre magie de découvreur de voies, vous faisant sentir désespérément perdu. Si cela survient, retournez à la dernière piste claire, au dernier moment où vous avez trouvé la façon d'être joyeuse et détendue du *réparateur*. Repartez de là.

Tout en jouant dans le monde de la Manifestation, vous réaliserez que les meilleurs jeux impliquent un effort persistant – souvent un effort à la limite de vos capacités – sans un attachement au résultat, mais dans l'appréciation du processus. La divine modulation du jeu et du repos est notre raison d'agir. Les résultats – que nous appelions auparavant des « accomplissements » – ne sont que des résultats « collatéraux » du but réel, qui est de faire de la magie.

Si vous Manifestez à partir de l'énergie du silence reliée à l'Unité, avec votre Imagination roulant à pleine vapeur, votre art apportera quelque chose de nouveau en ce monde, en ce jour même. Votre tribu vous trouvera. Elle vous aidera à créer de nouvelles façons de gagner un revenu substantiel à titre de *réparateur*, diffusant vos créations magiques par l'entremise d'inventions magiques. Au début, le procédé opère lentement, votre Imagination est toujours sous l'emprise de vos attentes. Mais si vous pratiquez intensément, profondément, les technologies de magie, vous verrez des miracles commencer à se produire. Votre corps, votre sens de la sécurité, vos relations s'amélioreront par des façons qui vous sembleront trop parfaites ou relevant de coïncidences. Vous vous surprendrez à guérir les choses, en vous et autour de vous, que vous pensiez avoir brisées à jamais et sans espoir. Vous ne pouvez le croire si vous n'essayez pas, mais si vous essayez, vous commencerez à y croire. Faites le saut!

## Mener la parade

Voilà la façon de sauver le monde : un mot apaisant à la fois, un geste de compassion à la fois, une longue sieste à la fois, un éclat de rire à la fois. Et si vous embrassez cette façon de vivre, même dans les plus ordinaires et prosaïques manières, le message se répandra. Votre but pourra être de trouver votre propre voie, mais les autres se sentiront apaisés et guéris par votre art, par votre façon de l'exprimer, par votre seule présence. Les messages que vous diffuserez à travers l'Internet énergétique et dans le monde de la Manifestation se répandront rapidement et partout.

C'est ce qu'ont vécu plusieurs membres du TEAM. Kyria fut stupéfaite de constater le nombre de personnes prêtes à appuyer sa vision de l'utilisation des chiens pour guérir les vétérans de la guerre et par leur empressement à l'aider à réaliser dans le monde de la Manifestation le but qu'elle avait Imaginé. Plusieurs émissions de télé ont essayé de reproduire l'effet *Oprah*, mais sans l'énergie de *réparateur* qu'Oprah propageait dans le monde, ces émissions n'ont pas un effet de guérison sur les auditeurs et elles ne retiennent pas autant l'attention du public que celle d'Oprah, elle qui, pourtant, n'était pas connue à ses débuts à Chicago. Rodrigo m'a demandé, entre deux sandwichs : « Pourquoi tant de personnes me paient-elles pour faire ce que je fais? Suis-je à ce point différent des autres thérapeutes? » Ça m'a fait rire. J'ai rencontré plusieurs thérapeutes, mais bien peu qui utilisent les technologies de magie comme Rodrigo le fait, ou qui peuvent me regarder dans les yeux et suivre mes pensées aussi facilement que si je les exprimais verbalement. C'est ce pouvoir ancestral de guérison combiné à des techniques plus rationnelles qui font que l'agenda de Rodrigo est complet deux ans à l'avance et que les gens les plus puissants de la Terre le consultent.

Si vous faites vraiment le bond dans l'archétype du découvreur de voies, si vous apprenez et que vous utilisez les technologies de magie et que vous vous servez des technologies magiques que notre surprenante civilisation crée sans cesse, le même genre de succès inexplicable vous arrivera. Non seulement cela vous aidera-t-il à trouver votre propre voie dans ce nouveau monde qui s'installe, mais cela vous conduira à mener la parade, à guider les membres de votre tribu. Sans l'avoir recherché, vous vous retournerez et vous verrez que d'autres membres du TEAM vous suivent.

Lorsque vous ressentez un appel à guider votre tribu vers une façon de penser et de vivre favorisant la guérison, vous devez bondir. Vous devez servir le monde entier par un *leadership* basé sur l'humilité, comme la mer qui – et c'est Lao-tseu qui nous donne cette image – attire à elle tous les cours d'eau parce qu'elle est à un niveau plus bas qu'eux. Vous devez gentiment enseigner aux autres non à suivre vos traces, mais à traquer leur propre raison d'être par les capacités de découvreur de voies qui dorment dans leur corps et leur âme. Pour le meilleur avenir possible de l'humanité, il n'y a pas une seule voie stable; nous vivons à une époque de voies infinies. La seule chose que nous devons partager et avoir en commun est notre engagement à parcourir le nouveau monde changeant et sauvage par la présence, la compassion, l'imagination et la création – et la joie de jouer avec quelques millions de nos plus proches amis!

Si suffisamment de personnes acceptent ce *leadership*, si une masse critique d'êtres humains commencent à vivre comme des découvreurs de voies, une nouvelle vision dominante pourrait bientôt se répandre sur notre planète. Est-ce une idée utopique ou ridiculement optimiste? Bien sûr! Je ne vous demande pas de la croire, et je ne voudrais pas vous la suggérer. Je vous demande seulement de l'Imaginer.

Pour moi, il est facile de le faire. Depuis que j'ai décidé de jouer avec le TEAM, j'ai été entourée de centaines de *réparateurs*, des gens dont la présence me remplit tellement de gratitude que j'en oublie presque de penser. Un futur créé par une culture entière formée de telles personnes serait incroyablement différent de notre brutal passé de luttes constantes. Voici quelques comparaisons entre la vision qui est dangereusement près de détruire le monde et la vision qui pourrait le sauver.

| Domaine de la vie | Le vieux monde dépassé | Le nouveau monde à découvrir |
| --- | --- | --- |
| Vie intérieure des individus | Dominée par des scénarios de peur | Saturée du moment présent |
| Relations | Basées sur des standards sociaux arbitraires de différentes cultures | Basées sur la vérité de l'amour au cœur des personnes et entre elles |

| Carrière | Basée sur la répression de la vraie nature humaine | Basée sur l'expression de la vraie nature humaine |
|---|---|---|
| Industries | D'immenses organisations sont prospères en contrôlant la distribution des biens | Des individus et de petits groupes apportent des idées gagnant-gagnant pour une création innovatrice et satisfaisante |
| Innovation technologique | Les machines sont conçues pour exploiter la nature et « siphonner » les ressources | Les machines sont conçues pour guérir et préserver la nature et renouveler les ressources |

Vous pouvez continuer à Imaginer sans fin les différences entre l'ancienne conscience et la nouvelle. En fait, je vous recommande fortement de le faire. Plus nous Imaginons un monde peuplé de *réparateurs*, plus nous faisons des choix qui pourraient favoriser la création d'un tel monde. En guérissant votre vraie nature, non seulement Manifesterez-vous plus souvent et plus puissamment les choses que vous Imaginez, mais vous attirerez aussi l'attention et vous aiderez les autres à trouver leur propre voie. Votre art, quel qu'il soit, mènera votre tribu, quelle qu'elle soit, plus profondément dans la magie de guérison.

## Trouver votre voie avant que les voies apparaissent

Comme j'essaie, à ma façon un peu maladroite, de vivre quotidiennement avec les intentions et selon les méthodes des *réparateurs*, je me retrouve souvent dans des situations si étranges et si inattendues que je me demande si je suis en train de rêver. Parfait, c'est merveilleux. D'autres fois, je glisse dans mon ancienne conscience, celle de *préréparateur*. Alors, jusqu'à ce que je retrouve mon chemin vers la conscience du nouveau monde, je me rappelle à quoi ressemblent les cauchemars.

Cette vigile dans la noirceur de la savane africaine, perchée dans un acacia avec mes amis découvreurs de voies, s'annonce pour être l'un de mes cauchemars. Les heures passent et je deviens de plus en plus transie, épuisée, désillusionnée et effrayée. Le sentiment bizarre qu'un léopard me surveille ne s'estompe pas. J'ai beau essayer de me réconcilier avec l'idée de ne pas résister et de le laisser me tuer, ça ne fonctionne pas. En tout cas, ça ne fonctionne pas aussi bien sur une plateforme de bois que dans mon lit, bien au chaud, endormie et en plein rêve.

Je m'efforce d'utiliser les techniques des découvreurs de voies que j'ai apprises. J'essaie d'entrer en Observation silencieuse cherchant la paix qui calmerait immédiatement mes peurs et me procurerait un sentiment d'illumination bénie. Peine perdue. Ce qui met fin à ma misérable nuit n'est pas la magie. C'est simplement le matin. Une fine ligne grise à l'horizon s'élargit graduellement en s'illuminant de jaune. L'arbre baigne maintenant dans la lumière et je peux voir qu'il n'y a aucun animal exotique ou mystique accroupi près de nous.

Pourtant, je sens toujours l'odeur du maïs éclaté. Amusant, non? Et cette supposée odeur ne me quitte pas de toute la journée.

Après avoir souhaité toute la nuit quitter la plateforme de bois, je ne peux m'empêcher de vouloir y retourner. Il en est souvent ainsi dans notre quête pour trouver notre voie. Sur le coup, le saut de foi – un déménagement à l'étranger, un projet créatif majeur, la naissance d'un enfant – ne vous inspire pas le désir de le répéter. Puis, le saut est fait et, soudainement, vous ne pouvez vous arrêter de penser à quel point c'était merveilleux. Toute la journée, tandis que mes coéquipiers et moi jouons avec nos invités, je rêve de retourner à la plateforme de l'Enfer. Heureusement, les gens de ma tribu comprennent ces choses-là. Durant une pause, je demande à Boyd de me conduire à l'arbre et il accepte sans poser de questions.

En approchant de l'acacia, Boyd coupe le moteur de la Land Rover et nous laisse doucement terminer notre course. Nous finissons par nous immobiliser. Il y a un long moment de profonde quiétude, ce murmure paisible et indescriptible de la savane africaine. J'entre en Observation silencieuse. La distinction entre moi et tout ce qui m'entoure disparaît. Alors que le moment présent alimente mes sens, j'abandonne tout ce que j'ai imaginé durant ma longue nuit.

Soudain, je perçois un mouvement dans ma vision périphérique.

Sortant des herbes à moins d'un mètre de nous, un bijou, une flamme sur quatre pattes, un chaman doré semble venir de nulle part, du *Tout-Moment*. Un léopard! Il passe si près de nous que nous pouvons entendre son souffle et le murmure de ses coussins moelleux au contact du sol. En trois bonds majestueux, le léopard grimpe dans l'acacia jusqu'à la plateforme où nous avons passé, mes amis et moi, la nuit précédente en pleine noirceur. Ainsi, il était là, près de nous. Mais pas pour blesser. Pour aider. Il avait perçu l'appel sans mot de découvreurs de voies humains dans l'écho de l'Unité, et il était venu, comme les léopards l'ont fait depuis des temps immémoriaux, pour être le symbole manifesté des *réparateurs* et guérisseurs.

Il fait le tour de la plateforme – un grand félin coureur sur une promenade de chat –, levant la tête pour étaler son collier de fourrure noire autour de sa gorge si blanche. Il s'arrête juste au-dessus de la Land Rover et s'accroupit sur le ventre. Il tient sa tête bien haute et nous regarde délibérément chacun dans les yeux.

Croiser ce regard me remplit d'un flot d'amour. Les yeux d'un léopard sont si clairs, si profonds, si ardents et si purs que rien de faux ne peut leur résister. Une fois que vous avez regardé un léopard droit dans les yeux et qu'il a lui aussi plongé son regard dans le vôtre, vous avez deux choix : vous pouvez vous efforcer de prétendre que rien de remarquable ne s'est passé ou vous pouvez abandonner vos résistances et croire en la magie. Le léopard ne vous blâmera jamais de choisir la *normalité*, de renoncer à l'archétype du découvreur de voies. Mais si vous voulez voyager en sa magique compagnie, vous devrez faire le bond.

Votre léopard est déjà près de vous. Il attend, dans la pénombre de vos plus misérables nuits, veillant patiemment sur vous jusqu'au lever du jour, que vous lui permettiez de vous guider dans le nouveau monde. Dans le monde des formes, il vous parle par un nouveau désir, un livre étrangement fascinant, une vidéo qui capte votre attention. Peut-être n'irez-vous jamais sur le continent africain ni même près. Vous ne quitterez peut-être jamais la ville où vous êtes né. Vous pouvez être allergique à tous les types de chats. Mais si vous choisissez de vivre comme un découvreur de voies, à un moment donné, vous croiserez le regard de votre léopard. L'amour traque votre vraie nature. Il est tout près. Et il n'arrêtera pas.

## Trouver votre voie à partir d'ici, maintenant

À cet instant précis, regardez autour de vous. Qu'arrive-t-il? D'où vient le bruissement dans l'herbe, l'odeur de maïs soufflé annonçant quelque chose qui attend de vous saluer, de vous accueillir? Vous pourriez sentir que c'est un désir, une attirance magnétique, une occasion à couper le souffle, un embrasement chaleureux. Peu importe ce que c'est, Imaginez-le. Manifestez-le.

Engagez-vous à le réaliser, avec la passion et la persistance d'un découvreur de voies. Pratiquez les technologies de magie et servez-vous-en pour apporter vos visions les plus folles dans la réalité où vous pourrez les toucher, les vivre, les partager.

J'écris ces lignes assise sur la véranda du cottage des Varty, à Londolozi, cette terre nommée « protectrice de toutes choses vivantes » et guérie par les technologies de magie combinées avec les technologies magiques. Je n'avais pas consciemment prévu terminer ce livre ici, mais avec du recul, je m'y attendais.

Je l'avais Imaginé.

Il y a quelques jours de cela, Koelle, Boyd, Solly et moi sommes allés traquer les rhinocéros de nouveau, mais cette fois, nous avons emmené plusieurs autres membres du TEAM afin qu'ils partagent avec nous cette expérience. La seule chose plus agréable que de permettre au monde sauvage d'éveiller votre raison d'être est de partager cette expérience avec votre tribu. Dans le rêve récurrent qu'est ma vie, cinq ans après que la maman rhino a failli m'écrabouiller, je me trouvais de nouveau à observer ces impressionnantes formes grises se déplaçant lentement à travers les buissons. Nous avons prudemment évité de nous retrouver trop près, cette fois, et les rhinocéros sont demeurés calmes, enfin, plus calmes. C'était un rêve devenu réalité, mais en mieux.

Est-ce que j'ai créé tout cela? D'une certaine façon. Avec mes coéquipiers du TEAM, je suis entrée dans le *Tout-Moment* et j'ai Imaginé avoir la chance de gagner ma vie ainsi. Nous avons tous participé à créer cette vision dans le monde de la Manifestation. Ensemble, nous avons conçu un séminaire en Afrique outrageusement inaccessible. Koelle et moi étions retournées à Londolozi. Boyd et Solly relevaient des pistes de rhinocéros avec une habileté presque surnaturelle. Et les autres membres avec nous ont chacun fait un bond de foi grandiose en trouvant les ressources pour se joindre à nous ici. Ma gratitude envers le fait que tout cela a vraiment fonctionné – et envers tout ce qui m'est arrivé depuis ma première rencontre avec un rhinocéros – est inexprimable. Mais ça ne me surprend pas. Plus maintenant. J'ai testé les méthodes des découvreurs de voies de façon empirique et elles se sont avérées efficaces si souvent et de tant de façons que je mentirais si je prétendais avoir des doutes.

---

Ce matin, en m'éveillant, je suis entrée en Observation silencieuse, j'ai ressenti l'Unité avec mon léopard et je l'ai trouvé. Puis, j'ai Imaginé un autre léopard croisant mon chemin dans la journée, tandis que j'écrirais. Les probabilités que cela se produise étaient infiniment minimes, presque inexistantes. Cinq minutes plus tard, je le jure sur ma vie, c'est arrivé. Les singes et les oiseaux ont commencé à sonner l'alarme. Puis, j'ai vu une flopée de cercles d'or se déplacer à travers les herbes basses. Un ami est venu me demander si j'avais vu le léopard. Il me confirmait qu'il avait déambulé devant le cottage puis à travers le camp, attirant l'attention de tous les gardes forestiers. Non seulement *mon* léopard était passé devant moi en plein jour, mais au même moment précis, mon ordinateur détecta une connexion Internet sans fil dans un lieu où ce n'est pas censé être possible. J'ai pu immédiatement parler au monde entier de la visite de mon animal familier.

J'ai éclaté de rire, mais je ne suis pas tombée à la renverse. Pour moi, de tels événements sont devenus normaux – merveilleux, oui, mais aussi normaux.

Dites-moi, qu'aimeriez-vous qui soit normal pour vous ? Vous pouvez le créer en commençant dès maintenant. Faites le bond.

Dans le silence qui naît lorsque vos pieds quittent la terre, vous pouvez entendre le nouveau monde appeler votre vraie nature. Le Un vous murmure intérieurement que ce que vous pensiez perdu est toujours vôtre, que tout ce qui est brisé en vous peut être guéri. Le désir caché dans votre cœur depuis tellement d'années est la nature attendant de se restaurer. Donnez-lui de l'espace, donnez-lui de l'amour et elle redeviendra forte. Et pendant ce temps, spécialement dans les longues nuits froides de l'âme, sachez que vous êtes protégé par la puissance que vous craignez le plus.

Tel à l'intérieur, tel à l'extérieur. Ce qui est vrai pour votre vie intérieure est aussi vrai pour chaque partie interconnectée de l'Être Unique qu'est la nature. Comme me le disait un ami découvreur de voies, il y a longtemps, « nous passons à l'action à l'aube », et l'aube est maintenant arrivée. Tout autour de vous sur cette délicate sphère qu'est la Terre, le TEAM s'éveille, encore frissonnant, et ses membres se sourient du regard. À l'horizon, la lumière grisâtre s'intensifie et brille maintenant dans une symphonie de couleurs : rouge, mauve, or. Dans les buissons, le calao lance son appel, le lion rugit et le léopard respire. Le jour, pour guérir votre vie et trouver votre véritable voie à travers le monde plus fou que jamais, est commencé.

Oh! cher membre du TEAM, quelle glorieuse matinée nous avons!

# AU SUJET DE L'AUTEURE

M artha Beck est une auteure et une *coach* de vie qui se dédie à aider les gens à créer des expériences de vie satisfaisantes et pleines de sens. Elle détient un baccalauréat en civilisation et en langues de l'Asie de l'Est et une maîtrise et un doctorat en sociologie de l'université Harvard. Elle a travaillé comme chercheuse associée à l'Harvard Business School, analysant alors les changements sur la vie et la carrière dans l'environnement moderne, économique et social. Avant de quitter le domaine universitaire pour devenir auteure et *coach* à temps plein, la Dre Beck enseignait la sociologie, la psychologie sociale, le comportement organisationnel et la gestion des affaires à Harvard et à l'American Graduate School of International Management. Elle a publié des livres et des articles universitaires sur une variété de sujets reliés à la science sociale et aux affaires.

Ses livres non universitaires incluent ses témoignages *Expecting Adam* et *Leaving the Saints*, des livres à succès sur la liste du *New York Times* ainsi que des livres à succès sur le développement personnel : *Finding Your Own North Star* et *Steering by Starlight*. La Dre Beck a collaboré à de nombreux magazines populaires, dont *Real Simple* et *Redbook*. Au cours des dix dernières années, elle a rédigé chaque mois une colonne pour *O, The Oprah Magazine*. Elle vit à Phoenix avec sa famille.

# MARQUIS

Québec, Canada

RECYCLÉ
Papier fait à partir
de matériaux recyclés
FSC® C103567